LE NOVVEAV STYLE DE LA COVR

DES REQVESTES DV PALAIS.

Comme on le pratique à present.

Reueu, corrigé & augmenté des nouueaux Reglemens pour les fonctions & droits de leurs Greffiers & Huissiers.

Par Mr R. GASTIER Procureur en Parlement.

A PARIS.

En la Boutique de Langelier.

Chez IEAN GVIGNARD le pere, au premier pilier de la grand' Salle du Palais, proche les Consultations, au Sacrifice d'Abel.

M. DC. LXVI.

AVEC PRIVILEGE DV ROY.

TABLE DES TITRES
OV CHAPITRES CONTENVS
au Style des Requeſtes du Palais.

TABLE

FIN.

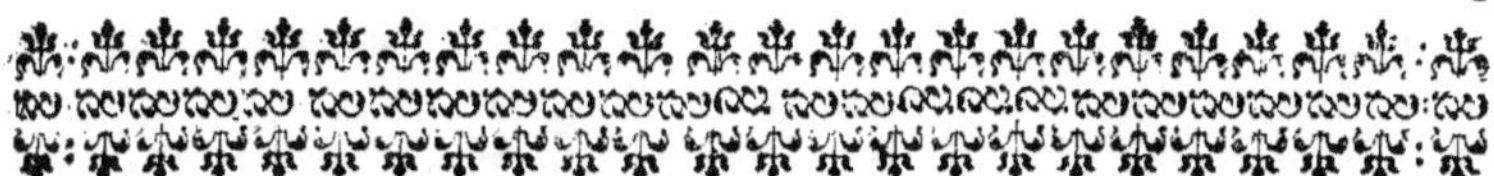

LE NOVVEAV
STYLE
DE LA COVR
DES REQVESTES DV PALAIS.

VELQVES-VNS ont autrefois eſtimé que le Style du Chaſtelet eſtoit le meilleur de toutes les Cours du Royaume, à cauſe du grand nombre d'affaires qui s'y rencontrent, & nul n'eſtoit eſtimé bon Praticien, s'il n'auoit fait la principale charge chez vn Procureur de cette Iuſtice: mais maintenant ie puis dire, & auec verité, que le Style des Requeſtes du Palais eſt le plus beau & le meilleur Style de toutes les autres Cours & Iuriſdictions de France, tant pour les perſonnes priuilegiées qui y plaident, que pour les cauſes & actions qui y doiuent eſtre traitées, vuidées, & terminées, ſuiuant & conformément aux Couſtumes des lieux, où les parties ſont demeurantes, & les heritages ſituez & aſſis: C'eſt pourquoy il eſt appellé *la Pratique vniuerſelle*, comme s'étendant par tout le Royaume: ſous la limitation toutesfois des perſonnes & actions cy-deſſus.

La Cour des Requeſtes du Palais eſt vne Iuriſdiction commiſe par le Roy, lequel eſt ſeul fondé en Iuriſdiction & Empire en ſon Royaume, tout ainſi que les autres Princes & Monarques, auſquels Dieu a donné vne ſouueraine puiſſance ſur les peuples: mais dautant, comme nous auons dit, qu'il eſt impoſſible aux Souuerains de rendre Iuſtice en perſonne à tous ceux qui ſont ſoûmis à leurs Dominations & Empires, attendu l'innombrable multitude des matieres diuerſes que l'opiniaſtre malice des hommes fait iournellement pulluler & naiſtre, ils ont de tout temps recherché les hommes qu'ils reconnoiſſoient pourueus de plus de

finceriré & integrité de confcience (que nous pouuons à bon
droiû nommer Magiftrats) fur la diligence. & probité defquels
ils fe font toufiours déchargez de tel exercice, fe referuans neantmoins & tournans deuers eux la face riante de la Iuftice, qui eft
le loyer de la grace ; & laiffans la diftribution & l'execution de
la peine à leurs Officiers.

Or on diuife ce mot de *Iurifdiction* en trois manieres, à fçauoir,
Iurifdiction Ordinaire, Iurifdiction Naturelle, & Iurifdiction
Commife.

La Iurifdiction Ordinaire, eft celle que le Prince tient & a en
fon pays : car il n'a autre Souuerain que Dieu, & peut commettre
en fon lieu des hommes capables à la décharge de fa confcience.

La Iurifdiction Naturelle, eft celle que les Seigneurs fubalternes ont par conceffion du Roy pour la dignité de leurs Seigneuries & fiefs mouuans & releuans de luy, comme les hauts Iufticiers qui ont haute Iuftice ; les Vicomtez & Chaftellenies qui
ont moyenne & baffe Iuftice ; lefquels doiuent faire iuger les differends de leurs fuiets par autres que par eux-mefmes, & leurs
iugemens peuuent eftre reformez par le Prince, ou par fes Officiers quand il y a appel.

La Iurifdiction Commife (qui eft celle de laquelle il eft parlé
en ce lieu) c'eft quand le Roy ou autre Seigneur ou Prince commet & eftablit des Iuges pour faire & executer ce qui leur eft
mandé par commiffion, fans qu'ils puiffent exceder les termes
du pouuoir à eux concedé & commis.

Et en cette façon Meffieurs des Requeftes du Palais, font commis
pour connoiftre certaines caufes qui font renuoyées pardeuant
eux par vertu des lettres de Committimus, ainfi qu'il fera dit cy-
apres : de forte que la dite Cour des Requeftes du Palais n'a aucune Iurifdiction ordinaire , mais les Confeillers d'icelle font
feulement commis & deleguez par le Roy, duquel ils prennent
ou acheptent vne Commiffion, en vertu de laquelle ils fe font
receuoir au Parlement, en la mefme façon que quand ils y font
receus Confeillers. Car il faut mefme Requefte, information de
vie & mœurs, & Arreft de reception , fans examen feulement : &
y a appel de leurs iugements , qui fe releue directement en la
Cour de Parlement.

Anciennement il n'y auoit qu'vne Chambre aux Requeftes du
Palais, encore fut-elle extraite & tirée du corps de la Cour de Parlement, & les caufes que nous y voyons eftre commifes, furent

premierement agitées deuant les Maistres des Requestes de l'Hô-
tel, ausquels Philippe le Bel par Edict exprés ordonna, tant la
connoissance des Estats & Offices qu'il auoit donnez, que des
causes pures personnelles qui se presentoient contre ses domestiques : Toutefois ces Maistres des Requestes se trouuans occupez à de plus grandes charges, & estans ordinairement à la suite
des Roys, se reseruerent seulement la connoissance en premiere
instance des debats qui interuiendroient à raison des Offices ; &
au regard des differends des Officiers & domestiques du Roy en
matiere personnelle, comme estans de trop legere importance,
ils furent laissez à la deuotion des Conseillers & Senateurs qui
residoient perpetuellement dans Paris, lesquels pour cette occasion tirerent quelques personnages de leur Corps qu'ils commirent pour connoistre d'icelles matieres, & dautant qu'en telles
matieres ces Conseillers ainsi commis succederent ausdits Maistres des Requestes de l'Hostel, ils furent de là en auant appellez
les Gens des Requestes, non de l'Hostel, mais du Palais, duquel
ils estoient extraits, & auquel ils faisoient residence : ce qui arri-
ua entre le regne de Philippes le Bel, & celuy de Philippes de Valois. Voila pourquoy les Presidens & Conseillers desdites Requestes ont tousiours porté & portent encore la qualité de Presidens
& Conseillers en Parlement, & Commissaires aux Requestes du
Palais : Aussi trouue-t-on lettres de Charles V. addressantes au
Cardinal de Viuarez, Vice-Chancelier de Rome, en datte du 12.
Nouembre 1405. par lesquelles il certifie que les Requestes du
Palais sont *de gremio Curiæ :* c'est à dire, du corps du Parlement : Et
de fait Guillaume Broüillon (qui fit le Style du Parlement du
temps dudit Philippes de Valois) fait estat de trois Chambres dans
le Parlement, dont l'vne estoit appellée *la grand Voulte* pour les
grandes causes : l'autre fut dit *des Enquestes,* laquelle encore qu'elle
fraternisât auec la grande, si n'estoit-elle pas de si grande authorité ; & de fait, il se trouue que iusques au 25. Ianuier 1412. il n'e-
stoit pas permis aux Presidens & Conseillers des Enquestes de
mettre les appellations & ce dont estoit appellé au neant. La troisiéme Chambre fut decorée du nom *des Requestes*, qui fut depu-
tée pour iuger les causes des Officiers domestiques du Roy, non
pas toutes, mais celles que l'on estimoit de peu de consequence :
c'estoient les personnelles, ausquelles furét adioustées les possessoires, qui furent à nos ancestres reputées de si petite importance,
que mesme ils y dénierent l'appel. Car quant au petitoire, comme

eſtans matieres de fonds , il les falloit obtenir par benefice du
Prince, meſme que pour l'inconuenient qui pouuoit arriuer ſi telles cauſes eſtoient maniées par mains étrangeres ; ne pouuoient
les mineurs (que nos Anciens appelloient moindres d'ans,) les
pourſuiure ſous l'authorité de leurs Tuteurs ou Curateurs. Pour
donc gratifier cette Chambre des Requeſtes ſur tous autres Iuges ſubalternes, il fut défendu à tous autres Iuges de prendre
connoiſſance des Committimus, en vertu deſquels on iouït du
priuilege d'icelles Requeſtes : & ainſi fut iugé par Arreſt du 8.
Iuillet 1367. meſme s'augmenta ſi fort par le temps la Chambre
des Requeſtes en authorité & grandeur, que le 15. Mars 1508. fut
iugé, qu'vn homme iuſticiable du Parlement de Toloſe ſeroit tenu proceder aux Requeſtes de Paris en vertu d'vn Committimus;
mais cela ne s'obſerue plus auiourd'huy : Car à l'exemple du Parlement de Paris , il a auſſi eſté étably des Requeſtes du Palais és.
autres Parlemens de France, qui ont toutes ſemblable authorité
que celles de Paris: car les Conſeillers deſdites Requeſtes portent
tous les titres & qualitez de Conſeillers de Parlemens , & Commiſſaires eſdites Requeſtes, pour la raiſon cy-deſſus ; auſſi ſont-
ils appellez toutes les fois que leſdits Parlemens s'aſſemblent, ſoit
pour la verification de quelques Edicts, Lettres patentes, verifi-
cations de priuilege, ſoit pour la reception des Conſeillers des
Parlemens, Lieutenans Generaux des Prouinces & autres , ſoit
auſſi quand il eſt queſtion de marcher,& faire telles autres actions
publiques & ſolemnelles.

Il eſt vray que par l'Ordonnance faite en Ianuier 1560. article
trente quatre , ſur la plainte des Eſtats qui furent lors tenus à
Orleans; furent tous Sieges & Officiers des Requeſtes ſupprimez,
fors toutesfois ceux des Requeſtes du Palais de Paris, parce qu'ils
eſtoient d'ancienne inſtitution : mais dautant qu'il falloit rembourſer grande quantité d'Officiers qui auoient eſté pourueus
d'iceux Eſtats, cette Ordonnance eſt encore à executer pour ce
regard.

Depuis par Edict fait par le Roy Henry III. en l'an 1580. à S. Maur
des Foſſez, verifié en Parlement le Roy y ſeant le 26. Iuillet audit
an, fut creée vne 2. Chambre eſdites Requeſtes de Paris en ces
mots, *Eſtabliſſons vne autre Chambre és Requeſtes du Palais, outre
celle qui eſt à preſent qui ſera compoſée de deux Preſidents, & huict Conſeillers, leſquels auſſi nous erigeons en titre d'Office formé, Conſeillers &
Commiſſaires és Requeſtes à l'inſtar des autres Preſidens & Conſeillers*

de la Chambre des Requeftes qui font à prefent, leurs gages pris & payez, tout ainfi & comme nos Officiers de noftre Cour de Parlement & Chambres des Requeftes, nonobftant les Eftats de Blois.

Ils connoiffent de toutes Gardes gardiennes que les Roys octroyent aux Chapitres & Monafteres, de toutes actions perfonnelles, poffeffoires & mixtes (qui excedent dix liures) des Officiers de la Couronne, & Commenfaux de la Maifon du Roy, de la Reyne, Reyne Mere, freres, fœurs, oncles, tantes, & premier prince du fang, des Cheualiers de l'Ordre, prefidens, Maiftres des Requeftes, Officiers & Confeillers des Cours fouueraines, des Secretaires du Roy & de leurs vefues, Commandeurs de S. Iean de Ierufalem, Greffiers & Huiffiers qui ont fait le ferment à la Cour, & y feruent actuellement, des anciens Aduocats des Parlemens, des Procureurs d'icelle Cour, comme il eft porté par l'Edict des Procureurs, rapporté au Style de la Cour, d'aucuns Archeuefques, Euefques, Abbez, Chapitres, & Colleges, & tous autres qui font priuilegiez : mais ils ne connoiffent des actions reelles & petitoires qui appartiennent à tous Iuges Royaux & fubalternes, & dont le renuoy n'en peut eftre fait. Voyez l'Ordonnance de Louys XII. 1498. art. 43. en ces mots.

Défendons à nos Gens des Requeftes que fous ombre de Committimus ou autrement, ils n'entreprennent aucune connoiffance, finon des caufes perfonnelles & poffifoires, &c. Et par Arreft du 7. Février 1519. rapporté par Rebuffe, il fut dit, qu'ils ne connoiftroient du petitoire, bien qu'il leur fuft commis par lettres de Chancellerie: non plus que des actions reelles & hypothequaires & arrerages, ainfi qu'il fut iugé par autre Arreft du 19. Aouft 1530. rapporté par Papon liure 4. titre 9.

Toutesfois le premier Prince du Sang, les Cheualiers de l'Ordre, & les Secretaires du Roy par priuilege fpecial en action reelle comme en la perfonelle, peuuent faire conuenir qui bon leur femble en ladite Cour des Requeftes du Palais (ou aux Requeftes de l'Hoftel) à leur choix & option.

Dauantage fi en vne inftance poffeffoire ou perfonnelle pendante aufdites Requeftes, il interuient vn incident d'action reelle: par exemple fi quelqu'vn par fon exploict demâde fimplement la reftitution des fruits d'vne terre qui luy appartient, & qu'en fuitte la caufe retenuë, il concluë incidemmment à ce qu'on luy laiffe la proprieté & poffeffion de la terre libre & vuide, les Re-

queſtes prendront connoiſſance de cette cauſe, & la ioindront
auec l'inſtance premiere de reſtitution de fruits. Comme auſſi
Meſſieurs des Requeſtes peuuent connoiſtre de l'action perſonnelle & hypothequaire, quand on agit pour le payement & continuation. Arreſt du 22. Ianuier 1535. ſurquoy ſera remarqué en
paſſant, que l'hypoteque eſt perſonnelle & reelle contre le poſſeſſeur par la Couſtume de Paris.

Donc Meſſieurs des Requeſtes ont droict d'euoquer & faire
renuoyer à eux les cauſes perſonnelles & poſſeſſoires: mais les criminelles ou autres où le Procureur du Roy eſt partie, bien qu'elles fuſſent ciuiles, commencées pardeuant d'autres Iuges, ils ne
peuuent. La raiſon eſt, à cauſe du diſtrait ou tranſport perſonnel qui ſeroit fort mal-aiſé & dommageable, il a eſté ainſi ſouuent
iugé par Arreſt. Surquoy eſt à douter de la reintegrande, en laquelle s'il y a queſtion criminelle incidente pour la force, à
ſçauoir, ſi elle peut eſtre euoquée: Arreſt de Paris du 27. Nouembre 1521. par lequel il fut dit, que ladite reintegrande ſeroit renuoyée és Requeſtes, ſauf que ſi par le iugement d'i-
celle le crime pretendu n'eſtoit purgé au ciuil, de renuoyer
les parties pardeuant le premier Iuge pour faire ledit procez
criminel.

Le renuoy aux Requeſtes eſtant demandé doit eſtre donné
ſans connoiſſance de cauſe, ſauf à debattre & renuoyer s'il
y échet, ainſi qu'il a eſté iugé par pluſieurs Arreſts: entr'autres par vn donné le 4. Ianvier 1463. & autre du 7. Iuin 1574. que
s'il eſt queſtion d'appretiation ou viſitation, & autre choſe qui ſe
doit faire ſur les lieux par le Iuge ordinaire, lors le renuoy aux
Requeſtes ny ailleurs ne doit eſtre fait.

Le Lundy 5. Aouſt 1590. fut donné Arreſt au Parlement de
Paris, par lequel ſur vne euocation faite par les Generaux des
Monnoyes d'vne cauſe pendante aux Requeſtes du Palais, la
Cour iugea qu'il auoit eſté mal euoqué, mal procedé, bien appellé, & condamna l'intimé és deſpens, les parties renuoyées à
huictaine pardeuant les Gens tenans les Requeſtes du Palais: Et
apres l'Arreſt prononcé, M. le premier Preſident dit, *Que les Generaux ne ſont ſuperieurs des Requeſtes:* Il s'agiſſoit en cette cauſe
d'vne Maiſon, & d'vn Office des Monnoyes.

Pour le priuilege ſpecial que quelques-vns diſent auoir aux
Requeſtes, comme vn Eueſque: cela ſe doit entendre pour ce
qui touche l'Egliſe, & non pour ſon profit particulier, ainſi qu'il

a esté iugé par Arrest du 15. Decembre 1564. contre l'Euesque
d'Angers pour raison d'vn prieuré, ainsi l'Ordonnance de Moulins
art. 56. ne parle que pour les affaires communes des Eglises seu-
ement: & de mesme pour vne Communauté pour chose qui touche son corps; toutefois si vn Euesque estoit Officier du Roy,
comme Aumosnier, Conseiller d'Estat prenant gages, ou autrement: il auroit ses causes commises comme les autres.

Lors qu'vn domestique de la Maison du Roy est notoirement
reconnu domestique, il n'a aucun besoin de Lettres de Committimus, mais sans icelles doit estre renuoyé aux Requestes du Palais, s'il le requiert, ainsi qu'il fut iugé par Arrest de Paris de l'an
1564. mais cela ne s'obserue plus: ioint que par le Reglement
cy-aptes, il est enioint à tous Officiers domestiques & commensaux de prendre Lettres de Committimus, & deffenses aux Gens
des Requestes tant de l'Hostel que du Palais, de prendre connoissance des causes, sinon en vertu de lettres de Committimus.

Et dautant que sous pretexte de Committimus, ceux qui en
auoient le priuilege se faisoient ceder quelques debtes pour vexer les parties, & les distraire de leurs iurisdictions ordinaires, par
l'Ordonnance d'Orleans cy-dessus cottée article 56. fut ordonné
qu'aucuns des suiets ou autres ne pourront en vertu de quelque
transport que ce fut, encore qu'il fut és cas de l'ancienne Ordonnance de pere à fils, de frere à frere, & d'oncle à neueu, faire appeller ou adiourner l'vn ou l'autre pardeuant les Gens tenans les
Requestes du Palais à Paris, les Conseruateurs des Priuileges
Royaux ou Apostoliques; ny autres Iuges des exempts ou priuilegiez, mais se pouruoiront pardeuant les Iuges ordinaires: lequel
article semble estre tiré d'vn Arrest donné le 16. Iuillet 1520. par
lequel il est dit, qu'ils ne peuuent étendre leurs priuileges à autres
causes que celles de leur chef, & non des transports qui leur sont
faits, mesme à titre onereux, comme ventes, échanges, ou autrement : ledit Arrest est rapporté par Papon au lieu preallegué. Et
par la mesme Ordonnance article 75. il est aussi defendu à tous
Maistres des Requestes d'accorder ou faire seeller, & à tous les
Secretaires du Roy de signer aucunes Lettres de Committimus,
s'il ne leur appert de priuilege, de concession, de garde gardienne,
ou de certification suffisante, portant que l'Officier qui demáde-
ra son Committimus est couché en l'Estat des domestiques seruans actuellement sans fraude, & payé de ses gages. Par domestiques seruans, sont entendus ceux qui sont vrais Officiers & com-

menſaux ordinaires de la Maiſon du Roy, ainſi qu'il ſe collige par
ee qui eſt contenu és articles qui furent arreſtez aux Eſtats tenus
à Tours du viuant de Charles VIII. aux remonſtrances à luy faites des Cõſeillers des Requeſtes du palais, & du Chaſtelet de paris.

Dés le temps dudit Charles VIII. c'eſt à ſçauoir, dés l'an 1417.
Meſſire Guillaume Briçonnet lors Chancelier de France, voyant
que pluſieurs par vn droiƈt de bien-ſeance vendiquoient le priuilege de committimus, meſme les Aduocats & procureurs de la
Cour de parlement, il les interdit à tous, fors & excepté aux Domeſtiques & Officiers, & nommément defendit n'en eſtre plus
deliuré auſdits Aduocats & procureurs : lequel commandement
n'ayant pas eſté étroitement obſerué par la negligence de ceux
qui vinrent apres luy : feu Meſſire François Oliuier, Chancelier
ſous le regne de François II. voulut faire paſſer telles défenſes par
Ediƈt : mais pour le refus qu'on luy en fit à la Cour, il défendit du
depuis à toutes les Chancelleries qui dependoient de l'authorité
de ſon ſeel, d'en deliurer de là en auant aucun: leſquelles défenſes
ont depuis eſté reïterées par Meſſire Michel de l'Hopital (le vray
Caton & Cenſeur de noſtre temps) pour oſter à pluſieurs chicaneurs le priuilege qu'ils ſe ſont donnez iuſques icy de tourmenter
& ruyner ſous ombre de leurs *Committimus* le pauure peuple que
l'on éloignoit de ſon domicile pour plaider: mais depuis le nombre des priuilegiez a bien augmenté ; car outre que les anciens
Aduocats ioüiſſent des *Committimus*, les quatre cent procureurs
du parlement enjoüiſſent auſſi en vertu de leur Ediƈt de creation,
les preſidents & Eſleus des Eſleƈtions, les Grenetiers & Controolleurs des Greniers à ſel, & beaucoup d'autres perſonnes.

Tous leſquels priuilegiez ne ſont tenus d'informer de leur intereſt & priuilege pardeuant le Iuge , auquel ils demandent le renuoy d'vne cauſe , mais il ſuffira (la cauſe eſtant par le Iuge renuoyée) de le débattre & impugner pardeuant leſdits Sieurs des
Requeſtes, comme il a eſté dit cy-deſſus.

Autrement eſt-il d'vn renuoy requis par vn Eſcolier, car on le
peut empeſcher alleguant le tranſport eſtre fait en fraude , ou la
teſtimoniale n'eſtre dattée du temps ſuffiſant, & en peut connoiſtre le Iuge auquel on demande le rẽuoy, pour & afin de l'oƈtroyer,
ou dénier.

Mais notez que quelque perſonne priuilegiée que ce ſoit, elle ne
peut faire renuoyer vne cauſe conteſtée ; & faut auſſi que les cauſes ſoient telles que Meſſieurs des Requeſtes en puiſſent connoiſtre,

ſtre comme ſont celles dont il eſt parlé cy-deſſus.

Faut auſſi obſeruer que les priuileges tant de *Committimus* que de Scolarité, ont lieu és actions perſonnelles, nonobſtant que les priuilegiez ſayent contracté ſous ſeaux attributifs de Iuriſdiction: comme celuy de Paris, de Brie, Champagne & de Montpellier.

Ceux toutesfois qui ſont priuilegiez, peuuent valablement renoncer à tels priuileges, comme il eſt decidé en droict.

Ne ſeruant de rien, ce qu'on dit vulgairement, *qu'on ne peut conſentir pour Iuges ceux qui ne le ſont pas*, dautant que cela s'entend des Iuges qui ne ſont pas Iuges naturels, d'ailleurs tous ces priuileges ne ſont qu'vne faculté donnée de traiter les parties en l'vne ou en l'autre des Iuriſdictions cy-deſſus ; à quoy le priuilegié n'eſt obligé s'il ne veut : meſme qu'il n'y a choſe ſi fauorable que celle qui reduit les choſes au droict commun. Or renoncer au priuilege de *Committimus*, & dire que l'on plaidera deuant le Iuge des lieux, c'eſt choſe du tout fauorable; par conſequent la renonciation valable.

Finalement il ſera remarqué, que quand quelqu'vn ayant priuilege de *Committimus*, ſeroit conuenu pardeuant vn Conſeruateur, il peut renuoyer la cauſe auſdites Requeſtes du Palais, parce que leur authorité eſt plus grande que celle d'vn Conſeruateur, attendu, comme dit eſt cy-deuant, qu'ils ſont du Corps de la Cour de Parlement.

Le priuilege a telle force, que bien qu'vn acte de tutelle ait la force de choſe iugée par Sentence, & que la reddition de compte ne ſoit que l'execution de la Sentence, laquelle execution ſemble ne pouuoir eſtre tirée hors de la connoiſſance du Iuge de la tutelle ; mais ſe doit rendre pardeuant luy : toutesfois ceux qui ont priuilege de Scolarité ou de *Committimus* peuuent faire conuenir, à ſçauoir les premiers pardeuant les Conſeruateurs des priuileges, & les autres pardeuant Meſſieurs des Requeſtes du Palais, parce que le Priuilege eſt vn droit ſingulier qui eſt plus fort que le droict commun : Tellement que l'on void ordinairement ſe rendre des comptes par deuant le Preuoſt de Paris, Conſeruateur des Priuileges de l'Vniuerſité, & aux Requeſtes du Palais pour les priuileges Royaux.

Le Priuilege de *Committimus* n'a lieu en oppoſition formée en procez de criées, ainſi qu'il a eſté iugé par Arreſt donné le 8. Auril 1521. apres Paſques.

N'a lieu auſſi à l'encontre du Roy, ainſi qu'il fut remonſtré par les Gens du Roy le 28. Auril 1558. le Parlement seant lors aux Augustins.

N'a lieu aussi és causes de Police & de ville, comme il a esté iugé par plusieurs Arrests. Le 6. May de ladite année 1558. fut iugé que toutes Gardes gardiennes octroyées par le Roy aux Chapitres & Monasteres, doiuent, auparauant qu'elles soient valables, estre verifiéesen la Cour de Parlement & que la Cour les restraint tousiours pour le ressort du Bailliage où le Chapitre est scitué, & qu'elles ont lieu seulement pour les causes personnelles & possessoires, non pour les petitoires & hypothequaires.

Au reste, ceux qui voudront sçauoir quelles Eglises ont droict de Garde gardienne, qu'ils voyent Chopin liure 2. du Domaine titre 8. nombre 6. 7. 8. & 9.

Le Roy a generalement la garde des Eglises du Royaume, mais specialement chacun Baron l'a en sa Baronnie, si par renonciation il ne se l'est ostée.

Pour le regard des Presidents & Conseillers des Requestes du Palais, ils doiuent plaider aux Requestes de l'Hostel, mesme leurs enfans y ont priuilege de *Committimus*.

Mais pour retourner aux causes dont ladite Cour des Requestes connoist, outre ce qui vient d'estre dit : Quand il est question de la succession entiere de quelques Grands Seigneurs, & de choses assise en diuers pays & Coustumes, le Roy a accoustumé de faire expedier des Lettres particulieres portant attribution de Iurisdiction ausdites Requestes.

Connoissent aussi des causes à eux renuoyées par Arrest du Conseil ou de la Cour entre priuilegiez & non priuilegiez, & il n'est pas besoin d'obtenir Sentence de retention, parce qu'il s'agit d'vn renuoy fait par superieur à inferieur, mais il faut seulement suiure les derniers erremens de l'instance (veus au Parlement, & aux autres Cours souueraines, où il faut vn Arrest de retention.) Et incidemment des causes criminelles dependantes desdites causes personnelles, possessoires & mixtes.

Donc tous ceux qui ont priuilege de *Committimus*, peuuent faire conuenir leurs parties aduerses ausdites Requestes és causes marquées cy-dessus, & faire renuoyer celles qui sont pendantes pardeuant autres Iuges Royaux ou subalternes entr'eux, ou autres ausquels ils se veulent ioindre, ou quand ils ont interest en la cause, pourueu, comme nous auons dit, que lesdites causes soient entieres & non contestées, & ce en vertu desdites Lettres de

Committimus, dont la teneur enſuit.

Louys, &c. Au premier noſtre Huiſſier ou Sergent ſur ce requis, ſalut. A la ſupplication de noſtre amé tel ::: eſtant à cauſe de ce en noſtre protection & ſauuegarde, & lequel d'abondant nous y auons mis par ces preſentes : Te mandons que les debtes à luy deuës tu luy faſſe payer, & en cas d'oppoſition ou refus, adiour-ner les oppoſans, refuſans ou dilayans, & autres dont ſeras requis, à ſçauoir les redeuables de dix liures, & au deſſus, pardeuant nos amez & feaux Conſeillers les Gens tenans les Requeſtes de no-ſtre Palais à Paris, ou de noſtre Hoſtel, au choix dudit ſuppliant, & pour les autres ſommes au deſſous, pardeuant les Iuges qui en doiuent connoiſtre : faiſant commandement à tous Iuges, parde-uant leſquels le ſuppliant a, ou aura aucunes cauſes perſonnelles ou poſſeſſoires non conteſtées ; ils les renuoyent pardeuant les Gens deſdites Requeſtes, & à leur refus ou delay feras toy meſ-me ledit renuoy, te defendons neantmoins connoiſſance de cau-ſe : ces preſentes apres l'an non valables. Car tel eſt noſtre plaiſir, Donné à :: le :: iour de ::: l'an de grace mil ſix cens......& de no-ſtre regne le .... Par le Conſeil :::

C'eſt ainſi que s'expedient leſdits *Committimus*, ſans qu'il ſoit beſoin d'y mettre le grand & prolixe diſcours qui ſe trouue dans quelques Styles de la Chancellerie.

La difference qu'il y a entre vn *Committimus*, & Garde gardien-ne eſt, qu'en vertu d'vn *Committimus* tous Huiſſiers ou Sergens peuuent faire le renuoy des cauſes aux Requeſtes du Palais, au cas que les Iuges le refuſent, qui toutesfois ne le doiuent faire, ſauf le debat, parce que pour l'authorité deſdites Requeſtes, c'eſt à eux de connoiſtre de leur competence ou incompetence : mais la Garde gardienne regarde proprement la delegation d'autres Iuges que deſdites Requeſtes ; & celuy auquel eſt demandé le renuoy en peut ordonner, & pour ſon refus ne peut le Sergent faire le renuoy. Ce qui eſt pris de la commune pratique de Fran-ce, & d'vn Arreſt du 26. Iuillet 1566. donné ſur l'appel du renuoy par vn Sergent pour vn pretendu Eſcolier.

Quant au reſte deſdits *Committimus*, & de la difference d'entre iceux & des Lettres de Garde gardienne : Voyez Papon en ſes Queſtions notables.

Procez verbal de renuoy.

L'an mil ſix cens, &c. iour de ..... du matin, en vertu de cer-

taines Lettres Royaux en forme de *Committimus*, obtenuës en la
Chancellerie du Palais à Paris, en datte du tel iour, signées par
le Conseil tel & scellées : Et à la Requeste de tel impetrant & y
denommé, ie tel Huissier ou sergent à verge au Chastelet de Paris sous-signé, me suis transporté au Parc Ciuil & Siege Presidial
dudit Chastelet de Paris, auquel lieu parlant à M. Conseiller du
Roy en ses Conseils d'Estat & Priué, & Lieutenant Ciuil de la
preuoté & Vicomté de Paris (ou bien à M. tel Lieutenant particulier) tenant le Siege & expediant les causes; I'ay fait commandement de par le Roy nostre Sire, de renuoyer la cause entiere &
non contestée à huictaine, pardeuant Messieurs les Gens tenans
les Requestes du palais à Paris, entre ledit tel d'vne part, & tel
d'autre, pour sur ladite cause proceder entre les parties, ainsi que
de raison : Liequel sieur Leutenant obtemperant à mondit commandement, & par vertu du defaut contre ledit tel procureur
audit nom deuëment appellé, a renuoyé ladite cause entiere &
non contestée à huictaine prochain venant, pardeuant nosdits
Sieurs des Requestes, pour y estre procedé comme de raison: lequel
renuoy i'ay à l'instant monstré, signifié, & deuëment fait sçauoir
audit tel procureur parlant à sa personne en son domicile, ou au
Chastelet, à ce qu'il n'en pretende cause d'ignorance : Fait pre-
sents tels & tels témoins, signé tel.

Quelquefois les Iuges en haine du renuoy demandé, donnent
des iugements & passent outre, nonobstant iceluy ; mais tels iugemens sont du tout nuls, & n'est besoin d'en appeller, mais faut
seulement comparoir au Parquet desdites Requestes, remonstrer
le iugement rendu au preiudice du renuoy, & requerir que ce
qui a esté fait depuis iceluy soit cassé, ce qui sera ordonné sur le
champ en la forme qui ensuit.

Extrait des Registres des Requestes du Palais.
De tel iour & an.

Sur ce que tel, procureur de tel, nous a remonstré qu'ayant en
vertu de son *Committimus*, fait renuoyer l'instance pendante pardeuant le Preuost de Paris ou son Lieutenant, entre luy demandeur au principal, & tel deffendeur d'autre, la cause estant encore entiere & non contestée, toutesfois au preiudice dudit renuoy,
ledit tel n'auroit delaissé de poursuiure pardeuant ledit preuost
de Paris, & obtenu Sentence le :: : : : iour de : : : par laquelle il au-

roit esté dit telle chose ; & en vertu d'icelle fait faire commandement audit tel de faire ou payer telle chose. A cette cause nous a
ledit tel audit nom requis, attendu que l'instance n'est plus pendante audit Chastelet , mais a esté renuoyée en la Cour de
ceans , que ladite Sentence, & tout ce qui a esté fait contre &
au preiudice dudit renuoy, fût cassé & reuoqué comme attentat, & defenses audit Preuost de Paris de passer outre, ensemble aux parties de se pouruoir ailleurs qu'en la Cour de ceans,
& defences à tous Huissiers & Sergens de mettre ladite Sentence à execution à peine de nullité des procedures, cinq cens
liures d'amande , & de tous despens dommages & interests.
Surquoy & apres que ledit tel a esté appellé & n'est comparu:
Nous auons contre luy donné & donnons defaut, & par vertu
d'iceluy, auons cassé & reuoqué comme attentat, ce qui a
esté fait par deuant ledit Preuost de Paris , au preiudice du renuoy (ou instance pendante en la Cour de ceans) mesmes ladite
Sentence du tel iour, & tout ce qui a esté fait en execution d'i-
celle, faisans defenses audit Preuost de Paris , de plus prendre connoissance desdits differends, & aux parties de s'en ayder & se pouruoir ailleurs qu'en ladite Cour, & à tous Huissiers
ou Sergens de mettre ladite Sentence à execution à peine
de nullité, cinq cens liures d'amende, en leurs propres & priuez noms, & de tous despens , dommages & interests, & soit
signifié.

On peut leuer cette Sentence par extrait, si l'on veut, & la
faire signifier par vn Huissier desdites Requestes, mais si on la
veut bailler à vn autre Huissier ou Sergent , la faut leuer en
forme , & alors le Greffier n'a qu'a adiouster au commencement ces mots. *A tous ceux qui ces presentes Lettres verront , les Gens*
tenans les Requestes du Palais à Paris Conseillers du Roy nostre Sire en
sa Cour de Parlement, Commissaires en cette partie. Salut. Sçauoir faisons,
sur ce que , &c. & à la fin , apres ces mots ; & de tous despens dom-
mages & interests , on met ceux-cy. Par nostre Sentence & Iugement.
Si donnons en mandement , & commettons par ces presentes au premier
Huissier ou Sergent Royal sur ce requis, qu'à la requeste dudit demandeur
les presentes il signifie , fasse les deffenses y contenuës, & mette à deuë &
entiere execution. De ce faire luy donnons pouuoir. Donné à Paris sous le
scel desdites Requestes le tel iour.

Ladite Sentence scellée dudit scel desdites Requestes , &
signée du Greffier : si c'est vn Huissier qui la signifie , il en

baillera copie, & mettra au bas d'icelle ces mots.

Signifié & baillé pour copie à Maiſtre tel cy deſſus nommé, en parlant pour luy au domicile de Maiſtre tel, Procureur au Chaſtelet de Paris, où l'on m'a dit y auoir-élection de domicile pour ledit tel, parlant à tel ſon Clerc, à ce qu'il n'en pretende cauſe d'ignorance, par moy Huiſſier du Roy eſdites Requeſtes, ſous ſigné le tel iour : ::

Que ſi les Iuges font le renuoy apres qu'ils en ſont requis , & qu'on en veüille leuer le iugement , ledit iugement contiendra ces mots.

Iugement de renuoy aux Requeſtes du Palais.

Auiourd'huy eſt comparu en Iugement deuant nous tel Huiſ-ſier ou Sergent, en vertu des Lettres de *Committimus*, en datte du tel iour , ſignées par le Conſeil, tel, & ſcellées de cire jaune ob-tenuës par vn tel, qui nous a requis le renuoy de la cauſe d'entre luy defendeur d'vne part, & tel d'autre, en la preſence du Pro-cureur de tel qui a empeſché ledit renuoy. Surquoy partiesoüyes, & lecture faite deſdites Lettres Royaux de *Committimus* cy deſſus dattées, Auons ladite cauſe, & leſdites parties renuoyées & renuoyons à huictaines pardeuant Meſſieurs des Requeſtes du palais, ſauf le debat. Donné en iugement le tel iour.

Au iour dudit renuoy, ſe faudra preſenter au Greffe deſdites Requeſtes en la forme qui ſuit.

Des Preſentations.

LEs Procureurs du Parlement occupent auſſi aux Requeſtes du Palais & de l'Hoſtel , comme eſtans leſdites Cours des Requeſtes auec la Cour de Parlement & Cour des Aydes, en-cloſes dans vn meſme Palais, & y font les preſentations en la meſme forme qu'aux deux autres Cours, à ſçauoir le Samedy; ſans toutesfois obſeruer les trois iours d'entre l'aſſignation écheüe & ledit iour de Samedy, comme l'on fait au Parlement , & en la Cour des Aydes: de ſorte qu'encore que les aſſignations données pardeuant Meſſieurs des Requeſtes du Palais échéent vn Diman-che, Lundy, Mardy, Mercredy, Ieudy ou Vendredy, la preſenta-tion ſe doit faire le Samedy enſuiuant, meſme quand l'aſſignation échéroit vn Samedy, il faudroit ſe preſenter le iour meſme, le cahyer ſe faiſant touſiours vn Samedy , pourueu que ledit iour de Samedy,il y ait Audiance & plaidoirie au Parquet des Reque-ſtes du Palais ; ſinon la preſentation ſe feroit le Mercredy ou le Vendredy que l'on auroit plaidé audit Parquet, parce qu'il faut que leſdites Preſentations ſe faſſent vn iour que l'on ait plaidé & tenu l'Audiance.

Aux Requeſtes du Palais on doit clorre le cayer, & déliurer les defauts & congez le Mardy de la huiⅽtaine enſuiuant que ledit cahier eſt fait: & n'y a point de liure rouge.

Aux Requeſtes du Palais on ſe preſente depuis le lendemain S. Martin 12. Nouembre, qui eſt à dire, depuis le Samedy ſuiuant les Harangues du Parlement, iuſques au lendemain Sainte Croix en Septembre, auquel iour les preſentations ceſſent: mais elles recommencent le lendemain S. Denys en Oⅽtobre, iuſques à S. Simon & S. Iude, auquel iour le Palais ferme iuſques au lendemain S. Martin.

Quant aux adiournemens, ils doiuent eſtre faits pour eſtre valables à perſonne ou domicile, & donner temps ſuffiſant aux aſſignez pour comparoir; c'eſt pourquoy il n'en ſera rien dit icy dauantage.

Preſentation pour vn demandeur en renuoy.

Congé defaut à tel, defendeur en principal, & demandeur en renuoy contre tel, demandeur & defendeur, du tel iour.

En faiſant les preſentations, faut que le Procureur qui ſe preſente ſigne la Preſentation, & mette le nom & ſurnom des parties; ſuiuant l'Ordonnance de François I. ch 8. art. 2. & 25.

Preſentation pour vn defendeur en renuoy.

Congé defaut à tel, demandeur au principal, & deffendeur en renuoy, contre tel deffendeur audit principal & demandeur audit renuoy, du tel iour.

Autre preſentation pour vn demandeur, en matiere perſonnelle.

Defaut à tel, demandeur en matiere perſonnelle, contre tel, deffendeur, du tel iour,

Preſentation pour vn deffendeur en ladite matiere perſonnelle.

Congé à tel deffendeur, contre tel demandeur du tel iour.

Toutes les autres Preſentations ſe peuuent faire és autres matieres en la forme ſuſdite, en changeant ſeulement les qualitez des parties.

La raiſon pour laquelle leſdites Preſentations ſe font ainſi par defaux & congez, c'eſt que ſi l'vne des parties ne ſe preſente par Procureur en la forme ſuſdite; ou ſe cotte en teſte & à la marge de ladite Preſentation, le Greffier déliure le defaut ou congé par extrait huiⅽt iours apres que le cahier eſt clos, comme nous venons de dire, & met à la marge & en teſte de ladite pre-

fentation ces mots , *Deliuré le tel iour* , pour eftre ledit defaut ou
congé iugé en la forme & maniere qu'il fera dit au titre *des
defaux & contumaces.*

Ceux qui fçauent le nom du procureur de partie aduerfe , apres
s'eftre prefentez , peuuent , fi bon leur femble , leur faire fignifier
l'acte qui enfuit.

Acte portant declaration qu'on eft Procureur en la caufe. A la Requefte de Maiftre tel , procureur de tel , foit fignifié &
declaré à Maiftre tel , procureur d'vn tel , qu'il a receu vne affigna-
tion à luy donnée à la Requefte dudit tel , pardeuant Noffeigneurs des Requeftes du palais , échéant à tel iour , à ce qu'il n'en
pretende caufe d'ignorance.

Au bas duquel acte vn Huiffier defdites Requeftes met ces
mots : *Le tel iour : : : : mil fix cens . . . . . fignifié & baillé copie à Maiftre
tel Procureur de partie aduerfe.*

par le moyen de laquelle fignification on fe libere de la peine de
verifier le cahier.

En matiere criminelle , où il s'agit d'adiournemens perfonnels ,
ou prifes de corps , les prefentations fe font par les parties en perfonne affiftées d'vn procureur , en la maifon duquel elles font
élection de domicile , fuiuant l'Ordonnance , autrement la prefentation feroit nulle.

Prefentations perfonnelles.

Auiourd'huy eft comparu en perfonne au Greffe de la Cour de
ceans tel , de tel eftat , demeurant en tel lieu , fuiuant l'adiournement perfonnel à luy donné à la Requefte de tel , demeurant en
tel lieu , par vn tel Sergent , en vertu d'vn certain iugement portant decret d'adiournement perfonnel , du tel iour , pour obeyr &
efter à droict : & a ledit tel éleu fon domicile en la maifon de
Maiftre tel , procureur en ladite Cour , dont il a requis acte pour
luy feruir ainfi que de raifon.

Faut leuer ledit acte par extraict , & le faire fignifier au procureur de la partie aduerfe , & faire les pourfuittes , comme il a efté
dit au Style de la Cour.

par l'Ordonnance de François I. en 1539. article 23. il eft dit ,
Que tous plaidans & litigans feront tenus au iour de la premiere
comparution en perfonne , ou par procureur fuffifamment fondé
(de procuration) declarer ou élire leur domicile au lieu où les
procez feront pendans , autrement & à faute de ce auoir deuëment fait , ne feront receuables , feront deboutez de leurs demandes , defenfes , ou oppofitions refpectiuement : ce qui eft iuftement
introduit,

introduit, afin que les procés soient pluftoft iugez & terminez, &
que s'il eft befoin de faire quelque nouueau adiournement, le
lieu foit plus prompt, auquel l'vne & l'autre des parties litigantes puiffe faire pofer & executer fon adiournement. Toutesfois,
il ne faut pas prendre cela fi étroitement, que fi l'vne des parties
n'a éleu domicile, elle foit pour cela incontinent priuée de fon
action ou exception, mais bien au cas que l'vn des litigans feroit contumax en election de domicile, comme auffi s'il fur-
uient quelques caufes & raifons de nouueau, aufquelles foit
requis l'office, la preuue, ou la fcience de l'vne des parties, encore que le domicile ait efté par elle éleu : neanmoins il luy doit
eftre donné vn delay, ayant égard à la qualité & demeurance,
tout ainfi que fi elle eftoit appellée de nouueau, de mefme que
quand il eft queftion d'examiner ou reprouuer & reprocher témoins de nouueau, refpondre à faits nouueaux, ou produire &
contredire quelques titres de productions nouuelles : car alors
la prefence & fcience de la partie y eft requife.

Et parce qu'on pourroit icy demander ce que c'eft que domicile, & en quel lieu quelqu'vn eft entendu l'auoir conftitué,
nous dirons que chacun eft veu auoir conftitué fon domicile, au
lieu auquel il a conftitué fa principale refidence; & où il a accouftumé de demeurer auec fa famille; felon les regles du droit
ciuil.

Et ne faut pas obmettre qu'il eft loifible à vn chacun de conftituer fon domicile en plufieurs lieux, & l'adiournement fait en
l'vn d'iceux eft valable : donc quand quelqu'vn a demeuré en
quelque lieu, ou en quelque ville par an & iour, lors de difpofition de droict il eft veu y auoir conftitué fon domicile, & auoir
efté fait Citoyen de la ville : & s'il a plufieurs maifons, & qu'en
l'vne il demeure vn temps de l'année & és autres l'autre, ainfi
que font les Italiens, & à leur imitation plufieurs Gentils hommes François, qui ont diuerfes places & Chafteaux, en ce cas le
domicile eft eftimé celuy où il habite le plus communément.

Au refte on a douté autrefois fi les parties pouuoient eftre contraintes d'élire domicile ou nõ, les vns eftimãs que l'élection étoit
neceffaire pour l'abreuiation des procez & retranchement des
frais & dépens qu'il y conuient faire : les autres difoient au contraire, qu'on auoit moyen de pouruoir à l'abreuiation des procez
faifant par vn mefme adiournement donner affignation aux parties de comparoir en tous actes concernant la caufe, & aux iours

competans : mais l'Ordonnance a fuiuy la premiere opinion comme la meilleure, de laquelle fe peut encore tirer vn autre doute, à fçauoir, fi elle doit eftre plus fainement entenduë du lieu où eft le Siege, ou du reffort. Imbert a traité cette queftion au 2. liure de fes Inftitutions Forenfes, où il vfe de cette diftinction ; Que fi la partie qu'on veut contraindre d'élire domicile , demeure prés du lieu où la Iuftice, en laquelle il eft appellé eft exercée , comme à trois ou quatre lieuës de là, il ne doit eftre contraint d'élire domicile au lieu où il eft conuenu : Mais s'il eftoit demeurant loin de là , il le deuroit eftre , laquelle diftinction femble fort conuenable aux termes de l'Ordonnance : Tant y a que telle élection de domicile faite par quelques parties en certaine caufe, ne peut feruir à autres parties qui s'en voudroient ayder en autre inftance, ny pareillement celle faite en la caufe principale, ne peut auoir lieu en celle d'appel entre les mefmes parties, fi l'appel reffortit hors le lieu où la premiere inftance a efté iugée. Imbert liure 1. chapitre 17.

DES DEFAVTS ET CONTVMACES.

L'Article 24. de la mefme Ordonnance de l'an 1539. porte, qu'au lieu de quatre defauts que l'on leuoit anciencment, tant en matiere ciuile que criminelle, il fuffira d'en auoir deux, bien & deuëment obtenus : Auffi n'en vfons nous que de deux fortes en matiere ciuile , ainfi qu'il a efté dit au Style de la Cour : à fçauoir, defaut à faute de comparoir , & defaut à faute de defendre , lefquels eftoient autres fois de mefme force & vertu l'vn que l'autre : Car bien que le defaillant fût contumax à faute de comparoir , ou à faute de defendre & fournir aux autres exceptions de Iuftice , il eftoit entierement priué de cela dont il eftoit forclos. Mais il eft auiourd'huy autrement obferué en France : car on eft toûjours receu à bailler & fournir de ce dont on eft forclos , iufques à ce que le procez foit fur le Bureau.

Lequel Article, auffi bien que le precedent, féble n'auoir efté fait que pour terminer les procez par vne briefue circonfcription du temps Or côme les iugements ne doiuent pas feulement eftre dônez contre les prefens, mais auffi côtre les défaillans & contumax,

& que de diſpoſition de droiȼ la contumace eſt punie & repri-
mée par la décheance de la cauſe, il eſtoit neceſſaire de preſcrire
vne regle certaine, non ſeulement aux negoces ciuils & ordinaires, mais auſſi aux extraordinaires, par laquelle il ſeroit loiſible
d'inſtruire le procez dans vn bref temps : Donc en toutes cauſes
ciuiles ou criminelles, auſquelles par l'ancien Style & ordre iudiciaire eſtoient requis quatre defauts, ſuffit d'en obtenir deux,
pourueu qu'il y ait adjournement precedent fait deuëment & legitimement à perſonne ou domicile en preſence de témoins, ainſi
que le veut expreſſement ledit article, & partant ces quatre defauts ont eſté reſtraints à deux, toutesfois parce que (comme il a
eſté deſia dit au Style de la Cour) en l'ordre Iudiciaire pluſieurs
choſes ſôt laiſſées à l'arbitrage des Iuges:& qu'en l'octroy & côceſ-
ſion des delais & de telle maniere de defauts,l'équité de ces Iuges
a beaucoup de lieu, les choſes ne ſe doiuent pas traiter rigoureu-
ſement, parce que quelquefois ils peuuent prononcer & iuger,
pouſſez de quelque équité, vn troiſiéme & quatriéme defaut,
afin que plus ſeurement les choſes puiſſent eſtre traitées:auſſi l'article cy-deſſus porte ces mots, *Sauf que les Iuges en pouront donner*
vn troiſiéme, s'ils voyent que la matiere y ſoit diſpoſée:Et de cette équité vſent Meſſieurs des Requeſtes du Palais, & Meſſieurs du Parlement, comme nous le voyons pratiquer, tant és matieres ciuiles qu'és matieres criminelles: mais principalement en la Cour de
Parlement és matieres criminelles, eſquelles ſe donne bien
ſouuent vn quatriéme defaut contre vn aſſigné à trois briefs iours,
& on appelle ce defaut-là, de grace,c'eſt à dire,vn delay extraordinaire de l'accuſé de ſe pouuoir encore preſenter.

Auſſi les contumaces ſôt de trois manieres en droiȼ,l'vne vraye,
l'autre notoire, & la troiſiéme feinte ou preſumée : La premiere & vraye contumace, eſt quand l'adjourné declare de bou-
che qu'il ne comparoiſtra pas:La ſeconde,quand l'adjournement
eſt fait à perſonne ſans qu'il faſſe aucune reponſe: & en ces deux
cas il n'eſt beſoin d'obtenir que deux defauts, car ils ſont équipa-
rez par l'Ordonnance: La troiſiéme eſt, quand l'adjournement
eſt fait au domicile ſeulement, & en ce cas, pource que la contumace ne ſemble pas ſi grande, il eſt permis au Iuge d'ordonner
que le defaillant ſera derechef adiourné.

Et dautant que l'Ordonnance parle des defauts deuëment obtenus, il faut ſçauoir quand on les peut dire tels : car il y a pluſieurs cas eſquels l'adjournement eſt inualide,& conſequemment

le defaut ne peut subsister par la commune regle de droict , qui
veut que d'vn acte nul , ne se puisse ensuiure aucun effect.

Or par les Ordonnances de l'an 1539. art. 9. 16. 22. & 70. d'Orleans article 93. de Blois articles 173. 174. & 175. de Moulins articles 31. & 33. Tous adiournemens pour estre valables doiuent
premierement estre faits à personne ou domicile en presence de
deux témoins, 2. qu'ils soient libellez, & contiennent succincte-
ment la demande, 3. qu'il y ait copie laissée aux adiournez ou à
leurs gens, ou attachée à la porte, 4. que les témoins soient nommez & la demeure d'iceux, 5. que le domicile de la partie qui fait
faire l exploict soit exprimé par icelluy, 6. que le temps deuant ou
apres midy le soit aussi , 7. qu'ils portent vn temps suffisant pour
comparoir à l'assignation, 8. que les assignations soient données
pardeuant les Iuges competens.

Aussi en termes de droict on dit, qu'on ne peut bien & deuëment contumacer sa partie pardeuant vn Iuge notoirement incompetent , estant l'adiournement nul de droict ; ce qui pourroit
auoir pareillemét lieu, s'il suruenoit vn iuste ou necessaire empeschement , qui empeschât vne partie de comparoir , tellement
qu'és cas cy-dessus , si les defauts estoient leuez , ils deuroient
estre mis au neant, sans que le defaillant deût pour raison d'iceux
aucuns dépens : mais aussi si les exploicts sont bien f its, & que la
partie soit adiournée pardeuant son Iuge en lieu & par delais
competens. Il faut dire que si elle ne veut comparoir & venir en
Iustice pour retarder & s'opposer à la poursuite du demandeur,
les defauts que l'on leuera contr'elle seront reputez bien obtenus,
& en cela l'Ordonnance doit auoir lieu, & non autrement.

Donc si le defendeur ne se presente par Procureur au iour assigné, le demandeur leuera le congé defaut sur la presentation que
le Greffier luy deliurera par extraict en la forme qui suit.

EXTRAIT DES REGISTRES DES REQVESTES
du Palais, du tel iour.

COngé defaut à tel, de tel estat, demeurant en tel lieu, defendeur au principal & demandeur en renuoy, selon l'acte d'vn
tel iour, par tel Procureur. Contre tel, demandeur audit principal & defendeur en renuoy, & defaillant à faute de comparoir. A
costé duquel defaut le Greffier met ces mots. *Deliuré le tel iour.*

Ne faut pas attendre à leuer son defaut vn an apres la closture

du cahier, car autrement on ne peut faire deliurer ſondit defaut
ſur le cahier, qu'au prealable on n'ait preſenté cette Requeſte.

A NOSSEIGNEVRS DES REQVESTES DV PALAIS.

Supplie humblement tel, qu'il vous plaiſe ordonner le defaut
ou Congé par luy obtenu le tel iour & an, à l'encontre dudit tel,
à faute de comparoir eſtre deliuré au ſuppliant, nonobſtant le ſur-
an d'iceluy, & vous ferez bien.

Le Commis du Greffe étend la Requeſte, & met au bas, ſoit
fait, &c.

Ledit defaut ainſi leué par extraict & paraphé du Greffier, ſera
attaché à l'exploict libellé, contenant la demande du demandeur,
le tout mis en vn ſac, & baillé à iuger au Greffe, interuient la
Sentence qui enſuit.

Atous ceux qui ces preſentes Lettres verront, les Gens tenans les
Requeſtes du Palais, Conſeillers du Roy noſtre Sire en la Cour de
Parlement, Commiſſaires en cette partie, Salut. Sçauoir faiſons,
comme dés vn tel iour, tel demandeur euſt fait conuenir & adiourner vn tel pardeuant le Preuoſt de Paris, ou ſon Lieutenant,
& pour ſe voir condamner à faire telle choſe (faut prendre le contenu en l exploict libellé) & depuis la cauſe renuoyée pardeuant
nous à tel iour, auquel iour ſeroit le demandeur comparu :
& quant audit deffendeur, il ne ſeroit comparu ny Procureur
pour luy, contre lequel ledit demandeur auroit obtenu congé
defaut, le profit duquel il requeroit luy eſtre fait & adiugé : &
à cet effet auroit iceluy mis pardeuers nous, enſemble ſon exploict & autres pieces. Le tout veu & conſideré, Nous au moyen
& par vertu dudit defaut, auons retenu & retenons la connoiſſance de la cauſe & differend des parties, & ordonné que les parties viendroient proceder en la Cour ſelon les derniers erremens,
& ledit deffendeur condamné aux dépens dudit congé defaut,
& de tout ce qui s'en eſt enſuiuy, tels que de raiſon ; la taxe d'i-
ceux à nous reſeruée par noſtre Sentence, iugement & à droict.
Si donnons en mandement, &c.

Sentence de renuoy donnée par defaut, & eſpices.

Que ſi le demandeur en renuoy ne compare, le deffendeur qui
ſe ſera preſenté peut de meſme leuer ſon congé defaut, le bailler
à iuger, & faire renuoyer la cauſe, s'il allegue fins declinatoires
en ces mots, *Nous au moyen & par vertu dudit defaut declarons, que
ne retiendrons la connoiſſance de la cauſe, mais auons renuoyé & ren-*

noyons les parties pardeuant le Iuge de tel lieu, pour y proceder entr'elles suiuant les derniers erremens, condamnons ledit demandeur és dépens.

Si toutes les parties comparent par Procureurs, & que le demandeur, veüille consentir la retention de la cause, il peut porter au Greffe le congé defaut contenant ces mots.

EXTRAIT DES REGISTRES DES REQVESTES DV PALAIS.
du : : : : iour de : : : :

Congé defaut portant retention de cause. Congé defaut à tel demandeur aux fins de l'exploit du tel iour, & deffendeur en renuoy, par Maistre tel son Procureur. Contre tel deffendeur & demandeur audit renuoy & defaillant, par vertu duquel la Cour, du consentement dudit deffendeur en renuoy, a retenu & retient à elle la connoissance de la cause & matiere d'entre les parties, ordonne qu'elles procederont en icelle, selon les derniers erremens, & soit signifié.

Ce congé defaut est deliuré en parchemin & paraphé par le Greffier de l'Audience du Parquet, lequel retient celuy qui luy a esté baillé en papier par le Procureur qui luy sert de minute.

Mais si le deffendeur ne veut consentir ledit renuoy, faudra que le demandeur prenne vn Aduenir en la forme qui ensuit.

EXTRAIT DES REGISTRES DES REQVESTES DV PALAIS,
du : : : : iour de : : : :

Aduenir pour plaider sur la retention. Defaut à tel deffendeur au principal, & demandeur en renuoy par tel son Procureur: contre tel deffendeur audit renuoy, par vertu duquel la Cour ordonne, que le deffendeur en renuoy viendra au premier iour en l'Audiance plaider sur la retention de la cause requise par le demandeur, autrement sera fait droict, & soit signifié.

La signification faite au Procureur du deffendeur, s'il compare à l'Audiance il est oüy, s'il ne compare on prend defaut, par vertu duquel la cause est retenuë, comme dessus est dit.

Mais doit le demandeur en renuoy auparauant que de comparoir à l'Audiance, communiquer, bailler copie, & iustifier de sa qualité ; soit qu'il soit couché sur l'Etat de la maison du Roy, de la Reyne, des Enfans de France, ou des Princes du Sang, ou soit que par autre genre il soit des Commensaux de la Maison du Roy: car autrement venant à l'Audiance il n'obtiendroit autre chose sinon qu'il communiquera.

Ce qui eſt d'autant plus iuſte, que c'eſt vne choſe de trop d'importance pour les parties, d'eſtre tirées hors de leurs Iuriſdictions
ordinaires en vertu deſdits *committimus* & Priuileges , qui ſont
contre la diſpoſition du droict commun , des principaux points
pour fonder leur intention & intenter leur action.

Au reſte en matiere de renuoy , les preſentations ſe font par congé defaut, dautant qu'eſdites matieres les deux parties ſont demandeurs, l'vn demandeur en renuoy & defendeur au principal,
& l'autre defendeur au renuoy & demandeur au principla.

Si le demandeur apres le renuoy & ſa comparution, ne fait aucunes pourſuites, le defendeur peut obtenir le meſme aduenir, &
demander à l'Audience le renuoy de la cauſe, ce qu'il obtiendra
en meſme forme , en ces mots.

EXTRAIT DES REGISTRES DES REQVESTES DV PALAIS,
du tel iour.

Congé defaut à tel demandeur aux fins de l'exploit d'vn tel *Iugement*
iour, & defendeur en renuoy par tel ſon Procureur, & tel defen- *par defaut*
deur au principal, & demandeur audit renuoy, & defaillant, par *portant ren-*
vertu duquel, La Covr a renuoyé & renuoye les parties parde- *uoy.*
uant le Iuge de tel lieu pour y proceder entr'elles, ſuiuant les derniers erremens, & le defaillant condamné aux dépens dudit renuoy, & ſoit ſignifié.

Que ſi toutes les parties comparent à l'Audience, & qu'il y ait
lieu aux fins declinatoires du defendeur en renuoy, la Cour prononcera en ces mots.

EXTRAIT DES REGISTRES DES REQVESTES DV PALAIS,
du tel iour.

Entre tel demandeur aux fins d'vn exploict du tel iour, par tel *Iugemens*
ſon Procureur, d'vne part, & tel defendeur par tel ſon Procureur, *contradi-*
d'autre-part, La Covr, parties oüyes, ayant égard aux fins de- *ctoire por-*
clinatoires dudit defendeur , a declaré & declare qu'elle ne re- *tans renuoy.*
tiendra la connoiſſance de la cauſe, a renuoyé & renuoye les parties pardeuant les Iuges des lieux, dépens reſeruez ; ſans prejudice du priuilege du demandeur en autre cauſe, & ne pourront les
qualitez prejudicier.

Ou ſi on demande la retention , & que les fins declinatoires ne
ſoient bonnes, la Cour prononce en ces mots, La Covr , par-

ties oüyes, sans auoir égard aux fins declinatoires, proposées par
le deffendeur, A ordonné & ordonne que les parties procederont
en ladite Cour, & viendra iceluy deffendeur deffendre à quinzaine.

Ou bien quand les parties sont d'accord de la retention, on passe l'appointement en la forme qui ensuit.

Appointe-
ment d. re-
tention.

Entre tel, de tel estat, deffendeur au principal, & demandeur en
renuoy, suiuant l'exploit ou requeste d'vn tel iour, & deffendeur
en renuoy, par tel son Procureur, & tel demandeur au principal,
& deffendeur audit renuoy, par tel son Procureur, d'autre: Appointé est, que la Cour du consentement des parties a retenu &
retient à elle la connoissance de la cause, & ordonne qu'icelles
parties viendront proceder en icelle selon les derniers erremens,
& en outre comme de raison.

Lequel appointement se peut prendre aussi quand il y a interuention, & auec les parties principales, à la fin duquel on adjoû-
te, suiuant les derniers erremens.

Est à obseruer qu'on ne peut leuer aucun iugement contradictoire qu'auparauant les qualitez des parties n'ayent esté signifiées
au Procureur.

Quant aux autres defauts à faute de comparoir en toutes autres
matieres, où il ne s'agit point de renuoy, voicy comme ils s'obtiennent.

EXTRAIT DES REGISTRES DES REQVESTES DV PALAIS,
du : : : : iour de : : : :

Defaut à
faute de
comparoir.

Defaut à tel, de tel estat, demeurant en tel lieu, demandeur selon l'exploit du . . . . iour . . . . par tel son Procureur,
contre tel deffendeur & deffaillant à faute de comparoir.

Au bas & à costé duquel le Greffier met ces mots, Deliuré le
tel iour.

Ledit defaut ainsi leué par extrait, & paraphé du Greffier, sera
attaché auec l'exploit libellé contenant la demande du demandeur, & le tout mis en vn sac, & baillé à iuger au Greffe, & sera
donnée la Sentence qui ensuit.

Sentence de
contumace
faute de
comparu-
tion.

A TOVS ceux qui ces presentes lettres verront, les Gens tenans les Requestes du Palais à Paris, Conseillers du Roy nostre
Sire en sa Cour de Parlement, Commissaires en cette partie, Salut. Sçauoir faisons, Que veu par nous le defaut à faute de comparoir, obtenu par tel demandeur en reconnoissance de promesse,

aux

aux fins de l'exploict fait à ſa Requeſte, par tel Sergent, le tel
iour, contre tel deffendeur & deffaillant. La demande, Lettres &
exploits du demandeur: Et tout conſideré; Nous au moyen & par
vertu dudit defaut, Auons declaré ledit defaut bien & deuëment
obtenu, & pour le profit d'iceluy ; la promeſſe, dont eſt queſtion,
tenuë pour reconnuë , le deffendeur condamné à garnir par
prouiſion la ſomme y contenuë, en baillant par le demandeur
caution de rendre & reſtituer ladite ſomme , s'il eſt dit en fin de
cauſe, que faire ſe doiue. Et au principal auons ledit defendeur
debouté de toutes & chacunes exceptions, & deffenſes qu'il euſt
peu dire contre la demande dudit tel, laquelle il verifiera tant par
lettres que par témoins partie appellée ; & ſera ledit defendeur
derechef adjourné pourvoir par ledit demandeur produire lettres
& titres en forme de preuue, produire de ſa part, ſi bon luy ſemble, bailler contredits & ſaluations, voir receuoir pour iuger l'enqueſte du demandeur, ſi aucune il fait, & prendre iour pour oüyr
droit en definitiue, & condamnons ledit defendeur és dépens
dudit defaut, tels que de raiſon, la taxe d'iceux par deuers nous
reſeruée par noſtre Sentence, iugement & à droict. Si donnons en
mandement & commettons par ces preſentes au premier Huiſſier
ou Sergent Royal ſur ce requis, qu'à la Requeſte dudit demandeur, il adiourne ledit defendeur à certain iour pardeuant Nous,
pour venir répondre & proceder ſelon le contenu en ces preſentes, & voir taxer les dépens adiugez par icelle. De ce faire luy
donnons pouuoir. Donné à Paris ſous le ſeel deſdites Requeſtes
le tel iour.

Quant aux defaurs à faute de defendre , ils ſe prennent contre
les defendeurs , & adiournez, qui ne tiennent compte de defendre, apres qu'ils ſont comparus, en la forme qui enſuit.

EXTRAIT DES REGISTRES DES REQVESTES DV PALAIS, *du tel iour*

Defaut à tel , de telle qualité, demandeur aux fins de certaines *Defaut à faute de de-fendre.*
Lettres en forme de Commiſſion par luy obtenuës en Chancel-
lerie, le tel iour ; ou d'vn exploit en datte du tel iour audit an, par
tel ſon Procureur, contre tel defendeur & defaillant à faute de
defendre , ſauf huictaine (ou autre temps ſelon la diſtance des
lieux) & ſoit ſignifié.

Ce defaut ainſi fait par le Procureur & paraphé du Greffier, ſera
ſignifié au Procureur du defendeur, à ce qu'il y ſatisfaſſe dans le

D

temps du sauf, qui est toûjours donné selon la distance des lieux, suiuant l'Ordonnance & reglement rapportez au Style de la Cour, auquel le Lecteur aura recours, à cause que les mesmes delais qui s'obseruent au Parlement, sont communs tant aux Requestes du Palais, qu'aux Requestes de l'Hostel, & la Cour des Aydes.

Il faut obseruer qu'auparauant qu'on puisse faire iuger aucuns defauts ou congez aux Requestes du Palais, il faut toûjours auoir vne permission de ce faire, que l'on obtient apres le sauf ou delay passé : & encore faut-il attendre six iours, à compter du iour de la signification de ladite permission, laquelle se fait aussi par le Procureur, & on la fait parapher du Greffier en cette forme.

EXTRAIT DES REGISTRES DES REQVESTES DV PALAIS, *du tel iour.*

Permission de faire iuger vn defaut à faute de defendre. La Cour a permis & permet à tel, de telle qualité, demandeur aux fins de certaines lettres, ou de tel exploit, du tel iour, de faire iuger le defaut par luy obtenu le tel iour, par Maistre tel son Procureur, contre tel defendeur & defaillant, & ce à faute de defendre, & soit signifié.

Ladite permission paraphée du Greffier, il la faut faire signifier au Procureur du defendeur, & s'il ne fournit de defenses six iours aprés, ladite permission sera attachée au defaut auec l'exploit libellé, contenant la demande du demandeur, & autres pieces iustificatiues : & le tout mis dans vn sac, & baillé au Greffier pour faire iuger ; sur lequel defaut sera donnée Sentence de contumace, portant, debouté de defenses, telle qu'elle est cy-dessus inserée. Et s'il y a exceptions fournies par le defendeur, apres que le demandeur y a satisfait ; il peut prendre vne iteratiue permission, où l'on adiouste, *a derechef permis*, & trois iours apres la signification d'icelle baillera son defaut à iuger.

Ce qui est conforme à l'Ordonnance de l'an 1539. article 26. en ces mots, *En toutes actions ciuiles où il y aura deux defauts, sera par vertu du second, le defendeur debouté de ses defenses : & par mesme moyen, permis au demandeur de verifier sa demande ; & apres l'enqueste faite, sera la partie adiournée pour voir produire lettres & titres, & bailler contredits, si bon luy semble, & prendre appointement en droict, sans qu'il soit necessaire d'ordonner que le defendeur soit adiourné pour bailler son ny.* Ce mot de *ciuiles* est ainsi mis dans l'Ordonnance , pour exclure les matieres criminelles, esquelles l'accusé est tousiours receu à déduire , & alleguer ses defenses, quelque contumax qu'il soit, comme dit Imbert au 4. liure de ses Institutions Forenses.

Pour le regard du *ny* (qui est aboly par cette Ordonnance) c'estoit la denegation & réponse derniere que le defendeur defalilant pouuoit encore faire à la demande du demandeur.

En vertu de laquelle Sentence de contumace , le demandeur peut faire faire son enqueste, pour la verification de sa demande; & pour ce faire, requerir en iugement que commission luy soit deliurée, addressante au Iuge des lieux, pour faire ladite enqueste en la forme qui ensuit.

EXTRAIT DES REGISTRES DES REQVESTES DV PALAIS, *du tel iour.*

Defaut à tel demandeur en execution de Sentence de debou- *Iugement pour faire* té de defenses du tel iour, par tel son Procureur , contre tel *enquefte* defendeur & defaillant, par vertu duquel, apres que le deman- *pardeuant* deur a dit , que par ladite Sentence ledit defendeur a esté de- *le iuge des* bouté de defenses, & permis de verifier sa demande, tant par *lieux.* lettres que par témoins, partie presente ou appellée, ce qu'il ne peut faire sans auoir commission addressante au Iuge des lieux; La Covr a ordonné & ordonne que ledit demandeur aura commission addressante à tel Iuge pour faire & parfaire son enqueste dans tel temps, partie presente ou appellée; se pourront lesdites parties faire interroger l'vne l'autre sur faits & articles pertinens, suiuant l'Ordonnance, & vaudront les exploits qui seront faits aux personnes ou domiciles des Procureurs des parties, comme si faitsétoient à leurs propres personnes & domiciles, suiuant l'Ordonnance, & soit signifié.

Le iugement tel que dessus signifié au Procureur dudit defendeur, faudra leuer la commission pour faire enqueste en la forme qu il sera dit cy-apres

L'enqueste faite & rapportée au Greffe, le demandeur fera adiourner ledit defendeur , pour voir proceder suiuant le contenu en ladite Sentence, voir produire Lettres & titres, produire de sa part , si bon luy semble, bailler contredits & saluations, voir receuoir l'enqueste du demandeur pour iuger & prendre

iour pour ouyr droict en definitiue , conformément à l'Ordonnance cy-deſſus, à ladite Sentence de debouté de defenſes : laquelle, pource qu'elle admet le demandeur à faire enqueſte, elle
doit touſiours porter, que le defendeur ſera reaſſigné pour voir
produire & contredire la produ&ion du demandeur, & en faire
mention, autrement le iugement ſeroit nul , ſuiuant qu'il a eſté
iugé par Arreſt du penultiéme Decembre 1540. rapporté par Papon liure 7. de ſon Recueil d'Arreſts titre 16. & par autres des 16.
Ianuier 1563. & 16 Decembre 1576.

Au iour aſſigné ledit demandeur ſe preſentera en la forme
ſuſdite au titre *des Preſentations*.

Si le defendeur ne compare , le demandeur leuera ſon defaut,
qu'il baillera à iuger : & lequel auec l'enqueſte & les pieces miſes,
par inuentaire , ſeront baillées au Greffier pour eſtre iugées definitiuement, & emporte ledit defaut gain de cauſe, auec adiudication des concluſions du demandeur, & condamnation de tous
dépens, dommages, & intereſts.

Si ledit defendeur compare , & ſe preſente par Procureur,
faudra que le demandeur faſſe receuoir ſon enqueſte pour iuger & appointer les parties à produire , bailler contredits &
ſaluations, & prendre iour pour oüyr droict en definitiue en la
forme qui enſuit.

EXTRAIT DES REGISTRES DES REQVESTES
du Palais, du tel iour.

Reglement à produire, bailler con tredits & ſaluations.

Defaut à tel de tel, eſtat, demeurant en tel lieu , demandeur
en execution de certaine Sentence du tel iour, par tel ſon Procureur ; contre tel defendeur & defaillant : par vertu duquel, apres
que ledit demandeur a declaré ledit defendeur auoir eſté debouté de defenſes, & ſuiuant ladite Sentence a fait faire ſon enqueſte qu'il a fait mettre au Greffe de la Cour le tel iour , & fait
bailler copie du procez verbal d'icelle au Procureur dudit defendeur , ſuiuant l'Ordonnance , LA COVR a receu & reçoit
l'Enqueſte faite à la Requeſte dudit demandeur contre ledit defendeur pour iuger, ſauf à debattre le procez verbal d'icelle, &
ſont leſdites parties appointées à produire à huictaine , bailler
contredits & ſaluations dedans le temps de l'Ordonnance, & à la
huictaine enſuiuant à oüyr droict en definitiue, & afin de dépens,
& ſoit ſignifié.

Ou bien on dresse simplement vn acte que l'on fait signifier en ces mots.

L'enqueste faite par Maistre tel, Iuge de tel lieu, à la Requeste de tel demandeur, suiuant l'appointement donné entre les parties, le tel iour, (ou bien suiuant la Sétence de debouté de defenses du tel iour) est receuë & la reçoit la Cour pour iuger, sauf à debattre le procez verbal d'icelle, de moyens de nullité & reproches contre les témoins oüys en icelle, & sont les parties appointées à produire, bailler contredits & saluations dans le temps de l'Ordonnance, & afin de dépens, dommage, & interests.

Ledit appointement ainsi fait, & signifié, si le Procureur du defendeur l'empesche, & ne le veut passer, il faut le faire venir à l'Audience en vertu d'vn Aduenir, [& cét appointement receu, mis en parchemin, & signifié au Procureur,] faudra dresser la produ-ction, faire l'inuentaire, produire, & faire ioindre l'Enqueste à la production ; comme il sera dit cy-aprés.

Cependant le demandeur peut, si bon luy semble, faire taxer les dépens à luy adjugez, en vertu de ladite Sentence de debouté de defenses, ou bien attendre la definitiue, afin de n'en faire qu'vne declaration.

Il faut remarquer qu'aux Requestes du Palais, encore que le defendeur soit debouté de defenses, en la façon que nous auons dit, si est-ce qu'il est tousiours receuable à produire, auant mesme qu'il se soit fait restituer par Requeste ou autrement, à la difference de la Cour de Parlement, où on ne peut pas produire aprés le debouté de defenses, si on ne se fait restituer dans quatre mois du iour de la signification de l'Arrest de debouté de defenses.

Toutefois au sdites Requestes, si le defendeur veut fournir des defenses, il faut qu'il se fasse restituer en refondant les dépens, & à cét effet faire signifier le congé qui ensuit.

EXTRAIT DES REGISTRES DES REQVESTES DV PALAIS,
du tel iour.

Congé à tel defendeur, par Maistre tel son Procureur: Contre tel, demandeur aux fins de l'exploit du tel iour: Et en execution de Sentence de debouté de defenses du ..... ensuiuant : Par ver-tu duquel, la Cour a receu & reçoit le defendeur à proposer ses defenses, tout ainsi qu'il eust pû auparauant ladite Sentence de

Congé sur la refusion de dépens.

D iij

contumace, dans trois iours en refondant les dépens d'icelle, & ſoit ſignifié.

Ce Congé pris en parchemin, & paraphé du Greffier, le faut faire ſignifier au Procureur de partie aduerſe, & ſuiuant iceluy le defendeur pourra fournir de defenſes, auſquelles il faut fournir de repliques, & proceder en la cauſe, icelle inſtruire, & faire iuger, ainſi qu'il ſera dit cy-aprés.

Or encore que le demandeur ait obtenu defaut, & ſur iceluy Sentence, par laquelle le defendeur eſt debouté de defenſes, permis au demandeur de verifier ſa demande, tant par lettres que témoins, ſi eſt-ce toutefois, que ſi le demandeur ne verifie ſa demande par témoins, ou ne la iuſtifie par bonnes pieces, il ſera condamné, & le defendeur abſous: quoy que ledit defendeur ne produiſe aucune choſe, ſuiuant l'article 27. de l'Ordonnance de l'an 1539. qui veut qu'auparauant que donner aucune Sentence contre les defaillans contumax, & non comparans, le demandeur faſſe apparoir du contenu en ſa demande, en quoy eſt abregée l'ancienne façon de proceder: car par l'ancien Style, encore qu'vn demandeur n'euſt verifié ſa demande, toutefois le defaillant & cõtumax eſtoit condamné, & perdoit touſiours ſa cauſe, & en ce faiſant on ne conſideroit autre choſe que la contrainte. Ce qui a eſté trouué iniuſte, parce que le plus ſouuent il arriuoit qu'vn calomnieux & temeraire demandeur, auant affaire à quelque pauure homme timide, l'étonnoit & ébranloit de telle ſorte, qu'il n'oſoit comparoir en iugement; de ſorte que par ce moyen il eſtoit iniuſtement condamné, & pour cette raiſon il a eſté ordonné que le demandeur prouueroit & iuſtifieroit ſon intention, autrement qu'il en ſeroit debouté & exclus; ſuiuant auſſi la diſpoſition de droiȼt, qui veut qu'à faute de prouuer par le demandeur ſa demande, le defendeur ſoit enuoyé abſous.

Au ſurplus, il y a des defauts qui ſe peuuent obtenir en pluſieurs inſtances, leſquels emportent gain de cauſe, & ſont iugez definitiuement.

Comme, contre vn oppoſant, à faute de comparoir, ou de defendre, il eſt debouté de ſon oppoſition.

Sur l'execution des Sentences, & iugemens declarez executoires, par vertu du defaut, auec condamnation de dépens.

Contre vn adiourné pour affirmer quels deniers il doit, par vertu du defaut, eſt condamné à payer la ſomme pour laquelle la ſaiſie & arreſt a eſté fait entre ſes mains & és dépens en le faiſant dire auec le debiteur.

Defauts donnez contre tous adiournez pour rendre compte, ſont dondamnez de le rendre dans certain temps , & és dépens.

Tous leſquels defauts ſe doiuent obtenir en la forme que deſſus, & parce qu'ils ſe iugent definitiuement , il ſeroit à propos que le demandeur baillaſt vn mot de demande & profit de defaut : Mais les Procureurs ne le font pas le plus ſouuent , mais ſe contentent d'attacher l'exploit qui ſert de demande : Nous ne laiſſerons pas toutefois d'inſerer icy la forme de ladite demande & profit de defaut pour ceux qui s en voudront ſeruir.

C'eſt la demande & profit du defaut, que met & baille pardeuant vous, Noſſeigneurs, les Gens tenans les Requeſtes du Palais, Conſeillers du Roy noſtre Sire en ſa Cour de Parlement, Commiſſaires en cette partie, tel, de tel etat, demandeur en execution de Sentence de la Cour de ceans , contre tel defendeur & defaillant.

Demande & profit de defaut.

Diſant ledit demandeur , que dés le tel iour , ledit demandeur auroit obtenu Sentence, par laquelle vn tel , duquel le defendeur eſt heritier, & biens tenant, auroit eſté condamné payer la ſomme de tant, & pour voir declarer icelle executoire à l'encontre de luy , le demandeur l'auroit fait aſſigner en cette Cour, en laquelle il l'a pourſuiuy de defendre , ce qu'il n'auroit tenu compte de faire au moyen dequoy il a obtenu ſon defaut, & permiſſion de le faire iuger ; qui ont eſté bien & deuëment ſignifiez au Procureur dudit defendeur, le profit & adiudication duquel ledit demandeur requiert luy eſtre fait & adiugé tel. C'eſt à ſçauoir, que par voſtre Sentence & iugement il ſoit dit ledit defaut auoir eſté bien & deuëment obtenu , pour le profit duquel ſera ladite Sentence declarée executoire contre ledit defendeur, tant en principal que dépens ; tout ainſi qu'elle eſtoit contre ledit tel, & ledit defendeur condamné és dépens de l'inſtance dudit defaut , & de tout ce qui eſt enſuiuy , tels que de raiſon.

Laquelle demande auec ledit defaut & permiſſion attachée aux pieces & exploits le tout mis dans vn ſac , ſera baillé au Greffier, pour eſtre ledit defaut iugé.

Il faut obſeruer, que tant ladite demande que l'inuentaire, enſemble tous autres inuentaires de production qu'on met au Greffe, doiuent eſtre ſignez du Procureur , autrement le Greffier ne les doit pas receuoir.

EXTRAIT DES REGISTRES DES REQVESTES DV PALAIS,
du tel iour.

*Sentence
definitiue
donnée par
defaut.*

V E v par la Cour le defaut obtenu par vn tel, demeurant en vn tel, lieu demandeur en execution de Sentence dü tel iour : Contre tel defendeur & defaillant : La demande, pieces & exploits: ladite Sentence de l'execution de laquelle est question : & tout ce que le demandeur a produit: tout veu & consideré. Dit a esté, que la Cour au moyen & par vertu dudit defaut, a declaré ladite Sentence executoire contre ledit defendeur, tout ainsi qu'elle estoit contre tel, tant en principal que dépens, & a condamné ledit defendeur és dépens de l'instance dudit defaut, & de tout ce qui s'en est ensuiuy, tels que de raison.

Ladite Sentence se pourra leuer en forme, comme dit est ey-deuant, adressante au premier Huissier ou Sergent sür ce requis pour la mettre à execution; autant en peut-on faire contre vn opposant; toutesfois s'il y auoit de la surprise en l'obtention de la Sentence de defaut, on peut presenter vne Requeste pour la faire rapporter en cette forme, ou par vne Requeste verbale au Parquet.

A Nosseigneurs des Requestes du Palais.

*Requeste
pour faire
rapporter
vne Senten-
ce donnée
par defaut.*

Supplie humblement tel, disant ; Que combien qu'il ne de ust rien à tel, au moyen des payemens à luy, & pour luy faits à ses creanciers, à cause des saisies faites és mains du suppliant à leur Requeste: neantmoins ledit tel n'a laissé de le faire executer à quoy il s'est opposé, & estant assigné en ladite Cour sans aucunes poursuites, du moins valables, iceluy tel auroit par surprise obtenu Sentence de ladite Gour, le tel iour, signifiée au Procureur du suppliant, le tel iour, par laquelle il est debouté de son opposition, & condamné: Ce qui n'est pas raisonnable, sauf correction. C E consideré, Nosseigneurs, il vous plaise ordonner ladite Sentence contre luy obtenuë par surprise, estre rapportée, defenses audit tel de s'en ayder, & vous ferez bien.

Au bas de cette Requeste on met ces mots, Viennent les parties en la premiere (ou seconde) Chambre, au premier iour. Fait le : : : iour de : : :

Cette Requeste signifiée, il faut comparoir à l'Audiance, où
les

les parties ſont reglées , ſinon on prend ledit Reglement par defaut, portant qu'elles mettront leurs pieces, ou bien ſont appointées à écrire & produire, apres toutesfois auoir fait ſignifier cét
Aduenir au Procureur de partie aduerſe, afin de venir plaider.

EXTRAIT DE REGISTRES DES REQVESTES DV PALAIS.
du : : : : iour de : : : :

Defaut à tel demandeur en Requeſte par luy preſentée à la
Cour le tel iour, par vn tel ſon Procureur , contre tel defendeur & defaillant, par vertu duquel la Cour ordonne , que les
parties viendront au premier iour en la premiere ou ſeconde,
Chambre, pour eſtre oüys & reglez ſur ladite Requeſte , autrement ſera donné exploit, & le profit d'celuy iugé ſur le champ, &
ſoit ſignifié.

Voilà pour ce qui eſt des defauts à faute de comparoir , & de
defendre, qui s'obtiennent auſdites Requeſtes.

CONGEZ.

QVant aux congez que les defendeurs obtiennent contre les
demandeurs, ils emportent tous gain de cauſe, & ſe iugent
definitiuement : toutesfois ils ne ſe peuuent obtenir, que prealablement leſdits defendeurs n'ayent fourny de bonnes, valables, &
receuables defenſes, autrement ils ſeroient declarez nuls , ſoit
auſdites Requeſtes, ou en la Cour par appel : mais leſdites
defenſes fournies, ſi les demandeurs ne pourſuiuent (comme
cela arriue ſouuent aprés qu'ils ont veu les defenſes qu'on leur
fournit ,) les defendeurs peuuent leuer leur congé en la forme
qui enſuit.

EXTRAIT DES REGISTRES DES REQVESTES DV PALAIS,
du tel iour.

Congé à Maiſtre tel defendeur & aſſigné ſuiuant l'exploit du
tel iour par Maiſtre tel ſon Procureur : Contre tel demandeur &
defaillant à faute de ſouſtenir ſa demande , ſauf le premier iour &
ſoit ſignifié.

Congé con-
tre vn de-
mandeur , à
faute de
ſouſtenir la
demande.

Ledit congé ne contient autre delay que le premier iour,
parce que les demandeurs ne doiuent auoir aucun delay : c'eſt

pourquoy ledit congé paraphé du Greffier, & signifié au Procureur de partie aduerse, ledit iour franc estant passé, le defendeur
peut obtenir permission de faire iuger iceluy en cette forme.

EXTRAIT DES REGISTRES DES REQVESTES DV PALAIS,
du tel iour.

Permiffion
pour faire
iuger vn
congé.

La Cour a permis & permet à Maistre tel defendeur & assigné,
suiuant l'exploit du tel iour, par Maistre tel Procureur, de faire
iuger le congé par luy obtenu le tel iour : Contre tel demandeur
& defaillant, à faute de soustenir sa demande, & satisfaire aux
exceptions fournies par ledit defendeur, le tel iour, & soit signifié.

Au bas de laquelle permission, le Greffier met son paraphe, &
l'Huissier sa signification, en ces mots, comme au congé.

L'an mil six cens : : : le tel iour : : : : : : fut la presente signifiée
& baillé copie à Maistre tel, Procureur de partie aduerse en son
domicile, en parlant à tel son Clerc (ou autre domestique) par
moy tel Huissier. Mais quand on fait ladite signification au Palais,
on ne peut parler qu'à la personne dudit Procureur, ou de son
Substitud, lequel s'il fait quelque réponse, l'Huissier la met à la
fin.

Trois iours apres ladite signification, faudra attacher ledit congé & permission aux pieces, & le bailler à iuger : & sur iceluy interuiendra la Sentence qui ensuit.

Extrait des Regiftres des Requeftes du Palais.

Sentence de.
ß itiue dô-
née fur vn
congé.

VIV par la Cour le congé obtenu par Maistre tel defendeur,
contre tel demandeur : sa demande, lettres & exploits dudit
defendeur; Et tout consideré : Dit a esté, que la Cour au moyen
& par vertu dudit congé, a absous & absout le defendeur, de
l'instance contre luy intentée par le demandeur, lequel est condamné, & le condamne la Cour és dépens de l'instance dudit
congé, & de tout ce qui s'en est ensuiuy, tels que de raison. Prononcé le tel iour.

Cette Sentence se peut leuer en forme comme les autres, dont
il a esté parlé cy-dessus

Que si ledit congé estoit iugé auant que d'auoir fourny de defenses, il est facile au Procureur du demandeur de demander le

rapport de la Sentence par vn mot de Requefte, comme il eft defia dit cy deuant, ou bien comparoir à l'Audience, remonftrer la
nature de l'action, & que le deffendeur n'a fourny defdites defenfes ; alors la Cour a accouftumé d'apointer les parties en droit
à écrire & informer quand il a des faits contraires, ou en droict purement & fimplement, dautant qu'aux Requeftes du Palais vn
deffendeur ne peut faire iuger aucun congé, qu'il n'ait fourny de
deffenfes pertinentes.

Ce Reglement ainfi pris en prefence du Procureur de partie aduerfe, ou par defaut, il le faut faire fignifier, & y fatisfaire, comme il fera dit cy-apres.

[Cette procedure fe fait pourtant fort rarement à prefent, mais
voicy ce qui s'obferue plus ponctuellement. Quand vn demandeur ne iuftifie pas fa demande par pieces & tiltres valables, le
defendeur l'ayant fouftenu non receuable par fes exceptions ou
defenfes, il peut obtenir vn iugement en l'Audience, par lequel
il fera dit, que dans vn temps le demandeur baillera copie des
pieces iuftificatiues de fa demande, autrement que le deffendeur en fera enuoyé abfous, auec dépens, & à faute de fatisfaire audit iugement, le defendeur obtient Sentence d'abfolution.]

Ce que deffus fuffira pour le regard des defauts & congez ;
venons maintenant aux actions, & premierement à l'action perfonnelle.

DE L'ACTION PERSONNELLE.

LA Cour des Requeftes du Palais, comme nous auons dit
cy-deffus, connoift des actions perfonnelles & poffeffoires, aufquelles on a adjoufté les caufes mixtes qui procedent
de la perfonnelle, & reelle, laquelle realité conjointe auec
la perfonnelle, fait que l'action perfonnelle qui eft priuilegiée, attire en confequence auec foy la reelle ; laquelle regarde le fond & droict qu'on a en la chofe : comme quand on
agit comme Seigneur de la chofe, qu'on ne fonde fa demande fur aucun contract ny quafi contract, mais comme ayant
droit en la chofe, qui eft ce qu'on appelle *petitoire* ou *reuendica-*
tion. Voila pourquoy aprés que nous aurons parlé defdites
matieres perfonnelles & poffeffoires, nous dirons auffi vn

mot de la reelle, puis que Messieurs des Requestes en connoissent en la façon que dessus.

Action, comme chacun sçait, est vne voye licite de proceder en iugement, & faire poursuite de ce qui nous est deub:
Elle differe de l'instance, en ce que l'instance n'est que le commencement de l'action, ou plustost la poursuite que nous
faisons de l'action & demande : d'ailleurs l'action ne se prefcrit que par trente ans, quand elle dépend du contract, encore
y en a-t'ils qui passent iusques à quarante ans, & d'autres qui ne
se prescriuent point, comme l'action de garantie, & l'euiction
ou empeschement de la chose subjete à garentie : c'est pourquoy on dit, qu auant le procez intenté, l'action de garentie n'a lieu, ainsi qu'il a esté iugé par Arrest du dernier
Février 1592. voyez Bacquet *des rentes* chap. 6. Mais l'instance, comme nous auons dit au Style de la Cour, contestée ou
non contestée, perit si elle est discontinuée, pendant le temps
& espace de trois ans, suiuant l'Ordonnance de Roussillon : tellement qu'il faut la commencer, pourueu que l'action
ne soit prescrite ; car il y a des actions & instances qui se
perissent par an & iour, comme l'action de complainte & du
retraict lignager, d'injures & autres actions annales, lesquelles si elles ne sont contestées dedans l'an, perdent leur effet:
l'action differe aussi de la cause, dautant que la cause est ce
qui se fait apres la contestation du procez, en ce qu'il n'y a
point de procez, que quand la Sentence est renduë, & qu'il y
a appel d'icelle.

Or entre toutes les actions qui sont en grand nombre, il y en a
cinq principales, & qui sont les plus en vsage, à sçauoir la personnelle, la possessoire, la réelle, la mixte, & la criminelle ; & encore de ces cinq, il y en a deux principales & souueraines ; desquelles
toutes les autres dependent, sçauoir ; l'action personnelle, & l'a-
ction réelle.

Toute action naist & descend d'obligation, c'est pourquoy on
dit que l'obligation est mere de l'action personnelle.

Action personnelle est distinguée d'auec la réelle, en ce que
l'action personnelle tient entierement la personne obligée
en la façon qu'il sera tantost dit, mesme quand la chose, à
l'occasion de laquelle elle naist, auroit changé de main, &
apres la mort de la personne, elle ne passe en son heritier,
entant & pourtant qu'il est heritier : Mais l'action réelle suit

entierement la chose, en quelques mains qu'elle passe : de sorte
qu'estant alienée par celuy qui a fait le contract, elle laisse la personne, & s'attache à la chose; & pareillement le contractant mort,
elle ne passe point en son heritier entant qu'heritier, mais seulement tout ainsi qu'en vn étrange, entant qu'il est detempteur
de la chose.

Aussi en la personnelle, on conclud directement contre la personne obligée, à ce qu'elle soit condamnée à faire ou donner ce
qui est demandé : & en l'action reelle, la vraye conclusion est
contre la chose, à ce qu'elle soit declarée appartenir, ou bien
estre affectée & hypothequée au demandeur : & encore qu'on
adiouste volontiers aux actions reélles vne conclusion seconde,
qui se dirige contre la personne en ces mots, *Et en ce faisant , que le*
deffendeur soit condamné se desister & departir de l'heritage , ou le
delaisser par hypotheque; neantmoins cette seconde conclusion, est
l'execution accumulée de la premiere demande, & non de la
vraye conclusion : car quoy qu'en France (où l'on ne regarde
gueres à la formalité du libellé,) on obmette bien souuent
cette premiere partie : si est-ce que tousiours elle est sous-entenduë.

Ce que presupposé, il est aisé de discerner les actions pures personnelles, d'auec les pures réelles par ces deux marques certaines,
qui sont le sujet de la chose, & la forme de la conclusion ; & toutes & quantes fois qu'il se trouue vne marque personnelle, & vne
reelle, il faut conclure que telle action est mixte; & c'est de ces
trois sortes d'actions, auec l'action possessoire, que nous auons
entrepris de parler.

Donc l'action personnelle est ainsi appellée , pour ce qu'on
agit directement contre la personne de celuy que nous pretendons nous deuoir quelque chose ; ou qui nous a fait injure
retenant la chose qui nous appartient : ou bien, action personnelle est ainsi dite , à cause qu'elle regarde la personne,
tant du demandeur, que du defendeur. Du demandeur, parce que cette action est en sa personne , demandant ce qui est
deub, comme quand il agit en vertu d'vn contract , ou quasi
contract , ou acte equipolent à contract. Du defendeur, à
cause que sa personne est obligée & astrainte à la debte , &
ne sont iamais les actions personnelles transferables , & ne
sortent point de la personne de l'obligé (comme nous auons
dit cy-dessus) & quand la personne est principalement obli-

gée, alors l'action qui s'intente contre luy, est dite directe personnelle.

Contract, c'est ce qui se fait entre deux personnes pardeuant
Notaires.

Acte equipolent à contract, c'est vne sentence, jugement,
cedule reconnuë, obligation, testament & autres choses semblables.

Quasi contract, c'est comme, i'ay esté Tuteur ou Curateur d'vn pupil ayant rendu compte de mon administration,
l'ay action contre mon pupil, parce que i'ay trop aduancé,
& luy contre moy, s'il luy est deub quelque chose pour le *reliqua* : Cette action, comme on peut voir, ne descend pas de
contract, car nous n'auons point contracté ensemble, mais c'est
quasi contract. Ou bien comme l'heritier qui est tenu au legataire pour les legs, car ils n'ont point contracté ensemble,
ny mesme auec le defunct, & toutesfois il est obligé enuers
le legataire, non par contract, mais quasi contract : Semblab-
blement ceux qui ont quelque chose commise ensemble, sans
societé, comme si on leur auoit donné ou legué quelque
chose, & que l'vn d'eux eust pris & perceu le reuenu de la
chose, l'autre a action contre luy, par quasi contract : car
quoy que ces personnes n'ayent pas contracté ensemble,
neantmoins c'est quasi auoir contracté, & cela s'appelle en droict
commun *diuidundo*, comme entre deux heritiers pour leurs
parts.

Il y en a qui diuisent l'Action personnelle en cinquante sortes, toutes procedantes desdits contracts, ou actes equipolents à
contracts.

La 1. c'est l'action criminelle qui s'intente par exploict, quand
il n'est question que de simples iniures, ou par plainte & information, quand il y a crime atroce.

La 2. est l'action de commandement, quand on demande
payement d'vne chose commandée par écrit ou autrement,
apres que ladite chose est faite, car elle doit estre payée, &
l'action qui s'intente pour cela est appellée action parée : or
l'action parée c'est celle qui s'intente pour chose claire & liquide, & dont on fait apparoir. Comme aussi nous appellons
en pratique, *Execution parée*, celle qui se fait en vertu d'obligations pures & simples, ou condamnations portans sommes liquides sans aucune clause alternatiue; ausquelles exe-

cutions il n'y a rien qui puisse empecher, que la main du Roy ne soit garnie : Toutesfois il n'y a que deux mandemens qui emportent execution parée ; à sçauoir, les Arrests de la Cour, & iugemens de nonobstant l'appel, & les obligations pures & simples, comme dit est, l'execution desquelles ne peut estre differée par opposition ou appellation.

La 3. est l'action de promesse, quand quelque chose est promise volontairement, on le doit tenir, parce que cela equipole à l'obligation, suiuant ce dire vulgaire, *choses promises sont choses deuës.*

La 4. de stipulation, quand il y en a aucune en vn contract, elle doit estre entretenuë, à faute dequoy on peut intenter l'action.

La 5. est l'action dite Royal, quand quelqu'vn a commis delict, que pour raison dequoy il y eschet amande, pour laquelle le Seigneur peut intenter l'action sous le nom du Procureur Fiscal.

La 6. est redhibitoire, quand apres auoir fait vn marché, on trouue qu'il y a fraude, vice, ou déguisement en la chose : car alors on agit contre le vendeur pour reprendre la chose qu'il a venduë. Quelques-vns tiennent que si la chose est payée, comme vn liure, & autres marchandises, on ne la peut faire reprendre.

La 7. est l'action Seruiane, quand on demande vne chose venduë qu'on tenoit à loyer.

La 8. est de contraire action de commandement, quand on demande choses qu'aucun tient par obligation.

La 9. est appellée par contraire action, par laquelle il est permis aux Procureurs de demander à leurs cliens ce qu'ils ont debourfé pour eux en la poursuite de leurs causes.

La 10. est institoire, par laquelle vn marchand est tenu de rendre les deniers de la marchandise que son valet ou facteur a empruntée pour luy : c'est pourquoy cette action est appellée *Institoire*, à l'occasion que ce valet a esté commis & institué par son Maistre à ses affaires & negoces.

La 11. est executoire, par laquelle le marchand est tenu de ratifier son seruiteur pour la marchandise baillée par son seruiteur.

La 12. est de *quanti-plurimi*, quand on n'a pas rendu du bled au iour conuenu, on en peut demander au commun prix des années passées depuis le terme écheu, selon l'Ordonnance de 1539. art. 94. & 102. & plusieurs Arrests.

La 13. est de *quanti-minoris*, quand le vendeur est tenu bailler de la marchandise, bonne, loyale, & marchande, comme on l'a acheptée de luy , ou rendre le prix receu , & interest.

La 14. est le vice de litige, quand on vend vne chose pour laquelle il y a procez, qui ne peut estre venduë, ny engagée; & nonobstant les contracts celuy à qui a esté adiugée la chose venduë , s'en peut dire Seigneur.

La 15. de dol & fraude, quand il s'y en rencontre aux contracts, & ne dure cette action que deux ans, apres lesquels le demandeur n'est plus receuable.

La 16. de compensation qui se fait pour somme liquide à vne autre liquide, & faut auoir lettres sans prejudice du surplus, apres le liquide compensé: pour lequel surplus on peut faire executer le debiteur.

La 17. de donation entre vifs, qui doit estre insinuée du viuant des parties, & dans 4. mois, en faueur de mariage, & par testament, qui sont permises, & les autres donations ne le sont pas.

La 18. de reuendication de quelque chose dérobée, ou perduë, & depuis trouuée entre les mains de quelqu'vn, nous la pouuons faire saisir par vn Sergent , ou à faute de Sergent nous la pouuons prendre nous mesmes, si c'est vne chose qui se void, que si nous ne la voyons, nous pouuons agir contre celuy qui l'a en sa possession , ou bien où elle a esté veuë , pour la representer, & où la representation & exhibition ne s'en voudroit faire, nous pouuons agir par action de dol; mais sans cela nous ne pouuons agir que ciuilement, parce que là où la voye ordinaire peut estre suiuie, l'extraordinaire n'est point admise.

La 19. de confiture ou contribution au sol la liure; quand des biens saisis ne sont suffisans pour payer plusieurs creanciers opposans à la deliurance d'iceux.

La 20. de vsucapion, quand quelqu'vn a ioüy de quelques meubles vn an entier, il ne s'en peut dire Seigneur.

La 21. de prescription de dix ans pour presens, & vingt ans entre absens & non priuilegiez, & quarante ans entre l'Eglise & les Princes.

La 22. de sommation de garantie, appellée *emption*, que l'on peut former contre tous vendeurs , quoy qu'ils n'ayent promis la garantie.

La 23. de retraict lignager permise aux parents, pour rachepter dans l'an la chose venduë à vne personne étrange, en la remboursant des frais & loyaux cousts.

La 24. de restitution en entier, quand il y a lezion de moitié du

iuste

iuſte prix, permiſe au mineurs de 25. ans & aux maieurs dans 10. ans.

La 25. aĉtion pour le doüaire prefix ou couſtumier, que les femmes peuuent demander apres le decez de leurs marys , ſuiuant qu'il a eſté accordé par le contraĉt de mariage.

La 26. de la dot promiſe à ſa femme par ſes pere & mere, que les maris peuuent demander , & eſt different du doüaire, car la dot appartient aux hommes, & le doüaire aux femmes.

La 27. de fideiuſſion, quand la caution obligée ſolidairement eſt pourſuiuie, il peut intenter la ſommation contre le principal obligé.

La 28. l'vſufruĉtuaire, quand on ioüit de quelque choſe par vſufruiĉt , on ne peut eſtre contraint qu'à entretenir les choſes en valeur pendant la vie.

La 29. de peage deu aux Princes & Seigneurs qui les font demander par les Procureurs du Roy, pour l'entretenement des ponts & paſſages.

La 30. aĉtion d'occaſion, quand les larrons entrent en vne hoſtellerie faute de fermeture de portes ou feneſtres, l'hoſte en ce cas eſt tenu à la reſtitution, pourueu qu'il n'y ait aucune rupture de portes & feneſtres : ainſi qu'il a eſté iugé par Arreſt prononcé en Robes rouges, le 14. Aouſt 1582. contre vn hoſtelier de la ville de Sens.

La 31. eſt l'aĉtion du depoſt, quand vne choſe eſt baillée en garde; elle doit eſtre fidelement renduë, de meſme que la choſe donnée par engagement à certain temps, qui ne peut eſtre venduë que par authorité de Iuſtice, partie appellée : toutesfois au dépoſt, s'il arriue que la choſe ſoit perduë par accident ſans la faute du gardien, il n'en peut eſtre tenu,

La 32. eſt l'aĉtion appellée *finem terræ*, c'eſt pour aſſeoir bornes & limites entre les terres les vns des autres , afin qu'il ne ſe faſſe point d'entrepriſe : & quand les bornes ſont remuées, c'eſt vn larcin puniſſable.

La 33. eſt l'aĉtion de beſongne faite, encore que ce ne ſoit par commandement : toutesfois celuy qui reçoit le profit, eſt tenu de la payer, fors entre pere , mere , enfans , & aſſociez.

La 34. eſt l'aĉtion de ſocieté entre marchands & autres , ſoit en marchandiſe ou communauté de biens ; ils doiuent chacun porter la perte, & auoir auſſi leur part & portion du profit , pour raiſon de quoy il y a aĉtion parée.

F

La 35. action de chofe venduë, quand vne chofe eft acheptée, le vendeur ne peut demander que le prix faute de payement, & non pas la chofe.

La 36. eft appellée *Nice*, quand il y a promeffes fans ftipulation; auant que la promeffe foit reuoquée, l'on peut intenter action pour l'accompliffement d'icelle.

La 37. de Tutelle qui fe baille aux mineurs de 25. ans pour regir leur bien.

La 38. de Curatelle qui fe baille aux furieux, fols, & infenfez, pour les regir & gouuerner.

La 39. de Garde noble aux pupilles qui ont fief à eux appartenant, & n'y faut tuteur que le plus proche parent du cofté dont le fief vient, qui a l'enfant en bail & gouuernement.

La 40. eft l'action populaire qui regarde particulierement les affaires d'vne Communauté d'habitans pretendus fujets à quelques tailles, coruées, impofts, & autres chofes, pour raifon dequoy ils agiffent fous le nom de leur Procureur, Sindic, Maire & Efcheuins, ou quand il eft queftion de la conferuation des droicts d'vne ville, ou d'vn pays, foit pour les chemins, démolition d'un pont, paffage, fortereffe, tranfport de foire, marché ou tranfport de Iurifdiction, où tous ont interefts : toutesfois aucuns difent que pour ces derniers cas ils fe doiuent pourfuiure fous le nom du Procureur ou Aduocat du Roy, ou Fifcal.

La 41. eft l'action de pofthumes, nez depuis la mort du pere, & peuuent demander leur bien & fucceffion nonobftant tous les legs teftamentaires.

La 42. action de condition incertaine, car vne chofe donnée à condition, peut eftre repetée & demandée, fi la condition n'eft accomplie.

La 43. action de nouation, c'eft quand on renouuelle, & remet la debte d'vn debiteur à vn autre; ou que l'on reçoit quelque fomme de deniers fur & tant moins de l'obligation, ou quand on reçoit gage fur la debte, ou bien quand on baille terme de payer: toutesfois l'obligation demeure toufiours en fa force pour la fomme qui refte à payer, & ne peut eftre changée finon par la ftipulation d'vne feconde obligation, par laquelle il foit dit, que la premiere demeure nulle.

La 44. action de folution, quand on demande la reconnoiffance des quittances & deduction d'icelles, & venir compter enfemble, pour voir qui deura à fon compagnon.

La 45. action d'adoption, quand ceux qui n'ont point d'enfans en adoptent par la permission du Roy, & les font leurs successeurs comme legitimes, pourueu que les enfans qu'on prend par adoption, ne soient point mariez.

La 46. action d'emancipation, quand le pere demande la décharge du gouuernement de ses enfans ; quand il void leur desobeïssance, & les fait emanciper par le Iuge.

La 47. est l'action d'ingratitude, qui se peut intenter contre tous donataires ingrats ; pour laquelle ingratitude ils peuuent estre priuez du don à eux fait.

La 48. action populaire, qui se demande par tous mercenaires contre leurs maistres, de ce qui leur est deub de reste, à raison de ce qu'ils ont receu par le passé.

La 49. action de condition indeuë, quand quelqu'vn a receu plus qu'il ne doit, & ne luy appartient pour la chose venduë, il peut estre actionné & condamné pour rendre le surplus, & s'appellent telles actions conditionnées *indebiti*.

La 50. & derniere est appellé *Mixte*, parce qu'elle touche tant l'action personnelle que l'action reelle, comme de demander les fruicts d'vn heritage sans demander le fond & la proprieté : telle demande est appellée *Mixte*, de laquelle Messieurs des Requestes du Palais connoissent ; parce que la personnelle, comme il est dit cy-dessus, attire auec soy la reelle.

Pour faire la poursuite de toutes ses actions personnelles, il se faut conduire comme s'ensuit.

Premierement faudra dresser l'exploict de demande en ces mots.

Exploict libellé, ou demande en reconnoissance de cedule.

L'an mil six cens ::::: le ::: iour de, aprés midy, en vertu de certaines Lettres Royaux en forme de *Committimus*, en datte du tel iour, signées par le Conseil tel & seellées : Et à la Requeste de tel, de telle qualité, demeurant en tel lieu, le Huissier ou Sergent Royal soussigné, certifie m'estre transporté en tel lieu, au domicile d'vn tel auquel parlant à la personne dudit tel (ou bien à tel son domestique) i'ay donné assignation à comparoir pardeuant Messieurs des Requestes du Palais à Paris, d'huy en tels iours prochainement venans.

Pour reconnoistre, confesser, ou nier sa promesse, écrite & signée de sa main, pour en cas de reconnoissance ou denegation, se

voir condamner, tant par prouifion que definitiuement à payer
la fomme de tant, contenuë en ladite promeffe, enfemble les interefts & dépens.

Il faut obferuer que pour faire que les interefts courent du
iour de la demande, faut qu'elle foit faite en Iuftice, & qu'il y ait
iugement.

L'exploict fe peut commencer auffi par ces mots.

A la Requefte de tel, de telle qualité, demeurant à ::: en vertu
de certaines Lettres Royaux en forme de *Committimus*, données à
Paris en datte du ::: fignées par le Confeil tel, & feellées; I'ay
Huiffier ou Sergent Royal fouffigné, donné affignation à tel, demeurant en tel lieu, à eftre & comparoir pardeuant Meffieurs des
Requeftes du Palais, d'huy en quinze iours prochains, & fuiure
comme au precedent.

Ou bien pour voir contre luy declarer executoires, tant en principal que dépens, certaine Sentence, Arreft ou executoire de dépens par ledit tel, obtenu contre deffuncts tels, pere, mere, frere
ou fœur dudit tel, comme ils eftoient contre ledit deffunct, &
condamné aux dépens domages & interefts.

Pour fe voir condamner à payer vingt-neuf années d'arrerages
de rente, qu'il a droict de prendre & receuoir par chacun an, &c.
icelle continuer tant & fi longuement, qu'il fera detempteur proprietaire & poffeffeur dudit heritage, partie ou portion d'iceluy
& en paffer titre nouuel, &c.

Pour fe voir condamner à rendre compte de l'adminiftration
qu'il a euë des perfonnes & biens des enfans mineurs de ::: enfemble payer le reliqua, interefts & dépens, & ainfi des autres.

Au bas de l'exploict le Sergent met ces mots.

Fait comme deffus, par moy Sergent Royal fouffigné en parlant
audit tel en fon domicile, auquel i'ay baillé & laiffé copie du prefent exploict, enfemble defdites Lettres de *Committimus* és prefences de tels & tels témoins, le tel iour 16. ::::::: apres midy.

Si les parties font notoirement priuilegiées, comme les Confeillers d'Eftat & Maiftres des Requeftes, Confeillers de la Cour
& autres Officiers du Roy, demeurans ordinairement eux & leurs
parties aduerfes à Paris, ils peuuent prefenter leurs requeftes à
Meffieurs des Requeftes du Palais, pour faire appeller leurfdites
parties aduerfes, au bas de laquelle vn de Meffieurs met ces mots,
Soit partie appellée. Fait le tel iour.

En vertu de laquelle vn Huiffier defdites Requeftes du Palais,

& non autres, baillera l'affignation fuiuante.

Le iour & an fufdits fut la prefente fignifiée, & en vertu d'icelle affignation donnée audit tel y dénomé en fon domicile, en parlant à tel, à comparoir au premier iour; pardeuant Meffieurs des Requeftes du Palais à Paris, pour répondre & proceder aux fins d'icelle, & en outre comme de raifon, & luy ay baillé copie de ladite requefte, & de mon prefent exploict, par moy fuffigné.

Sans qu'il foit befoin d'autre exploict libellé, ny demande, parce qu'elle eft exprimée par ladite requefte, dont on baille copie.

Mais il faut affigner des parties hors de Paris, il faut des Lettres de *Committimus*, & en vertu d'icelles faire faire les affignations, ainfi qu'il eft dit cy-deffus.

Au iour affigné, fi toutes les parties comparent & fe prefentent, il faut que le demandeur pourfuiue le defendeur de fournir de deffences, finon obtenir les defauts à faute de defendre, comme il a efté dit cy-deffus.

Mais fi le deffendeur ne fe prefente; faudra leuer vn defaut faute de comparoir, & le faire iuger, pour le profit duquel la cedule (s'il eft queftion d'vne cedule) fera tenuë pour reconnuë, & le demandeur condamné à garnir par prouifion baillant caution, & au principal debouté de deffenfes.

Faut obferuer qu'apres vn debouté de defenfes, le deffendeur ne peut plus alleguer l'exception declinatoire, dont il fera parlé cy-apres, quand mefme il fe feroit reftituer dudit debouté de defenfes, aprés s'eftre prefenté à la reaffignation.

La Sentence de debouté de defenfes leuée en la forme qu'il eft dit cy-deffus, faudra faire reaffigner la partie pour voir produire letres & titres, produire de fa part, fi bon luy femble, pour oüyr droict en definitiue.

S'il fe prefente feulement en execution de la Sentence de debouté de defenfes, & qu'il veüille paffer l'appointement de condamnation, on luy fera offrir en la forme qui enfuit.

Entre tel demandeur aux fins de l'exploict, du tel iour, tendant à ce que tel cy-aprés nommé, foit condamné luy faire payement de la fomme de tant, contenuë en vne cedule du tel iour, écrite & fignée dudit tel, auec le profit & intereft de ladite fomme du iour dudit exploict, qu'il a efté demandé, iufques au parfait payement de ladite fomme, par Maiftre tel fon Procureur, d'vne part, & ledit tel defendeur par Maiftre tel fon Procureur, d'autre. Aprés que le defendeur n'a fceu dire caufe valable contre la de-

Appointe-ment de cô-damnation.

mande dudit demandeur, Appointé eſt, Que ledit defendeur eſt
condamné, & le condamne la Cour, payer audit demandeur la
ſomme de tant, contenuë en ladite cedule, auec le profit & intereſt au denier ſeize, à commencer dudit iour tel, iuſques à l'a-
ctuel payement : & outre eſt condamné és dépens de l'inſtance, &
de tout ce qui s'en eſt enſuiuy.

Auec cét appointement, on fera ſignifier vn acte au Procureur
du deffendeur contenant ces mots.

Acte de ſommation de paſſer appointement.

A la Requeſte de tel, ſoit ſommé & interpellé Maiſtre tel, Procureur de tel, defendeur partie aduerſe, de ſigner & paſſer l'appointement de condamnation raiſonnable, declarant audit tel
Procureur, qu'à faute de ce faire, que ledit tel pourſuiura le iugement de l'inſtance, & fera proceder à la taxe des dépens à luy
adiugez par Sentence de Meſſieurs des Requeſtes du Palais; à
l'encontre dudit tel : à ce qu'iceluy tel, & ledit tel ſon Procureur,
n'en pretende cauſe d'ignorance.

Cét acte ſignifié, ſi le Procureur du deffendeur ne tient compte
d'y ſatisfaire, & paſſer l'appointement cy-deſſus, faut que le demandeur faſſe receuoir ſon enqueſte (ſi aucune il a fait faire en
vertu de la Sentence de debouté de deffenſes) pour iuger, & prenne l'appointement à produire, bailler contredits & ſaluations,
ainſi qu'il eſt dit cy-deſſus.

Et cependant il peut faire executer la Sentence de prouiſion, &
à cét effet preſenter ſes cautions & certificateurs au Greffe, & en
prendre acte en la forme qui enſuit.

EXTRAIT DES REGISTRES DES REQVESTES DV PALAIS,
du tel iour.

Acte de pre-
ſentation de   Auiourd'huy eſt comparu au Greffe de la Cour de ceans Maiſtre
caution. tel, aſſiſté de Maiſtre tel ſon Procureur, lequel pour ſatisfaire à
la Sentence d'vn tel iour, a preſenté pour caution Maiſtre tel, qui
a eſté certifié ſoluable par tel, leſquels preſens en leurs perſonnes,
ont cautionné & certifié ledit tel des ſommes de deniers à luy or-
données & adiugées par maniere de prouiſion par ladite Sentence, apres que ledit tel auſſi preſent, a promis de les acquiter & in-
demniſer de l'euenement deſdites cautions & certifications, & à

ces fins ont fait les ſubmiſſions en tels cas requiſes & accouſtumées, & eſleu domicil en leurs maiſons, & encore en la maiſon
dudit tel Procucureur, ſcize ruë ..... dont il ont requis acte·

Cét acte leué en parchemin & ſignifié au Procureur de la partie aduerſe, faudra preſenter cette Requeſte pour la recèption
deſdites caution & certificateur.

A Noſſeigneurs des Requeſtes du Palais.

Supplie humblement tel, qu'il vous plaiſe receuoir pour
cautions & certificateurs les perſonnes de ::: preſentez par le ſuppliant, ſuiuant la Sentence du tel iour, commettre tel de vous,
Noſſeigneurs, qu'il vous plaira, & vous ferez bien.

Requeſte pour faire receuoir les cautions.

Eſt commis M. tel Conſeiller en icelle.

Fait le tel iour.

Ladite Requeſte ſignifiée, faudra que le demandeur faſſe ſignifier au Procureur du defendeur la declaration des biens & facultez des cautions, au cas qu'il le requiert parce que ſouuent
l'on prend des cautions qui n'ont aucuns biens & ſont gens ſans
moyens.

Ladite declaration baillée, le demandeur obtiendra ſes defauts,
ſauf trois iours, & pur & ſimple contre le defendeur, à faute
d'accorder la reception deſdites cautions.

Defaut ſur la reception des cautions.

Defaut ſauf trois iours, eſt donné par nous tel, Conſeiller du
Roy noſtre Sire en la Cour de Parlement, Commiſſaire és Requeſtes du Palais & en cette partie, à tel demandeur en reception
de caution & certificateur par tel ſon Procureur, contre tel defendeur & defaillant, à faute de conſentir ou empeſcher la rece-
ception deſdites caution & certificateur, & ſoit ſignifié. Fait au
Parquet deſdites Requeſtes, le tel iour.

Le defaut ſignifié, & les trois iours paſſez en faudra obtenir vn
autre qui ſera pur & ſimple, en ces mots,

Defaut pur & ſimple donné par nous tel Conſeiller, &c. à tel
demandeur en reception de caution & certificateur par Maiſtre
tel ſon Procureur, Contre tel defendeur & defaillant, à faute
d'accorder ou empeſcher la reception deſdites caution & certificateur, & ſoit ſignifié. Fait le tel iour.

Deffaut pur & ſimple.

Ledit defaut fignifié, faut bailler les pieces au Clerc du Conſeiller commis, qui dreſſe la Sentence de reception de caution, puis la faut faire ſignifier.

Les cautions ainſi receuës, la Sentence de prouiſion peut eſtre executée, nonobſtant oppoſitions ou appellations quelconques.

S'il arriue que les parties comparent pardeuant le Conſeiller, & que le deffendeur ne diſe cauſes valables pour debattre les cautions, ledit Conſeiller peut ordonner en la preſence des Procureurs des parties, que les cautions ſeront receuës.

Si au contraire, les caurions ne ſe trouuent ſuffiſantes & ſoluables, il ordonnera qu'il en ſera preſenté d'autres.

Finalement, s'il y a appel apres les cautions receuës, les Iuges peuuent ordonner vn nonobſtant en ces mots.

EXTRAIT DES REGISTRES DES REQVESTES DV PALAIS, du tel iour.

Defaut à tel, demandeur en Requeſte verbale iudiciairement fait le tel iour, tendant afin que nonobſtant & ſans prejudice de l'appel interjetté par tel; d'vne Sentence de prouiſion de ladite Cour contre luy donnée le tel iour, ladite Sentence ſoit executée ſelon ſa forme & teneur aux cautions par luy baillées par Maiſtre tel ſon Procureur, contre ledit tel defendeur & defaillant: par vertu duquel la Cour a ordonné & ordonne, que ladite Sentence dudit iour ſera executée aux caurions baillées par ledit tel, nonobſtant & ſans preiudice dudit appel, ny autres oppoſitions ou appellations quelconques, & ſans prejudice d'icelles, & ſoit ſignifié.

Faudra leuer la Sentence en forme addreſſante au premier Huiſſier ou Sergent, pour la mettre à execution.

Et cependant ne faut pas laiſſer de pouſuiure le defendeur, qui aura ainſi comparu ſur le debouté de defenſes, & auec iceluy prendre l'appointement à produire, & contredire, & faire iuger l'inſtance.

Mais ſi dés la premiere aſſignation les parties comparent par leurs Procureurs, le deffendeur doit premierement, & auant que de deffendre & paſſer outre en la cauſe, propoſer ſes fins declinatoires, ou peremptoires, s'il y en a, parce qu'apres y il n'y ſeroit plus receuable, ainſi que nous dirons cy-apres en traictant de l'action reelle: Que s'il n'en a aucunes à propoſer, il doit defendre, mais auparauant demander communication des pieces ſur leſquelles le demandeur ſe fonde en la forme qui enſuit.

Exceptions pour auoir communication des pieces.

Tel defendeur, contre tel demandeur, felon l'exploict de tel iour : Dit qu'il ne peut defendre ny aucune chofe dire contre la demande qui luy eft faite, qu'au prealable on ne luy communique & baille copie des pieces iuftificatiues d'icelle, offrant ce fait dire ce qu'il appartiendra, & iufques à ce fouftient eftre en voye d'abfolution.

Le demandeur ayant fatisfait à ce que deffus, le defendeur doit fournir de defenfes, autrement on prendra le defaut à faute de defendre, & la permiffion de le faire iuger, ainfi qu'il a efté dit cy-deffus, & fi pour empefcher le iugement, il fournit de telles quelles defenfes qui ne foient pas pertinentes, c'eft à dire, qui ne répondent pas precifément à la demande du demandeur, iceluy demandeur fera fignifier vne iteratiue permiffion de faire iuger ledit defaut, comme il a efté dit cy-deuant.

Cette permiffion faite, paraphée du Greffier, & fignifiée, on peut trois iours apres faire iuger ledit defaut.

Que fi le defendeur fournit de bonnes & pertinentes defenfes, alors le demandeur peut fournir de repliques, & fi la caufe fe peut iuger en plaidant, il doit prefenter la Requefte qui enfuit à l'vne des deux Chambres telle qu'il voudra, [Mais il a efté arrefté depuis quelque temps entre les deux Chambres, qu'il n'y auroit que la Requefte prefentée apres conteftation en caufe, c'eft à dire, apres les defenfes fournies, qui faifiroit la Chambre, où elle feroit prefentée, pour y plaider à l'exclufion de l'autre.]

A NOSSEIGNEVRS DES REQVESTES DV PALAIS.

Supplie humblement tel, qu'il vous plaife pour oüyr & regler les parties en l'inftance, en laquelle le fuppliant eft demandeur à l'encontre de tel defendeur, ordonner que les parties viendront plaider au premier iour en la Chambre fur leurs demandes & defenfes, & vous ferez bien. *Requefte pour plaider fur les demandes & defenfes.*

Cette Requefte fignée du Procureur, eft baillée au commis de la Chambre où l'on veut plaider, qui met fur icelle, *viennent les parties à tel iour en la premiere* ou *feconde Chambre*, & l'ayant fait fignifier au Procureur de la partie aduerfe, l'on baille le fac à vn Aduocat pour plaider, fi le Procureur ne la plaide luy-mefme.

G

Si le defendeur ne compare au iour ordonné sur la Requeste on obtient du Greffier l'aduenir qui ensuit.

EXTRAIT DES REGISTRES DES REQVESTES DV PALAIS.
du : : : : iour de : : : :

Aduenir pour plaider sur les demandes & defenses.

Defaut à tel demandeur, aux fins de tel exploit ou Requeste, par Maistres tel & tel Aduocat & Procureur : Contre tel defendeur & defaillant, par vertu duquel la Cour ordonne, que les parties viédront au premier iour en la premiere ou seconde Chãbre plaider sur leurs demandes & defenses, autrement sera donné exploit, qui sera iugé sur le champ, & soit signifié.

Cét aduenir paraphé du Greffier de la Chambre & signifié, si le defendeur ou son Procureur ou Aduocat ne compare, on en prend vn second, & apres vn 3. la Cour adiuge au demandeur ses conclusions, mais s'il fait trouuer son Aduocat, & que la cause soit plaidée & iugée en l'Audience, celuy qui gagne sa cause fait signifier à l'autre des qualitez en cette forme.

Qualitez Nota qu'il faut tousjours mettre le demandeur le premier.

Entre tel demandeur aux fins de tel exploict, ou Requeste du tel iour, tendante à ce que le defendeur cy-apres nommé soit condãné à telle chose (*faut mettre les conclusions de l'exploit ou requeste*) par Maistres tel son Aduocat, & tel son Procureur d'vne part: Et tel defendeur aussi par Maistres tel, & tel ses Aduocat & Procureur d'autre part.

On met à costé de ses qualitez, *Sentence du tel iour*, & icelles signifiées au Procureur, on les porte au Commis qui écrit sous Messieurs, qui vous expedie la Sentence en parchemin selon la prononciation de la Cour.

Quelquefois les qualitez sont empeschées par le Procureur de la partie condamnée, quand il pretend qu'il y a erreur, c'est pourquoy on presente à la mesme Chambre la Requeste qui suit,

A Nosseigneurs des Requestes du Palais.

Requeste pour faire receuoir des qualitez.

Supplie humblement tel, qu'il vous plaise ordonner, que les qualitez presentées par le suppliant seront receuës, nonobstant l'empeschement d'vn tel Procureur de tel, & vous ferez bien.

Sur cette Requeste l'on fait aussi mettre, *viennent les parties*, lesquelles oüyes ou par defaut en la Chambre, la Cour ordonne, que les qualitez seront receuës : mais pour éuiter cette longueur,

c'eſt qu'en toutes les Sentences des Audiences, ſoit des Chambres, ſoit du Parquet, l'on met touſiours enfin, *que les qualitez ne
pourront nuire ny preiudicier aux parties.*

Quand la cauſe n'eſt pas iugeable en vne Audience, la Cour prononce l'appointement en droit en cette forme.

Entre tel de telle qualité, demandeur, ſuiuant l'exploiɛt du tel
iour par Maiſtre tel ſon Procureur d'vne part : & tel defendeur
par Maiſtre tel ſon Procureur d'autre. Apres que leſdites parties
ont reſpeɛtiuement perſiſté aux demandes, deffenſes & repliques
par eux fournies, La Covr, parties oüyes, a appointé & appointe
les parties en droiɛt à écrire par aduertiſſement, & produire tout
ce que bon leur ſemblera dans huiɛtaine, ſeront leurs produɛtions
communiquées pour contre icelles bailler contredits & ſaluations dans le temps de l'Ordonnance, & à la huiɛtaine enſuiuant
oüyr droiɛt, & ne pourront les qualitez preiudicier.

Ou bien on le prend en cette forme, qui eſt la plus ordinaire.

*EXTRAIT DES REGISTRES DES REQVESTES DV PALAIS,
du : : : iour de : : : :*

Defaut à tel demandeur, ſelon l'exploiɛt libellé, du tel iour
tendant à ce que le defendeur cy-apres nommé ſoit condamné à
telle & telle choſe *(faut prendre la demande inſerée audit exploiɛt)* par
Maiſtre tel ſon Procureur : contre tel defendeur. Par vertu duquel apres que le demandeur a dit ledit defendeur auoir fourny
des defenſes : La Cour a appointé & appointe leſdites parties en
droiɛt à écrire par aduertiſſement, & produire tout ce que bon
leur ſemblera dans huiɛtaine pardeuers la Cour, bailleront contredits & ſaluations dans le temps de l'Ordonnance & à la huiɛtaine enſuiuant, & oüyr droiɛt afin de dépens, dommages & intereſts, & ſoit ſignifié.

Il faut remarquer, que ſi le Procureur du defendeur veut pourſuiure, aprés auoir fourny de defenſes, il peut en les faiſant ſignifier preſenter auſſi ſa Requeſte, pour venir plaider en la Chambre,
ou prendre luy-meſme l'appointement en droiɛt cy-deſſus, en
mettant au commencement d'iceluy ces mots.

En defaut à tel demandeur, &c. Contre tel defendeur, par vertu duquel apres que le defendeur a dit auoir fourny de defenſes :
La Cour a appointé & appointe, &c. comme deſſus.

L'appointement ſignifié, il faut produire & contredire comme
il ſera tantoſt dit. G ij

*Appointe-
ment en
droiɛt.*

Des diuers appointemens en droict, à produire, informer & à mettre.

Or tout ainsi qu'il y a diuersité de matieres, aussi y doit-il auoir diuersité d'appointemens, & reglemens : Es matieres qui gisent en preuue sur faits les parties doiuent estre appointées en droict à écrire, & informer en la forme qui ensuit.

Appointement en droict à écrire & informer.

Entre tel, demandeur, selon le contenu en l'exploict libellé de tel iour, par tel son Procureur, d'vne part : & tel, defendeur, par tel, aussi son Procureur, d'autre : aprés que lesdites parties ont respectiuement persisté és demandes, defenses, & repliques par elles fournies : La Cour, parties oüyes, les a appointé en droict à écrire par aduertissemens qui seront communiquez pour y répondre dans huictaine, & à la huictaine ensuiuant (ou autre temps selon la distance des lieux) informeront des faits contenus en leurs aduertissemens & réponses, & pour ce faire, auront commissions addressantes aux premiers Conseillers de ladite Cour trouuez sur les lieux, Lieutenans generaux & particuliers, Prouosts desdits lieux ou leurs Lieutenans, Commissaires ou Enquesteurs, auec Adjoint, se pourront les parties faire interroger l'vne l'autre sur faits & articles pertinents & resultans desdites instances, iceux prealablement communiquez, suiuant l'Ordonnance, & vaudront les exploits qui seront faits aux personnes & domiciles des Procureurs des parties, comme si faits estoient à eux mesmes, & vrais domiciles, & ne pourront les qualitez nuire ny prejudicier.

Quand on craint que par les formes ordinaires de la Iustice on n'aura pas la preuue, ny les témoins qu'on espere, on peut faire adjoûter dans ledit appointement ces mots, *Auront les parties monition en forme de Droict* : Ou bien presenter Requeste pour auoir ledit monitoire, ou le demandeur à l'Audience : & alors, quoy que la chose excede cent liures, on permet ladite monition, pourueu toutesfois qu'il soit question de dol & fraude, ou de pieces recelées malicieusement.

Que si c'est vn de ceux de la pretenduë Religion qui vueille auoir monition (dautant qu'on empescheroit la publication, à cause que telles gens ne croyent à la vraye Eglise Catholique, Apostolique & Romaine) faudra qu'il requiere l'adjonction des Gens du Roy, qui la feront publier sous leur nom : mais ce discours appartient au Style de la Cour, & dautant que ceux de cette Religion ne plaident gueres qu'en la Chambre de l'Edict.

Les Iuges appointans le demandeur à informer, doiuent par mesme moyen dire que le defendeur pourra informer au contraire : & ainsi fut iugé par Arrest de Paris, du 20. iour de Decembre 1519. pour le sieur de la Croix : ledit Arrest rapporté par Papon, liu. 9. titre 1. Et ne faut pendant le delay de venir defendre, donné à l'vne des parties, permettre à l'autre d'informer, ainsi qu'il a esté dit par Arrest du 6. Février 1564. contre vn iugement des Conseillers du Thresor.

Il y a d'autres matieres où les parties sont appointées contraires à écrire par interdits, comme en matiere de complainte, ainsi qu'il sera dit cy-aprés.

Les parties ayant satisfait à cét appointement d'informer comme il sera tantost dit, pourront prendre appointement à produire, bailler contredits & saluations, en la forme qui ensuit.

Entre tel demandeur d'vne part, & tel defendeur d'autre, *Appointe-* aprés que lesdites parties ont declaré auoir satisfait à la sentence *ment à pro-* renduë entr'elles, & qu'il ne reste plus qu'à faire & parfaire les *duire, &* Enquestes, & à produire : La Cour, parties oüyes, les a appoin- *cüyr droict.* tées à produire à quinzaine, seront leurs productions communiquées, pour contre icelles bailler contredits & saluations dedans le temps de l'Ordonnance, & à la huictaine ensuiuant oüyr droict, pendant lequel temps pourront les parties faire & parfaire leurs requestes, & par vertu des commissions déja leuées ou à leuer, & par les Commissaires à ce commis, & afin de dépens.

Il y a d'autres matieres legeres, comme de sequestres, prouisions, entherinement de Requestes verbales, esquelles les parties sont appointées a mettre leurs pieces en la forme & maniere qui ensuit.

Entre tel demandeur à l'entherinement d'vne Requeste ver- *Appointe-* bale, du tel iour, tendant à fin de prouisiõ, par tel son Procureur *ment à met-* d'vne part ; & tel defendeur par tel son Procureur d'autre : *tre.* Aprés que ledit demandeur a conclu à l'entherinement de sadite Requeste, & requis dépens : & ledit defendeur és defenses par luy fournies : La Cour, parties oüyes, a ordonné & ordonne qu'elles mettront leurs pieces, & tout ce que bon leur semblera par deuers elle dans trois iours, pour leur estre fait droict, ainsi que de raison, & soit signifié.

Ou bien on prend ledit appointement par defaut, comme tous les autres cy-dessus, en la forme qui ensuit.

Extrait des Regiſtres des Requeſtes du Palais, du tel iour.

Appointe-ment à met-tre par de-faut.

Congé defaut à tel demandeur en saisie & arreſt de deniers, selon l'exploict du tel iour, & defendeur par tel son Procureur : Contre tel adiourné, pour faire foy & serment, quels deniers il deura à tel, & demandeur par le moyen de ses exceptions, du tel iour. Par vertu duquel, la Cour a appointé & appointe les parties à mettre leurs pieces, & ce qui bon leur semblera par deuers elle dans trois iours, pour leur estre fait droit, ainsi que de raison, & soit signifié.

Lors que les parties ont respectiuement produit, suiuant ledit appointement à mettre, & si dans leurs sacs il y a quelques pieces qui meritent contredits, la Cour donne sa Sentence à contredire en cette forme.

Extrait des Regiſtres des Requeſtes du Palais.

Sentence à contredire.

La Cour en voyant l'inſtance d'entre vn tel, demandeur aux fins de telle chose d'vne part : Et tel defendeur d'autre, ordonne, que les productions faites par les parties leur seront respectiuement communiquées, pour contre icelles bailler contredits & saluations dans le temps de l'Ordonnance.

Cette Sentence leuée & signifiée, faut retirer les sacs du Rapporteur, contredire & faire la mesme procedure qu'au Parlement.

Mais quand il n'y a point de pieces sujettes à contredits, la Cour donne sa Sentence definitiue.

Outre tous les appointemens cy-dessus, il y en a encore d'autres qui se donnent selon la diuersité des matieres, comme l'appointement d'amener témoins, l'appointement à deliberer & informer, l'appointement à oüyr droict.

L'appointement d'amener témoins se donne, quand il y a peu de faits à verifier.

L'appointement à deliberer & informer, c'eſt quand il y a plusieurs faits que l'on articule & accorde auparauant.

L'appointement à oüyr droict, eft ce luy qui fe prend en vn procez euoqué, ou qui eft tout en eftat.

Quant à l'appointement en droict, qui fe prend, comme nous
auons dit, apres les demandes & defenfes des parties, il fait conteftation en matiere perfonnelle.

Celuy d'informer (qui eft celuy qui fe donne, quand la matiere
gift en preuue) fait auffi la conteftation en matiere petitoire.

L'appointement à mettre, fait auffi la conteftation, lors qu'il eft
donné fur quelque matiere.

L'appointement en droict, fe prend à la Cour de Parlement pardeuant vn des Meffieurs à la Bare, & l'appointement à oüyr droict
fe donne à l'Audience, ou fe prend au Greffe.

Aux requeftes du Palais, tout de mefme, excepté quand les parties font contraires, elles prennent vn appointement à informer;
mais au Parlement depuis que l'appointement en droict & à produire eft pris, celuy d'informer ne fe donne, finon par la Cour en
voyant l'inftance.

Au refte les appointemens qu'on appelle de conteftation & de
contrarieté, font vne mefme chofe, finon que l'appointement en
droict ou de conteftation fe donne quand il y a titres, & l'appointement de contrarieté fe prend quand il n'y a point de titres, &
qu'il faut faire preuue par témoins.

L'appointement de reglement ou conteftation regle les qualitez, & ne s'en peut faire que par lettres, quand il eft contradictoire à l'Audience, ou paffé entre les procureurs.

Voila pourquoy en dreffant les qualitez, faut bien prendre
garde qu'elles foient conformes aux demandes & defenfes, du
moins mettre ces mots, *Sans que les qualitez puiffent nuire ny pre-*
judicier aux parties; Dautant que les qualitez des Sentences fe
prennent toufiours fur les appointemens. De forte que fi le Greffier ne prend garde aufdites qualitez : on adjoufte ces mots,
Sans qu'elles puiffent nuire ny prejudicier aux parties. Il y peut auoir
telle qualité, qu'elle feule peut iuger le procés, quand il y a appel de la Sentence : A cette caufe ce n'eft pas toufiours le plus
feur de conclure fur les qualitez de la Sentence, ainfi neantmoins
que quelques procureurs font fans confiderer l'importance. On
appelle conteftation contradictoire, quand l'appointement eft
donné en la façon que nous venons de dire, à fçauoir en l'Audience, ou entre les procureurs : Et la conteftation par defaut eft,
quand il y a vn debouté de defenfes : car par iceluy il eft dit, que

la partie sera assignée pour produire, & produire de sa part, bailler contredits & saluations : Mais quant au debouté de defenses,
s'il n'est question que de reformer les qualitez, on le peut faire
rapporter par vne requeste que l'on presente à cét effect, sans qu'il
soit besoin d'auoir lettres.

Par contestation toutes contumaces sont exilées, & ne peuuent estre données, de mesme qu'aprés la contestation, on ne
peut plus proposer aucunes exceptions declinatoires.

Dauantage, auant la contestation on peut adjouster ou corriger sa demande : mais aprés icelle on ne peut sans lettres, pour articuler, ou sans nouuelle interpellation.

La vraye contestation ne se deuroit faire que sur les demandes
& defenses peremptoires, pertinentes & valables des parties :
Mais les Iuges reglent & appointent le plus souuent sur les fins
de non receuoir.

Or tout ainsi que l'appointement de reglement fait la contestation, sans lequel la cause ne peut estre dite contestée, ainsi en
y satisfaisant par les parties, suiuant ce qui est dit cy-dessus, il
n'y a rien dauantage à desirer par les Iuges pour donner leur iugement, & redimer les parties de tous procez, parce que l'Office
des Iuges ne va pas seulement à iuger celuy qu'ils ont en leurs
mains, mais encore d'empescher, autant qu'il leur est possible,
qu'en execution de leurs Sentences il n'en puisse naistre d'autres
ainsi qu'il arriue souuent au grand mal-heur de la France, & des
pauures parties qui plaident.

Il faut remarquer qu'aux Requestes du palais, lesdits appointements se prennent plustost par defauts, qu'autrement : c'est
pourquoy au lieu de ce mot (*d'entre*) qu'on mettoit au commencement, ordinairement ou met (*defaut à tel demandeur.*)

Par l'Ordonnance de l'an 1539. article 47. il est dit, Qu'aprés
que les parties auront contesté, & esté appointées en droict, leur
sera baillé vn seul brief delay pour écrire & produire, qui ne
pourra estre prorogé pour quelque cause que ce soit. Mais cette
Ordonnance ne s'obserue pas, parce que l'on est d'équité receu à
produire tout ce que bon semble aux parties, iusques à ce que le
procez soit sur le bureau, encore que la rigueur de droict y soit
repugnante, mesme on peut pendant le delay faire plusieurs
bonnes productions, si bon semble ausdites parties, tout ainsi qu'il
est permis dans le delay de faire plusieurs enquestes, si le Iuge ne
limite.

Donc

Donc aprés que l'appointement en droict à produire simplement sera signifié, la partie qui aura le plus haste dressera son inuentaire, & fera sa production, pour laquelle faire receuoir au
Greffe, il presentera la Requeste qui ensuit.

A Nosseigneurs des Requestes du Palais.

Supplie humblement tel, Qu'il vous plaise receuoir la production qu'il a faite à l'encontre de tel defendeur, suiuant l'appointement en droict donné entre les parties le tel iour, & ce faisant
ordonner commandement estre fait audit tel defendeur, ou à son
Procureur de produire de sa part dans huictaine, si bon luy semble, autrement forclos, & vos ferez bien.

Requeste pour faire receuoir vne production, & faire commande- ment de pro- duire.

Au bas de laquelle Requeste le Greffier qui reçoit ladite production, apres auoir veu l'appointement en droict, & paraphé l'inuentaire, met ces mots, *Soit fait & signifié.* Fait le tel iour.
Cette Requeste signifiée, & la huictaine franche passée, soit festes,
ou iours ouuriers, faudra presenter cette autre.

A Nosseigneurs des Requestes du Palais.

Supplie humblement tel, Qu'il vous plaise, veu la Requeste
cy-attachée, forclorre du tout vn tel, & Maistre tel son Procureur, de plus pouuoir aucune chose produire en l'instance d'entre lesdites, parties & ce faisant ordonner commandement estre
fait audit tel, & à son procureur de fournir de contredits, si bon
luy semble, contre la production des suppliants & ce dans huictaine, *aliàs* forclos, & vous ferez bien. Soit fait commandement.
Fait le tel iour.

Requeste de forclusion de produire, & comman- dement de fournir de contredits.

Ladite Requeste signifiée, en faut faire vne troisiéme en la forme qui ensuit.

A Nosseigneurs des Requestes du Palais.

Supplie humblement tel, Qu'il vous plaise, veu la Requeste
cy-attachée, forclorre du tout vn tel, partie aduerse, & Maistre
tel son procureur, de pouuoir plus fournir d'aucuns contredits
contre la production faite par le suppliant en l'instance d'entre
les parties, & ordonner qu'il sera passé outre au iugement du procez, sur ce qui se trouuera par deuers la Cour, & vous ferez bien.
Soit fait & signifié. Fait tel iour.

Requeste de forclusion de fournir de contredits.

H

perſonne ne fournit de ſaluations, qui ne veut, comme nous auons dit ſur le Style de la Cour ; c'eſt pourquoy il n'eſt point beſoin de Requeſte de forcluſion , ny de commandement d'en fournir.

Que ſi la partie aduerſe produit auſſi de ſa part, & qu'elle vueille fournir de contredits, faut que celuy qui a fait dreſſer contredits le premier, les faſſe offrir en baillant vne autre Requeſte en la forme qui enſuit.

A Noſſeigneurs des Requeſtes du Palais.

Requeſte de commande-mẽt de four-nir de con-tredits en baillant.   Supplie humblement tel, Qu'il vous plaiſe ordonner commandement eſtre fait à tel partie aduerſe, & à Maiſtre tel ſon Procureur, de fournir de contredits contre la production du ſuppliant dans huictaine, apres que le ſuppliant luy a fait offrir les fins en baillant, & vous ferez bien. Au bas de laquelle Requeſte, le Greffier met ces mots. *Soit fait commandement, fait le tel iour,*

La huictaine franche paſſée, ſi le procureur ne dit mot, luy faut faire ſignifier cette autre Requeſte purement & ſimplement.

A Noſſeigneurs des Requeſtes du Palais.

Requeſte de forcluſion de fournir de contredits.   Supplie humblement tel, Qu'il vous plaiſe veu la Requeſte cy-attachée, forclorre du tout tel, & Maiſtre tel ſon procureur, de plus pouuoir fournir d'aucuns contredits contre la production du ſuppliant, ce faiſant ordonner le procez eſtre iugé en l'eſtat qu'il eſt & ſans autres forcluſions, apres que le Suppliant a fait offrir les ſiens en baillant & purement & ſimplement : & vous ferez bien.

Au bas de cette ſeconde Requeſte on met : *Soit fait & ſignifié, fait le tel iour.*

Vour obſeruerez, que le dernier produiſant ne peut prendre communication le premier de l'inſtance, pour y bailler contredits : mais il le peut en faiſant ſignifier l'acte qui enſuit.

Acte pour faire retirer vne inſtãce par vn ſe-cond produi-ſant.   A la Requeſte de Maiſtre tel, procureur de tel, ſoit declaré à Maiſtre tel, procureur de tel, que ledit tel a produit au Greffe, ou pardeuers Monſieur le Rapporteur, le tel iour, à ce qu'il ait à retirer dans huy l'inſtance, pour fournir de contredits, ſi bon luy ſemble, proteſtant à faute de ce faire, de la retirer, à ce qu'il n'en pretende cauſe d'ignorance.

Cét acte fignifié , & le iour paffé, ledit dernier produifant peut retirer le premier l'inftance, & y fournir de contredits.

Que fi l'appointement porte à écrire par aduertiffemens, qui feront communiquez pour y répondre & informer (fuiuant ce qui eft cy-deuant inferé) il faut que celuy qui veut pourfuiure, faffe faire fon aduertiffement, & le faffe de mefme offrir en baillant en la forme qui en fuit.

A Noffeigneurs des Requeftes du Palais.

Supplie humblement tel, Qu'il vous plaife ordonner commandement eftre fait à tel, & à tel fon Procureur de fournir de fon aduertiffement, fuiuant l'appointement d'vn tel iour, apres que le fupliant luy a offert le fien en baillant, & vous ferez bien. Soit fait commandement. Fait le tel iour.

Requefte de commande- m̃ẽt de four- nir d'aduer- tiffement en baillant.

La huictaine paffée, il luy faut offrir purement & fimplement, & faire fignifier la forclufion qui enfuit.

A Noffeigneurs des Requeftes du Palais.

Supplie humblement tel, Qu'il vous plaife, veu la Requefte cy-attachée, Forclorre du tout M. tel Procureur de tel, de plus pouuoir fournir de fon aduertiffement, & vous ferez bien. Soit fait, &c.

Forclufion de fournir d'aduertif- fement.

Mais fi la partie renonce à faire enquefte de fa part, en ce cas faudra luy donner copie de l'aduertiffement pour y répondre fi bon luy femble.

Huict autres iours apres faudra prefenter cette autre Requefte pour la clofture des faits.

A Noffeigneurs des Requeftes du Palais.

Supplie humblement tel, difant, Que par appointement d'vn tel iour donné entre ledit fuppliant demandeur d'vne part, & tel defendeur d'autre : les parties ont efté appointées en droict à écrire par aduertiffemens, qui feroient communiquez , pour y répondre dans huictaine, & informer de leurs faits dans vn mois apres enfuiuant : fuiuant lequel reglement ledit fuppliant à fourny de fon aduertiffement, & a fait forclorre la partie aduerfe d'en fournir de fa part. Ce confideré, Noffeigneurs, il vous plaife or-

Requefte de commande- ment d'ac- corder la clofture des faits.

donner commandement eftre faiĉt à Maiftre tel procureur de tel, d'aller dans huy au Greffe de la Cour accorder la clofture des faits dudit fuppliant, autrement qu'ils feront clos par le Greffier ou fon Commis, & vous ferez bien. Soit fait commandement. Fait le tel iour.

Si le Procureur ne fait aucune réponfe à la fignification de cette Requefte, en faudra prefenter vne autre pour clorre lefdits faits, en la forme qui enfuit.

A Noffeigneurs des Requeftes du Palais.

Forclufion d'accorder la clofture des faits.

Supplie humblement tel , qu'il vous plaife , veu la Requefte cy-attachée, forclorre du tout vn tel & M. tel fon Procureur de plus pouuoir accorder la clofture des faits du fuppliant; ce faifant ordonner lefdits faits eftre clos par le Greffier de la Cour ou fon Commis , & vous ferez bien. Soit fait. Fait le tel iour.

Si le Procureur du deffendeur à la fignification qui luy fera faite de ladite Requefte , fait réponfe qu'il eft preft d'accorder la clofture defdits faits en accordant par mefme moyen la clofture des fiens, faudra que les Procureurs des parties refpeĉtiuement fe communiquent & mettent és mains leursdits faits pour les collationner, & en accorder la clofture, & aller enfemble au Greffe.

Que fi à la fignification de ladite Requefte le procureur des parties aduerfes fait réponfe qu'il empefche la clofture des faits, le Greffier ne les peut clorre, s'il n'eft ordonné partie oüye à l'Audience ou par defaut : C'eft pourquoy on prefentera le mot de Requefte qui fuit.

A Noffeigneurs des Requeftes du Palais.

Requefte pour venir à l'Audience

Supplie humblement tel , difant, Que par vertu des Requeftes cy-attachées , commandement a efté fait à tel d'accorder la clofture des faits dudit fuppliant, defquels luy a efté baillé copie, ce qu'il n'a tenu compte de faire : au contraire , à la fignification qui luy a efté faite de la Requefte de forclufion d'en fournir de fa part il a fait réponfe qu'il empefchoit la clofture defdits faits prefentez par le fuppliant. Ce confideré , Noffeigneurs, il vous plaife ordonner que lédit tel, ou Maiftre tel , viendra au premier iour à la Chambre pour dire fes caufes d'empefchement , & voir or-

donner, que nonobftant iceluy lefdits faits feront clos par le Greffier ou fon Commis ; & vous ferez bien.

Viennent les parties en la premiere Chambre au premier iour.
Fait ce iour de : : :

Cette Requefte fignifiée faudra comparoir à l'Audience, requerir la clofture defdits faits : ce qui fera ordonné en la prefence
du Procureur du defendeur, s'il compare, & qu'il ne dife caufes
valables pour l'empefcher, s'il ne compare, faudra prendre le defaut qui enfuit.

Defaut à tel demandeur & requerant la clofture de fes faits, pour
faire enquefte par tel fon procureur : Contre tel defendeur & defaillant. par vertu duquel, la Cour a ordonné que les faits dudit
demandeur feront clos par le Greffier de ladite Cour nonobftant
l'empefchement de tel defendeur. Et foit fignifié.

Defaut par vertu duquel eft ordonné que les faits feront clos.

Ledit defaut fignifié, fi le procureur du defendeur fe porte pour
appellant, faudra dire, *nonobftant l'appel*, en la forme qui enfuit.

Sur ce que tel procureur de tel, a remonftré, qu'au procez pendant en ladite Cour entre ledit tel demandeur d'vne part, & tel
defendeur d'autre, les parties ont efté appointées en droict à écrire & informer de leurs faits, fuiuant lequel reglement ledit tel a
fourny de fon aduertiffement, duquel il auroit requis la clofture;
ce qui auroit efté empefché par le defendeur, au moyen dequoy
auroit le demandeur prefenté fa Requefte; fur laquelle ayant efté
ordonné, que les parties viendroient à l'Audience, feroit interuenu iugement par defaut, portant que lefdits faits feront clos par
le Greffier de ladite Cour, à la fignification duquel defaut ledit
tel, ou Maiftre tel fon procureur, s'en feroit porté pour appellant.
A cette caufe nous a ledit tel requis, que nonobftant, & fans
preiudice dudit appel, il foit paffé outre à la clofture defdits faits,
ainfi que de raifon. Surquoy apres que ledit defendeur & tel fon
procureur, ont efté appellez, & ne font comparus : La Cour a contr'eux donné defaut, & par vertu d'iceluy a ordonné & ordonne,
que nonobftant & fans prejudice dudit appel, ny autres oppofitions ou appellations quelconques, il fera paffé outre à la clofture
defdits faits pour faire par ledit demandeur fon enquefte, ainfi
que de raifon. Et foit fignifié.

Iugement nonobftant l'appel pour faire vne Enquefte.

Apres que ledit iugement aura efté fignifié faudra faire clorre
lefdits faits par le Greffier ou fon Commis, qui le paraphera au
bout & à cofté de la fignature de l'Aduocat, & mettra en tefte ces
mots : *Clos pour faire enquefte le tel iour*, & feront clos & feellez du
feel defdites Requeftes.   H iij

Quelques-vns apres les Requeftes de forcluſions acquiſes, portent leſdits faits au Greffier, qui ne fait quelquefois aucune difficulté de les clorre nonobſtant l'empeſchement du Procureur, ſans
qu'il ſoit beſoin de preſenter la Requeſte cy-deſſus : mais cette
voye comme la moins ſeure, ne doit eſtre ſuiuie par ceux qui de-
ſirent faire les affaires comme il faut.

Autresfois auſſi on auoit accouſtumé de faire commettre vn
de Meſſieurs apres l'empeſchement du Procureur, & apres on
prenoit vn defaut, ſauf trois iours, & vn defaut pur & ſimple,
par vertu duquel il eſtoit ordonné que les faits ſeroient clos :
Mais outre que ce chemin eſt le plus long, c'eſt que ce ne ſont
que des frais inutils pour les parties, puis qu'on y peut proceder
autrement.

Les faits eſtans clos, le demandeur leuera vne Commiſſion pour
faire ſon Enqueſte en la forme qui enſuit.

Les Gens tenans les Requeſtes du Palais à Paris, Conſeillers
du Roy noſtre Sire en ſa Cour de Parlement, Commiſſaires en
cette partie, au Bailly de tel lieu, ou ſon Lieutenant General où
Particulier, Preuoſts & Enqueſteurs deſdits lieux, ſur ce premier
requis, Salut. Comme en la cauſe pendante pardeuant nous, entre tel demandeur d'vne part, & tel de telle qualité, deffendeur
d'autre : Nous ayant par noſtre appointement du : : iour de : : appointé les parties en droiɕ à écrire par aduertiſſements dedans
huiɕaine, qui ſeroient communiquez pour y répondre à la
huiɕaine enſuiuant, & au mois apres informeroient les parties
par vous, ſe pourroient les parties faire interroger l'vne l'autre
ſur faits & articles pertinents ſuiuant l'Ordonnance. Pour ce eſt-
il que nous vous mandons & commettons par ces preſentes, qu'à
la Requeſte dudit demandeur pris auec vous vn Adioint, vous
enquerez diligemment & ſecrettement de la verité des faits d'i-
celuy demandeur, que nous vous enuoyons clos & ſcellez ; enſemble procedez au fait dudit interrogatoire & enqueſte, & tout
ce que fait aurez, nous renuoyez auſſi clos & ſcellez dans ledit
temps pour ordonner ce que de raiſon. Et outre mandons au premier Huiſſier ou Sergent ſur ce requis, faire tous exploiɕs à ce
neceſſaires. De ce faire vous donnons, & à luy pouuoir. Donné
à Paris ſous le ſeel de la Cour deſdites Requeſtes, le tel iour, l'an
mil ſix cens.

Si le temps de faire Enqueſte eſt paſſé, faudra demander renouuellement de delay, qui doit eſtre accordé ſuiuant l'Ordon-

naҥce du Roy François I. de l'an 1539. article 33. en ces mots, *Et n'y aura qu'vn feul delay, fors que s'il eftoit trouué que les parties euffent fait leurs diligences, on leur pourra encore donner autre delay faifant apparoir defdites diligences, & purgeant leurs contumaces & negligences.*

Article 14. *Apres ledit fecond delay ne fera permis aux parties de faire aucunes preuues par enquefte ny témoins: & ne leur en pourra eftre baillé ny donné delay pour quelque occafion que ce foit, par relieuement ou autrement.*

Suiuant lequel Article, la Cour le 29. Avril 1526. condamna la Dame de Bafauges, qui auoit obtenu lettres en la Chancellerie afin d'auoir vn troifiéme delay pour faire preuue, en cent liures d'amende, & neantmoins luy donna delay d'vn mois: comme auffi le 21. Ianvier 1543. la Cour, de grace, octroya à vne autre partie vn troifiéme delay ; en quoy l'on void que ces Ordonnances ne font pas toufiours gardées: Car la Cour qui iuge d'équité, difpenfe quelquesfois de la rigueur de l'Ordonnance, pour quelques iuftes confiderations, comme d'vn legitime empefchement, d'vne iufte abfence, & autres femblables, fans en cela s'égarer aucunement de la raifon du droict ou de la loy, laquelle ne veut pas que la faculté des preuues, comme fauorable, foit fi fort reftrainte : auffi que le Droict Efcrit qui conftituë le Magiftrat, la vraye ame de la Loy, a delaiffé & remis beaucoup de chofes à la confcience & difcretion des Iuges, leur permettant, tant par la voye ordinaire qu' extraordinaire, & de leur Office, adoucir ce que les occurrences pouuoient rendre trop feuere & rigoureux en la Loy. Ce que notamment elle a pratiqué és delais, mefmes ordinaires & prefix, qui felon le fens d'icelle, doiuent demeurer immuables, & fans renouuellement, prorogation ou reftriction quelconque. Ce qui a efté ainfi introduit pour vne fort équitable raifon, encore que les delais qui font prefix & ordonnez precifément par la Loy, foient competens & en affez fuffifant nombre : de peur que les parties aduerfes ne vinffent à opofer des obftacles, par lefquels leurs aduerfaires fe trauaillaffent vainement, fans pouuoir pour raifon des menées de leurfdites parties, faire leur enquefte, ayans efté leurs témoins fubornez, ou ne voulans de certaine malice comparoir pour eftre interrogez, & infinis autres moyens & empefchemens, tant de fait que de droict, à raifon defquels elle a laiffé & referué aux Iuges d'y pouruoir felon la grädeur du fait & la diftäce des lieux; Ainfi voyõs-nousbien fouuent la Cour de Parlement bailler vn troifiéme delay, quand il

y a cause ligitime & pertinente ; mesme és Iustices inferieures : Si
ce trosiéme delay est desnié, & que l'on appelle, il sera donné en
cause d'appel : Bien que quelques-vns ayent voulu dire qu'il n'e-
stoit pas loisible aux Iuges inferieurs d'ordonner vn troisiéme delay, ny de proroger le precedent, mais qu'il falloit qu'ils obser-
uassent étroitement l'Ordonnance, laquelle ne receuoit aucune
extension à ladite prorogation de delay : Mais comme il a esté dit,
ces articles de l'Ordonnance ne sont pas si rigoureusement & si
étroitement gardez, qu'il ne soit loisible quelquesfois de s'en retirer & departir : & de cette regle d'équité ont accoustumé d'vser
Messieurs des Requestes du Palais, aussi bien que Messieurs du Parlement, ne voulans pas lesdites Cours vne cause estre perduë par
faute de preuue ; pourueu toutesfois que la partie demandant delay ne se trouue contumax, & qu'il y ait quelque cause, de laquelle elle fist plainement apparoir, & non sommairement & en
simple apparence, comme on a accoustumé de faire és autres delays, eu égard que cela se fait contre l'ordre, & consequemment
il faut que l'empeschement soit verifié. A ce propos ie feray icy
mention de ce que dit Papon au Liure neuf de son Recueil, titré
premier, Arrest vingt-cinq.

Deux Marchands Luquois demeurans ou biens frequentans les
Foires de Lion, font adiourner vn Marchand de Tours, nommé
Perdriel, aussi frequentant lesdites Foires, pardeuant le Conseruateur desdites Foires, à ce qu'il eust à payer & garnir vne somme
contenuë en vne cedule, & à cette fin qu'il vint confesser ou nier :
Ledit Perdriel nie l'auoir iamais écrite ny signée : Le Conseruateur ordonne que lesdits Luquois informeroient dans la prochai-
ne Foire qui estoit de Toussainct : à laquelle assignation lesdits
Luquois n'ayant fourny, demandoient encore autre delay pour
pouuoir informer, ce que le Iuge leur accorde, & ordonne que
pour toutes prefixions & delays ils informeront dans la Foire des
Rois prochains : lequel temps passé lesdits demandeurs requierent
autre delay, parce qu'ausdites Foires n'estoient venus aucuns
Marchands de Tours, desquels on eust pû informer de ladite cedule, pour reconnoistre si elle estoit faite par ledit Perdriel, le Iuge leur donne encore terme, iusques à la Foire de Pasques, dont
ledit defendeur appelle : Ses causes d'appel sont que par l'Ordonnance il est deffendu de bailler plus de deux delays à faire enqueste ; neantmoins ledit Conseruateur en auoit baillé trois : Pour
l'appellant plaidoit Poucherat l'aisné : Pour l'intimé du Puy, qui
                                                          disoit

disoit que le defendeur n'auoit aucun interest, si le Iuge auoit donné le troisiéme delay : que dans les deux premiers il n'auoit pû faire son enqueste ; car aucuns Marchands de Tours n'estoient venus ausdites Foires de Lyon. La Cour mit l'appellation au neant sans amende, ordonna que ce dont auoit esté appellé sortiroit son effet, les despens de la cause d'appel reseruez en definitiue, & renuoya les parties pardeuant le Conseruateur. L'Arrest est du premier Iuillet 1549.

Or posé que les Iuges ne peussent selon la rigueur de l'Ordonnance donner nouueau delay, il ne leur est pas toutesfois prohibé de proroger le precedent, veu qu'autre chose est de proroger & donner de nouueau : car il est souuent malaisé de faire preuue d'vn empeschement que l'on a eu de faire son enqueste dans le delay ordonné : c'est pourquoy il se doit proroger : mais ladite prorogation doit estre faite partie presente, ou deüement appellée, autrement elle seroit nulle, & telle en fut declarée vne par Arrest des Grands Iours de Moulins le 7. Septembre 1540. comme rapporte Rebuffe en ses Commentaires sur l'Ordonnance. Toutesfois Papon au lieu preallegué, tient qu'il est à l'arbitrage des Iuges d'oüyr la partie, demandant prorogation par serment sur ledit empeschement, & ainsi (dit il) fut iugé par Arrest de Grenoble, le second iour de l'Audience d'apres *Quasimodo*, l'an 1459.

Donc l'appointement portant renouuellement de delay de faire enqueste, se prendra à l'Audience en presence du Procureur de la partie, ou par defaut en la forme qui ensuit.

EXTRAIT DES REGISTRES DES REQVESTES DV PALAIS.
du : : : : iour de : : : :

Defaut à tel demandeur, &c. par tel son Procureur : Contre tel defendeur & défaillant, pour le profit duquel, la Cour a renoüuellé & renouuelle le delay de faire enqueste en la cause d'entre les parties, de trois semaines (ou autre temps, suiuant la distance des lieux) pendant lequel temps pourront les parties faire & parfaire leurs enquestes par vertu des Commissions déja leuées ou à leuer, & par les Commissaires à ce commis auec adioint. Et soit signifié.

Suiuant cét appointement on leue vne Commission, en vertu de laquelle & dudit renouuellement de delay, faudra proceder à la confection de l'enqueste ; & pour ce faire adiourner la partie

I

aduerſe à certain iour, lieu & heure pardeuant les Commiſſaires
commis pour voir proceder à icelles, voir accorder d'Adioint, &
voir iurer les témoins.

Au iour aſſigné les parties comparans, le demandeur requerra
que le defendeur ſoit tenu de nommer & conuenir d'Adioint, &
tout ce qui ſera fait, requis & proteſté par les parties reſpectiuement, ſera mis & redigé par écrit par le Commiſſaire, dont il fera procez verbal ſeparé de l'enqueſte en la forme & maniere qui
enſuit.

Procez ver-
bal d'enque-
ſte.

L'an mil ſix cens : : : : le : : iour de : pardeuant nous tel Conſeiller du Roy noſtre Sire, Lieutenant General, & Commiſſaire Examinateur au Bailliage, & Siege Preſidial de tel lieu, eſt comparu en noſtre hoſtel, heure de : : : Maiſtre tel Procureur en ce Bailliage, & de tel, qui nous a dit qu'au procez pendant pardeuant
Noſſeigneurs des Requeſtes du Palais, entre ledit tel d'vne part,
& tel defendeur d'autre, tant auroit eſté procedé, que par appointement rendu entre les parties le tel iour, elles auroient eſté appointées à écrire, produire & informer des faits par elles reſpectiuement mis en auant : & Nous commis pour proceder au fait des
enqueſtes, ſuiuant qu'il eſt plus au long porté par ledit appointement, ſigné du Puy ; aux fins duquel, iceluy demandeur auroit
obtenu commiſſion deſdits ſieurs des Requeſtes, auſſi à nous addreſſante, le tel iour ſignée du Puy, nous requerant ledit tel audit nom, qu'il nous pleuſt en acceptant ladite commiſſion, proceder au fait deſdites enqueſtes, & interrogatoire ſur les faits dudit demandeur, mis en noſtre Greffe, clos & ſeellez, & que commiſſion luy fuſt deliurée pour faire aſſigner ledit tel deffendeur,
pour voir faire ouuerture deſdits faits, eſtre oüy & interrogé ſur
iceux ; enſemble voir iurer les témoins qu'il entendoit faire oüyr
& conuenir d'Adioint ; comme auſſi pour faire commandement
au Curé de tel lieu, d'apporter en noſtre Greffe les reuelations par
luy receuës ſur les Lettres Monitoires obtenuës par ledit tel, pour
leſdites enqueſtes & interrogatoires faites, renuoyer le tout
en ladite Cour. Surquoy Nous, veu leſdits appointement &
commiſſion, Auons en acceptant ladite commiſſion ordonné
que ledit tel ſeroit aſſigné par deuant nous, pour voir faire
ouuerture deſdits faits, eſtre par nous interrogé ſur iceux &
procedé au fait de ladite enqueſte : & à cét effet que nos Lettres
de commiſſion ſeront deliurées audit tel pour faire oüyr témoins,
enſemble ledit tel pour les voir iurer, comme auſſi pour faire

commandement au Curé dudit lieu de ::: d'apporter lesdites reuelations. Ce fut fait & donné par nous Lieutenant General susdit.

Et le tel iour, heure de ::: deuant nous Commissaire susdit, est comparu ledit tel, qui nous a dit auoir en vertu de nostre susdite Ordonnance, & nos lettres de Commission, fait assigner à cedit iour, lieu & heure presente ledit tel, pour voir faire ouuerture desdits faits, & outre fait assigner tels témoins pour estre oüys en ladite enqueste, & ledit tel pour les voir iurer & conuenir d'Adioint : comme aussi nous a dit auoir fait assigner ledit Curé, le tout ainsi que ledit tel faisoit apparoir par les exploicts de tel Sergent : Contre lesquels defendeur Curé, & témoins non comparans, nous a ledit tel audit nom requis defaut, & pour le profit, qu'il fût ordonné que lesdits faits seront ouuerts, & lesdits témoins derechef assignez a comparoir pardeuant nous pour estre ouys & interrogez, à peine de douze liures parisis chacun, & ledit tel pour les voir iurer, ensemble ledit Curé pour apporter lesdites reuelations. Surquoy nous auons audit tel donné defaut à l'encontre dudit defendeur Curé, & témoins, & pour le profit d'iceluy, ordonné que lesdits faits presentement representez par nostre Greffier, clos & seellez seront ouuerts, afin de proceder par nous au fait de ladite enqueste, & qu'à cet effet lesdits Curé & témoins seront derechef assignez pour estre ouys en icelle, à peine de huit liures parisis d'amende chacun, & ledit tel pour les voir iurer : & à l'instant auons fait faire ouuerture desdits faits, en presence de Maistre tel Adioint ordinaire aux enquestes de ce Bailliage, mandé & appellé auec nous : mais dautant que le delay de faire ladite enqueste expire ce iour-d'huy : & que ledit tel audit nom, nous a dit ne pouuoir faire comparoir lesdits témoins pour estre la pluspart aux champs : Nous luy auons permis de se pouruoir pardeuant mesdits sieurs des Requestes du Palais à Paris, pour obtenir prorogation de delay, ainsi qu'il verra estre à faire. Fait & donné par nous Conseiller & Commissaire susdits, l'an & iour que dessus.

Et le tel iour heure de ::: pardeuant nous Conseiller & Commissaire susdits, est comparu ledit tel, lequel nous a remontré s'estre pouruu suiuant nostre derniere Ordonnance, & obtenu renouuellement de delay, pour estre procedé par nous au fait de ladite enqueste, ainsi qu'il nous auroit fait apparoir par acte rendu le tel iour, nous requerans vouloir proceder à ladite enqueste

en la prefence de Maiftre tel, par nous cy-deuant pris pour Adioint. Surquoy, nous veu ledit acte portant renouuellement de
delay aux parties de faire leur enquefte, auons ordonné qu'il fera par nous procedé aux faits d'icelle en la prefence dudit tel, par
nous pris pour Adioint.

Ce fait nous a ledit tel dit auoir fait affigner pardeuant nous
heure prefente tels & tels, de telles qualitez demeurants en tels
lieux, pour eftre oüys & examinez en ladite enquefte, comme
auffi nous a remontré auoir fait affigner à ce dit iour, lieu & heure de ::: ledit :: defendeur, pour les voir iurer & conuenir d'Adioint, fi befoin eft; & outre fait affigner Maiftre tel, Curé de tel
lieu, pour rapporter & mettre en noftre Greffe les reuelations
par luy receuës fur les Lettres Monitoires par luy publiées à la
Requefte de tel, le tel tout ainfi qu'il nous eft apparu par les exploicts de tel Sergent, dés tel iour: & parce que les deffufdits ne
tenoient compte de comparoir, Nous a ledit tel requis defaut
& pour le profit d'iceluy: qu'il fut ordonné iceux témoins eftre
affignez à comparoir par deuant nous, à peine de douze liure parifis d'amende chacun, & ledit tel pour les voir iurer, & qu'iteratif commandement feroit fait audit Curé d'apporter lefdites
reuelations. Surquoy veu lefdits exploicts d'affignation, Auons
donné deffaut à l'encontre defdits témoins non comparans, &
pour le profit d'iceluy, ordonné que lefdits témoins feront derechef affignez à comparoir pardeuant nous à demain pareille heure, à peine de foixante fols parifis d'amende, comme auffi fera
ledit tel affigné pour les voir iurer & conuenir d'Adioint. Fait
par nous Lieutenant General & Commiffaire fufdit les ans & iour
que deffus.

Et aduenant ledit iour le lédemain heure de :::: deuant nous Cõ-
miffaire fufdit, feroit comparu ledit tel, qui nous a dit auoir fait
affigner tels & tels, pour eftre oüys & examinez aux fins defdites
Lettres de commiffion, & de nos precedentes Ordonnances;
comme auffi fait affigner ledit tel pour les voir iurer, nous requerant défaut à l'encontre de luy, attendu la prefence des témoins,
prendre & receuoir leur ferment en la prefence dudit Maiftre tel,
Adioint ordinaire aux Enqueftes de ce Bailliage, & en l'abfence
dudit tel.

Surquoy nous Commiffaire fufdit, auons donné defaut contre le defendeur, & pour le profit d'iceluy, auons pris & receu
le ferment en tel cas requis & accouftumé, & ordonné qu'ils fe-

ront presentement par nous oüys, & de fait les auons separement
ouys, enquis, & deuëment examinez , de leurs noms & surnoms, estats, âges & demeures, & leurs dires & depositions fait
rediger par écrit par nostre Greffier ordinaire, en la presence de
Maistre tel, Adioint susdit, sauf & sans preiudice des moyens de
nullité, reject d'enqueste, reproches de témoins, & saluations
au contraire ainsi qu'il est plus au long porté & contenu en l'enqueste par nous faite à la Requeste dudit tel, laquelle signée de
nous & de nostre Adioint, auons enuoyée close & seellée au
Greffe de ladite Cour des Requestes du Palais, & le present nostre procez verbal, lettres de commission, & autres pieces renduës
& deliurées audit tel Procureur, pour seruir à sa partie ce que de
raison. Et à l'égard dudit Curé, qui seroit aussi comparu, & rapporté lesdites reuelations par luy & son Vicaire receuës, nous
luy en auons donné acte, & à luy taxé pour ses salaires & vacations la somme de tant. Fait & donné audit Bailliage par nous
Lieutenant General, & Commissaire susdits, les an & iour que
dessus.

Quand toutes les parties comparent pardeuant le Commissaire,
on n'a qu'à adiouster ces mots : Sont comparus pardeuant nous
ledit tel demandeur, assisté de Maistre tel son Procureur d'vne
part, & ledit tel defendeur aussi assisté de Maistre tel son Procureur, d'autre part, lesquelles parties ont dit & declaré qu'elles
nommoient pour Adioint Maistre tel, en la presence duquel &
desdites parties, auons pris & receu le serment des témoins aussi
comparans , & à nous produits par ledit tel deffendeur: a protesté
de fournir de reproches & moyens de nullité d'enqueste, de rejet,
& le tout pouuoir impugner & debattre en temps & lieu : Et par
ledit tel Procureur audit nom protesté de ses saluations au contraire. Tous lesquels témoins, sçauoir est tel Marchand demeurant en tel lieu, âgé de 25. ans, tel de telle qualité, âgé de tant
d'années, (& ainsi des autres) nous auons separément ouys, enquis, & deuëment examinez, leurs noms & surnoms, âges, qualitez & demeures, fait rediger par écrit par nostre Greffier ordinaire, &c. comme cy-dessus est dit.

Par l'Ordonnance de François.I. de l'an 1535. Chapitre 7. article 14. il est ordonné que les Commissaires insereront en leurs
procez verbaux d'enqueste, les noms, surnoms, aages , & demeures des témoins par eux examinez, leur estat, Art, & mestier, la production d'iceux, & par qui, & la prestation du ser-

ment, infereront en iceluy procez verbal, la relation des adiour-
nemements faits aux témoins & aux parties, pour les voir iurer, &
que les parties puiſſent impugner leſdits procez & enqueſtes de
nullité, afin de bailler reproches des témoins, qui ſe bailleront
auant la publication d'enqueſte ſelon les anciennes Ordonnances: auſſi eſt-il obſerué qu'vne enqueſte demeure nulle, man-
quant l'vne ou l'autre des formalitez cy-deſſus.

Et en l'article 18. il eſt ordonné que quand le terme & delay ſera
ſimplement prorogé, ne ſera beſoin leuer autre commiſſion que
la premiere, mais pourront les parties proceder auec le dictum
de l'Arreſt qui en ſera fait; mais quand la commiſſion ſera re-
nouuellée, le terme paſſé, ne pourra le Commiſſaire proceder
ſans eſtre leuée autre commiſſion en forme deuë dudit renouuellement, ſi ce n'eſt qu'il fuſt ordonné & permis de trauailler par
les commiſſions déja leuées.

Si en faiſant l'enqueſte par l'vne des parties le delay pour icelle faire finiſſoit, & que neantmoins les Commiſſaires receuſſent
& fiſſent iurer témoins apres le terme finy en preſence de l'autre
partie qui n'y auroit contredit, mais proteſté ſeulement de bailler objet, neantmoins on pourroit debatre ladite enqueſte de
nullité, parce que leſdits Commiſſaires n'auoient plus de puiſſance de receuoir ny faire iurer témoins, & que leur commiſſion
eſtoit expirée: Mais auſſi il ſuffit de faire receuoir & iurer les témoins dans le delay, apres lequel ils pourront eſtre valablement
examinez, auront leurs depoſitions meſme vertu que s'ils auoient
eſté oüys dans le delay; ſuffit auſſi qu'ils ſoient iurez vn iour ferié, encore qu'ils ſoient examinez à iour non ferié, car tout ſe
rapporte au iour de leur ſerment, mais cela n'eſt pas touſiours
ſeur, & il ſemble qu'vne partie doiue faire ouyr ſes témoins dans
le delay: Toutesfois quelques-vns tiennent que quand il ſeroit
autrement, on peut obtenir Lettres Royaux pour faire valider
leſdites depoſitions. Et le Canon au 4. Liure des Réponſes, Chapitre 74. ſur la fin, tient auoir veu iuger par Arreſt, apres longue diſpute, que les témoins qui auoient preſté le ſerment dans
le delay, peuuent eſtre examinez apres iceluy, 'pourueu qu'il n'y
euſt forcluſion expreſſe de faire enqueſte. Voyez Papon au lieu
ſus-allegué.

Par l'Ordonnance de Philippes IV. 1318. article 11. il eſtoit deffendu à tous Iuges de faire enqueſte, ſi ce n'eſtoit par bons Commiſſaires & ſuffiſans: Ce qui eſtoit obſerué lors qu'il n'y auoit

point encore d'Enquesteurs erigez : mais à present il y a des Enquesteurs & Commissaires Examinateurs en titres d'Office par toutes les Iustices Royales: Comme aussi il y a Edict de creation d'Adjoints, faite par le Roy Henry III. de l'an 1578. & par Arrest de la Cour sur la verification d'iceluy, est porté aux modifications qui ensuiuent, qu'aux enquestes d'Offices, executions d'Arrests, informations sur faits iustificatifs, & de reproches, ne seront pris Ajoints.

Par l'Ordonnance de Charles VIII. de l'an 1446. article 32. il est ordonné que quand les parties feront faire leur enqueste à Paris, ou ailleurs, elles comparoistront diligemment, par elles ou leurs Procureurs deuant les Commissaires à ce deputez, soit pour voir iurer les témoins qui seront produits, ou pour faire autres choses, sur quoy elles auront afsignation : autrement si la partie à qui a esté faite l'afsignation est defaillante, defaut sera donné contr'elle, & procederont les Commissaires au defaut de la partie defaillante, comme si elle eust esté presente ; & s'il arriue qu'aucune des parties appelle des Commissaires en procedant à leur enqueste, neantmoins ils procederont à paracheuer l'enqueste, nonobstant l'appel, ainsi & en la forme & maniere qu'il est contenu au Style ancien du Parlement, qui sera obserué pour ce regard.

Si la partie allegue recusation ou suspicion contre les Commissaires, ils ne doiuent passer outre, mais superseder, comme écrit Imbert Liu. 1. de ses Institutions Chap. 42. en la Glose page 222.

Mais aujourd'huy les Iuges commis pour la confection des enquestes, doiuent declarer les causes de recusation admissibles ou inadmissibles: si admissibles, il faut se pouruoir pardeuant ceux qui ont delegué: si inadmissibles, il doit estre passé outre selon la forme du Droict. Voyez l'Ordonnance de François I. 1539. art. 10. en ces mots ; Quad les recusations proposées on baillées par écrit sont friuoles & non receuables, le Iuge recusé les pourra telles declarer, & ordonner que nonobstant icelles il passera outre, selon la forme de droit. Voyez l'article 113. de cette Ordonnance & de l'Edit de la Bourdaisiere sur les euocations des procez, l'article 18. de l'Ordonnance d'Orleans : les 12. 13. & 14. de l'Ordonnance de Roussillon : la Declaration du Roy ensuiuant sur lesdits articles : l'article 17. de l'Ordonnance de Moulins, & l'article 118. de l'Ordonnance de Blois.

En l'art. 11. de ladite Ordonn. de 1539. il est dit : Que s'il y a

appel, fera nonobftant iceluy paffé outre, non par le Iuge recufé,
mais par celuy qui a accouftumé tenir le Siege en fon abfence,
foit Lieutenant Particulier, ou le plus ancien Aduocat : tellement que pour la propofition de ladite recufation & appellation
fur ce interjettée, la pourfuite & procedure ne foit aucunement
retardée ou dilayée.

Et en l'art. 13. Si lefd. caufes de recufation font trouuées admif-
fibles, fera baillé vn feul delay pour les prouuer & verifier; non
par le Iuge recufé, mais par celuy qui doit tenir le Siege en fon
lieu, comme dit-eft, lequel à faute de ladite verification au dedans dudit delay, & apres iceluy écheu, & paffé, & fans autre declaration ny forclufion, déboutera le propofant defdites caufes
de recufation.

Il faut remarquer que ce delay n'eft que de trois iours, lefquels
paffez, il doit eftre paffé outre par le Iuge recufé.

En l'article 14. font ces mots, *Et lequel propofant fera pour chacun
fait de recufation calomnieufement propofé en nos Cours Souueraines,
condamné en 20. liures parifis d'amende, moitié enuers nous, & moitié
enuers la partie, & de dix liures auffi par moitié, comme deffus en nos
Iuftices inferieures.*

Article 15. *Et voulons en outre que nonobftant ladite recufation &
delay baillé pour la verifier, foit paffé outre au principal pardeuant le Iuge
non recufé, qui aura baillé ledit delay, & qui a accouftumé tenir le Siege
au lieu dudit recufé.*

C'eft ainfi que parlent ces Ordonnances qui n'ont efté faites
que pour preuenir la temerité de ceux qui font eftat de propofer
des recufations impertinentes, tant contre toutes fortes de Iuges
pour empefcher le Iugement des procez, que contre ceux qui
font commis pour la confection des enqueftes.

Autre chofe neantmoins feroit d'vn fimple Enquefteur, contre lequel s'il y a caufes de recufation, il eft certain qu'il ne les
peut declarer friuoles & impertinentes, dautant que (comme dit
Papon, Liure 9. titre premier,) cela dépend de la Iurifdiction,
qu'il n'a pas; c'eft pourquoy il doit renuoyer les parties pardeuant
les Iuges qui l'ont commis à faire l'enquefte : que s'il fait autrement, ou s'il paffe outre, pour la partie qui a recufé (bien qu'il
n'y ait appel) rejetter l'enquefte comme nulle; & ainfi, dit-il,
fut iugé par Arreft de Paris du 12. May 1545. Que fi ledit Enquefteur paffoit outre aux perils, & fortunes de la partie, & qu'il
y euft appel en adherant, la Cour ordonneroit qu'il feroit informé

des

des caufes de recufation, tout ainfi qu'euft pû faire le Iuge, auquel le Commiffaire ou Enquefteur deuoit auoir le renuoy.

Les caufes de recufation iuftes & legitimes font, eftre foliciteur
en la caufe, eftre amy, familier, commenfal, & autres dont il a
efté parlé fur le Style de la Cour.

Le Commiffaire ne doit differer d'oüyr vn témoin reproché,
encore que fur le champ on luy fift apparoir du reproche, mais
fans prejudice de l'objet doit paffer outre, nonobftant ledit reproche propofé, & oppofitions ou appellations quelconques, fuiuant l'Ordonnance du Roy Louys XI. article 85. Et de fait par
Arreft du 14. Mars 1532. pour auoir par vn Commiffaire obey à tel
reproche, fut decreté adiournement perfonnel; toutesfois doit
la partie prefente à la jurande des témoins protefter de les reprocher à la fin de l'enquefte, autrement elle n'y feroit pas receuë,
ainfi qu'il fut iugé par Arreft de 1589. Voyez Papon Liure 9. de
fes Arrefts.

Par l'Ordonnance du mefme Louys XI. de l'an 1498. article 13.
on ne pourra en quelque matiere que ce foit fur vn mefme fait
contenu és écritures & additions des parties, produire ny faire
examiner que dix témoins, & ne fera comptée vne turbe que
pour vn témoin, és cas qu'on a accouftumé examiner témoins
en turbe : & les témoins qui feront examinez outre ledit nombre
de dix, feront rejettez, & on n'aura aucun égard à leurs dépofitions, & auec ce feront les Commiffaires condamnez à l'amande, à l'arbitrage du Iuge : & fi és écritures & additions des parties y auoit articles faifant mention d'vn mefme fait, il eft ordonné qu'ils feront accollez : laquelle Ordonnance eft conforme à celle de Charles VII. 1446. art. 32. François I. 1535. chap. 7.
art. 4. 15. 9. pour Bretagne, chap. 2. art. 2. qui toutes femblent
auoir efté faites pour éuiter les frais. Toutesfois cette Ordonnance n'eft pas toufiours fuiuie : mais fi la Cour void que la matiere foit de confequence, elle reçoit les témoins fupernumerai-
res, & ainfi fut iugé par Arreft de l'an 1394 rapporté par Papon,
liure 9. titre 1.

Cette Ordonnance n'a lieu aufsi en matiere criminelle non
plus qu'en matiere fommaire, en laquelle on ne peut oüyr plus
de deux témoins, fuiuant l'Ordonnance de l'an 1583. art. 6.

Faute d'autre preuue, vn Procureur *ad lites*, eft tenu de dépofer par ferment fur les faits de partie aduerfe; & il fut ainfi
iugé par Arreft de Grenoble, du 8. Auril 1454. lequel femble

K

auoir esté tiré de la Decis. 45. de Guy Pape, où il rapporte plus clairement, Que si vn client vouloit produire en témoignage son Procureur *ad lites*, ou son Aduocat, il n'y seroit pas admis, encore qu'ils ne fussent plus ny Procureur, ny Aduocat, comme si c'estoit en cause d'appel : mais si la partie aduerse les vouloit produire, ils seroient admis suiuant les Arrests des 5. Decembre 1589. & 18. Iuin 1580. rapportez par Robert, au traité des choses iugées, liu. 2. chap. dernier, & sauf à la partie ses reproches.

Moynes, Religieux, & Mandians, Prestres seculiers, & reguliers, peuuent estre oüys, tant en matiere ciuile que criminelle, & contraint par les Iuges seculiers, mesme sans la licence de leurs Superieurs : quoy que cy deuant cela n'estoit pas permis, & suffit que les Prestres prestent le serment la main sur la poitrine, & non sur les Saintes Euangiles. Voyez de Buignon, liu. 3. des Loix abrogées, Guy Pape Decision 542. Imbert, liu. 1. de ses Institutions, chap 4. & Papon, liu. 9. tit. 1. auquel lieu il rapporte vn Arrest du 9. Ianuier 1510. par lequel il fut dit, Qu'vne femme pouuoit déposer contre son mary pour la manque de preuue alleguée par vne partie aduerse, mesme qu'en vne appellation du Bailly d'Orleans, qui auoit ordonné, qu'vne mere prise pour témoin, ne seroit point oüye contre son fils intimé, fut mise ladite appellation au neant, & ordonné, que ce dont auoit esté appellée, sortiroit son effet : permit toutésfois la Cour à l'appellant de faire interroger ladite mere de sa partie aduerse, pour l'interrogatoire mis en vn sac à part, y auoir tel égard ; l'Aarrest est du 14. Octobre 1549. Et par autre Arrest du 25. Février 1559. fut enioint à vne mere de porter témoignage en la cause testamentaire d'entre la vefue de son fils aisné, & d'vne autre, pour sçauoir si ledit aisné auoit testé. Le 9. Octobre, audit an, fut encore iugé qu'vne mere seroit oüye, non contre ses enfans, mais entre iceux disputans entr'eux de quelques fruits, que leur pere defunct auoit perceus.

Et la raison de ces Arrests semble estre fondée, sur ce que les personnes cy-dessus (quoy qu'exceptées par le droict commun de déposer) neantmoins elles ne peuuent auoir plus de priuilege pour ce regard, que la partie mesme, contre laquelle ils sont produits, qui peut estre contrainte de répondre par serment, à peine de l'amende ; ainsi qu'il est au long porté par l'Ordonnance de l'an 1539. art. 38. ce qui se doit toutesfois entendre en matiere ciuile ; car en

matiere criminelle il feroit autrement, ainfi que nous auons mon-
ftré au Style de la Cour, au titre *des matieres criminelles* , & fauf,
comme dit eft, les reproches.

Au refte l'art. 11. de l'Ordonnance de l'an 1535. chap. 7. conforme
à celle de Luoys XII. de l'an 1408. contient ces mots , *Les Com-*
miffaires feront mettre tout au long la dépofition des témoins fans vfer de
ces termes , l'article contient verité, & feront tenus de les interroger du
fait contenu en l'article, & de la raifon de leur dire.

Suiuant laquelle Ordonnance nous tenons par noftre vfage la
dépofition d'vn témoin, qui ne rend raifon de fon dire, eftre nulle:
toutesfois auec des Lettres on eft receu à demander, que le témoin foit derechef interrogé mefme apres la publication d'enquefte: voyez Guy Pape, queftion 72. & Imber, liu. 1. de fes Inftitutions Forenfes.

L'article 12. de la mefme Ordonnance de l'an 1535. porte encore
ces mots , *Enioignons aux Iuges & Commiffaires qu'ils examinent les*
témoins particulierement , & faffent regiftrer leurs dépofitions au vray,
fans les referer les vnes aux autres ; lequel mot, *particulierement,* s'entend fur chacun fait, fur lequel les témoins feront produits, oüys,
& examinez feparement.

Bref les Commiffaires doiuent, oyant & examinant vn témoin,
premierement écrire fon nom & furnom, le lieu & Paroiffe de fa
naiffance, & de qu'elle vacation il fe mefle , fa demeure & fon
âge, mettre le iour qu'il fut produit, s'il a connoiffance des parties, tant de celle qui fait faire ladite enquefte, que de partie aduerfe, & dequoy il les cognoift, s'il fçait les lieux (s'il eft queftion
des lieux) depuis quel temps, puis luy dire de mot à mot tous les
articles fur lefquels il eft produit, les luy donner à entendre en
langage familier, mettre fes dépofitions en gros & aifé Style, fans
vfer de parenthefes, parce qu'il arriue fouuent , que pour or-
ner le langage on fait écrire autrement que le témoin ne l'entend, & fi le témoin varie ou fe contredit en fa dépofition, apres
luy auoir remonftré cette variation, s'il perfeuere , mettre fon
dire au long , & le luy donner bien & clairement à entendre,
& proceder à la confection de ladite enquefte, en la forme qui
enfuit.

Enquefte faite par tel Confeiller du Roy noftre Sire , Lieute- ^{Forme de}
nant General & Commiffaire Examinateur au Bailliage & Siege ^{dreffer vne}
Prefidial de tel lieu , à la requefte & fur les faits de tel deman- ^{Enquefte.}
deur d'vne part. Contre tel defendeur d'autre, & ce fuiuant la

commiſſion obtenuë, par ledit tel de Noſſeigneurs des Requeſtes du Palais, du tel iour, ſigné du Puy, à nous addreſſante, pris & appellé auec nous Maiſtré tel, Adioint ordinaire aux Enqueſtes de ce Bailliage, nommé & conuenu par les parties, ainſi qu'il appert par noſtre procez verbal, en la preſence duquel auons vaqué au fait de ladite enqueſte, ainſi qu'il enſuit.

Du tel iour & an en noſtre Hoſtel, heure de :::: Tel Marchand demeurant en tel lieu, âgé de ving-cinq ans ou enuiron, témoin à nous produit de la part dudit demandeur, ainſi qu'il appert par noſtre procez verbal, oüy, enquis, & par nous examiné ſur les 20. 25. 28. & 3 . articles des faits dudit demandeur, A dit auoir bonne connoiſſance de tel demandeur, & de telle choſe, & ainſi des autres.

Si l'enqueſte ſe fait à Paris par vn de Meſſieurs des Requeſtes, on n'a qu'à changer la qualité, & prendre ſon Ordonnance pour faire aſſigner les témoins, en ces mots.

Ordonnance pour aſſigner témoinspour dépoſer. De l Ordonnance de nous tel Conſeiller, &c. A la Requeſte de tel, de telle qualité, demandeur par tel ſon Procureur, Auons enioint au premier Huiſſier deſdites Requeſtes, ou autre Huiſſier ou Sergent ſur ce requis, donner aſſignation pardeuant nous en noſtre Hoſtel, ſcis ruë ::: à tel iour, heure de : : : de releuée à tous & vn chacun des témoins, que le demandeur entend faire oüir en ſon enqueſte, auquel iour & heure ſeront pareillement aſſignez tels & tels defendeurs, ou leur Procureur, pour voir preſter le ſerment auſdits témoins, ô intimation. Fait au Parquet deſdites Requeſtes, le tel iour, ſigné tel.

En vertu de cette Ordonnance, le Sergent baillera les aſſignations y mentionnées, & ſuiuant icelles, le Commiſſaire dreſſera ſon procez verbal & enqueſte, comme dit eſt cy-deſſus.

L'enqueſte doit eſtre ſignée au bas d'icelle du Commiſſaire qui l'a faite, & de l'Adioint, à peine de nullité, ſuiuant l'Ordonnance de François I. de l'an 1528. article 12. en ces mots, *Defendons aux Greffiers de receuoir les enqueſtes qui auront eſté faites és cauſes, qu'elles ne ſoient ſignées des Commiſſaires & Adioints, qui les auront faites: & s'ils eſtoient decedez, par autres qui ſerontpar les Iuges commis à ſigner en leur lieu, ſur peine d'amende arbitraire, & des dommages & intereſts, que les parties pourroient auoir & ſouſtenir, à faute de faire ce qui dit eſt.*

Encore que l'Enqueſteur ne puiſſe examiner les témoins ſans l'Adjoint, neantmoins en l'attendant, ſi les parties ſont preſentes ou appellées à cette fin, il peut en l'abfence dudit Adioint receuoir le ferment defdits témoins, comme il fut iugé par Arreft, toutes les Chambres affemblées, le troifiéme Iuin 1535. & par autre Arreft du 15. May audit an rapportez par Papon, liu. 9. tit. 1. Arreft 1. Voyez Maynard, liu. 4. chap. 71. de fes Queftions, où il rapporte le femblable auoir efté iugé par Arreft de Thouloufe. Et le chap 62. où il dit, qu'vne enquefte auoit efté declarée nulle par Arreft du mefme Parlement de Thoulouse, pour auoir efté commencée par l'Enquefteur affifté de l'Adjoint, & puis continuée par l'Enquefteur feul, le 6. Ianuier 1585. quoy que l'on fouftint, que ce qui auoit efté fait par l'Enquefteur en la prefence de l'Adioint deuft demeurer.

L'Enquefteur ou autre procedant à faire enquefte, doit faire iurer fon Adioint auant toute œuure, & faute de ce fut declarée vne enquefte nulle, par Arreft de Paris, du 4. Mars 1534. Papon lieu preallegué.

Mais fur tout auparauant que de proceder à la confection d'enquefte, il faut que les faits foient accordez par les parties au Greffe, ou qu'il y ait forclufion d'accorder la clofture d'iceux par vne des parties, autrement il y a nullité : iugé le 13. Aouft 1584. Papon lieu fufdit.

Par l'Ordonnance de 1535. chap. 7. art. 19. fi par la faute du Commiffaire, l'enquefte fe trouue nulle, elle fera refaite aux dépens de celuy qui l'aura faite, lequel fera tenu rendre & reftituer à partie ce qu'il en aura receu.

De deux diuerfes dépofitions renduës en vne enquefte en matiere ciuile, la commune opinion eft, qu'il fe faut arrefter à la premiere. En matiere criminelle on a plus d'égard à la derniere, ou pluftoft on ne s'arrefte, n'y à l'vne n'y à l'autre pour la variation du témoin, qui eft fufpect de faux, parce que les preuues des crimes doiuent eftre fort claires ; mais fi de deux diuerfes depofitions, la premiere a efté faite hors iugement, & l'autre iudiciairement, fans doute la feconde l'emportera.

Si à vne enquefte les témoins difent n'auoir ainfi depofé, & que l'Enquefteur fouftienne que fi, le doute eft grand, auquel il fe faut arrefter, & fe refout fur la renommée de l'Enquefteur : car fi elle eft bonne on en demeure-là, fi elle eft fufpecte, on s'arrefte au témoin, ainfi fut iugé par Arreft de Grenoble en l'an 1460. Voyez Papon lieu fus allegué. Arreft 15. Le mefme eft dit des contracts, actes & inftrumens de Notaires.

Quant aux preuues qui se trouuent égales, voyez ce que nous en auons dit au Style de la Cour sur ce titre.

DE LA RECEPTION ET PVBLICATION
d'Enqueste.

APres l'Enqueste faite, apportée & mise au Greffe, close & seellée, la faudra faire receuoir pour iuger, communiquer & publier suiuant l'Ordonnance de Chales VII. de l'an 1446. art. 31. en ces mots : *Ordonnons que d'oresnauant les parties appointées par nostre Cour en faits contraires, seront tenuës de rapporter les Enquestes deuers nostre Cour aux iours ordinaires de leurs Bailliages, Preuostez & Senechauffées de nostre Parlement, ensuiuant celuy auquel elles auront esté appointées contraires pour toutes prefixions & delays, & toutes excusations cessans : sinon que par grande & meur deliberation de nostre Cour, & pour cause euidente en fust autrement ordonné :* à laquelle Ordonnance est conforme celle de François I. de l'an 1535. chap. 15. art. 12.

La difference qu'il y a entre la reception & publication d'Enqueste, c'est que la reception s'entend quand elle est rapportée comme dit est, au Greffe & receuë: & la publication se faict par la communication faite aux parties apres les reproches baillées:parce qu'apres la publication, on ne doit plus estre receu à bailler objets ny reproches. Toutesfois les reproches sont receus apres la publication, si sans iceux le procez ne peut estre iugé : Ainsi qu'il fut iugé au profit du sieur de la Rocque, demandant à reprocher témoins de nouueau, en vertu des Lettres Royaux par luy obtenuës. Voyez Papon au liure 9. tit. 5.

Vn mineur est aussi receu par Lettres du Prince à proposer reproches contre des témoins apres la publication d'Enqueste,pour ueu que sans cela il fust en danger de perdre sa cause : & ainsi fut iugé par Arrest de Bourdeaux pour le Seigneur de Beaupoil,contre le Seigneur Griuaux, rapporté par le mesme Papon, liure 9. de ses Arrests.

Plusieurs tenoient, que la publication d'Enqueste n'auoit lieu és Cours Souueraines & Requestes du Palais, mais seulement és Bailliages & Senéchaussées, & autres Iurisdictions ressortissantes és parlemens, se fondans sur l'Ordonnance de l'an 1539. art. 86. qui porte ces mots : *En matiere ciuile y aura par tout publica-*

tion d'Enqueste, excepté en nostre Cour de Parlement, & és Requestes du Palais. Et sur l'Arrest rapporté par Papon, liu. 9. tit. 4. de l'an 1376. par lequel il fut ordonné, qu'en Parlement il ne se feroit aucune publication d'Enqueste, Mais depuis cette Ordonnance & Arrest, est interuenuë l'Ordonnance de Blois de l'an 1579. art. 150. qui porte ces mots : *D'oresnauant y aura publication d'Enqueste en nos Cours de Parlemens, Cours & Requestes du Palais, ainsi que pardeuant les Iuges ordinaires.*

Depuis laquelle Ordonnance de Blois, ladite publication d'Enqueste est tellement pratiquée par tout, que par le defaut d'icelle le procez seroit rendu nul, ce qui est fort équitable, estant chose fort dangereuse & pleine de peril, de plaider en obscurité & tenebres : & aussi que toutes choses doiuent estre patentes, & ouuertes en tous Iugemens, & non enseuelies & enuelopées en obscurité. Pour cette cause Imbert rapporte, que le Parlement de Thoulouse ne voulut iamais verifier cét art. de l'Ordonnance de 1539. Voyez le liure 1. de ses Institutions Forenses, chap. 47.

Il faut obseruer, qu'il n'y a aucun recollement de témoins és matieres ciuiles, sinon és examens à futur, mais bien és matieres criminelles. Toutesfois si les parties en demeurent d'accord, & le requierent, les Iuges le peuuent ordonner, mesme le peuuent faire, *ex officio*, apres la publication, & ordonner que les témoins seront recollez ; toutesfois ne peut vne partie seule le requerir, autrement elle seroit deboutée : comme il fut iugé par Arrest de Paris de l'an 1590. & à Grenoble le 23. Iuin 1463. rapportez en la Conference des Ordonnances, liure. 4. tit. 4. Et ne doit le Iuge ordonner ladite repetition sans connoissance de cause, comme s'il trouue que les témoins n'ont esté examinez sur tous les articles, sur lesquels ils auroient esté produits, & qu'il fut besoin de les examiner sur iceux, ou si leurs dépositions sont si confuses & si obscures, que d'icelles on ne puisse tirer & colliger ce qui sert à la cause.

Vous remarquerez deplus , que si auant ladite publication d'Enqueste on ne propose les moyens de nullité d'icelle, ils demeurent couuerts ; & qu'en matiere sommaire, & aux enquestes faites sur incidents, les publications ne sont pratiquées, comme le monstre Imbert, chap. 48. nomb 7. quelques-vns neantmoins interpretans cette opinion d'Imbert, disent se deuoir entendre, si les parties en requierent ladite publication.

Donc auparauant que de pouuoir faire receuoir vne Enqueste pour iuger ; faut bailler copie au Procureur de partie aduerse du procez verbal de ladite enqueste par vn Huissier desdites Reque-stes, auec l'acte qui ensuit.

Acte de signification du procez verbal d'Enqueste.

A la Requeste de tel, soit signifié & baillé copie à Maistre tel, Procureur de tel, du procez verbal de l'Enqueste faite par vn tel Iuge ou Enquesteur, à la Requeste de tel à l'encontre dudit tel à ce qu'il n'en pretende cause d'gnorance, & ait à accorder la re-ception d'icelle Enqueste.

Cét acte ainsi fait, l'Huissier met au bas, L'an .. le tel iour, fut le present acte signifié, & baillé copie à Maistre tel Procureur de partie aduerse, par moy tel.

Et quant & quant faut faire offrir par ledit Huissier audit Procu-reur l'appointemét de reception d'Enqueste en la forme qui ensuit.

L'Enqueste faite par Maistre tel Conseiller du Roy nostre Si-re, Lieutenant General & Particulier, Ciuil & Criminel; Com-missaire Enquesteur au Bailliage de tel lieu, le tel iour, à la Re-queste de tel, suiuant l'appointement donné entre lesdites parties en datte de tel iour, est receuë & la reçoit la Cour pour iuger, sauf à debattre le procez verbal d'icelle de moyens de nulité & repro-ches contre les témoins oüys en icelle, & sont les parties appoin-tées à produire à huictaine, bailler contredits & saluations dans le temps de l Ordonnance, & à la huictaine en suiuant oüyr droict & afin de dépens, dommages & interests.

Ledit appoitement signifié au Procureur de partie aduerse, s'il est refusant de le signer & passer, le faudra faire venir à l'Audien-ce, & à cét effet luy faire signifier l'Aduenir qui ensuit.

EXTRAIT DES REGISTRES DES REQVESTES DV PALAIS, du tel iour.

Aduenir.   Defaut à tel demandeur en reception d'Enqueste par tel son Procureur: Contre tel defendeur & defaillant par vertu duquel la Cour ordonne, que les parties en viendront au premier iour, du matin, en l'Audience pour plaider sur ladite reception d'En-queste. Et soit signifié.

Ledit Aduenir signifié, si ledit Procureur ne vient à l'Audien-ce, ée, le procureur du demandeur fera receuoir l'Enquefte par defaut, en la forme qui enfuit:

Extrait des Regiftres des Requeftes du Palais , du tel iour.

Defaut à tel demandeur en reception d'Enquefte, faite par M. tel, le tel iour, par fon Procureur: Contre tel defendeur & defaillant par vertu duquel, la Cour a receu & reçoit ladite Enquefte pour iuger, fauf à debatre le procez verbal d'icelle de moyens de nullité & de reproche contre les témoins ouys en icelle dans trois iours & font les parties appointées à produire dans huictaine, bailler contredits & faluations dans le temps de l'Ordonnance, & à la huictaine enfuiuant ouyr droict, & afin dedépens, dommages & intereft.

D. fait portant reception d'Enquefte.

Ledit defaut fignifié au Procureur de partie aduerfe, s'il fe porte pour appellant de ladite reception, les Iuges peuuent ordonner (le requerant le Procureur de la partie) que nonobftant & fans preiudice de l'appel, fera paffé outre iufqu'à Sentence difinitiue inclufiuement, fuiuant l'Ordonnance.

Que fi le defendeur a quelques defenfes ou moyens de nullité à propofer, comme font ceux dont il a efté parlé cy-deffus, & que par iceux il vueille empefcher la reception de ladite Enquefte, il les doit fournir.

Ou bien les parties doiuent comparoir à l'Audience, en laquelle elles font oüyes, & appointées à mettre pardeuers la Cour dans trois iours fur lefdits moyés de nullité propofez ; encore que pour le bien de la Iuftice, tel differend deuft eftre vuidé fur le champ fans vfer de cette longueur, à la foule bien fouuent, & au detriment du bon droit de l'vne & de l'autre des parties.

Tant y a que fi les parties font appointées, il faut refpectiuement fatisfaire ; ou fi l'vne ou l'autre recule, obtenir les forclufions de fournir de moyens de nullité & de reproches, en la forme qui enfuit.

A Noffeigneurs des Requeftes du Palais.

Supplie humblement tel, Qu'il vous plaife ordonner commandement eftre fait à Maiftre tel, ou à tel fon Procureur, de fournir de moyens de nullité, contre l'Enquefte faite à la requefte dudit tel, & cefte dans trois iours, fuiuant l'appointement à mettre du tel iour, *aliàs* forclos, & vous ferez bien. Soit fait commandement. Fait le tel iour.

L

Cette Requeſte ſignifiée, & les trois iours francs paſſez, on obtiendra la forcluſion en ces mots.

A Noſſeigneurs des Requeſtes du Palais.

Supplie humblement tel, qu'il vous plaiſe, veu la Requeſte cy-attachée, forclorre du tout tel, ou Maiſtre tel ſon Procureur de plus pouuoir fournir d'aucuns moyens de nullité d'Enqueſte, & ce faiſant ſera paſſé outre au iugement de l'inſtance, ſur ce qui ſe trouuera produit pardeuers la Cour, & vous ferez bien. Soit fait & ſignifié. Fait le tel iour.

Le defendeur doit faire la meſme pourſuite, ſi le demandeur ne fournit de réponſes à ſes moyens de nullité.

Cét incident ainſi inſtruit, il interuient Sentence, par laquelle, ou l'enqueſte eſt declarée nulle, ou elle eſt receuë & communiquée aux parties pour fournir de reproches contre les témoins.

DES REPROCHES ET SALVATIONS
de témoins.

APres l'Enqueſte receuë, auparauant la publication & communication d'icelle, faut bailler reproches contre les témoins ouys en ladite Enqueſte, ſuiuant l'Ordonnance de Charles VII. 1446. article 34. en ces mots, *Ordon. que quand aucune Enqueſte ſera receuë, les parties ſeront tenües bailler reproches dans trois iours, ſi aucunes en veulent donner, ſans eſperance d'auoir autre delay, ſinon que par noſtre Cour y ſoit autrement pourueu.*

Et par celle de Louys XII. de l'an 1510. article 37. *Ordonnons qu'és Sieges de noſtre Royaume, eſquels y a publication d'Enqueſte, auant la publication, les parties bailleront, ſi bon leur ſemble reproches de témoins, apres laquelle publication n'y ſeront aucunement receus.* Voyez encore l'Ordonnance de François I. 1535. Chapitre 8. article 16.

Voila pourquoy il faut faire commandement de fournir de reproches dans trois iours, ou faire forclore trois iours apres, ſuiuant les deux Requeſtes cy-deſſus où il n'y a rien à changer, ſinon le mot de *reproches*, au lieu de celuy de *moyens de nullité.*

Par la diſpoſition de droict vne partie n'eſt pas receuë à reprocher vn témoin par elle produit : toutesfois on y apporte cétte di-

ftinction , à fçauoir, qu'en la caufe où ie l'ay produit,ie ne puis le
faire rejetter, fi ma partie l'a fait examiner : mais fi en autre caufe vne partie l'a produit & fait ouyr contre moy , ie fuis receuable à le reprocher, & ne peut eftre oppofé qu'en autre caufe ie
l'ay produit, foit que ie l'aye fait examiner,ou non : C'eft ainfi que
parle Papon au tit. 3. Liu 9. de fes Arrefts.

On eft receu à reprocher témoins enquis , afin de recreance &
prouifion, & s'il y en a de propofez, la prouifion fe iuge fans y a-
uoir égard, comme il fut iugé par Arreft de paris, en Iuin 1497.
rapporté par le mefme papon au lieu preallegué : La raifon de cét
Arreft eft, que tel incident eft fommaire, & le preiudice reparable,
& qu'il y a encore deux inftances à pourfuiure, à fçauoir, la pleine
maintenuë & le petitoire apres, en chacune defquelles vne partie
peut aifement faire & reprendre toutes chofes qu'il connoiftra luy
eftre vtiles, & mefme au fait defdites reproches.

Nous auons marqué fur le Style de la Cour au titre des matieres criminelles, les perfonnes qui peuuent eftre reprochées, à fçauoir, aueugles, fourds, parents, & amys intimes, voleurs, adulte-
res, infames, excommuniez, mineurs de 14. ans, furieux, homi-
cides, heritiers, ou legataires d'vn teftament, duquel il feroit
queftion, & autres, à quoy nous adioufterons pour vne plus grande intelligence,

Que par l'Ordonnance de Blois 1579. article 121. conforme à la
difpofition de droict, les parents ne peuuent porter témoignage
pour ny contre leurs parents iufques au 4. degré, à fçauoir afcen-
dans, defcendans, & collateraux, comme pere, enfans, gendres,
freres, beau-freres, oncles, neueux, coufins germains ou remuez
de germain, & autres. Voyez Maynard en fes queftions Liure 4.
Chapitre 92. où il dit qu'ainfi eft obferué au Parlement de Thouloufe (fi ce n'eft qu'il foit queftion de la preuue de l'aage, & de la
parentelle en mariage) & au Liure 18. Chapitre 89. il dit, qu'vn
témoin qui a donné fon enfant à porter au Baptefme à la partie
qui le produit en témoignage, eft reprochable.

Le mefme Maynard Liure 4. Chapitre 84. tient que le reproche
d'inimitié affectée n'eft receuable, ny d'ennemy reconcilié, Chapitre 98. n'eft receuable auffi le reproche de dire que le témoin
eft amy intime de l'ennemy de celuy contre lequel il eft produit : de mefme le reproche d'amitié, familiarité, ny de feruice,
n'eft receuable, s'il n'eft domeftique ordinaire, Liure 4. Chapitre 85.

Il a esté iugé par **Arrest** de Paris du mois d'Aoust 1532. qu'vn mendiant par les ruës n'est témoin receuable , parce qu'il est trop facile à corrompre à cause de sa grande pauureté , suiuant cét ancien Prouerbe qui dit *qu'en grande pauureté il n'y a pas grande loyauté;* toutesfois comme il a esté dit au Style de la Cour, il se trouue quelquefois des hommes pauures qui ont meilleure conscience que les riches; & partant il semble qu'il n'y ait pas grande raison de rejetter leurs depositions; nonobstant que platon en son Liure 9. des Loix, vueille qu'on chasse d'vne Republique ceux qui s'addonnent à mendier, comme telle chose procedant de paresse & pusillanimité;& qu'au 8. Liure de sa Republique , il dit que necessairement en la ville où il y a plusieurs mendians,il y a par mesme moyen plusieurs mal faicteurs : mais cela n'est pas vniuersellement vray.

On tient en la Cour de parlement le reproche d'vn témoin , lequel on dit auoir esté induit & corrompu par argent à deposer, estre bon; supposé qu'on ne dise point que le témoin ait déposé faux, ou qu'il ait promis de déposer contre verité;car il suffit qu'il ait esté corrompu par argent,sans qu'il soit besoin de dire que son témoignage est faux.

Reproches contre témoins, de crimes quelconques, ne sont receuables ny valables, si les témoins, contre qui ils sont proposez, n'ont confessé le fait, ou esté condamnez par Sentence : car ce n'est pas assez qu'ils en ayent esté conuaincus, dautant que cela peut souuent arriuer par faux témoins, & aussi que le Prince le peut par renommée;& ainsi fut iugé par Arrest de Paris toutes les Chambres assemblées le 12. Aoust 1538. toutesfois és Cours Ecclesiastiques le contraire s'obserue, & il est permis à la partie reprochante de faire conuaincre le témoin , s'il ne l'a esté : Voyez Papon Liure 9. titre 3. Masuer titre *Des témoins*, nombre 17. Maynard Liure 4. de ses Questions Chapitre 71. & 76. rapporte qu'au Parlement de Tholose, si vn témoin est reproché d'estre maquereau de sa femme; que telle reproche est receu , bien qu'il n'y ait Sentence,à cause de l'enormité du fait:comme aussi si on objecte contre le témoin qu'il a batu son pere ou sa mere, qu'il a deux femmes, ou qu'il est blasphemateur ordinaire du Saint **Nom de Dieu,** ce qui toutesfois n'est point obserué au Parlement de paris, ny és Sieges ressortissans en iceluy. Mais on demande , si vn qui a esté condamné en quelque peine corporelle, comme du foüet, bannissement, ou autre, & la Sentence executée, a obtenu Let-

tres dú Prince, par lefquelles il a efté remis en fes bonne fame &
renommée, s'il fera receu à porter témoignage : ledit Mainard au
mefme Liure 4. Chapitre 93. tient que non , parce que la playe
par la rehabilitation & rappel n'eft fi bien reprife , que les marques n'en paroiffent encore : le Caron eft d'aduis contraire, Liu.4.
de fes Refp. Chap. 34.

Reproche general d'eftre infame, pariure, adultere, homicide,
voleur, ou autrement, fans fpecifier le lieu & temps du delit commis, ou de la Sentence fur ce interuenuë, & de quel Iuge, pour
fçauoir s'il eft competentou incôpetent, n'eft receu: mais auffi fi on
cotte le temps, il fuffit d'exprimer le mois & l'an, & non le iour &
l'heure: ainfi fut iugé par Arreft de Bourdeaux en mil cinq cés ving-
huit. Toutesfois tel reproche generaleft receu à la Cour en adiou-
ftant ce mot, que *la partie qui l'a baillé declarera plus fpecifiquement le
temps, le lieu, les perfonnes, & les cas par luy propofez confufément, afin que
la partie puiffe fauuer les témoins au contraire.* Voyez Papon au lieu
preallegué.

Reproches generaux, & generalement propofez en bloc contre
tous les témoins examinez de la part de l'vne ou l'autre des parties ; font receuables pour en informer auant que de iuger le procez, bien que fpecialement contre chacun defdits témoins, ils ne
foient propofez, & pourueu qu'il y ait de l'apparence aufdits reproches : & ainfi fut iugé par Arreft du 14. Février 1450. par toutes les Chambres , & depuis confirmé par Arreft du dernier
Aouft 1509.

Mais par l'Ordonnance de Louys X I I. article 39. il eft deffendu à tous Iuges d'appointer les parties à informer des faits de
reproches ; finon en voyant lefdits reproches auec le procez principal, & de ne receuoir lefdites parties en preuue defdits faits, finon qu'ils fuffent concluans, & contre les témoins, fans lefquels
ledit procez principal ne pourroit eftre decidé : ainfi qu'il fera
tantoft dit.

Et comme les Ordonnances & Arrefts admettent les parties à
reprocher les témoins : auffi l'Ordonnance de l'an 1539. article
41. veut que pour chacun fait de reproches calomnieufement
propofée qui ne fera verifié par partie, y ait condamnation, à fçauoir aux Cours Souueraines de vingt liures parifis d'amende,
moitié au Roy & moitié vers la partie, & moitié moins és Iuftices inferieures : ce qui femble eftre conforme à la difpofition de
droiƌ, qui veut que celuy qui met quelque chofe en auant, foit

tenu de la prouuer, & qu'à faute de ce faire, il soit estimé l'auoir
faussement posée : tellement qu'on peut prendre coniecture de
calomnie, si le reprochant ne fait apparoir de ses reproches par
preuue legitime & concluante, & par faute de ce faire, doit estre
iustement condamné en l'amende : aussi voyons-nous bien souuent la verité estre suprimée & obscurcie pour les fausses reproches des témoins, chacun s'efforçant d'aneantir le témoignage &
déposition d'iceux par des faux faits inuentez à plaisir : A cette
occasion l'Ordonnance fort iustement condamne à quelque
peine ceux qui faussement proposent & mettent en auant telles
manieres de faits, quand il appert qu'ils les ont mis en auant calomnieusement, & contre verité, pour empescher la connoissance d'icelle, & y apporter de la confusion & obscurité, autrement
si c'estoit par faute de preuue parfaite desdits reproches, causée
de la crainte, malice ou faueur des témoins, lesdites peines & a-
mendes pourroient estre non seulement moderées, mais aussi du
tout remises ; ainsi qu'il est porté par la Declaration & Amplia-
tion de Charles IX. sur son Edict publié le 19. Septembre 1564. Au
reste cette Ordonnance semble encore auoir esté faite afin d'empescher telles matieres de reproches & retrancher la facilité de
les proposer.

On peut reprocher les témoins ouys pour la verification des reproches, mais on ne peut reprocher les témoins produits sur les seconds reproches, sinon qu'on fist promptement apparoir par pieces du reproche qu'on voudroit alleguer contre les derniers témoins, Arrest de Iuin 1521. Papon Liure 9. tit. 2.

On ne peut intenter action d'iniure pour fait injurieux, affirmé
pour reproche, parce que celuy qui propose ledit reproche est ex-
cusé, en montrant que le témoin est chargé du cas par la commune renommée. Toutesfois Papon Liu 9 titre 3. dit qu'on peut faire
informer de reproches injurieux & diffamatoires apres le procez,
de mesme que des causes de recusation ignominieuses : comme il
fut iugé par Arrest du 28. Mars 1579. Et dauantage, que si le fait
injurieux de reproches procede d'animosité de l'Aduocat & Conseil d'vne partie, on peut intenter action pour reparation d'injure contre ledit Aduocat, Arrest du 21. Ianvier 1563.

Or apres que lesdits reproches de témoins auront esté fournis,
faudra obtenir à l'Audience la publication & communication
d'Enqueste en presence du Procureur de partie aduerse, ou par
deffaut, en la forme qui ensuit.

EXTRAIT DES REGISTRES DES REQVESTES DV PALAIS,
du tel iour.

Deffaut à tel demandeur & requerant l'Enqueste faite par Maistre tel, le tel iour, suiuant l'appointement du tel iour, estre publiée
& communiquée par vn tel son Procureur, Contre tel deffendeur
& deffaillant: Par vertu duquel, Apres que ledit tel a dit ledit deffendeur n'auoir fait Enqueste, & a esté forclos de fournir de reproches contre les témoins oüys en l'Enqueste dudit demandeur;
La Cour a ordonné & ordonne que l'Enqueste faite par ledit tel
sera publiée & communiquée, & soit signifié.

Ou bien quand les parties ont toutes deux fait faire Enquestes
on met ces mots, Apres que par ledit tel a esté dit les parties auoir
fait faire respectiuement leur Enqueste & fourny de reproches
contre les témoins ouys en icelle, La Cour a ordonné & ordonne
que les Enquestes, respectiuement faites à la Requeste desdites
parties, seront publiées & communiquées suiuant l'Ordonnance,
& soit signifié.

Le iugement signifié au procureur de partie aduerse, faudra
faire retirer lesdites Enquestes du Greffe par vn Huissier, & par
ses mains en prendre communication, & les doit voir le deffendeur le premier (toutesfois c'est ordinairement celuy qui a le plus
haste) & produire suiuant l'appointement à ouyr droict, rapporté
cy-dessus.

Quant aux saluations de témoins, les parties n'en fournissent
point, si bon ne leur semble, comme il a esté dit sur le Style de la
Cour: toutesfois le meilleur est tousiours d'en fournir.

Ladite production ainsi dressée par inuentaire, & mise dans vn
sac auec toutes les pieces y mentionnées par ordre cottées au dos
d'icelle suiuât ledit inuétaire, la faudra bailler & mettre és mains
du Greffier qui la receura en luy baillant cinq sols tournois pour
son droict, & l'enregistrera sur son Regiltre pour la bailler & mettre en distribution, si-tost que la partie aduerse aura produit, on
sera forclos de ce faire, en la forme & maniere qui ensuit.

A Nosseigneurs des Requestes du Palais.

Supplie humblement tel, qu'il vous plaise receuoir la production dudit supliant, suiuant l'appointement du tel iour & an, &

ordonner commandement estre fait à tel defendeur, ou son procureur, de produire de sa part dans huictaine, *aliàs*, forclos, & vous
ferez bien, Soit fait commandement, Fait le tel iour & an.

La huictaine passée, à compter du iour de la signification de ladite Requeste, faudra faire faire forclorre la partie aduerse, en la
forme & maniere qui ensuit.

A Nosseigneurs des Requestes du Palais.

Supplie humblement tel, Qu'il vous plaise, veu la Requeste cy-
attachée, forclorre du tout tel, ou Maistre tel son Procureur, de
plus aucune chose produire en l'instance d'entre les parties, ordonner commandement luy estre fait de fournir de contredits contre la production dudit suppliant dedans huictaine, *aliàs* forclos,
& vous ferez bien. Soit fait & signifié. Fait tel iour & an.

Aussi ladite huictaine écheuë, faudra faire forclorre la partie
aduerse de bailler contredits en cette forme.

A Nosseigneurs des Requestes du Palais.

Supplie humblement tel, Qu'il vous plaise, veu la Requeste
cy-attachée, forclorre du tout tel defendeur & Maistre tel son
Procureur, de plus bailler contredits contre la production dudit
suppliant, & ordonner l'instance d'entre les parties, estre iugée en
l'estat qu'elle est, sans autre forclusion, & vous ferez bien. Soit
fait & signifié. Fait le tel iour & an.

Ladite Requeste signifiée, le procez sera en estat de iuger, &
pourra estre mis en distribution, & iugée par forclusion.

Mais il faut obseruer, qu'auant qu'on puisse faire distribuer vne
instáce aux requestes du Palais, il faut qu'elle soit tout en estat de
iuger: c'est à dire, que toutes les parties ayent produit & satisfait
audit appointement: ou que les forclusions soient obtenuës, lesquelles forclusions il conuient bailler au Greffier qui met alors
l'instance en distribution. Que si la partie forclose produit auant
la distribution, qui ne se fait quelquesfois que de quinze iours,
trois semaines, ou vn mois selon la quantité, ou quand il plaist à
Monsieur le President, l'instance ne peut estre si-tost mise en distribution, dautant qu'il est necessaire auparauant, que les parties prennent respectiuement communication de leurs productions, afin d'y fournir de contredits, puis lesdits contredits faits

ou les forcluſions d'en fournir acquiſes , on remet tout au Greffe
pour eſtre diſtribué.

C'eſt le Style ordinaire des Requeſtes du Palais, different en cela de celuy de la Cour de Parlement & Cour des Aydes , où l'on
produit auſſi-toſt que l'appointement endroit eſt paſſé entre les
Procureurs des parties , ou ſigné du Conſeiller commis , ſans qu'il
ſoit beſoin d'obtenir auparauant les forcluſions de produire contre la partie aduerſe, ny attendre qu'elle ait produit de ſa part.

Que ſi le Procureur de l'vne ou l'autre des parties ne vouloit rendre les ſacs apres le temps paſſé de fournir contredits (qui eſt d'ordinaire huit iours) ſuiuant que le porte touſiours l'appointement
en droiⅭt, voicy comme on le peut contraindre à les rendre.

A Noſſeigneurs des Requeſtes du Palais.

Supplie humblement tel, de telle qualité , Qu'il vous plaiſe
ordonner que Maiſtre tel, Procureur de tel, partie aduerſe, ſera
empriſonné en la Conciergerie du Palais, faute de rendre l'inſtance d'entre les parties qu'il a retirée il y a long-temps, & vous ferez bien. Soit fait ſauf huy. Fait le tel iour.

Ladite Requeſte ſignifiée, dés le lendemain en faut faire vne
derniere en ces mots.

A Noſſeigneurs des Requeſtes du Palais.

Supplie humblement tel, de telle qualité, Qu'il vous plaiſe,
veu la Requeſte cy-attachée, ordonner que Maiſtre tel, Procureur de tel, partie aduerſe, ſera empriſonné en la Conciergerie
du Palais, faute de rendre l'inſtance d'entre les parties, qu'il a
retirée il y a long-temps, & vous ferez bien. Soit empriſonné.
Fait le tel iour.

Faut mettre ladite Requeſte entre les mains d'vn Huiſſier deſdites Requeſtes, qui contraindra le Procureur, en luy donnant de-
my-écu pour ſon ſalaire, a rendre ladite inſtance.

En faiſant & dreſſant vne production les Aduocat & Procureur qui font les écritures & dreſſent les inuentaires, ne doiuent
faire cacher ny latiter par leur partie, les contraⅭts deciſifs du
different des parties, pour empeſcher la Iuſtice, tromper & de-
ceuoir la religion des Iuges, chargeans en ce faiſant leur ame &
leur conſcience. Par le 87. article de l'Ordonnance faite par le

M

Roy François I. en l'an 1539. il eſt dit, qu'en toutes matieres Ciuiles y aura communication d'inuentaires & productions, auparauant laquelle Ordonnance n'y auoit aucune communication de
l'inuentaire, mais ſeulement de la production.

L'article 48. de ladite Ordonnance, eſt fort à propos, qui dit
que les parties auront communication de leurs productions dedans trois iours, & de huictaine en huictaine, apres bailleront
contredits & ſaluations, autrement n'y ſeront receus : mais ſera
le procez iugé en l'eſtat, ſans autre forcluſion ne ſignification
de Requeſte, & ſans autre eſperance d'autre delay par lette de
relieuement on autrement.

Par autre Edict du Roy Charles V I I. de l'an 1446. article 32.
il eſt ordonné que les parties ſeront tenuës de bailler contredits
à l'encontre des lettres de leurs parties aduerſes, ſi aucuns en
veulent bailler, dedans huit iours apres la production deſdites
lettres, & ſaluations dedans huit iours apres enſuiuans, ſans eſperance d'auoir pour ce faire aucun autre delay, & ſans qu'il ſoit
beſoin de bailler outre leſdits termes, aucune Requeſte pour bailler contredits & ſaluations, ou les faire forclorre : & que d'oreſnauant ne ſoient baillez aucuns contredits ou ſaluations, ſinon en
procez appointez en droict, ſur le principal, recreances ou prou-
uiſion.

Et par autre Ordonnance faite en l'an 1446. article 30. il eſt
enjoint aux Aduocats, que d'oreſnauant ils ſoient courts en leurs
contredits & ſaluations, ſans rapporter les raiſons contenuës en
leurs écritures principales, plaidoyez, ny aucunes friuoles ale-
gations, car ſi en jugeant le procez, on y trouue d'oreſnauant de
la prolixité, qu'ils ſoient punis, de ſorte que ce ſoit exemple à
tous les autres.

Il y a deux ſortes de contredits, à ſçauoir, contredits de fait,
& contredits de droict. Les contredits de fait, c'eſt quand la piece ne concerne en rien le fait controuerſé, elle porte quant &
ſoy ſon credit, & ne peut d'elle-meſme faire aucun preiudice à
la partie : Les contredits de droict, c'eſt quand la piece produite
eſt priuée, nou anthentique de droict, & qui ne peut valoir ne
preiudicier

Contract ou inſtrument eſt vne écriture iuſte & legitime, qui
fait preuue, & ample foy, & inſtruit le Iuge & la partie, & leur
montre & apprend la verité des choſes. Donc ie diray qu'il y a
trois ſortes d'inſtrumens & contracts, à ſçauoir, inſtrument priué

qui est écriture pure, priuée & particuliere : tel instrument n'oblige point; le second est instrument public, c'est vn contract fait par Notaire public. Et l'instrument & contract authentique, est celuy qui est en bonne forme, signé & scellé.

Pour les contredire, faut voir si l'écriture est raturée, ou effacée au lieu suspect, & de quelque importance. Quand le Notaire est vne personne suspecte, la copie sans voir l'original ne peut valoir. Aussi quand le contract est faux, ce qui en procede, ne peut valoir. Quand vne lettre ou priuilege a esté fait & donné par aucun, n'ayant aucun pouuoir pour ce faire, cela seruira pour aisément contredire vne production.

Si on void que la partie aduerse vueille fournir de sa part de contredits, alors il faut que le demandeur fasse offrir les siens en baillant, & presente les Requestes en la façon qu'il a esté dit, en parlant de l'appointement à produire simplement.

I'ay dit que l'Ordonnance deffend au Iuge d'appointer les parties à faire preuue sur les faits contenus ausdits reproches, sans auoir veu premierement s'ils sont pertinens ou non : & encore faut-il que lesdits reproches soient specifiez : car faire Enqueste sur reproches, non concluans, seroit vexer & charger les parties de dépens & frais superflus, ainsi qu'il fut iugé le Vendredy 16. Aoust 1532. Outre plus, dautant que les reproches sont fournis, auant la publication des Enquestes, il se peut faire que le témoin qu'on aura reproché, n'aura pas déposé à l'aduantage de celuy qui le produit, & ainsi la preuue du reproche seroit inutile.

Toutesfois si en voyant le procez, les Iuges trouuent que lesdits reproches soient concluans, alors ils appointent les parties à informer d'iceux en la forme qui ensuit.

Entre tel demandeur d'vne part, & tel deffendeur d'autre : Veu par la Cour la demande, deffenses, lettres & titres desdites parties, appointement en droict à écrire & informer, aduertissement, réponses, enquestes, reproches saluations de témoins, productions, contredits, & saluations desdites parties, & tout ce que par elles a esté mis & produit: La Cour auparauant que de proceder au iugement diffinitif du procez, a ordonné & ordonne que les parties informeront dedans vn mois, (ou autre temps selon la distance des lieux) des faits de reproches & saluations de témoins par eux fournies audit procez, qui seront extraits du procez, par tel Iuge ou son Lieutenant, Preuost & Enquesteur desdits lieux, auec Adioint, pour ce fait, & le tout rapporté, eftre ordonné ce que de raifon.

Faudra leuer ladite Sentence en forme addreſſante aux Iuges
deleguez pour faire ladite Enqueſte. Et pour ce faire le Rapporteur du procez fera extraiꝗ deſdits faits, qu'il mettra és mains du
Greffier, pour les deliurer auec ladite Sentence, pour ſur iceux
ouyr & examiner les témoins.

En faiſant ladite Enqueſte, faudra garder la meſme forme que
deſſus, excepté, qu'en produiſant par la partie ſes témoins, il faut
que la partie aduerſe les reproche ſur le champ, & ait en main
les pieces iuſtificatiues deſdits reproches, autrement leſdits reproches ne ſeroient pas receus, ny moins de verifier le contenu d'i-
celles.

L Enqueſte ſur faits de reproches, faite & rapportée, faudra
demander la reception d'icelle en jugement, ce qui ſera ordonné
en la preſence du Procureur de partie aduerſe, ou par deffaut en
la forme qui enſuit.

EXTRAIT DES REGISTRES DES REQVESTES DV PALAIS,
du :::: iour de ::::

Défaut à tel demandeur & requerant la reception de l'Enqueſte faite à ſa Requeſte par Ordonnance de la Cour ſur ſes
faits de reproches par tel ſon Procureur, contre tel deffendeur &
defaillant: par vertu duquel, la Cour a receu & reçoit ladite
Enqueſte pour iuger, ſauf à debattre le procez verbal d'icelle, &
ſont les parties appointées à ouyr droit en diffinitiue à huitaine,
& ſoit ſignifié.

Ledit appointement leué par extraiꝗ, & deuëment ſignifié au
Procureur departie aduerſe, ſera mis au ſac de l'Enqueſte, laquelle le Greffier baillera au Iuge ou Rapporteur du procez, pour
iceluy procez iuger diffinitiuement.

Voila pour ce qui regarde la confeꝗion des Enqueſtes que nous
appellons Ciuiles. Diſons vn mot de la Turbe, & de l'Examen
à futur.

E X A M E N A F V T V R.

R Egulierement on ne procede point à l'audition d'aucuns témoins auant la conteſtation en cauſe, ſi ce n'eſt quand il y a

crainte de la mort, pour la caducité de l'âge, ou longue abfence
des témoins , foit qu'ils s'acheminent à la guerre , ou en vn long
voyage , ou pour perpetuer la memoire de la chofe ; car en ce cas
la preuue par témoins fe peut faire auant litifconteftation , que
nousappellons *examen à futur*, & nous pouuons faire ouyr les vieil-
lards, valetudinaires, & autres dont on craint qu'il ne vienne faute : mais tel examen n'eft octroyé fans lettres du Prince, lefquelles ne peuuent eftre obtenuës apres conteftation en caufe, que fi
elles eftoient obtenuës en ce temps, l impetrant deuroit eftre declaré non receuable en l'obtention d'icelles, dautant que l'on fe
peut pouruoir, comme l'on a accouftumé, par ladite pofition des
faits que l'on veut verifier, comme il fut iugé par Arreft du 11.
Ianvier. 1600.

Il faut remarquer qu'apres l'examen à futur fait, l'action doit
eftre intentée dedans l'an , autrement il ne fert de rien : Voyez
Mafuer au titre *des Témoins*, nombre premier. Toutesfois fi on
fait faire ledit examen à futur , pour s'en feruir d'exemptions ou
deffenfes feulement, en ce cas on s'en pourra feruir apres iufques
à trente ans ; demeurant neantmoins ledit examen à futur és
mains de celuy qui l'auroit fait, iufques à ce que la partie s'en
vueille ayder & feruir.

En matiere Beneficiale, non plus qu'en matiere criminelle, l'E-
xamen à futur n'eft point receu, iugé le 5. Mars 1575. à la Tournel-
le, rapporté par Papon Liure 9. tit. 1. Arreft 23.

Donc pour faire ledit Examen à futur faut auoir Lettres Royaux en la forme & maniere qui enfuit.

Lettres Royaux d'Examen de témoins à futur.

Louys par la grace de Dieu Roy de France & de Nauarre, à nos
amez & feaux Confeillers, les Gens tenans les Requeftes de noftre Palais à paris, Salut. De la partie de tel nous a efté expofé, que
pour monftrer & faire apparoir du bon droit qu'il a en certaine
caufe, entiere & non conteftée, meuë & intentée pardouant vous
entre ledit tel demandeur d'vne part, & tel deffendeur d'autre, il
eft befoin audit expofant faire examiner plufieurs témoins, vieux,
valetudinaires, & abfuturs de la mort, ou longue abfence, defquels eft vray femblable à douter, parce que s'ils mouroient, s'ab-
fentoient, ou perdoient leur memoire, ledit expofant feroit en
danger de perdre le bon droit qu'il a en ladite caufe, s'il n'auoit

ſur ce nos Lettres de prouiſion à ce conuenables.

Pour ce eſt-il que nous, ces choſes conſiderées, deſirans ſubuenir à nos Subjets ſelon l'exigence des cas, vous mandons à
chacun de vous, ſi comme à luy appartiendra, & commettons
par ces preſentes, qu'appelliez auec vous vn Adjoint non ſuſpect,
ny fauorable à l'vne ny à l'autre deſdites parties, & ceux qui
pour ce ſeront à appeller, Vous oyez, & diligemment exami-
niez tous & chacuns les témoins des conditions deſſuſdites, &
autres qui vous ſeront produits à témoignage, par forme d'examen à futur de ::::::: & ſur l'intendit, & articles, qui pour ce
faire vous ſeront baillez par ledit expoſant, ou ſon Procureur
pour luy, & leurs dépoſitions redigez ou faites rediger & mettre
par écrit, & iceux clos & ſeellez ſous vos ſeaux, ou de celuy qui
vacquera audit examen, & de ſon Adjoint, mettez en lieu
ſeur, pour ſeruir & valoir en temps & lieu audit expoſant, ce que
de raiſon; ſauf aux parties leurs reproches contre leſdits témoins,
& audit expoſant ſes ſaluations au contraire : Et par ces meſmes
preſentes, mandons & commandons au premier noſtre Huiſſier
ou Sergent ſur ce requis, qu'il adiourne pardeuant vous ou celuy
de vous qui vacquera audit examen, à certain & competant iour,
lieu & heure, & autres iours qu'il appartiendra, & dont il ſera
requis, toutes & chacunes les perſonnes que beſoin ſera pour
eſtre ouys, iurez & examinez à depoſer verité en ladite cauſe,
ſur les faits & articles dudit expoſant; & y adiournant audit iour,
lieu & heure, ledit tel, & autres parties aduerſes dudit expoſant,
ſi aucunes y en a, pour voir prendre Adjoint, & voir iurer témoins : ô intimation, qu'ils y comparent ou non, & nonobſtant
leur abſence, ſera par vous & chacun procedé audit examen, qu'il
appartiendra par raiſon, en vous certifiant par noſtredit Huiſſier
ou Sergent, audit iour ou iours de tout ce que fait il aura ſur ce.
Car ainſi nous plaiſt-il eſtre, fait nonobſtant quelconques Lettres
à ce contraires. Donné à Paris le tel iour.

Leſdites Lettres obtenuës, les faudra preſenter à la Cour, &
faire commettre vn Conſeiller à la Barre, pour les executer en la
forme qui enſuit.

A Noſſeigneurs des Requeſtes du Palais.

Supplie humblement tel, diſant, qu'il a obtenu Lettres
Royaux d'examen à futur cy-attachées contre tel, en datte du
tel iour. Ce conſideré, il vousplaiſe commettre tel de vous qu'il

vous plaira, pour executer leſdites lettres d'examen à futur , ſelon leur forme & teneur, & vous ferez bien.

La Cour commet tel, Conſeiller du Roy. Fait : : : : : Faudra faire ſignifier leſdites Lettres & Requeſtes au procureur de partie aduerſe, & luy faire bailler copie d'icelles, & leuer vne Ordonnance du Conſeiller commis, pour faire appeller pardeuant luy partie aduerſe, pour voir iurer témoins, & accorder d'Adioint : & les témoins pour porter bon & loyal témoignage de verité ; en la forme & maniere qui enſuit.

Ordonnance pour faire appeller la partie , pour voir produire
ꝸ iurer témoins : ꝸ accorder d'Adioint : ꝸ les té-
moins pour porter bon ꝸ loyal témoignage
de verité.

De l'Ordonnance de nous tel , Conſeiller du Roy noſtre Sire en la Cour de parlement, & és Requeſtes du Palais, Commiſſaire en cette partie, & à la Requeſte de tel, ſoit par le premier Huiſſier ou Sergent ſur ce requis, adiourné tel, à eſtre & comparoir pardeuant nous à certain & competent iour, lieu & heure, pour voire produire, & iurer témoins, & accorder d'Adioint, en l'Enqueſte en forme d'examen à futur ; que ledit tel entend faire contre luy, auec intimation, que nonobſtant ſon abſence , ſera par nous procedé & paſſé outre à la confection de ladite Enqueſte , ainſi que de raiſon : & outre vous mandons adiourner tous les témoins qui vous feront nommez ou donnez par écrit, à comparoir pardeuant nous audit iour, lieu & heure, pour porter bon & loyal témoignage de verité, leur ſignifiant qu'ils ſeront payez de leurs ſalaires raiſonnables. Fait le tel iour & an.

Au iour aſſigné, faudra que le demandeur ou ſon Procureur compare pardeuant le Conſeiller commis, luy preſente les Lettres d'examen à futur, la Requeſte par laquelle il eſt commis, l'exploict d'adiournement donné à la partie pour voir produire & iurer témoins , & accorder d'Adioints, auec intimation : & encore portant adiournement auſdits témoins, preſenter ſes faits & articles ſignez, ſur leſquels il entend faire examiner les témoins.

Si le defendeur ny ſon Procureur ne comparent, faudra demander defaut : Et par vertu d'iceluy, qu'il ſera paſſé outre, & pris d'office vn Adioint, qui fera le ſerment de tenir le tout ſecret, en la presence duquel le Iuge fera faire le serment aux témoins, de porter bon & loyal témoignage de verité, & l'assignation continuée à tel iour.

Si le defendeur compare en personne, ou par Procureur, le tout se fera en sa presence, & faudra qu'ils conuiennent d'Adioint, que le Iuge en prenne vn d'Office : s'il fait quelques réponses, elles seront inserées: s'il se porte pour appellant, le Iuge peut dire nonobstant l'appel, ny autres oppositions ou appellations quelconques, qu'il sera passé outre.

S'il y a quelques témoins qui ne soient pas comparus faudra demander contr'eux deffaut, auec adiournement, à peine de l'amende, en la forme qui ensuit.

Defaut est donné par nous tel Conseiller du Roy nostre Sire en sa Cour de parlement, & és Requestes du palais, Commissaire en cette partie, à tel, de tel estat, demandeur, comparant par tel son Procureur, contre tels témoins, deffendeurs & adiournez pour venir porter bon & loyal témoignage de verité, & defaillants: Par vertu duquel nous ordonnons que lesdits témoins defaillans seront derechef adiournez, à comparoir pardeuant nous à certain & competent iour, lieu & heure, pour porter bon & loyal témoignage de verité, & ce à peine de quatre escus d'amende, & de prison. Fait le:::.

Si au iour assigné lesdits témoins ne comparent, sera contr'eux donné vn second defaut : Par vertu duquel seront executez pour quatre escus d'amende, & ordonné qu'ils seront readiournez derechef, à peine de prison.

S'ils se laissent contumacer pour la troisiesme fois, le Iuge les peut enuoyer querir prisonniers pour obeïr à Iustice.

Forme d'Enqueste d'examen à futur.

Enqueste par forme d'examen à futur, faite par nous tel Conseiller du Roy nostre Sire en sa Cour de parlement, & Commissaire és Requestes du palais, en cette partie: Ce iourd'huy tel iour, à la requeste de tel, qui nous a presenté certaines Lettres Royaux par luy obtenuës en forme d'examen à futur, le tel iour, entre tel, auec la Requeste du tel iour, sur laquelle nous auons esté commis pour executer lesdites Lettres, & nous a remonstré qu'en vertu de nostre Ordonnance & Commission du tel iour, il a fait appeller & adiourner pardeuant nous ledit tel à ce iourd'huy telle

heure

heure, au parquet defdites Requeftes, pour voir iurer témoins, &
accorder d'Adioint, nous requerant contreluy defaut, & par vertu
d'iceluy, qu'il fût par nous paffé outre à la faction de ladite enquefte, ainfi que de raifon, fe rapportant à nous de prendre d'office
tel Adjoint que bon nous femblera, & à cette fin nous a ledit
demandeur mis és mains fes faits & articles, fur lefquels il entend faire oüyr & examiner fes témoins, qui font affignez & fignifiez au procureur dudit defédeur, & aprés qu'il nous a efté rapporté que ladite heure de dix-heures eft fonnée, & que ledit tel
a efté fuffifamment appellé, attendu, & rapporté pardeuant
nous par tel Huiffier ou Sergent, Nous auons contre luy donné defaut: Et par vertu d'iceluy, auons ordonné qu'il fera par
nous procedé & paffé outre à la faction de ladite enquefte, &
examen à futur, ainfi que de raifon : & en ce faifant auons
pris d'office pour l'Adioint tel, auquel nous auons fait faire le
ferment, de bien, deuëment & diligemment vaquer auec nous
à l'audition des témoins, & de tenir le tout fecret, ce qu'il a promis & iuré faire, en prefence duquel noftre Adioint, auons fait
faire le ferment à tels & tels témoins de dire & dépofer verité en la
prefente enquefte, & pour amitié, haine, or, ou argent ils ne di-
ront autre chofe que la verité, ce qu'ils ont promis & iuré en leur
confcience, au moyen dequoy auons le dire & dépofition defdits
témoins, mis & redigé par écrit, en la forme & maniere qui s'enfuit. Il faut commencer le preambule par la date du iour & an, &
mettre les noms & demeures des témoins.

Du tel iour & an.

Tel de tel eftat, demeurant en tel lieu, âgé de ::: ans, témoin
à nous produit de la part dudit demandeur contre tel, pour
eftre oüy & examiné en ladite enquefte & examen à futur,
fur le 3. 5. 8. & 9. articles des faits dudit demandeur, fuiuant
l'etiquette qu'il nous a baillée & mis en nos mains, lequel apres
ferment par luy fait de dire verité, luy auons fait faire lecture
defdits articles, apres laquelle faite, nous a dit telle chofe,
&c.

En examinant lefquels témoins, les Iuges Enquefteurs & Commiffaires doiuent bien prendre garde à leur mine & contenance,
& voir s'ils parlent franchement & librement, ou s'ils varient,
les faire rendre raifon de leur dire, en quel temps, lieu & heure

a esté fait ce qu'ils disent, ceux qui estoient presens, d'autant que le temps est venu que les faux temoins sont en grande abondance, & n'ont aucune crainte de Dieu, ny de la punition du diable executeur de sa Iustice, pourueu qu'ils ayent de l'argent pour déposer faux.

Mais quand il faut qu'ils rendent raison de leurs dépositions, de l'heure, du temps, & ceux qui estoient presens, & ce qu'ils faisoient, lors ils sont bien étonnez, & ne sçauroient si bien colorer leur dire, que s'il y a de la fausseté, il faut qu'elle soit découuerte. Si les Iuges Examinateurs & Enquesteurs font le contraire, ils ouurent la porte aux faux témoins, sont cause du malheur, leur consience demeure chargée, & doiuent estre griéuement punis.

Quand les témoins auant la contestation ont esté examinez à futur, apres que les parties sont appointées en preuues, & que celuy qui a fait faire ledit examen, s'en veut ayder, à la fin de sa preuue, on a accoustumé de recoler, & derechef examiner lesdits témoins, quand il y en a encore de viuans, ou de presens, pource qu'ils n'ont esté examinez, que crainte de leur mort ou absence, autrement leurs premieres dépositions seroient inualides, mais ceux qui sont absens ou decedez, doiuent estre tenus pour recolez : bien que Panorme soit d'opinion que tel examen à futur doiue estre receu sans aucun recollement, quand il a esté deuëment fait, partie appellée. Aussi Papon, liu. 9. tit. 1. de son Recueil d'Arrests, dit que si l'examen à futur a esté premierement fait par authorité de la Cour de Parlement, les témoins ne doiuent plus estre examinez, encore qu'ils fussent viuants, & doit l'examen estre ioint au procez comme valable, & ainsi, dit-il, a esté iugé par Arrest de ladite Cour de Parlement de Paris en l'an 1385. Toutesfois le Caron, liu. 4. des Réponses chap. 74. temoigne auoir veu obseruer le contraire : Voyez sur ce suiet Imbert, liure premier de ses Institutions Forenses, chap. 43. lequel examen se peut faire par vertu des lettres Royaux, non seulement depuis, mais aussi deuant le procez intenté, & s'il se fait pour intenter action, il la faut intenter dans l'an apres ledit Examen. Mais si c'est pour exception & defenses, on s'en peut ayder apres ; Il faut garder audit Examen la mesme forme, qui est requise aux autres Enquestes, & doit estre gardé clos, & seellé par celuy qui l'a fait, iusqu'à ce qu'on s'en ayde, & qu'il sera ouuert.

Témoins examinez deuant arbitres doiuent eſtre derechef examinez deuant le Iuge, s'ils ſont encore viuans.

Iugement par lequel il eſt dit, que les témoins ouys par Examen
à futur, ſeront recollez en leurs dépoſitions.

Entre tel, demandeur d'vne part, & tel defendeur d'autre. Apres
que ledit demandeur a dit, que cy-deuant il a fait vn Examen à
futur pour la verification de ſon bon droit, qu'il a requis eſtre receu, & qu'il ſoit dit, que les témoins viuans & preſens ſeront recollez: Ce que le demandeur a empeſché, veu l'eſtat du procez,
& que les parties ſont appointées à faire preuues & enqueſtes. La
Cour parties oüyes, a ordonné & ordonne, que les témoins oüys
& examinez par forme d'Examen à futur, à la Requeſte d'vn tel
defendeur, qui ſe trouueront preſents & viuants, ſeront recollez
en leurs dépoſitions pardeuant tel Iuge, Conſeiller, Enqueſteur,
Examinateur, ou Commiſſaire, dedans tel temps, partie appellée; & quant à ceux qui ſont abſents ou morts,, la Cour les a tenus pour recollez, pour valoir & ſeruir audit defendeur, ce que
de raiſon.

Pour faire lequel recollement, il faudra faire appeller la partie,
pour voir iurer témoins, accorder d'Adioint, & les témoins pour
venir dépoſer verité, ainſi qu'il a eſté dit cy-deſſus.

Et faudra bailler au Sergent les noms, ſurnoms, & demeures de
tous les témoins, qui ont eſté ouys audit Examen à futur, pour ſe
tranſporter en leurs maiſons & demeures, pour faire ample procez verbal, de ceux qui ſont abſents ou decedez pour produire,
monſtrer, & iuſtifier aux Iuges en iugeant le procez, qu'ils n'ont
pû eſtre recollez en leurdite dépoſition, au moyen de leur decez
ou abſence.

Au reſte la difference qu'il y a entre Enqueſte & Examen à futur, eſt que l'Examen à futur ſe fait, comme dit eſt, auant la conteſtation en cauſe, & en vertu de Lettres Royaux : Et l'Enqueſte
ne ſe fait point qu'apres la conteſtation, & en vertu de l'appointement à informer, & commiſſion expediée ſuiuant iceluy.

L'examen à futur ne ſe fait iamais ſeparé du procez verbal, mais
ſe met l'audition des témoins.

Et l'Enqueſte ſe fait touſiours ſeparé du procez verbal, ainſi
qu'il a eſté monſtré cy-deſſus.

N ij

ENQVESTE PAR TVRBE.

LA turbe se fait ordinairement pour donner plus grande apparence à vne preuue, bien que l'on ne la fasse sinon pour prouuer coustume & commune vsance, qui ne se peut induire que par vn peuple, lequel pour le moins doit consister en dix personnes : Car quoy que quelques-vns ayent voulu dire qu'elle se peut prouuer par moins que de dix, si est-ce qu'il n'y a pas grande apparence à telle opinion : car si cinq ou six disent qu'ils en ont vsé & veu vser, c'est trop petit nombre pour faire argument d'vne Coustume.

La Turbe s'ordonne par la Cour seule, & n'en peuuent les Iuges subalternes décerner, non pas mesme les presidiaux iugeans souuerainement : Tellement que s'il y a pardeuant eux quelque matiere suiette à Turbe, comme lors qu'il est question de quelque point de Coustume qui est en controuerse, de la longue possession, vsage, ou Style d'vne Iurisdiction, ou priuileges vsurpez, alos il faut que la partie obtienne Lettres Royaux, addressantes ausdits Presidiaux, par lesquelles leur sera mandé, que la matiere ne se peut iuger autrement que par Turbe, encore la Cour ne veut-elle guerres approuuer telles Turbes, pour la mauuaise consequence qui en procede : car ce seroit ouurir le chemin aux Iuges de receuoir de fois à d'autre Coustume nouuelle, & corriger les anciennes, en receuant preuues des Turbes : Aussi par Arrest du 8. Iuin 1557. tiré de Choppin, & rapporté par Tiraqueau, dans Papon, liu. 9. titre 1. Arrest 20. i. fut dit que la Turbe se feroit par authorité de la Cour seule, & non par les Iuges subalternes, & ce sur les cas cy-dessus, & non sur la verification des faits particuliers.

Quand la Turbe est ordonnée, le Rapporteur fait extraict des faits dont on doit informer, lesquels il met au Gresse, & alors on prend Commissions sous le nom de Monsieur le Procureur General (à la Requeste duquel seulement se doit faire ladite Turbe) addressante au premier Conseiller trouué sur les lieux, ou bien le Rapporteur mesme s'y transporte auec vn Substitut & vn Adioint: puis ledit Substitut prend l'Ordonnance dudit Conseiller pour faire assigner les parties pour voir iurer témoins, & les témoins pour faire le serment en presence des parties.

Faut que lefdites parties reprochent fur le champ les témoins &
auparauant qu'ils ayent rendu & arrefté leurs depofitions, car autrement ils ne peuuent p'us eftre reprochez & n'y font pas les parties receuables par apres.

Cela fait, le Confeiller, Rapporteur, ou autre trouué fur les
lieux, baille lefdits faits aux témoins & praticiens, lefquels les
voyent eftans retirez à part, & arreftent leurs opinions, daurant
que les témoins ne doiuent point eftre difcordans, mais de mefme
aduis, puis vn d'ent'eux pour tous vient deuant le Commiffaire,
& fon Adioint, & luy fait entendre ce qui a efté arrefté entr'eux.

Et faut fçauoir que dix tels témoins en cette matiere qu'on
appelle Turbiere n'en vallent qu'vn, tellement que pour deux
témoins, il faut deux Turbes, qui font 20. témoins, à caufe
que chaque Turbe en vaux dix, & encore quelquesfois y en
met-on dauantage que dix, par ce qu'il y en peut auoir de reprochez, & qu'il faut que ledit nombre de dix à chaque Turbe foit
entier.

L'enquefte par Turbe n'eft point receuë pour iuger, car elle fe
fait d'office, ny n'eft point communiquée mais feulement ioincte
au procez, pour en iceluy iugeant y auoir tel égard que de raifon.

C'eft tout ce que l'on peut dire touchant la preuue locale qui fe
fait par témoins

Pour la preuue litterale qui fe fait par inftruments ou contracts,
elle eft de deux fortes, comme nous auons defia dit : Car les vns
font publics ou authentiques, les autres priuez ; Les inftrumens
publics, font ceux qui font receus par perfonnes publiques, qui
ont puiffance de receuoir tous contracts feruans à l'affeurance du
negoce de la Société humaine, comme Notaires, Tabellions,
Greffiers, & Secretaires du Roy, & des Prouinces, Bourgs, Villes, & Communautez : Et doiuent tels actes, pour faire plaine
foy, eftre fous-fignez de celuy qui les expedie, & des parties en
leurs originaux, autrement ne font foy. Charles IX. 1560. article
184. & 1572. Henry III. 1579. art. 165. Louys XII. 1510. article 63.
François I. 1535. chapitre 19. article 6.

Bien que les copies ne fallent foy, quand neantmoins elles font
deuëment prifes & collationées aux originaux par le Commiffaire à ce deputé, ou par Ordonnance du Iuge, partie prefente, ou
deüement appellée, alors elles font autant de foy, que les originaux mefmes.

Quant aux écritures priuées, ce font cedules ou promeffes,

liures de compte, ou lettres missiues, & font foy diuersement:
car encore que la promesse soit écrite & signée de la propre main
de la partie que l'on fait appeller, elle ne fait non plus de foy
qu'vne simple missiue, sinon apres qu'elle est deuëment reconnuë; que si la partie ne la vouloit reconnoistre luy viuant, ou faisoit defaut à l'assignation qui luy est donnée, elle doit estre tenuë pour reconnuë, & s'il estoit decedé, & que son heritier la dé-
niast, ladite cedule doit estre verifiée par témoins, ou par comparaison de lettres, seins, & écritures : Mais cette reconnoissance doit estre faite par authorité du Iuge, & par gens à ce experts, qui ayent fait serment au Roy ou à Iustice: & pour plus aisément paruenir à ladite preuue, peut la partie requerir que celuy
qu'il a fait appeller (s'il est encore en vie) ait à écrire quelque
chose de sa main, pour sur ladite écriture proceder à la comparaison de lettres, à quoy il doit estre contraint par les Iuges. De
ces reconnoissances, tous Iuges sont competens : Voyez l'Ordonnance de l'an 1539. art. 92 en ces mots, *Que toutes parties qui*
seront adiournées en reconnoissance de cedule, seront tenus icelle connoi-
stre ou nier en personne, ou par Procureur, specialement fondé pardeuant
le Iuge seculier, en la Iurisdiction duquel seront trouuez, sans pouuoir
alleguer aucune incompetence, & ce auant que partir du lieu où lesdites
parties seront trouuées : autrement lesdites cedules seront tenuës pour con-
fessées par vn seul defaut, & emporteront hypotheque du iour de la Sen-
tence, comme si elles auoient esté contestées. Voyez l'Ordonnance de
Charles IX. 1563. art. 10.

Surquoy nous dirons que cét article n'a esté fait qu'en haine
des debiteurs fuyards, car au reste il semble estre contraire à la
commune disposition de droict, qui declare toute confession faite pardeuant vn Iuge incompetent, nulle. Or c'est encore vne
chose qui doit sembler plus estrange, que l'effet de cette reconnoissance de cedule ou promesse produise hypotheque du iour
de ladite reconnoissance, veu que les obligations, quoy que publiquement conceuës & confirmées par Sentence, ne produisent neantmoins, & ne donnent aucun droict d'hypotheque, si
elles ne sont mises à execution, & si en vertu d'icelles on ne procede par saisie : mais cecy n'est ordonné qu'auec vne grande raison, pource que (comme nous auons dit ailleurs) il y a en icelles promesses double confession ; la premiere portée par la cedule ou promesse, l'autre par la confession ou reconnoissance approbatoire de la cedule, d'où il s'ensuit qu'à raison de telle gemina-

tion , ainſi volontairement faite , ou par defaut, tel droit d'hypotheque en doit iuſtement proceder, eſtant en matiere de iugement choſe certaine qu'elles ne ſont données qu'à l'encontre des
perſonnes contraintes & forcées, & partant ne peuuent eſtre cen-
ſées de telle force & authorité que cette reïterée & geminée confeſſion & reconnoiſſance, ou volontaire, ou par defaut : mais il
y a dauantage ; c'eſt que ſi aucun adiourné en reconnoiſſance de
cedule compare ou conteſte déniant icelle, ſi par apres elle eſt
prouuée par le creancier, l'hypotheque doit courir & auoir lieu
du iour de ladite denegation & conteſtation : c'eſt ce qui eſt porté
par l'article 93. de ladite Ordonnance cy-deſſus , lequel eſt auſſi
iuſte que l'autre , dautant qu'il n'eſt pas raiſonnable que la condition du déniant & inficiateur , ſoit renduë meilleure que celuy qui reconnoiſt de bonne foy : c'eſt pourquoy on n'a pas
trouué raiſonnable qu'il fuſt condamné en moindre peine , que
d'introduire & créer l'hypotheque du iour du dény, & calom-
nieuſe inficiation , tout ainſi que s'il l'eût dés le commencement
reconnuë, l'hypotheque euſt eſté creée depuis le iour de la reconnoiſſance , ce qui par meilleure & plus forte raiſon doit
auoir lieu contre celuy qui par dol & mauuaiſe foy y vſe de denegation , ſingulierement que le dol ne doit porter preiudice
qu'à celuy qui s'en ſert, pource que, comme l'on dit en termes
de droiɛt, la condamnation accroiſt par l'inficiation & dénega-
tion du déniant & inficiateur, à raiſon de laquelle inficiation , il
eſt priué des priuileges introduits par le droiɛt en ſa faueur, comme l'on void en la Loy Aquilienne, par le benefice de laquelle
on a priuilege de n'eſtre condamné *in ſolidum*, mais en tant qu'on
peut vray-ſemblablement faire : lequel priuilege toutesfois ſe
perd par l'inficiation, ainſi que parle M. Bourdin ſur ces deux articles : Eſtant au reſte remarquable qu'apres le delay de faire enqueſtes expiré, on peut encore eſtre receu à verifier par témoins le
ſein & l'écriture d'vne cedule déniée, comme il fut iugé par Arreſt du 22. Decembre 1609.

Mais pour reuenir à nos écritures priuées, faut ſçauoir que le
liure de compte ou de raiſon fait pleine foy contre celuy qui le
tient, & l'a par écrit ; mais il ne preuue pleinement pour luy, ſi
celuy qu'il tient pour debiteur ou quelques témoins, n'ont ſouſſi-
gné aux parties tirées en ligne en iceluy.

Et quant aux lettres miſſiues elles ſont pleine foy, quand elles
ſont reconnuës ou verifiées , écrites, ſouſcrites , ou cachetées

du cachet de la partie contre qui elles sont produites. Que si elles
sont déniées, faut recourir à la comparaison & confrontation des
lettres, qui seruent de deuë preuue, autrement elles ne font foy.

Au reste les parties se peuuent faire interroger l'vne l'autre, suiuant que le porte l'Ordonnance de 1539. article 37. en ces mots, *Permettons aux Parties de se faire interroger l'vne l'autre pendant le procez, & sans retardation d'iceluy, par le Iuge de la cause, ou autre plus prochain de la demeure des parties, qui à ce sera commis sur faits & articles pertinents, & concernans la cause & maniere dont est question entre-elles ;* lesquels mots *concernans la cause,* sont iustement apposez en cét article, car si ce sont articles qui ne seruent de rien à la cause, qu'on appelle impertinents, & qui ne fassent aucunement à la decision d'icelle, lors le deffendeur estant interrogé sur iceux, n'est point tenu de répondre. Autre chose seroit, si c'estoient faits pertinents, la science & connoissance desquels dépendist du fait de celuy qu'on voudroit faire interroger, & que la confession d'iceux seruist grandement à la connoissance de la cause : car alors il seroit tenu de répondre sur iceux, comme appartenans à la cause, principalement si la memoire du fait peut estre recente : Autre chose encore, si c'estoient quelques faits anciens & repetez de longue-main, parce que lors en consideration de ce que le plus souuent nostre memoire nous trompe & nous deçoit, comme estant labile & errante, il est certain qu'il est loisible de douter sur tels articles ou faits, si nous n'en auons certaine science ou connoissance, & que nous deuons estre abstrains à répondre precisément sur iceux.

Or si l'vne des parties répondante sur les faits de l'autre confesse le contenu en iceux ; il n'est plus besoin d'autre preuue pour les faits confessez, qui doiuent estre tenus pour tels : mais quand faute de meilleure preuue, la partie se rapporte au serment decisif de son aduersaire, il peut estre contraint de iurer pour la decision de l'instance dependante de son serment, soit que la somme excede les cent liures de l'Ordonnance, ou non ; mais aussi celuy qui l'a deferé n'est plus receu en preuue testimoniale de ses faits. Arrest de Paris du 10 Octobre 1512. Cecy deuoit estre dit auant que de parler de l'Enqueste, mais il est aussi bon en cét endroit, puisqu'on peut faire interroger vne partie, soit deuant, ou apres l'enqueste & en chaque pas de la cause.

Donc pour faire interroger quelqu'vn, il faut dresser les faits en la forme qui ensuit.

Faits

Faits & articles pertinents sur lesquels tel entend faire ouyr & interroger vn tel. *Faits & articles pertinens.*

Premierement, si le defendeur ne sçait pas que le demandeur, depuis le deceds d'vn tel, a payé vne somme de deniers, à vn tel, & ainsi des autres.

Par ladite Ordonnance de 1539. article 38. sont ces mots, *Seront tenuës les parties d'affirmer par serment les faits contenus en leurs écritures & additions, & par icelles, ensemble par les réponses ausdits interrogatoires, confesser ceux qui seront de leur science & connoissance, sans le pouuoir desnier, ou passer par dire n'en rien sçauoir.*

Et par l'article trente-neuf il y a peine de dix liures parisis d'amende pour chacun fait calomnieusement dénié és Cours Souueraines, & de cent sols parisis és iurisdictions inferieures, esquelles amendes seront lesdites parties condamnées enuers le Roy, & en la moitié moins enuers les parties pour leurs interests.

Et par l'article 40. de ladite Ordonnance, est dit, *Semblable peine encourront ceux qui auront passé & articulé calomnieusement aucuns faux faits, soit en plaidant, ou par leurs écritures, ou autres pieces du procez.*

Pour faire interroger les parties selon l'Ordonnance, lesdites parties doiuent faire extraict des faits de leurs écritures & additions, & sur iceux attacher vne requeste pour presenter au Iuge afin d'auoir Commission & assignation pour interroger la partie, & apres faire adiourner icelle partie audit effet, luy baillant copie de tout trois iours auant ledit interrogatoire, selon que sur ladite Requeste sera ordonné en la forme & maniere qui ensuit.

A Nosseigneurs des Requestes du Palais.

Supplie humblement tel, disant, Que par la iustification du bon droict, qu'il a en certain procez pendant en ladite Cour, à l'encontre de tel, il est besoin audit suppliant de faire ouyr & interroger ledit tel, sur faits & articles pertinens. Ce consideré, il vous plaise commettre tel de vous, Nosseigneurs, qu'il vous plaira pour proceder audit interrogatoire, & vous ferez bien.

Est commis Maistre tel, Conseiller. Fait le tel iour & an.

Ladite Requeste signifiée au Procureur de partie aduerse, par vn Huissier desdites Requestes faudra prendre vne Ordonnance du Conseiller commis, pour faire ledit interrogatoire, en la forme qui suit.

De l'Ordonnance de nous tel , Conseiller du Roy nostre Sire en sa Cour de Parlement , & és Requestes du Palais, Commissaire en cette partie, & à la Requeste de tel demandeur, soit par l'vn des Huissiers desdites Requestes , ou premier Sergent sur ce requis, fait commandement à :::: de comparoir :::: prochain pardeuant nous, en nostre Hostel scis : :::: heure d'vne heure attendant deux heures apres midy pour estre par nous ouy & interrogé sur certains faits & articles pertinents, desquels à cette fin luy sera baillée copie, suiuant l'Ordonnance. Fait le tel iour.

En vertu de laquelle Ordonnance, faudra que l'Huissier ou Sergent se transporte en la maison & domicile de partie aduerse, & luy donne assignation à comparoir pardeuant ledit Conseiller commis à faire ledit interrogatoire, pour estre ouy & interrogé.

S'il ne compare , faudra demander deffaut, qui sera octroyé en la forme qui ensuit.

Deffaut est donné par nous tel, Conseiller du Roy nostre Sire en sa Cour de Parlement, & és Requestes du Palais, Commissaire en cette partie, à tel demandeur , ce requerant Maistre tel son Procureur : Contre tel deffendeur & deffaillant, par vertu duquel ordonnons qu'il sera reassigné à comparoir pardeuant nous, pour estre ouy & interrogé sur faits & articles pertinents , suiuant l'Ordonnance , & soit signifié. Fait tel iour & an.

Lequel deffaut ainsi obtenu, loué & signé du Conseiller commis à faire ledit interrogatoire, le faudra faire signifier à la partie aduerse en son Hostel & domicile, & en ce faisant luy donner assignation au lendemain pardeuant ledit Conseiller en son Hostel, à certaine heure, pour estre interrogé sur lesdits faits & articles pertinents, suiuant l'Ordonnance, duquel deffaut & exploict d'assignation luy sera baillée copie.

Au iour assigné, si le deffendeur ne compare, faudra leuer le second deffaut, en la maniere qui ensuit.

Deffaut par nous tel , Conseiller du Roy nostre Sire en sa Cour de Parlement, & és Requestes du Palais, Commissaire en cette partie , A tel comparant par Maistre tel Procureur: Contre tel deffendeur & deffaillant, par vertu duquel, &c. comme au premier.

Ledit deffaut signifié, si le deffendeur compare, il sera interrogé, & ses réponses, confessions & denegations mises par écrit.

S'il ne compare, faudra que le demandeur baille lesdits deffauts au Conseiller commis à faire ledit interrogatoire, lequel en fera fon rapport , & par Sentence les faits & articles pertinents du demandeur , defquels copie a elté baillée au deffendeur , feront tenus pour confeffez & auerez , & ledit deffendeur condamné és dépens.

Vne confeffion faite fans caufe , ne peut obliger , fi la caufe pourquoy eft faite ladite confeffion n'eft declarée : car telle confeffion eft dite erronée , mais peut feruir de quittance.

Vne confeffion faite hors du iugement ne peut valoir , fi la partie n'eft prefente pour l'accepter , & faut qu'il y ait caufe pour laquelle ladite confeffion eft faite.

Le ferment volontaire, decifoire de la caufe, qui fe defere partie à partie , eft vne efpece de preuue qui fe pratique & a lieu en matiere ciuile & mobiliaire feulement, & non pas en matiere criminelle , ny hereditaire : Parce que l'on n'eft pas tenu de iurer pour chofe qui concerne & touche heritages , pour emporter proprieté , ny poffeffion.

Voila pour ce qui eft de la preuue vocale qui fe fait par témoins, & de la preuue litterale qui fe fait par les titres, inftruments & enfeignements par écrit que l'on produit pour la iuftification & preuue de quelque chofe, & doiuent les parties produire d'vne part & d'autre, chacun à leurs fins & conclufions. Anciennement les productions, pieces, lettres & titres des parties eftoient mifes par deuers les Iuges pour iuger fur icelles, fans aucun inuentaire. Mais par l'Ordonnance faite par le Roy François en l'an 1528. il eft ordonné que les Procureurs des parties feront inuentaire des pieces qu'ils produiront pardeuers les Iuges, auec deffenfes aux Greffiers de receuoir lefdites productions fans inuentaires, ny iceux mettre és mains des Iuges à peine d'amende arbitraire , & dépens, dommages & interefts.

Et par Ordonnance du Roy Charles VII. en l'an 1446. article 39. il eft deffendu à tous les Aduocats & Procureurs, fur peine de cent fols parifis d'amende, que d'orefnauant en leurs inuentaires, ils ne mettent ny alleguent raifons de droict, ny allegations quelconques : mais qu'ils declareront feulement en leurs inuentaires la fin à laquelle ils produifent chacunes lettres.

Et par autre Ordonnance faite en l'an 1454. article 101. il eft auffi prohibé & deffendu aux parties, que d'orefnauant en faifant leurs productions , ils ne produifent les titres ou enfeignemens qui ne feruent de rien auiugement & decifion de leurs procez, & qu'elles n'employent ny produifent autres chofes en leurs inuen-

O iij

taires que ce qui sera écrit & designé en icelui: & s'ils veulent produire ou employer autres lettres ou autres choses, qu'ils les puissent faire extraire, & temps suffisant & mode é leur soit donné
pour ce faire, & ce sur peine de cent sols parisis d'amende contre
le procureur qui sera trouué auoir fait le contraire.

DE L'ACTION POSSESSOIRE
& complainte prophane.

ACtion possessoire appartient à celuy qui a esté troublé en
la possession d'aucuns heritages qui luy appartiennent réellement & de fait: aussi ne baillons-nous point autre deffinition à
la possession, sinon que c'est l'vsage que nous auons réellement &
actuellemét d'vne chose, comme si elle étoit nostre, qui est neantmoins distinct & separé de la proprieté : car tel peut posseder qui
pour cela n'est pas vray Seigneur & proprietaire: comme ceux qui
possedent à titre de precaire, loüage, ou autrement.

Cette action s'appelle *Complainte en cas de Saisine & nouuelleté.*
Car la Complainte est vne doleance, que nous faisons en Iustice
du trouble & empeschement qui nous est fait en la chose qui
nous appartient. La Saisine est la possession iuste & ciuile que
nous auons acquise en cette chose, soit par succession, acquisition, donation, ou autrement: au moyen dequoy nous auons
iouy & perceu les fruicts paisiblement par temps suffisant, pour
acquerir Saisine; qui est par an & iour : Et quiconque a iouy par
an & iour, soit par soy-mesme, ou par son predecesseur, *non vi,
non clam, non precario,* c'est à dire, non par force, ny clandesti-
nement, ny par precaire, il a acquis la Saisine & possession
pour former complainte dedans l'an & iour du trouble à luy fait,
autrement non-receuable, suiuant l'Ordonnance de Francois I.
de 1539. art. 61. qui porte ces mots, *Qu'il ne sera receu aucune complainte, apres l'an, tant en matieres prophanes que Beneficiales, &c.*
On peut dire aussi que Saisine est l'ensaisinement que le Seigneur
met sur le contract, par le moyen duquel on est transmis en la
possession de la chose. Nouuelleté est la iouyssance qu'on s'efforce prendre de la chose à nous appartenant côtre nostre possession & saisine, & dont la partie n'a fait encore aucune leuée de
fruicts. Voila pourquoy par ce mot de *nouuelleté,* nous entendons
nouuelle iouyssance.

Donc pour acquerir poſſeſſion, trois choſes ſont neceſſaires c'eſt à ſçauoir, que la choſe ne ſoit pas occupée par force, ny clandeſtinement, ny par priere: mais paiſiblement, publique-ment, & non à titre de loüage: car ces mots *non vi*, *non clam*, *non precario*, ne ſignifient autre choſe, ſinon ce qui vient d'eſtre dit, c'eſt à ſçauoir, lors que *per vim*, c'eſt à dire, par violence & force, on s'eſt emparé de la choſe que nous pretendons: *clam*, quand en cachette, & en noſtre abſence hors de noſtre ſçeu, on s'eſt auſſi emparé, diſſimulant & cachant ſa poſſeſſion, pour empeſcher que celuy qu'on craint, n'en ait connoiſſance & n'intente l'action: jouyr par precaire, c'eſt jouyr à titre de plaiſir & courtoiſie, com-me par loüage, preſt, & commodité.

Il faut obſeruer, que le trouble ne ſe prend pas ſeulement par la voye de fait, qui eſt le vray trouble, mais auſsi la parole, quand de fait on nous dénie noſtre droit en Iuſtice, & qu'on for-me oppoſition à noſtre complainte; car oppoſition vaut trouble: mais auſsi dit-on qu'il y a de deux ſortes de trouble, de droict quand le demandeur eſt empeſché en iugement ou verbalement, & trouble de fait quand on eſt empeſché réellement.

Il y en a qui diuiſent l'action poſſeſſoire de complainte & nou-uelleté en cinq manieres.

La premiere eſt quand quelqu'vn fait foüiller & creuſer dans terre ſous le mur ou muraille d'aucun, ou planter quelque arbre qui peut faire tort & dommage à la muraille, ou à l'heritage par les branches, ou par la racine: cela ſe peut pourſuiure par action, & reparer par iugement.

La 2. action poſſeſſoire, s'appelle *quorum bonorum*, ſe peut in-tenter quand vn heritage eſt écheu par ligne directe, laterale ou collaterale; s'il y a empeſchement, on peut former complainte, pourueu qu'elle ſoit intentée dans l'an & iour, apres le deceds de celuy dont l'heritage eſt prouenu.

La 3 eſt l'action de nouuelleté, que l'on appelle, *quorum legato-rum*, qui eſt vne demande que les legataires forment & inten-tent, pour auoir deliurance de leurs legs teſtamentaires, & faut qu'vne telle action ſoit auſſi formée dans l'an apres le treſpas du teſtateur, autrement ils ne ſeroient pas receuables.

La 4. eſt appellée *ex parte ſi per vim alio modo turbatus fueris abſen. poſſeſſ* quãd vn poſſeſſeur preſent a eſté depoſſedé par force; ou en quelque autre façõ troublé en ſa poſſeſſion, & faut auſſi venir dãs l'an & iour, & former la cõplainte en cas de ſaiſine & nouuelleté.

La 5. est appellée *vti possidetis*, qui est lors que les parties se disent tous deux possesseurs de bonne foy, & forment complainte l'vn contre l'autre ; cette action est la plus commune & visitée à present : mais celuy qui peut montrer le dernier acte & exploict de la iouyssance, c'est celuy qui a le plus clair & apparent droit, & faut que ladite action se forme dans l'an & iour, autrement ny l'vn ny l'autre ne sont pas receuables.

En matiere possessoire, on agit selon ce qui est escrit en droict, *vti possidetis quod est retinendum, aut inte dicto recuperandæ possessionis,* ou pour se conseruer en la possession de la chose, ou pour la recouurer ayant discontinué d'en iouyr quelque temps, qui se dit estre simple saisine : & au premier cas, il est requis que le demandeur ait preuue de la possession, & qu'il ait iouy de la chose contentieuse par les dernieres années & derniers exploicts, qui est d'auoir pris & cueilly les fruicts paisiblement : Si le demandeur ne le preuue & iustifie, soit par titre ou témoins, le deffendeur & opposant doit estre maintenu & gardé en possession, comme nous auons déja dit.

Les matieres possessoires sont fort rigoureuses : car la possession d'vne chose se peut perdre faute de la iouyssance d'vn an, par discontinuation d'aller & venir par l'heritage d'autruy, pour aller & venir en certain heritage appartenant au demandeur : mais telle seruitude ne peut auoir lieu & effet sans titre.

Ceux qui sont en possession pour se maintenir en icelle, peuuent obtenir sauue-garde du Roy, ou du Iuge Royal en la forme & maniere qui ensuit.

Lettre de sauue-garde.

Louys par la grace de Dieu, Roy de France & de Nauarre, au premier nostre Huissier ou Sergent sur ce requis, Salut. A la supplication de tel, Nous te mandons & commandons par ces presentes, ledit suppliant auec sa femme, famille, droicts, possessions, & biens quelconques, tu prenne & mette, & lequel nous auons pris & mis en & sous nostre protection & sauue-garde speciale à la conseruation de son droict tant seulement, & tu le maintiennes & gardes en toutes ses iustes possessions, droicts & saisines, esquels tu le trouueras estre, & ses predecesseurs auoir esté paisiblement & d'ancienneté, & le garde & deffende, & les faire garder & deffendre de par nous, de toutes injures, violences,

torts, de forces d'armes, de puissance, delicts, & de toutes inquie-
tations & nouuelletez induës, lesquelles si trouues estre, ou auoir
esté faites, au preiudice de nostre-dite sauue-garde, & dudit suppliant, remets-les, ou faits remettre, tantost & sans delay, au premier estat & deub: pour ce faire, fais faire à nous & audit suppliant, amende conuenable, si mestier est; & des personnes dont
il requerra asseurement, fais-luy donner bon & loyal, selon la
coustume du pays, & nostre presente sauue-garde signifie & fais
publier és lieux & aux personnes qu'il appartiendra, & dont requis seras; & en signe d'icelle, en cas deuëment perilleux, mets
ou fais mettre & asseoir nos panonceaux & bastons Royaux, en &
sur les lieux, maisons, terres, vignes, prez, & autres heritages
quelconques dudit suppliant, en faisant ou faisant faire inhibitions & defenses de par nous sur certaines & grosse peines à nous
appliquées, à toutes les personnes qu'il appartiendra, & dont seras requis, qu'audit suppliant, sa famille, droicts, choses, & biens
quelconques, ils ne mes-fassent ou mesdisent, fassent ou fassent
mes-faire, ou mesdire, en corps, ny en biens en aucune maniere.
Et pour les choses susdites plus diligemment executer, depute
audit suppliant à ses despens vn, ou plusieurs de nos gens, si requis en est, lesquels toutesfois ne s'entremetront de chose qui requiere connoissance de cause: car ainsi nous plaist-il estre fait,
nonobstant quelconques lettres à ce contraires. Donné à Paris,
le tel iour & an.

Quand ladite sauue-garde est pour vn qui n'est immediatement Subjet du Roy, il faut adiouster cette clause: *Pourueu que
'edit suppliant ne se puisse ayder de nostre presente sauuegarde, contre son
Sergent.*

Et comme aussi pour vn Religieux contre son Prelat.

Si ladite sauue-garde est pour vn Officier du Roy, vne vefue,
vn Marchand public, ou autre personne fauorable, au commencement de la lettre apres ladite qualité, faut adiouster ces mots,
*Estant à cause de sondit Office, viduité, & Marchandise en nostre protc-
ction & sauue-garde speciale.*

Tous Iuges en leur Iurisdiction ont authorité, & peuuent connoistre des matieres possessoires & de nouuelleté, mais si le Iuge
Royal en prend la preuention, la connoissance luy doit demeurer sans faire aucun renuoy. Et supposé qu'aux choses spirituelles la connoissance en appartienne aux Iuges d'Eglise: neantmoins si chacun est de nouueau troublé en la possession & iouys-

sance desdites choses, comme Benefices, dixmes, offrandes, pensions, & autres droicts & deuoirs Ecclesiastiques & spirituels, il peut pour cause dudit trouble se pouruoir pardeuant le Iuge Royal, lequel en doit connoistre priuatiuement à tous autres, comme estant question plus de fait que de droit, & n'en doit faire renuoy au Iuge subalterne, suiuant l'Arrest du 2. Decembre 1516. Et la raison pour laquelle les Iuges Royaux connoissent du possessoire des Benefices, & autres choses spirituelles, c'est que le Roy a en sa protection toutes les Eglises de son Royaume, & par consequent doit maintenir tous possesseurs, & empescher les desordres, scandales, & inconueniens qui pourroient arriuer aux Eglises, si tels troubles, qui souuent sont accompagnez de force & violence, estoient tolerez : Ce qui n'a pris son origine par vne coustume approuuée par le Pape, mais par le droict ordinaire de la Iurisdiction Royale.

En vertu d'vne sauue-garde telle que dessus obtenuë du Roy ou du Iuge Royal, on se peut faire maintenir & garder en possession des choses mobiliaires, ou immobiliaires auec deffenses à tous de troubler ou empescher, sur peine de garde enfrainte; laquelle garde a telle operation & vertu, que l'on ne peut acquerir possession contraire : mais faut que ladite sauue-garde soit publiée à haute voix, à iour de marché, issuë de Messe de Parroisse du lieu où la chose est située & assise. Quiconque se dit estre en possession d'vn heritage, & iceluy est troublé & empesché en sa possession, tout le trouble & l'empeschement luy sera reparé, par le moyen d'vne commission, telle que dessus, laquelle il faut obtenir, & faire executer dedans l'an & iour apres le trouble & empeschement fait : car l'an & iour expiré, on ne seroit plus receu à executer telles lettres : & mesme en matiere de nouuelleté, pour les choses corporelles : mais l'on tomberoit & on seroit décheu de son instance & possession.

L'on peut demander si vn opposant doit estre maintenu & gardé en possession d'vne mesme chose, comme l'impetrant : mais on répond, que veritablement l'opposant peut & doit estre aussi bien maintenu & gardé en la mesme chose , comme l'impetrant, & mesme quand ledit opposant preuue sa possession, & l'impetrant ne preuue rien, du moins comme il doit, pour obtenir à ses fins & conclusions.

La possession, & la Seigneurie d'vne chose peut estre transferée sous condition, & celuy qui la prend ainsi , ne peut estre
Seigneur

Seigneur de la chose, ny possesseur, si la condition n'est accomplie, selon la distinction de droict, & mesmement dedans l'an: l'on trouue difference, s'il est contenu és lettres de vendition, que le vendeur confesse tenir & posseder la chose venduë, en nom de precaire de l'achepteur; ou s'il disoit, *ie constituë posseder au nom de l'achepteur*; pource que quand au premier il confesse posseder au nom d'achepteur, il le possede naturellement: car celuy qui a par le moyen de l'autre qui possede pour & en nom de precaire, possede naturellement; au second cas, il ne possede pas comme au premier: & si l'on mettoit és lettres de vendition, comme vn bon & fidel Notaire doit faire, que le vendeur ne retient aucune possession à la chose par luy venduë, la possession est toute transferée à l'acheteur, & quand il est dit en icelles lettres, Que ledit vendeur se constituë au nom de precaire pour l'acheteur, la chose qu'il a venduë pour l'vtilité du public est bonne, & tel semblable est si ledit vendeur promet garantir à l'acheteur la chose par luy venduë.

Commissions de Garde gardienne se doiuent executer sur le lieu de la possession duquel vient debat & controuersité entre les parties, ou sur vne des pieces en y comprenant le tout: car autrement si le deffendeur requeroit aller sur les lieux, où l'impetrant maintient estre fait le trouble, il y faudra aller executer lesdites lettres.

Si en vne cause possessoire, l'vne des parties prouue sa possession de dix années, & l'autre des parties prouue de deux dernieres années passées, la derniere doit obtenir, & mesme s'il est deffendeur & opposant.

On demande si vn homme laïque estant spolié de la possession d'vn droict de dixme, peut demander à estre restitué en icelle; on répond, que si le spolié a titre qui soit valable, & qu'il ait iouy & vsé d'iceluy, & qu'il soit en bonne possession & saisine par long temps, qu'il suffit & doit sufire, & mesme par les dernieres années, leuations & perceptions des fruicts & profits d'iceluy sans contredit, & qu'il en fasse apparoir, il y sera restitué, encore que la dixme soit infeodée, ou non, & qu'il ait esté spolié, par vn Ecclesiastique ou autre.

Si quelqu'vn a vendu vne chose ou plusieurs, & que par lettres de vendition il soit dit & écrit, que l'acheteur de sa propre authorité en puisse apprehender la possession, on demande, s'il ne suffit pas que l'acheteur prenne possession de l'vne des choses

P

pour comprendre le tout : ou s'il est besoin qu'il apprehende la possession de toutes lesdites choses; on répond qu'il suffit à l'acheteur de prendre la possession de l'vne des choses, en y comprenant le tout, quant au vendeur, mais quant aux étrangers non.

On peut aussi demander, qui seroit-il de la vendition d'vne chose, qui sous elle a plusieurs singularitez comme vn chasteau & maison forte auec les appartenances ?

Réponse, il suffit que l'acheteur apprehende la possession du chasteau ou maison forte ; car en icelles seroient comprises toutes les appartenances ; le semblable est d'vne Eglise, & des heritages appartenans à cause d'icelle : mais si parauant la vendication faite, on auoit déja vendu à vne autre Iustice, haute, moyenne, & basse, cela n'y seroit compris : pource que par l'vn on n'acquiert pas la possession de l'autre, qui est étranger.

On demande encore, en quelle façon & maniere possede celuy qui est en puissance d'autruy, comme sont les enfans en puissance du pere, pupilles, orphelins, femmes qui ont leurs maris, & Religieux, furieux, insensez, & autres declarez en droict, tous lesquels possedent par mains d'autruy, & est leur possession valable & authorisée, comme s'ils possedoient eux-mesmes.

Quand quelqu'vn a esté en possession de faire couler ou conduire l'eau d'vn fleuue ou riuiere, ou d'vn ruisseau en son fonds & heritage, il peut faire prohiber & deffendre à vn autre de ne l'empescher à la conduite d'icelle eau pour la faire couler ailleurs.

Vn Meusnier ayant vn moulin sur vne riuiere, & vn autre veut edifier vn moulin neuf en ladite riuiere, qui puisse porter preiudice, & empescher le profit du premier moulin, sçauoir s'il ne peut faire deffenses de ne bastir ny construire ledit moulin ? On peut dire, que si le fleuue & riuiere est bannal, il n'est pas permis à personne d'édifier moulin sans la licence du Seigneur auquel elle appartient ; & si le premier moulin est vieil & de longue antiquité, & que de droict le Meusnier d'iceluy soit en bonne possession, iouïssance & saisine, & par les dernieres années, il peut faire inhiber & deffendre à celuy qui fait ledit nouueau moulin, pour le trouble qu'il luy fait de nouuel, & le preiudice du premier moulin.

S'ils sont deux qui veulent édifier vn moulin, ou deux en vn mesme instant au cours d'vn fleuue, & ils s'empeschent l'vn l'autre, que conuient il faire ? On répond: Que si tous deux ont droict de pouuoir faire moulin en iceluy fleuue, l'vn & l'autre y peuuent

édifier felon ce qui leur a esté permis l'vn comme l'autre, & s'il y a
Seigneur particulier d'iceluy fleuue, qui ait baillé droi& & permiffion à tous deux d'y édifier moulins, le premier qui a obtenu
priuilege, peut faire ledit moulin, & l'autre non, pour le preiudice qu'il feroit au premier, lequel pourroit faire deffenfes à l'autre
d'édifier moulins en iceluy fleuue à fon preiudice.

Qui feroit-ce fi quelqu'vn vouloit conftruire vne pefcherie, ou
mener vne eau en vn moulin au deffus d'vn fleuue, ou d'vn ruiffeau, contre la volonté d'vn qui auroit vn moulin au deffous, &
on dit que cela ne fe peut permettre, ny moins de conftruire vne
pefcherie, ny conduire l'eau par autre cours, que celuy qu'elle a
accouftumé de couler au preiudice d'autruy, & fi quelqu'vn faifoit le contraire, contre la poffeffion de celuy qui a le moulin
au deffous, il le peut faire reparer, & remettre le trouble à luy
fait, par l'execution d'vne complainte. Mais s'il arriuoit que le
fleuue ou le ruiffeau laiffaft fon ancien cours, & en prift de luy-
mefine vn autre, qui vint au profit de quelqu'vn : celuy qui
auroit le moulin, au bas duquel ledit fleuue n'affluëroit plus,
ne fçauroit l'empefcher, pource qu'il auroit perdu le droi& qu'il
auoit.

Poffeffion de fucceffion d'heritier fe peut dire incontinent apres
le decez & trépas de fon predeceffeur, pource que la faifine de
mort paffe & defcend au viuant, felon la couftume generale de
France, *le mort faifit le vif, fon plus prochain heritier à fucceder* : & fi
auant l'an & le iour de faifine, il fe trouue aucuns empefchements,
celuy qui eft faifi peut former complainte de faifine en cas de nouuelleté, & fe dire eftre en bonne poffeffion & faifine à caufe de
fon predeceffeur & deuancier : auffi fait celuy qui poffede la chofe par tradition de fait : A fçauoir quand le Seigneur foncier luy
en baille faifine, à caufe de la vendition échangée, don, allienation, ou autre titre, parce que la tradition de fait induit & produit la faifine.

Bien que l'on dife que pour meubles on ne puiffe intenter complainte ; toutesfois cela fe peut faire en deux cas. Le premier, en
cas qu'ils fuffent compris fous la demande vniuerfelle de tous &
chacun les biens delaiffez par tel, ou autrement : ainfi fut iugé
par Arreft à Paris, rapporté par Papon Liure 8. de fon Recueil
d'Arrefts titre 4. Arreft premier. Voyez auffi la Couftume refor-
mée de la Preuofté de Paris article 97. qui porte, *Que l'on ne
peut intenter complainte pour chofe mobiliaire, ou particuliere,*

P ij

maisbien pour vne vniuerſité de meubles, comme pour ſucceſſion
mobiliaire. Le ſecond ſi on prend en vne Iuſtice vne beſte ou autre meuble, on fait trouble au Seigneur, quand la choſe n'appartient pas à celuy qui la prend, à raiſon dequoy l'action de complainte ſe peut intenter.

Es inſtances poſſeſſoires, peuuent ſeulement eſtre donnez &
prononcez deux iugements prouiſoires auant que de paruenir au
plein poſſeſſoire ou pleine maintenuë. Le premier eſt le ſequeſtre,
que l'on appelle vulgairement *fourniſſement de complainte*, c'eſt à
dire rapport, ou rétabliſſement des fruicts perceus des choſes contentieuſes, l'an & iour auparauant la complainte & depuis entre
les mains des Commiſſaires qui ſont commis audit Sequeſtre, lequel on a accouſtumé d'ordonner ſur le commencement du procez, quand les droicts des parties ſe trouuent obſcurs, & que l'é-
quité ſemble également balancer d'vn coſté & d'autre. Le ſecond
de la Recreance, quand par la conference des titres des parties,
l'équité & droict de poſſeſſion legitime ſemble eſtre du coſté de
celuy auquel elle eſt adiugée.

Auſſi la Recreance n'eſt autre choſe qu'vne prouiſion qui s'adiuge à celuy qui a la plus apparente poſſeſſion.

Apres leſquels deux iugements ſuit la maintenuë, autrement
plein poſſeſſoire, lequel differe de la recreance, en ce que quand
la recreance eſt adiugée à vne des parties, icelle partie eſt tenuë
de bailler caution, & reſtituer le fruict, au cas qu'elle n'obtienne
au poſſeſſoire: (toutesfois ſi la recreance eſt adiugée par Arreſt,
il n'eſt pas beſoin de bailler caution) dauantage adiuger la recreance, c'eſt la garde du Benefice ou de l'heritage pendant la
diſcuſſion des droicts des parties. Mais la maintenuë c'eſt le iugement diffinitif du procez: par vertu de laquelle le poſſeſſeur eſt
fait autheur de bonne foy, & n'eſt tenu à ladite reſtitution, au cas
que par apres il ſuccombât au petitoire, comme ayant eu iuſte ſuiet de ſouſtenir ce qui luy auoit eſté adiugé auparauant. Toutesfois Imbert Liure premier, Chapitre 33. de ſes Inſtitutions, tient
qu'il les doit, depuis qu'il a conteſté au petitoire. Voyez Papon
en ſon Recueil, Liure 4. titre 4. Rebuffe & autres qui ont écrit
ſur ce ſujet.

Donc ſi quelqu'vn eſt troublé en ſa poſſeſſion, il peut obtenir
commiſſion de Chancellerie pour faire aſſigner ſa partie auſdites
Requeſtes en vertu de *Committimus* par ſimple exploict. Toutesfois s'il eſt queſtion d'vne ſucceſſion, il eſt bon d'obtenir ladite

commiſſion, portant par meſme moyen mandement au Iuge
Royal de faire inuentaire des biens d'icelle ſucceſſion

L'exploict qui ſera fait en cette matiere, contiendra ces mots.

A la Requeſte de tel, en vertu de Lettres Royaux en forme
de *Committimus* du tel iour, ſignées tel, & ſcellées. I'ay Huiſſier ou Sergent Royal ſous ſigné, certifie auoir donné aſsignation
à tel en parlant à tel, en ſon domicile, à comparoir pardeuant
Noſſeigneurs les Gens tenans les Requeſtes du palais à Paris,
d'huy en quinzaine prochainement venant, ou autre temps ſelon la diſtance des lieux.

Pour répondre aux concluſions poſſeſſoires du demandeur
qui ſont, qu'à luy compete & appartient vn tel heritage aſsis en
tel lieu, duquel tant luy que ſes autheurs, dont il a le droict &
cauſe, ont iouy plainement & paiſiblement au veu & ſceu dudit
deffendeur, & tous autres, depuis dix, douze & treize ans en
ça, meſme par les trois dernieres années, neantmoins ledit tel
deffendeur de ſon authorité auroit l'année preſente labouré ou
fait telle choſe, troublant ledit demandeur en ſa poſſeſſion & ſaiſine, contre lequel partant il conclud à ce qu'il ſoit condamné à
faire ceſſer ledit trouble, & en ce faiſant que ledit complaignant
ſera maintenu & gardé en ſes iuſtes poſſeſsion & ſaiſine, & deffenſes audit deffendeur de le plus troubler en icelles, à peine de
tant d'amende, & outre condamné à rendre & reſtituer audit
demandeur les fruicts, & en tous les deſpens, dommages & intereſts : & en cas de procez ou debat la recreance luy eſtre adiugée, ô intimation pertinente.

Il faut remarquer qu'on n'eſt pas obligé en la complainte
de dire à quel titre la choſe appartient, parce qu'il n'eſt queſtion
que de poſſeſſion, & non de la proprieté où cela eſt requis : toutesfois quand on le mettroit cela ne nuiroit pas.

Il faut auſſi obſeruer qu'en matiere poſſeſſoire, la complainte s'appelle *applegement*, & l'oppoſition & deffence du deffendeur (qui ſe maintient poſſeſſeur & conclud au poſſeſſoire contre le demandeur) s'appelle *contre applegement*, ce ſont vieux mots
qui ſe liſent és anciens Styles & couſtumes.

Au iour de l'aſsignation les parties ſe preſenteront ou leueront
les deffauts & congez, procederont inſqu'à ce qu'elles ayent toutes deux comparu, tout ainſi & en la meſme forme qu'il a eſté dit
cy-deſſus au titre des deffauts & congez, excepté pour le regard
du Sequeſtre & Recreance que les deux parties peuuent deman-

der auant contestation en cause : mais principalement celuy qui est depossedé, ainsi qu'il sera dit cy·apres en traitant de l'Action petitoire au titre *des Sequestres & Prouisions*, où le Lecteur aura recours, à cause que les recreances se poursuiuent en la mesme forme & maniere que lesdites prouisions.

Faut bien s'empescher en cette matiere de demander veuë, dautant que l'on doit estre certain de la chose, autrement en vain on se diroit possesseur.

Quant au delay d'amener garand, il n'y a pas aussi lieu de le demander, sinon en deux cas seulement.

Le premier quand vn Seigneur aduoüe son Fermier. Le second, quand on n'a pas iouy par an & iour, on peut faire appeller celuy qui a vendu suiuant la disposition du droict : mais si le trouble est fait apres l'an, l'acheteur a defenses de son chef.

En tout autre cas on ne peut demander delay de garand à cause de l'opposition, & que chacun se rend demandeur, & se dit estre en saisine. Et cela a esté iugé par Arrest de l'an 1373.

Pour le regard du Sequestre, il n'y a lieu aussi de le demander lors que la iouyssance est triennale, c'est à dire, quand on a iouy par les trois dernieres années consecutiues : de sorte que s'il se formoit instance sur le Séquestre par celuy qui le voudroit empescher, alleguant auoir iouy les trois dernieres années continuelles, il seroit receu à prouuer telle possession triennale, pour empescher ledit Sequestre, tant en matiere prophane que Beneficiale.

Pour sçauoir comme l'on procede en ces demandes de Veuë, Garand, & Sequestre, faut voir ce qui en sera dit cy-apres en parlant de l'action réelle & petitoire.

En cette matiere de complainte prophane, quand les parties sont comparuës par procureur, & ont fourny de demandes & deffenses, & que le deffendeur a baptisé possession contraire à écrire par intendits, l'on fait offrir l'appointement en ces mots.

Apointement à écrire par intendits, & faits contraires.

Entre tel demandeur en matiere de complainte, saisine & nouuelleté suiuant l'exploict d'vn tel iour, & par tel son Procureur, d'vne part, & tel deffendeur aussi par tel son Procureur d'autre: Apres que ledit tel a persisté en sa demande, & ledit deffendeur en ses deffenses, & a baptisé possession contraire. La Cour a ap-

pointé les parties à écrire par intendits, & faits contraires, & à
toutes fins dedans huictaine, pour ce fait eftre ordonné ce que de
raifon.

En vertu de ce Reglement le demandeur en Complainte fait
dreffer fes intendits, par fon Aduocat ou Procureur en cette
forme.

Faits & intendits, que met & baille pardeuant vous Noffeigneurs des Requeftes du Palais à paris, Confeillers du Roy noftre
Sire, en fa Cour de Parlement, & Commiffaires en cette partie,
Maiftre tel deman.eur, en matiere de Complainte, Saifine & nouuelleté fuiuant l'exploict d'vn tel iour.

Contre tel de telle qualité deffendeur.

Suiuant la Sentence renduë entre les parties le tel iour, par laquelle elles ont efté appointées à écrire par intendits & faits contraires, & à toutes fins dans huictaine, pour ce fait eftre ordonné
ce que de raifon.

Premierement, le fait qui donne lieu à la conteftation des parties confifte en fort peu de paroles, & pour en donner à la Cour vn
fuccint éclairciffement, qui feruira d'ouuerture aux faits que le
demandeur articulera cy-apres, & dont il entend faire preuue.
Il la fupplie tres-humblement d'obferuer qu'en l'année, &c. Faut
icy déduire le fait qui donne lieu à l'inftance, & apres ce recit faut
dire que l'appointement de contrarieté feroit interuenu en la forme qu'il eft cy-deffus énoncé; Et que pour y fatisfaire de la part
du demandeur, il prouuera les faits qui enfuiuent.

En premier lieu, qu'il y a tant d'années qu'il eft en poffeffion
paifible de la maifon & heritages dont eft queftion.

Secundò, que fes autheurs & deuanciers dont il a le droict & caufe, en ont pendant leur vie pareillement iouy plainement & paifiblement fans aucun trouble.

Tertiò, qu'au veu & fceu du deffendeur, il a fait labourer, enfe-
mencer & recueillir les fruicts, mefme par les trois dernieres années, & ainfi on peut mettre enfuitte tous les autres faits refultans
du procez, & defquels l'on pourra auoir preuue, & conclurre
par ces mots:

En confequence de laquelle preuue que le demandeur offre faire
des faits cy-deffus, tant par titres que témoins fans reproches,
il efpere obtenir de la iuftice de la Cour, les fins & conclufions
de fa demande, qui vont à ce que le deffendeur foit condamné,
&c. Faut icy inferer la demande contenuë en l'exploict du de-

mandeur, & les offrir en baillant comme les contredits. Le deffendeur peut dresser ses intendits, aussi en la mesme forme, & articuler par iceux pareillement les faits contraires à ceux du demandeur, & offrir d'en faire preuue comme luy.

Et quand les parties ont satisfait audit Reglement, & fourny suiuant iceluy de leurs intendits & réponses, ou esté forclos de ce faire, la Cour les regle en la forme qui ensuit.

Appointement à informer sur les faits des intendits.

Entre tel demandeur en matiere de complainte, saisine, & nouuelleté, suiuant l'exploict d'vn tel iour, par tel son Procureur d'vne part, & tel deffendeur d'autre : Apres que lesdites parties ont respectiuement declaré auoir fourny de leurs intendits, & réponses à iceux suiuant l'appointement d'vn tel iour ; La Cour a tenu & tient les intendits & réponses à iceux respectiuement fournis par les parties pour accordez, & les appointe à informer, prouuer, & verifier leurs faits mis en auant par iceux dedans vn mois pardeuant le Iuge des lieux, preuosts, & Enquesteurs auec Adioint, se pourront les parties faire interroger, l'vne d'elles l'autre, sur faits & articles pertinens, suiuant l'Ordonnance ; & vaudront les exploicts qui seront faits aux personnes & domiciles des Procureurs des parties, comme si faits estoient aux propres personnes desdites parties, suiuant l'Ordonnance. Et soit signifié.

C'est ainsi que les parties sont appointées, pour ce qu'en matiere prophane le titre seul ne suffit, mais faut faire preuue par témoins & comme on dit, par voix sonnante & éclatante, & non par preuue muette, & qui ne dit mot, comme sont les lettres & titres. Mais en matiere Beneficiale on ne peut obtenir sans titres, suiuant l'Ordonnance de l'an 1539. article 46. ainsi qu'il sera dit cy-apres au titre des matieres Beneficiales.

Suiuant ce Reglement les parties ayant pris Commission pour faire faire leurs Enquestes, les doiuent faire en la forme qu'il a esté dit cy-dessus.

Les parties doiuent prouuer en cette matiere principalement deux choses, la premiere, le trouble & empeschement fait, la deuxiéme que l'on a iouy par an & iour susdit, & que depuis lesdits an & iour on ait esté troublé en la possession.

Si l'vne ou l'autre des parties a quelque suspicion contre le

Iuge

Iuge commis pour la confection de l'Enquefte, elle le pourra re-
cufer, comme il eft auffi dit-deffus.

L'Enquefte faite & rapportée on en demandera la reception
par deffaut & permiffion, ou à l'Audiance, & pour paruenir à la
publication, il faut fournir de reproches & faluations, ou obtenir les forclufions d'en fournir.

Les Enqueftes publiées & communiquées, on prend l'appointement à produire, bailler contredits & faluations, & ouyr
droict comme deuant, fuiuant lequel il faut écrire, produire,
contredire, ou obtenir les forclufions, ainfi qu'il eft dit cy-
deuant.

Que fi apres auoir fatisfait audit Reglement, il interuenoit
Sentence, portant que l'on verifieroit les faits de reproches, on
peut appeller d'icelle, & la faire infirmer par Arreft, parce que
n'eftant queftion que de la poffeffion, cela fe peut reparer par le
petitoire.

Si la Sentence eft diffinitiue, & que le complaignant foit maintenu & gardé, & qu'il y ait appel d'icelle, on peut demander que
la Sentence foit executée, par forme de recreance, nonobftant
l'appel.

Le petitoire ne peut eftre intenté que le poffeffoir ne foit iugé,
& que la Sentence ne foit entierement executée, tant en principal, que dépens, dommages, & interefts, fuiuant l'article 49. de
l'Ordonnance de 1539. & qu'il a efté iugé par Arreft du 3. Avril.
1335. contre le Comte de Blois, par lequel il fut ordonné que le petitoire ne peut eftre intenté que le poffeffoire ne foit iugé & executé. Autre pareil Arreft contre le Comte d'Anjou à la my-Se-
ptembre 1461. Voyez Guenois fur la Conference des Ordonnances, Liure 3. titre 8. & le Caron Liure 5. des Réponfes titre premier. Le 3. Aouft 1584. vn qui auoit procez pour raifon du poffeffoire, eftant conuenu par fa partie au petitoire, en appella & re-
montra qu'il eftoit prealable de iuger auparauant le poffefsoire
deuant que de venir au petitoire, & ainfi fut iugé par Arreft en
pleine Audience: mais quand on formeroit la complainte apres le
petitoire (ainfi que l'on peut) le poffefsoire doit toufiours eftre le
premier vuidé, iugé & terminé.

Si on n'intente la complainte dans l'an & iour, on peut apres
ledit an & iour former l'action petitoire; de mefme que quand
on prend poffefsoire on peut venir au petitoire. Choppin Liure 3.
titre premier fur la Couftume de Paris, rapporte auoir efté iugé

Q

en caufe poffeffoire prophane, que la reftitution eftant faite de
la chofe pour la quelle la complainte ou Reinte-grande auoit efté
intentée, les fruicts n'eftans encore reftituez, on peut pourfuiure le petitoire, à la charge toutes fois de furfeoir le jugement
iufques à ce que les fruicts (liquidez & appreciez) foient payez:
par Arreft du 27. Iuin 1577. Voyez Guenois fur Imbert, Liure
premier, Chapitre 17.

La proprieté & poffeffion d'vn heritage s'acquiert par trois
moyens, le premier par occupation par dix ans entre prefents, &
vingt ans entre abfents auec titre, & trente ans fans titre, qui eft
ce que l'on appelle poffefion naturelle ciuile : le fecond par fuc-
cefsion qui eft ciuile : & le troifiéme par tradition de fait. Mais
comme nous auons dit, il y a difference entre proprietaire, &
poffeffeur : car le proprietaire eft Seigneur de la chofe, & le poffeffeur ne l'eft pas toufiours : de forte que bien que quelq'vn euft
obtenu la complainte, fi ne pourroit-il pas fe dire Seigneur perpetuel : c'eft à dire, auoir la poffeffion perpetuelle de la chofe,
puis qu'on peut encore agir contre luy au petitoire; toutes fois
s'il auoit iouy dix ans entre prefents, & 20. ans entre abfents,
fuiuant les Couftumes, apres auoir obtenu la poffeffion, il fe
pourroit deffendre en la proprieté & petitoire. La raifon eft
que celuy, auquel feulement la recreance eft adiugée en matiere Beneficiale (qui n'eft qu'vn jugement de prouifion) s'il iouyt
apres ledit iugement de recreance, trois ans complets fans litige
ny debat, il acquiert le titre de pacifique poffeffeur, & peut obtenir des lettres, que les Canoniftes difent en Latin *De pacificis
poffefforibus*, par le moyen defquelles toutes querelles & procez
font exclus, mefmes au petitoire. Il eft vray qu'il faut auoir titre
en matiere Beneficialle, & qu'aulieu de trois ans que le titre donne
en cette matiere, il en faut dix en matiere prophane, pour fuiure
l'intention des Couftumes; par lequel temps celuy qui poffede
iuftement acquiert plain droit en la chofe. Or on ne peut poffeder plus iuftement, que poffeder par authorité de Iuftice, fuiuant la regle commune, qui dit, Que celuy poffede iuftement
vne chofe, qui la poffede par le iugement & authorité du Iuge;
doit neantmoins la poffeffion eftre réelle & actuelle, & non arti-
ficielle : poffeffion actuelle, c'eft iouyr par effet auec plaine perception de fruicts, & la poffeffion artificelle c'eft auoir contract,
Sentence, ou autre titre, & ne iouyr de fait, mais par fiction &
imagination.

Cette proprieté s'appelle *simple saisine*, quand pour icelle on intente action, il y en a de deux sortes, l'vne personnelle, & l'autre mixte : la pe sonnelle est quand quelqu'vn a posedé vne rente, & icelle perceuë depuis dix ans, ou la plus grande partie d'iceux auparauant l'an du trouble; car il peut intenter l'action de simple saisine personnelle, contre celuy ou ceux qui l'ont troublé, & requerir estre remis en la possession, qu'il auoit perduë, en laquelle simple saisine aucuns tiennent que les vieux exploicts vallent mieux que les nouueaux : tellement que s'il arriue que chacune des parties ait fait preuue de sa possession, celuy qui a prouué la plus ancienne possession doit obtenir, parce que l'on presume la nouuelle posseffion estre clandestine: les autres disent au contraire, qu'en la nouuelleté les nouueaux & modernes exploicts sont les meilleurs: c'est pourquoy nous disons que la saisine est par presomption de droict appellée posseffion iuste, & le cas de nouuelleté posseffion vsurpée, & ainsi posseffion est de droict, & non de fait: tant y a qu'en cette action de simple saisine, il n'y a lieu de recreance ny de Sequestre.

La simple saisine mixte est quand on est troublé en la posseffion de l'heritage, puis an & iour.

Mais pour reuenir à la complainte, elle s'intente, comme nous auons dit, dans l'an & iour, iudiciairement ou extraordinairement: iudiciairement par l'opposition que forme le deffendeur à la complainte : extraordinairement, quand le defendeur vse de fait, comme en transport de fruicts, vsurpation de seruitude, ou dény de la redeuance qu'il a accoustumé payer : & sur ce sujet nous dirons seulement ce mot touchant la spoliation & reintegrande.

SPOLIATION ET REINTEGRANDE.

Spoliation est vne dejection violente & iniurieuse de son bien, pour laquelle on doit conclurre pardeuant tous Iuges Royaux ou subalternes, pourueu qu'il ne soit question de port d'armes, car cela est reserué aux Iuges Royaux seulement, lesquels Iuges Royaux és autres cas ont aussi la preuention par dessus les Iuges subalternes.

On peut donc proceder en cette action de spoliation & reintegrande, ciuilement par simple exploict, ou criminellement par

information, mais il la faut toufiours intenter dans l'an : & Meffieurs des Requeftes du Palais, comme il a efté dit cy-deffus, connoiffent ciuilement de ces matieres.

Si on procede par fimple exploiɛt pour le recouurement de la
poffeffion qui eft la voye de reintegrande, voicy comme il faut
faire la demande,

Demande en Reinte-grande.

L'an : : : : le tel iour, par vertu de certaines lettres Royaux en
forme de *Committimus*, en datte du tel iour, fignées par le Roy,
ou par le Confeil tel, & feellées : & à la Requefte de tel impetrant d'icelles, le Huiffier ou Sergent, ay donné affignation à vn
tel, à eftre & comparoir pardeuant Noffeigneurs les Gens tenans
les Requeftes du Palais à Paris, d'huy en quinzaine prochainement venant.

Pour voir dire & ordonner que le demandeur fera remis &
reintegré en la poffeffion d'vn tel heritage, ainfi qu'il eftoit,
auparauant qu'il fuft troublé en iceluy, le deffendeur condamné
à reftituer & rendre au demandeur les chofes à luy prifes par le
deffendeur, & outre condamné en tous fes dépens, dommages, & interefts procedans de trouble, & fpoliation, & iufques à
ce, toute Audience déniée au deffendeur & fpoliateur, auec deffenfes à l'aduenir de s'immifcer audit heritage, ou de plus vfer de
telles voyes de fait, à peine de cinq cens liures d'amende, ô intimation.

Ne faut agir en cette matiere de complainte, par la caufe &
matiere de reuendication : parce que par titre de reuendication
on reconnoift la partie aduerfe poffefferefle, ce qui n'a pas lieu en
la reintegrande, qui eft vn des cas de la complainte, quoy qu'elle
foit cumulable auec icelle : & pour montrer que la reintegrande
eft cumulable, & dépend de la complainte, c'eft qu'elle eft équi-
parée à la recreance, qui eft vn des chefs de la complainte ; infe-
rant que toutes les deux ne concernent que la poffeffion, comme
dit Imbert Liu. 1. Chap. 17. de fes Inftitutions Forenfes : Voyez
Bourdin fur l'Ordonnance de 1517. art. 62. qui dit, qu'en France
on vfe de l'interdit recuperatoire de poffeffion : auquel eft compa-
rée la reintegrande, à caufe que les autres interdits de complainte
qui auoient efté introduits à la fimilitude de la reintergande, ont
efté abrogez & abolis par les Ordonn.

Quant à la nature de la reintegrande, elle eft telle, que celuy qui poffedoit au temps qu'il a efté expulfé & dejetté de fa
poffeffion, peut agir par l'interdit recuperatoire, & appartient

ce beneﬁce contre celuy qui a expulſé, & ſes heritiers, en tant qu'à eux eſt paruenu ; & auſſi contre celuy ſous le nom ou par le mandement duquel le poſſeſſeur a eſté dejetté & expulſé, ou bien contre celuy qui a eu agreable cette expulſion, mais non pas contre le tiers poſſeſſeur, encore qu'il ait droiﬅ de celuy qui a expulſé.

Il y a ordinairement deux Reglements en telle inſtance: l'vn à écrire & informer, l'autre à produire & bailler contredits & ſaluations, & n'eſt le demandeur tenu de faire preuue de ce qu'il demande, mais de la ſpoliation ſeulement des choſes dont il eſt creu par ſerment, ioint la commune renommée.

La Sentence qui interuient en ſuite, ſi elle eſt donnée par vn Iuge ſubalterne, ne peut eſtre executée nonobſtant l'appel, *ſecus*, par vn Iuge Royal ou Meſſieurs des Requeſtes : car elle ſe peut executer nonobſtant oppoſitions ou appellations quelconques, ſuiuant l'art. 62. cy-deſſus en ces mots, *Que les Sentences de recreance & reintegrande en toutes matieres de garniſon ſoient executoires, nonobſtant l'appel & ſans preiudice d'iceluy, en baillant caution, pourueu qu'elles ſoient données par nos Iuges reſſortiſſans ſans moyens, aſſiſtans auec eux iuſques au nombre de ſix Conſeillers du Siege qui ſigneront le dictum auec le Iuge, dont il ſera fait mention au bas de la Sentence pour le regard deſdites recreances & reintegrandes.* Ce qui ſe doit entendre pour le principal ſeulement, non pour les dépens, comme toutes autres Sentences de prouiſion, & pourueu qu'il y ait concurrence des trois choſes exprimées par ledit art. dautãt que ſi l'vn ou l'autre défailloit, il eſt certain que telles Sentences ne pourroient eſtre executées nonobſtant l'appel & ſans preiudice d'iceluy. Toutesfois Bourdin au lieu prealleguè, dit que les dépens qui ne ſont qu'acceſſoires doiuent eſtre cenſez & reputez de meſme droiﬅ & nature que le principal : & ainſi leſdites Sentences peuuent eſtre executées, tant en principal que dépens.

Quelques vns tiennent auſſi que s'il y a amende adiugée par ces Sentences, elle eſt executoire nonobſtant l'appel, ſinon qu'elle portaſt note d'infamie, ou procedant de cauſe infamante.

Sur le ſuiet de cét art. 62. il faut icy reſoudre deux doutes, le premier, ſur ce que n'y ayant en pluſieurs Sieges, que trois ou quatre Conſeillers ou Aſſeſſeurs, à ſçauoir, ſi la Sentence eſtant ſeulement ſignée & ſouſcrite d'iceux, elle peut eſtre executée, veu que le nombre preſcrit par l'Ordonnance ne ſe trouue plein & complet : à quoy on peut reſoudre, que ſi le nombre des

Conseillers ou Assesseurs deffaut, il suffit d'appeller des Aduocats iusqu'au nombre competent, qui doiuent signer & souscrire la Sentence, & lors elle pourra estre executée, tout ainsi que si elle auoit esté signée par six Conseillers. Le second doute est, pourquoy semblable solemnité n'est requise aux iugements de garnison comme aux jugemens possessoires, c'est parce que le jugement que l'on appelle prouisoire ne peut estre donné, s'il n'y a legitime contract precedent, cedule ou promesse deuëment reconnuë & verifié, dautant que lors il y a obligation double & geminée: l'vne par le contract legitime, & procede en l'autre par la Sentence confirmatiue & approbatoire de tel contract: & partant n'est de merueille si cette grande solemnité n'y est requise, comme aux jugemens possessoires & solemnels, lesquels ne doiuent estre donnez & prononcez, sinon auec legitime solemnité par la conference & lumiere des titres des parties litigantes, comme n'y ayant aucun contract ou obligation precedent: ayant égard aussi que tels iugements sont tousiours rendus contre le gré & vouloir des condamnez, n'ayans iceux iugements aucun consentement en soy, comme il y a en l'obligation.

Vous remarquerez que si la reintegrande est adiugée par Arrest, il n'est pas besoin de bailler caution, comme nous auons déja dit en parlant de la recreance, pour l'authorité de la Cour & des choses iugées.

En second lieu, si la pleine possession & maintenuë est adiugée sur les titres des parties litigantes, elle pourra estre executée, mesme pendant l'appel par forme de recreance en baillant caution, comme ayant esté donné tel iugement sur la seule face des titres & instrumens des parties: mesme si l'appellant pressoit la cause d'appel, on peut demander que toute Audience luy soit déniée, iusques à ce que ladite Sentence de reintegrande soit executée; mesme qu'en vertu de ladite Sentence, on se peut mettre en possession, & s'il y a refus ou empeschement, il en faut dresser procez verbal, & par apres demander la rupture des portes & serrures.

Pendant la reintegrande, ou apres icelle iugée, on peut venir au petitoire, pourueu que l'on soit dans l'an; mais on ne peut faire iuger la reintegrande & le petitoire ensemble, parce que ce sont choses contraires: non plus que l'on ne peut poursuiure le petitoire, que le possessoire ne soit entierement iugé.

Quand on adiuge la recreance sur vne complainte, le rétablissement des fruicts ne doit estre que de l'an du trouble & complainte formée ; ainsi qu'il a esté iugé par Arrest du dixiesme Février 1563. rapporté par Guenois sur la conference des Ordonnances.

Pour faire liquider les fruicts, dommages & interests du demandeur, faut bailler la demande, s'ils ne sont liquidez par la Sentence.

Au reste on ne peut intenter complainte contre le Roy, parce qu'il est Seigneur de tout, & ses Suiets ne iouysent que par souffrance.

Le vassal ne peut former complainte en cas de nouuelleté, ny autre voye possessoire, contre la saisine & empeschement faits par Iustice, à l'instance de son Seigneur iusticier ou feodal, ny prendre la saisine ou empeschement pour trouble de fait ; mais se peut opposer & venir par recours. Toutesfois, si ledit Seigneur detenoit ledit heritage, ou occupoit iceluy, & s'il troubloit le sujet qui en seroit ensaisiné ou inuesty du Seigneur, tel sujet pourroit intenter le cas de nouuelleté, comme contre vn Prince : c'est pourquoy l'Ordonnance d'Orleans, art. 60. dit, Que si le vassal est en foy, ou a deüement fait ses offres, qu'il peut former ladite complainte en cas de nouuelleté à l'encontre de son Seigneur, pour raison de la possession de tel heritage qu'il tient de luy : en quoy est interpreté ce qu'on dit, Que le suiet n'est receu complaignant contre son Seigneur.

On n'est pas aussi receuable à former complainte pour vne rente constituée à prix d'argent : parce que telle rente est tousiours affectée à certain fond.

Mais pour vne rente fonciere, on la peut former, comme aussi pour vn droict de seruitude.

Bref, sera remarqué que l'an & iour pour la complainte court, tant contre le mineur, qu'absent, qu'elle se perit par vn an, & se prescrit par an & iour.

DE L'ACTION REELLE,
ou petitoire.

L'Action reelle a esté distinguée cy-dessus d'auec la personnelle par deux marques infaillibles & differences specifiques : l'vne concernant leur suiet & matiere, l'autre leur forme & conclusion : car quant au suiet, nous auons dit, que les Actions réelles suiuent entierement les choses, & les personnelles les personnes obligées : & pour la forme, que la vray conclusion en Action réelle estoit contre la chose, à ce qu'elle fust declarée appartenir au demandeur : & en l'action personnelle on concluoit tousiours contre la persone, à ceque'elle fust condamnée à faire ou payer ce qui est demandé. Or bien qu'il soit fort aisé par ces marques & differences de discerner l'action réelle d'auec la personnelle, en disant que les personnelles sont celles où se trouuent les deux marques personnelles, & les réelles où se voyent les deux marques réelles : neantmoins nous adiousterons pour vne plus grande intelligence que,

L'action réelle est celle qui concerne le fond & proprieté d'aucun heritage, soit par succession, donation, achapt, ou autrement, comme quand on agit comme Seigneur de la chose, ou comme ayant droict en icelle, qui est ce que l'on appelle *petitoire*, ou *reuendication*, parcequ'on agit petitoirement, pour rentrer en la iouyssance de la chose qu'on tient occupée, & en auoir les reuenus, à quoy on est receuable iusqu' à 30. ans, quand mesme on auroit perdu au possessoire, ou que l'on n'auroit pas formé la complainte dans l'an & iour, du trouble fait en la possession de l'heritage, mais ne peut cette action estre dirigée que contre celuy qui est le vray possesseur ; de sorte que quiconque l'intente, il affirme & tient le deffendeur pour possesseur. Doit aussi le possesseur estre le vray proprietaire de la chose : car vn Fermier en cette qualité ne peut estre conuenu sur cette action, que s'il l'estoit, & qu'il nommast son bailleur & son domicile, il ne seroit point tenu de proceder plus auant ; estant le demandeur tenu de s'adresser à son Maistre, ce qui fut iugé par les Arrests des 14. Septembre 1563. & 26. du mesme mois 1579. aux Grands Iours de Poictiers, rapportez par Guenois sur Imbert, liu. 1. des Institutions Forenses, chap. 20. ce qui seroit autrement en action possessoire, en laquelle le Fermier ou seruiteur ayant fait le trouble, peut luy-mesme estre appellé, aynt son Maistre pour garand, comme écrit Masuer en sa pratique, titre *des Matieres possessoires*.

Il y a vne autre Action, qu'on nomme *Action Negatoire*, & s'intente pour droict de seruitude, negatif ou affirmatif, comme veuë, passage, ou autre seruitude vsurpée sur vn heritage : & est cette action pure réelle hors la connoissance de Messieurs des

Re-

Requeſtes. Voyez Carondas ſur la Couſtume de Paris au titre *des ſeruitudes.*

Quant à l'Action hypothequaire, elle eſt auſſi pure réelle, & s'intente pour la connoiſſance du droict que nous pretendons ſur l'heritage nouuellement acquis, & à nous redeuables de ce droict, ſoit de rente ou autre debte par contract portant hypotheque, la iouyſſance duquel heritage nous voulons interrompre, pour empeſcher que celuy qui l'a acquis, ou le poſſede, ne s'ayde de la preſcription introduite par la Couſtume qui s'acquiert, comme nous auons deſia dit, par dix-ans entre preſents, & vingt-ans entre abſents (qui ſont ceux qui demeurent en autre Couſtume.)

Surquoy il faut obſeruer, que les choſes s'obligent en deux façons, à ſçauoir par tradition actuelle, ou par ſimple conuention; l'vne s'appelle proprement *gage*, l'autre *hypotheque.*

Anciennement on auoit accouſtumé pour aſſeurance d'vne debte, de bailler des gages au creancier, qui demeuroiént entre ſes mains, iuſques à ce qu'il fuſt ſatisfait, & ces gages eſtoient du cômencement mobiliaires. Mais depuis l'ambition des hommes eſtant augmentée à faire de grandes entrepriſes, & contracter de plus grandes debtes, il fallut mettre la main aux heritages, & les engager auſſi bien comme les meubles ; c'eſt à dire, les bailler & delaiſſer au creancier, pour en demeurer nanty & ioüiſſant, iuſques à ce qu'il fuſt payé, pource qu'en la premiere antiquité du droict, on n'eſtimoit point qu'il fuſt conuenable, ny licite, d'acquerir ſous traditition actuelle, ny la ſeigneurie de la choſe, ny en droict réel, ny permanent en icelle.

Enfin par ſucceſſion de temps on trouua que c'eſtoit vne grande incommodité que le proprietaire ſe deſſaiſiſt à tous propos de ſes heritages, pour la perte qu'il faiſoit pendant qu'ils eſtoient recüeillis & ménagez par autruy ; c'eſt pourquoy on commença petit à petit au lieu de bailler actuellement les heritages en gages & nantiſſement de promettre ſimplement de les bailler & delaiſſer toutesfois & quantes au creancier au defaut de payemen t, de ſorte qu'on les obligeoit à la debte par vne ſimple conuention, & le debiteur en demeuroit touſiours ſaiſi : & encore depuis, comme on a veu que par vne ſimple parole on pouuoit obliger ſon bien, ſans qu'on en receut lors de l'obligation aucune incommodité, pource que touſiours on demeuroit ſaiſi & ioüyſſant, on ne s'eſt pas contenté d'obliger vn ſeul heritage en l'exprimant

R

particulierement, mais premierement on a commencé d'obliger d'vn seul *tous & chacuns les biens*, comme cela estant aussi facile au debiteur, & plus commode au creancier : ce que du commencemét on n'entendoit, sinon des biensque l'obligé auoit lors du contract : & partant il falloit obliger par clause expresse *les biens à venir*, clause qui fut à la fin fort commune : mais toutesfois necessaire, car sans icelle l'obligation generale n'auoit effet que pour les biens presens : Mais a la fin Iustinian en a étendu l'hypotheque generale aux biens à venir, encore qu'il n'en fust rien exprimé au contract.

Et encore en France on passe bien plus outre ; car pource qu'en tous les contracts par vn Style ordinaire des Notaires, on s'est accoustumé d'inserer la clause d'obligation de tous les biens ; on a enfin tenu pour regle, que tous contracts portoient hypotheque su: tous les biens, comme cette clause estant sous-entenduë, si elle auoit esté obmise.

En quoy à la verité, il n'y a nul inconuenient pour le regard du debiteur, car il est bien raisonnable de le faire bon payeur par tous moyens: mais l'inconuenient est grand à l'égard d'vn tiers acquereur de bonne foy, qui pensant estre bien asseuré de ce que l'on luy vend, & qu'on met en sa possession, sçachant bien qu'il appartenoit à son vendeur, s'en void euincé & priué par vn malheur inéuitable, au moyen des hypotheques precedentes, lesquelles estant constituées secrettement, il ne luy estoit pas possible de sçauoir, ny découurir.

Pour remede à cét inconuenient, les Romains, apres qu'ils eurent attribué le droict de suite aux hypotheques, afin de se bien asseurer de la garantie des heritages qu'ils acqueroient, se faisoient bailler des pleiges & fideiusseurs d'euiction, qu'ils appelloient *seconds autheurs & confirmateurs*, qui estoient si ordinaires à Rome, que le vulgaire pensoit qu'en toutes ventes il en falust bailler, encore mesme qu'il n'eust point esté conuenu ; mais ce moyen n'est gueres pratiqué en France comme aussi n'est-il gueres conuenable, parce que tant plus le vendeur est oberé, ou mauuais ménager, moins peut-il trouuer de caution : Toutefois nous auons trouué vn remede beaucoup meilleur contre les hypotheques, à sçauoir l'vsage des criées & decrets, dont nous parlerons tantost, que les Romains n'auoient point en telle façon que nous, & qui nous seruent d'vn tres-vtile expedient pour purger les hypotheques.

Mais à caufe que les decrets font longs & de grands frais, ioint
que celuy qui veut vendre fon heritage pour auoir de l'argent,
n'eft pas bien aife qu'on le renuoye à vn decret, pource que cela
découure fes debtes, & auffi que fes creanciers, & non luy, tou-
cheront le prix de la vente ; c'eft pourquoy nous voyons arriuer
tous les iours du trouble aux tiers acquereurs, à caufe des hypotheques precedentes, dont il fe void quantité de bonnes maifons
ruinées, non par mauuais ménage, mais pour n'auoir pas affez
feurement achepté , & nous pouuons dire qu'il fe trouue plus
de bons ménagers ruinez par ce moyen, pour les debtes d'autruy,
& pour auoir mal achepté, que de mauuais ménagers pour leurs
propres debtes, & pour auoir mal vendu ; c'eft ce que l'on dit
en commun prouerbe, *qu'il y a plus de fols achepteurs, que de fols
vendeurs.*

Or les Grecs qui furent inuenteurs des fimples hypotheques,
pratiquoient vn affez bon remede à cét inconuenient: car quand
le creancier n'eftoit point nanty ny mis en poffeffion de l'heritage hypothequé, au moins il y mettoit des marques & indices;
par lefquelles chacun pouuoit connoiftre qu'il eftoit engagé, lefquelles marques s'appelloient *brandon* ; car brandon ne fignifie
autre chofe que marque vifible & apparente. Voyez Plutarque
en la vie de Solon, lequel fe vantoit d'auoir ofté (par fon retranchement de debtes, & fur-hauffement de monoye) les marques
ou brandons qui eftoient fichez çà & là és terres hypothe-
quées.

Et de cette façon de faire des Grecs, nos anciens François ont
appris de brandonner les heritages: Non pas à la verité pour marque du gage conuentionnel, mais du gage de Iuftice, & des chofes faifies ; car quand nous les voulons faifir & faire vendre par
decret, fi ce font meubles, on les feelle, on met des brandons
aux heritages,& on appofe des pannonceaux aux maifons,& font
appellez *pannonceaux*, à caufe que ce font des petits pans, mor-
ceaux ou lambeaux de drap, de linge, ou d'autres fortes, felon
les diuers vfages de chaque Prouince: & cela fe fait pour fignifier
la faifie afin que perfonne n'achepte du proprietaire , qui en eft
dépoffedé par icelle,& que fi qu'elqu'vn y pretend quelque droiét
de Seigneurie ou d'hypotheque , qu'il le vienne debattre en Iuftice. Ils font auffi appellez *pannonceaux Royaux*, pource qu'il ne
nous eft pas permis d'vfer de marques, priuées: Toutesfois les Seigneurs cenfiers peuuent faifir de leur propre authorité les herita-

propre authorité les heritages mouuans de leur directe, & y appoſer leurs armes ou cachets, ou telles autres marques particulieres, pour témoigner leur ſaiſie, qui eſt vne prerogatiue prouenante de leur Seigneurie directe; car nous ne trouuons point en nulle Couſtume, qu'il ſoit permis à autre qu'au Seigneur direct d'vſer de marques priuées; meſme le Seigneur feodal n'en vſe point, pource qu'il vſe non d'vne ſimple ſaiſie de l'heritage, mais d'vne main-miſe, & comme vne reünion du fief ſaiſi à ſa Seigneurie, au moyen de laquelle il en iouyt luy-meſme, ſans qu'il ſoit tenu y mettre des Commiſſaires.

Voila ce qui ſe peut dire des marques & ſignals, qui lors de l'inuention des hypotheques eſtoient appoſez ſur les heritages, afin que chacun connuſt publiquement qu'ils eſtoient hypothequez, & que perſonne ne fuſt trompé en les acquerant par apres ou en ſtipulant nouuelle hypotheque ſur iceux, & à faute d'auoir pratiqué ces marques en France, il en arriue tous les iours du deſordre, & on void que pluſieurs bonnes familles en ſont ruinées, comme il vient d'eſtre dit.

Matieres feoda'es

Mais pour reuenir à noſtre action réelle, d'autant qu'elle eſt encore dite regarder l'heritage feodal, ou tenu en cenſiue d'aucun Seigneur, il ne ſera hors de propos de dire vn mot deſdites matieres feodales, enſemble des cens, rentes, droicts & deuoirs ſeigneuriaux.

Premierement, quant aux fiefs, il y en a de deux ſortes, Noble & Ignoble.

Le Noble annoblit, comme Duché, Comté, Marquiſat.

Le non Noble n'annoblit point, comme fief, & arrierefief qui releue du fief ſeruant.

Fiefs ſont heritages qui furent départis & diſtribuez par nos Roys à leurs vaſſeaux, à l'ayde deſquels la France fut purgée des Goths, Viſigoths, Huns, Vvandales, & autres peuples Barbares qui l'occupoient anciennement, afin que ce Royaume dépeuplé & quaſi deſert & vuide d'habitans fuſt repeuplé, car la diſtribution des fiefs leur fut faite de grande ou petite étenduë, ſelon les merites & valeureux faits d'armes de ceux qui les auoient ſuiuis aux expeditions militaires, pour reconnoiſſance dequoy ils ſe reſeruerent ſeulement la foy & hommage.

Mais depuis les Seigneurs feodaux deſirans vendre & aliener les fiefs, eurent permiſſion de ce faire en payant par l'achepteur au Roy la cinquiéme partie du prix de leurs acquiſitions, & la

cinquieſme de la meſme cinquieſme: c'eſt ce que nous appellons
Quint & Requint; car le premier s'appelle *Quint*, & le ſecond
Requint, comme ſi la vente eſt de mil liures, le Quint du Roy eſt
de 200 liures, & le Requint de 40. liures, & ceux qui negligent
de ſe faire enſaiſiner dans les 40 iours, ou autre temps donné pour
cét effet par la Couſtume des lieux, ils y peuuent eſtre contraints
par ſaiſies de leurs fiefs, qui ſont comme en la main du Roy, auec
établiſſement de Commiſſaire ſuiuant l'Ordonnance de l'an 1577.
art 49 conforme à vne Ordonnance de la Chambre des Comptes de Paris, du 8. Iuin 1507 qui enioint qu'en la fin des comptes
des Reccueurs du Domaine, ſoit mis vn dénombrement des fiefs
tenus & mouuans du Roy, auec les detempteurs d'iceux, afin
ſçauoir par ce moyen la mutation de Seigneurs, & ne perdre les
droicts deubs au Roy, enſemble de rapporter les actes de foy &
hommage faits de leurs fiefs, afin que les Reccueurs en prennent
la datte.

C'eſt donc le Roy, qui comme ſouuerain, eſt la ſource de
tous fiefs de ſon Royaume; ces fiefs particuliers ont les cens &
deuoirs immediats qu'ils tiennent du Roy en arrierefiefs, & le
tout bien conſideré dépendent de la Couronne & du Domaine
d'icelle, & n'y a Prince, Duc, Marquis, Compte, Vicomte, baron, Chaſtelain, Seigneur, Archeueſque, Eueſque, Abbé,
Prieur, Commandeur, College, & autres quelconques, qui ne
ſoient ſes vaſſaux, & qui ne puiſſe ou doiue dire qu'il ait rien qu'il
ne tienne, de là, comme le Roy eſtant la fontaine de ſuperiorité en
France, & dont tout ſe reconnoiſt tenu mediatement ou immediatement.

Ce qui eſt tenu du Roy immediatement c'eſt à dire, ſans paſſer
ailleurs, ny reconnoiſtre autre Seigneur, ſe nomme *fief*, & reconnoiſſance feodale chargée du ban, ſelon les facultez du fief: ce
qui eſt tenu d'vn autre qui tient immediatement du Roy ſe nomme *arrierefief*, à la charge de l'arriereban: le Baron tient du Roy ſa
Baronnie à titre de fief, le vaſſal du Baron tient de luy à titre d'arrierefief, neantmoins tout eſt tenu mediatement ou immediatement du Roy, qui eſt touſiours & de tout, la fontaine, la ſource, &
le Seigneur ſouuerain.

Et quant à ce que quelques-vns ont autrefois voulu dire, que
tout ainſi que l'gliſe n'eſt capable de tenir fief, ny biens temporels en ce Royaume ſans diſpenſe du Roy, que l'on nomme *amortiſſement*, ou bien ſans auoir preſcrit par trente ans, ſans trouble, ny

R iij

interpellation de vuider : De mesme que les roturiers & non Nobles n'estoient pas capables d'acquerir des fiefs Nobles, & en
iouyr sans congé & permission du Roy & sans luy payer la finance, qui est la tierce partie de ce que valent & montent les possessoires amorties, ainsi que le porte l'Ordonnance de Charles VI.
de l'an 1402. si ce n'est que l'on compose tantost plus, tantost
moins, se fondans sur ce que tels fiefs annoblissent le possesseur, &
le rendent non cottisable à la taille, & consequemment le Roy in-
teressé ; & de là, disoient-ils, est deuë la finance : mais outre que
la raison sur laquelle ils se fondoient est fausse, c'est que cela se
roit contre toute disposition des droicts de Dieu & des hommes,
qui n'ont fait difference des biens, de fief, ou de roture, ny prescrit qu'il y en ait qui soient affectez à aucunes personnes priuatiuement sur les autres. Et quant à la qualité feodale, s'il y a en
icelle priuilege, c'est par vsage plus que par la loy écrite ; aussi ne
se trouue-t'il point par aucune constitution qu'à la possession des
fiefs les Nobles soient appellez, & les roturiers reiettez. Quant
à la qualité des personnes libres, il se reconnoist encore moins de
diuersité, veu que tous indifferemment ont vne loy vniforme
d'acquerir & tenir toutes choses temporelles venales, & com-
merçables ; & n'y a eu temps quel qu'il soit depuis la creation du
Monde, où l'on ait fait telles difficultez, estans tous enfans de
Noé reseruez pour repeupler la terre apres les premiers issus d'A-
dam submergez. Ce qui sert pour dire que des trois enfans d'i-
celuy, il n'y en eut pas vn qui fust par telle prerogatiue que sou-
stiennent les Nobles preferé aux autres. Que si depuis par vne
ciuile intention, quelques-vns se sont preualus sur les autres
d'vne Noblesse Politique : & que les autres soient demeurez roturiers par vertu ou fortune, nonchalance ou pusillanimité, pour
cela on ne peut induire qu'il faille par mesme moyen faire difference des biens de la terre, à sçauoir, d'en dire aucuns Nobles, comme lesdits fiefs, qui soient propres pour ceux qui sont
Gentils-hommes, priuatiuement sur ceux qui ne le sont pas,
& autres biens de roture pour estre possedez par les roturiers, & non par les Nobles. Telle difference seroit odieuse
& propre pour vne sedition populaire, & pour troubler la
vie sociable, en laquelle nous sommes tous contenus sous l'o-
beyssance de nostre Prince, en qualité de Iustice. Il est vray
qu'auant qu'il y eust des Roys en France, le populaire estoit mé-
prisé & delaissé, sans estre appellé en aucune affaire d'importan-

ce. Mais depuis que les Roys sont venus, connoissans que toute leur force, puissance & authorité dépendoit du populaire, ils constituerent vne nouuelle Police, composerent trois Estats, dont le populaire en fut vn , & appellé le *Tiers-Estat :* lequel auec les deux autres, à scauoir la Noblesse, & l'Eglise, a toûjours esté conuoqué , lors qu'il a esté question de quelques affaires de consequence , doù il s'ensuit que nos Roys n'ont point voulu receuoir la difference cy-dessus, ny approuuer vne telle iniure, qui seroit rejetter l'Estat, duquel sa Couronne est entretenuë en sa grandeur , son Estat & Royaume conserué & deffendu par le secours qui luy est fait des grandes finances qu'il luy fournit ordinairement ,&continuellement: & mesme en ce temps auquel les Edicts ,mutations, nouuelletez, changemens & charges presque insuportables sont plus frequentes qu'elles ne furent iamais : sans toutesfois que le peuple ait encore entrepris de penser , dire ny remontrer ses raisons, l'excez de la charge, & les incommoditez qu'il en ressent : Mais reçoit le tout auec humilité , obeyssance reuerence, & patience. De sorte que nous n'auons en cela rien plus à demander à Dieu , sinon qu'il luy plaise faire lagrace à nostre Roy de pouuoir tousiours aussi bien commander, qu'il luy a donné vn peuple qui sçait obeyr ; mesme mieux que pas vn peuple ou nation qui soit sur la terre. Ce n'est donc pas la raison que les roturiers soient indignes & incapables d'acquerir & posseder Fiefs & Seigneuries en France, pour lesquels ils conribuënt , sinon de leurs personnes & presences, au moins de leurs deniers, qui sont les nerfs de la guerre.

Autre chose est de l'Eglise , Chapitres , Colleges , Communautez, Monasteres, Hospitaux, & autres gens de main-morte, ainsi nommez, pource que l'on ne trouue aucune défaillance en eux , soit par mort, alienation, partage, donation , ou institution d'heritier, substitution, legs , échange, ou autre changement, mais se trouuent tousiours mesmes tenanciers : car en cela le Roy & les Seigneurs ont interest, & pour ne pouuoir prendre sur eux leurs droicts Seigneuriaux qui n'arriuent que par changement ou mutation de personnes : en quoy il n'y a rien qui se puisse ou doiue adapter aux legs roturiers. Et c'est ausi pourquoy fort iustement lesdits gens de main-morte ne peuuent retenir les biens temporels à eux offerts, & donnez par autre que par le Roy en ce Royaume , sans s'addresser au Roy pour les amortir, c'est à dire, par titre d'amortissement , consentir à ce qu'ils soient tenus par l'Eglife, & demeurent irreuocablement en main-morte. Surquoy fera marqué en paffant, qu'au Roy feul appartient d'amortir & donner titre d'amortiffement, qui n'eft autre chofe qu'vne difpenfe & conceffion donnée aux gens de main-morte de tenir heritages, encore qu'ils foient immediatement mouuants d'autre Seigneur: & ainfi fut iugé par Arreft du Confeil, de l'an 1577. contre le Chapitre de Chaalons, rapporté par Papon, Liure premier de fon Receuil d'Arrefts.

Toutesfois les Archeuefques & Euefques qui font Pairs de France, comme celuy de Reims, de Noyon, & de Langres peuuent par priuilege fpecial octroyer amortiffement à perfonnes Ecclefiaftiques & de main-morte, pour terres & chofes nobles qui feront tenuës mediatement de leurs Eglifes en arriere fiefs; mais non pour celles qui font noblement tenuës d'eux en fief immediatement; cette prerogatiue, comme dit-eft, leur eft fpeciale: car autres Prelats qui ne font Pairs de France, ne peuuent rien amortir qui foit mediatement ou immediatement tenu d'eux : iugé par Arreft de l'an 1270. Voyez le mefme Papon Liure premier de fes Arrefts.

Ne peuuent auffi les Seigneurs, defquels les fiefs releuent, contraindre les Gens d'Eglife de vuider leurs mains de ce qu'ils tiennent d'eux, mais offrant par lefdits Gens d'Eglife de bailler homme viuant, mourant, ou confifquant, ou de payer l'indemnité, ils font affeurez enuers lefdits Seigneurs feodaux : ce qui n'a lieu à l'égard du Roy, lequel peut contraindre precifement l'Eglife de vuider fes mains de l'aqueft temporel, fi bon femble à fa Majefté.

L'indemnité eft, quand l'Eglife accorde de payer quint, & requint, en achapt de fiefs Nobles, ou les lods des chofes roturieres ou cenfuelles à l'Abbé, au lieu d'homme viuant & mourant; mais auffi font lefdits gens de main morte tenus bailler homme viuant & mourant à leur Seigneur feodal, ou luy payer l'indemnité, encore qu'ils ayent amortiffement du Roy, lequel droict d'indemnité ne fe prefcrit point : ainfi qu'il a efté iugé par Arreft du 3. Aouft 1602. contre l'Abbeffe & Religieufe de Saint Paul, non plus que le droict de foy & hommage en fief. De forte que le Vaffal qui a iouy plus de cent ans de fon fief, fans auoir fait foy & hommage au Seigneur feodal ne peut alleguer prefcription. Voyez le Caron au premier Liure de fes Réponfes, article 18.

Pour

Pour le regard des cens & rentes, on sçait que comme les plus
beaux secrets de nostre droict François sont tirez du Droict Romain : aussi la source & origine de nos cens, rentes, & redeuances,
en a sans doute esté puisée.

Or entre les Romains toutes redeuances deuës au public ou à
la Republique, estoient presque de deux sortes ; les vnes y
étoient payées en reconnoissance de la Souueraineté & Seigneurie vniuerselle qu'ils auoient indistinctement en toutes les terres
des Prouinces, quoy que la proprieté appartinst aux particuliers
habitans : & les autres redeuances se payoient à cause de la Seigneurie directe, que le fisque ou Seigneurie auoit en certaines
terres, qui pour cette cause estoient appellées *fonds patrimoniaux*,
que nous disons en France, *terre du Domaine* : car quand ils subiu-
guoient vne Prouince, ils appliquoient à leur Souueraineté, &
ioignoient à leur Empire toutes les terres d'icelle, & en les rendant aux particuliers, ils y retenoient seulement vne maniere de
Seigneurie vniuerselle, pour marque de laquelle les detempteurs
& proprietaires de ces heritages en payoient au fisque vne redeuance, qui s'appelloit communément *cens* ou *tribut*. Mais quand
ils conquestoient vne Prouince de viue force, ils condamnoient
bien souuent (comme dit Plutarque, en la vie de Romulus)
les habitans d'icelle à perdre vne partie de leurs heritages ;
lesquelles terres ils appliquoient au Domaine de la Republique : & la redeuance que le fisque retiroit de ces terres patrimoniales estoit payée, non pas pour marque de Seigneurie vniuerselle, mais pour reconnoissance & satisfaction de la Seigneurie directe que la Republique s'estoit reseruée en ces terres, qui nonobstant les baux qui en estoient faits, demeuroient tousiours siennes & domaniales : car elles se bailloient en
trois façons ou *ad modicum tempus*, que nous disons *à ferme*, ou à
loyer pour vn peu de temps (& lors elles demeuroient tousiours
de plain droict au Domaine de la Republique) ou bien elles se
bailloient aux particuliers *iure priuato saluo canone*, c'est à dire,
outre le tribut, (*canon* en cét endroit signifiant tribut) que nous
appellons en François, *à fin d'heritage*, qui estoit la plus commune façon de les bailler, principalement quand elles estoient en
valeur : que si elles estoient en friche, elles se bailloient, *iure
Emphyteutico*, c'est à dire, *à Emphyteose*, qui estoit la troisiéme
façon de les bailler : de sorte que sans comprendre celles qui
estoient baillées à simple loyer, il y auoit deux especes de te-

S

nuës patrimoniales, les vnes *iuris Emphyteutici*, qui reuenoient presque aux Emphyteofes des particuliers, finon que le fifque auoit quelques prerogatiues en fes Emphyteofes; les autres *iuris priuati*, qui reuenoient quafi aux terres des particuliers qui étoient feulement chargées de tributs, finon que la redeuance eftoit poffible plus groffe. Et de fait les particuliers quelquefois acceptoient du fifque la Seigneurie directe de ces terres patrimoniales, par fois à la charge de tribut, & aucunefois fans le tribut, & alors elles eftoient reduites à la condition des terres des particuliers; mefme il fut vn temps que l'on contraignoit les detempteurs de ces terres en quelques contrées, de financer pour l'achapt en cette Seigneurie directe, fans diminution de la redeuance : ce qui fut aboly par Theodofe & Valantinian, & depuis entierement prohibé de changer par achapt ny autrement la condition & qualité des terres patrimoniales.

Voila toutes les rentes des Romains deuës au fifque ou au public : refte de parler de celles des particuliers, afin de voir le raport qu'il y a de toutes ces redeuances auec les noftres.

Ils auoient premierement l'Emphiteofe, qui de fon origine & inftitution eftoit temporelle, & depuis fut perpetuelle ; & maintenant eft *in dubio* : elle eft prefumée telle, excepté l'Emphyteofe Ecclefiaftique, qui doit toufiours eftre temporelle.

Or l'Emphyteofe, & principalement celle des particuliers (car celle du fifque & de l'Eglife ont loix à part) pour marque particuliere qui la diftingue des autres contracts femblables, elle emporte reuerfion, & commife en deffaut de payer la redeuance par trois années confecutiues.

Ils auoient auffi *locationem ad longum tempus* : que nous appellons *bail à longues années* ou *à vie*, dont la redeuance eftoit groffe ordinairement & égale à peu prés aux fruicts : & il y a cette difference entre la fimple location, & le bail à longues années, que l'vne ne transfere pas la Seigneurie, & l'autre la transfere.

Ils eurent auffi enfin *Contractum libellarium*, qui reuenoit à noftre bail à cens pource que ce bail eftoit perpetuel comme la location perpetuelle : mais la redeuance en eftoit petite : car *libella* fignifie vne petite piece d'argent, auffi la commife & reuerfion n'y auoit lieu comme en l'Emphyteofe : mais ils vfoient du mot *libella*, non du terme de *cens* comme nous, pource qu'à Rome les cens eftoient vn droict de fouueraineté, comme nous auons dit, qui ne pouuoit appartenir qu'au fifque.

C'eſt tout ce que l'on peut rapporter des rentes foncieres des Romains, qui eſtoient toutes ſeigneuriales Maĩs en France il y a deux ſortes de rentes foncieres ; les vnes ſont ſeigneuriales , qui emportent la directe ſeigneurie de l'heritage , les autres ſont ſimples rentes foncieres non ſeigneuriales.

Les ſeigneuriales ont trois ou quatre prerogatiues par deſſus les ſimples foncieres , qui ſont fort à noter.

En premier lieu, elles ne ſe preſcriuent point par le ſuiet & cenſier , ſinon quant à la cotte , & quant aux arrerages apres trente ans , pource que le ſuiet iouyſſant comme Maiſtre , ne peut changer la cauſe de ſa poſſeſſion : ce que la Couſtume de Paris a decidé en l'article 124. mais les rentes foncieres n'ont rien qui les exempte de la regle commune des preſcriptions : ſecondement les rentes Seigneuriales emportent de ſoy lods & ventes, quand l'heritage ſuiet à telles rentes eſt vendu , pource que c'eſt vne regle & comme vne tacite conuention , que le Seigneur vtile ne puiſſe vendre l'heritage ſans le conſentement du Seigneur direct, pour lequel conſentement ou approbation, le Seigneur direct peut prendre vn droict , que nous appellons *lods & ventes,* ſoit pource que c'eſt le lot, part & portion que le Seigneur cenſier prend au prix de la vente : ſoit pource que ce droit ſe paye pour loüer, c'eſt à dire, pour agréer & approuuer la vente & eſt de douze deniers l'vn, qui ſont deubs du iour de l'acquiſition ; il eſt vray, qu'attendu que les lods & ventes ne peuuent eſtre deubs qu'vne fois pour vne ſeule vente, & à vn ſeul Seigneur, encore que l'heritage puiſſe bien reconnoiſtre pluſieurs Seigneurs directs ſubordinement, & les vns apres les autres, comme prouue du Moulin ſur l'art. 11. de la Couſtume de Paris , gloſ. 1. nomb. 25, Il faut tenir que les lods & ventes appartiennent, & ſont deubs ſeulement a celuy qui eſt le premier & plus ancien Seigneur direct : & pource que le cens eſt la plus vſitée eſpece de rente Seigneuriale, les lods & ventes ſont preſumez appartenir pluſtoſt au Seigneur cenſier, s'il y en a vn, qu'à tous autres ayans rentes Seigneuriales ſur l'heritage : mais s'il n'y auoit point de Seigneur cenſier ou feodal, le plus ancié des autres Seigneurs rentiers auroit les lods & ventes. Au contraire aux ſimples rentes foncieres, il n'échet iamais de lods & ventes: c'eſt pourquoy en pluſieurs Couſtumes elles ſont appellées *rentes ſeiches,* comme en la Couſtume de la Marche, art.180. & 411. & en celle d'Acs, titre 8. art. 7. bien qu'en d'autres Couſtumes *rentes seches*, signifient les rentes constituées.

La troisiéme prerogatiue de rentes Seigneuriales est, qu'elles ne font point purgées ny abolies par le decret, comme sont indistinctement toutes les autres rentes, mesme les simples foncieres : & partant qu'il n'est point necessaire de s'opposer aux criées pour la conseruation d'icelles : pource que toussiours les heritages sont adiugez à la charge d'icelles encore qu'elles ne soient demandées, par l'Ordonnance des criées; art. 12. & 13. Toutesfois pource que ces articles ne parlent que des droicts Seigneuriaux, il faut restraindre cette derniere prerogatiue aux droicts Seigneuriaux ordinaires, c'est à dire, accoustumez au pays, & authorisez par la Coustume du lieu, qui partant sont presomptiuement notoires à l'acquereur qui achepte l'heritage par decret, autrement il ne seroit pas raisonnable qu'vn achepteur par decret se trouuast chargé outre le prix de son adiudication par de grosses rentes Seigneuriales, qu'il n'auroit pû deuiner ; & lesquelles s'il eust sceu, il n'eust pas vray-semblablement enchery l'heritage à si haut prix: c'est pourquoy il est toussiours plus seur de s'opposer pour telles rentes Seigneuriales, comme semble auoir tenu le Commentateur de l'Ordonnance des criées. Aussi la Coustume de Paris, art. 355. n'exempte de s'opposer aux decrets, que le Seigneur feodal ou censier.

Aucuns adioustent vne quatriéme difference, que les rentes Seigneuriales sont mises en ordre aux decrets auant les frais des criées; ce qui est certain par l'Ordonnance des criées, chap. 12. mais que les simples rentes foncieres doiuent estre mises apres, suiuant qu'il appert par ces mots de l'article 12. de l'Ordonnance des criées, *Que tous heritages criez seront adiugez à la charge des droicts & deuoirs Seigneuriaux, frais & mises des criées, & des charges réelles & foncieres.*

Pour donc parler des rentes Seigneuriales, qui selon nos Coustumes se perçoiuent plus communément sur les heritages roturiers, il y a premierement le *Cens*, qui est le premier deuoir, charge, & redeuance, à laquelle le Seigneur feodal baille vn heritage qui doit lods & ventes, saisines & amendes, quand le cas y échet: à faute du payement duquel cens, le Seigneur peut faire saisir les fruicts pour les arrerages, de laquelle saisie on ne peut auoir mainleuée, qu'en consignant trois années.

Mais il y a plusieurs especes, ou pour mieux dire epithetes du Cens dans les Coustumes. *Le gros Cens*, est le cens non distribué

par chacun arpent, mais qui se paye en bloc pour toute la baillée des terres, & se dit à la difference du menu cens, qui est separé par arpent ou autre mesure, bien que quelquefois le Gros
cens est pris pour la rente fonciere, vsurpant lors le mot de *Cens*
pour toute sorte de redeuance; ainsi que les Canonistes en vsent.
Le *Chef-cens*, ou rente du *Sur-cens*, qui est le cens adiousté apres
la premiere concession, soit qu'il soit deu au mesme Seigneur,
ou à diuers Seigneurs, és Coustumes qui le permettent, car plusieurs le prohibent: quant à ce mot *Croix cens*, il ne signifie pas,
dit du Moulin, l'accroissement du cens: mais la monnoye dont
on le payoit, pource qu'en France anciennement toute la petite
monnoye estoit marquée de la Croix, toutesfois les vieux Praticiens tiennent la Croix du Cens pour Sur-cens.

Nous tenons aussi que l'Emphyteose est rente Seigneuriale,
dautant que le bailleur à emphyteose, est tousiours appellé Seigneur de la chose, comme aussi le bailleur à longues années: &
dauantage, nous tenons que tout bail ou location qui se fait en
France à plus de 9. ans, transfere la Seigneurie vtile: & d'ailleurs n'estant le bail à longues années pour tousiours durer, il faut
necessairement que la Seigneurie directe demeure au bailleur,
afin que l'vtile s'y puisse consolider apres le bail expiré.

Il faut pourtant remarquer, que iamais vne rente n'est reputée emphyteutique, s'il n'est expressement porté par le contract; comme il est porté par la Coust. de Blois art. 21. Aussi encore que la commise ait lieu en l'emphyteose pour cessation du
payement: toutesfois elle n'a lieu, ny pour la deterioration de
l'heritage, ny pour l'alienation d'iceluy faite sans requisition
du Seigneur direct: comme il est aussi exprimé par la Coustume
de Tournay, ch. 17. article 5.

Il y a d'autres rentes Seigneuriales, specialement reconnuës
& authorisées par certaines Coustumes, & n'y a espece ou qualité d'heritage qui ne soit suiete à quelqu'vn: comme sur les vignes, le *Complant* en poictou; le *Terceau* à Chartres: le *Vinage* à
Clermont, & à Montargis le *Carpot*; en Bourbonnois les terres labourables: le *Champart* en Beausse, le *Terrage* & *Agriere* en plusieurs Coustumes: sur les maisons, l'*Hostisse* à Blois, le *Fouage* en
Normandie & Bretagne: le *Festage* en Berry, sur les prez: les
Herbaux en Poictou sur tout le reuenu des terres & métairies: le
Bordelage en Niuernois; aussi se paye il en argent, & bled: argent pour prez, bois, & vignes, bled pour les nourritures.

Or tous ces droicts sont Seigneuriaux, & emportent lods & ventes, quand celuy, auquel ils appartiennent, est le chef Seigneur foncier, c'est à dire, premier & plus ancien Seigneur & bailleur du fonds. Toutesfois vous remarquerez, que lods & ventes ne sont deus d'vn heritage adiugé par licitation à vn coheritier ou associé, ou à la vefue : comme il fut iugé par Arrest, rapporté par Loüet, nomb. 9. lettre I.

Ne sont deus par le rachapt d'vne rente baillée en échange d'vn heritage. Voyez le mesme Loüet, nomb. 15. lettre I.

Ny pour rentes constituées, affectées specialement sur vn heritage, Loüet nomb. 15. lettre L.

Ny quand l'acquereur n'est fait Seigneur *incommutable* & auec effect, comme au retraict ou deguerpissement, Loüet nomb. 2. let. R.

Ny si incontinent on se départ du contract : Loüet, nomb. 2. lett. R. & nomb. 2. lett. V.

Ny pour transaction, Loüet nomb. 5. lett. T.

Lods & ventes ne sont aussi deus des heritages baillez à Emphyteose, mais bien pour le fonds censuel aliené purement & simplement, dautant qu'il passe en la main d'vn nouueau tenancier.

Ne sont deus pour la couppe de bois de haufte fustaye, quoy qu'ils fassent partie du fond, ny des heritages partagez entre freres & consors.

On a autrefois disputé auquel les lods de la chose censuelle alienée doiuent appartenir, au proprietaire, ou à l'vsufructuaire : & a esté resolu qu'ils appartenoient à l'vsufructuaire. Voyez Guy Pape, quest. 477.

Plusieurs sont aussi exempts de payer lods & ventes par Coustume locale, comme les habitans de Tonnerre & Mussy : au procez verbal de la Coustume de Sens, art. 225. Voyez Chopin sur la Coustume d'Aniou, liu. 2. tit. 3. nomb. 1. Autres par priuilege du Prince, comme les habitans de Figeac, par Arrest donné en l'Audience du Grand Conseil, le Ieudy 18 Février 1611. & pourtant ne sont exempts de payer ventes, pour ce qui est scis en la ville, art. 2. Coustume locale de Meaux.

Lods & ventes ne sont deus où la Coustume n'en dispose point, comme Auuergne & Langres, Coustume de Sens, art. 225.

Nulles ventes de ce qui dépend de Mousainon, Bussy, & Gurgy, Chopin lieu susdit, liu. 2. titre 3. nombre 1.

Ventes deuës en Perigord nonobſtant la Couſtume articulée au contraire : pour le Roy de Nauarre contre Caluimont, par Arreſt du Grand Conſeil du 10. Nouembre 1544.

Ventes d'infeodation deuës au Dominant en pays de Couſtume, Chopin lieu ſuſdit, liu. 2. tit. 3 nomb. 1. & 5. fol. 51.

Extraordinaires ne peuuent eſtre fondées ſur l'obligation, ou le payement d'aucune, Chopin lieu ſuſdit, nombre 2.

Iouyſſance d'vn fond laiſſée au creancier pour ſeureté d'vne rente racheptable produit ventes en Aniou, Chopin lieu ſuſdit, nombre 3. *Secus*, s'il n'y a qu'hypotheque, Loüet lettre L, nomb. 15. bien qu'elle ſoit ſpeciale, Coq queſt. 35.

Vendition à grace excedante neuf ans produit ventes en Aniou, & ailleurs pour vn temps, Chopin lieu ſuſdit, nombre 4. ſans attendre le rachapt, Loüet lettre V. nomb. 12.

Ventes ſont deuës pour ceſſion de grace faite à vn tiers, Chopin lieu ſuſdit, nombre 4. Charondas en ſes Comment. ſur le 76. art. de la Couſtume de Paris.

Mineur reſtitué pour le temps de grace finy ne doit ventes, bien que le temps excede, Chop. lieu ſuſdit, nombre 4.

Ventes ne ſont deuës pour reſolution de contract procedante de l'euiction de partie, ou qualité de la choſe, Chopin lieu ſuſdit, nomb. 5. Papon, liu. 13. tit 2. Arreſt 29. Coquille, Louet lettre R. n. 34.

Non deuës pour vendition faite pour la commodité publique, Chopin lieu ſuſdit, nombre 5. Maynard. liu. 4. chap. 42. & 50. Chopin ſur la Couſtume Paris, liu. 1. tit. 3. nombre 14.

Le Seigneur peut demander ventes du bail à rente racheptable, ſans attendre le rachapt : Chopin ibid. nom. 2. & partant appartiennent au Fermier du temps de contract à faculté de rachapt, non à celuy du temps duquel la rachapt eſt fait : Robert au Traité des choſes iugées, l. 2. chap. 18. folio 13. à quelque prix que la rente ſe rachepte, Charond. 7. reſp. 18.

Amendes taxées appartiennent au Fermier du temps du delict, les arbitraires au Fermier du temps de la Sentence, encore qu'il y en ait appel, Coq. queſt. 14. Papon, liu. 13. tit. 9. Arreſt 9. Grimaud, traitté du Ret. liu. 4. ch. 32.

Licitation entre coheritiers ne produit ventes, Papon liu. 13 tit. 2. Arreſt 13 horſmis en Niuernois, *alibi ſecus*, Coq. qu. 32 ny échange fait entr'eux enſuite d'vn partage, Chopin, ibid. nomb. 9. encore qu'vn eſtranger ait eſté admis, Loüet lettr I. chap. 9. pag. 413. pourueu qu'il ne foit demeuré adiudicataire, Couft. de Paris art. 80. ou que la foulte ne foit faite de chofes non communes , Coquille queft. 3. Chopin lieu fufdit liure 1. chap 4 nombre 8. & 9. Iugé par Arreft du Ieudy 11. Ianuier 1607. plaidans Pietre, & Grenet, fur vn appel du Bailly de Chartres : que fi i'adiudication fe fait à la vefue, il n'eft point deu de droiԁ, parce qu'elle eft aucunement heritiere du mary , luy fuccedant par le moyen de la communauté , laquelle elle a pû repudier.

Le Seigneur prend ventes, tant pour le fond, que pour le bafti- ment, bien que le baftiment ait efté fait depuis la conceffion du fond : Chopin lieu fufdit, nombre 10.

Tenancier ne peut démolir le baftiment fans le confentement du Seigneur ibid. num. 10 ny abbattre la haute fuftaye, fi le fond eft inutil apres, Coquille queft. 30. quand la Couftume le per- mettroit , fi ce n'eft que l'heritage foit d'ailleurs tres fuffifant, Coquille q. 269.

Prorogation de grace faite dans le temps permis, produit ven- tes , fi elle eft ratifiée apres, Chopin , lieu fufdit , nombre 11. en- core qu'elle foit faite par le Iuge, nombre 19. & 20.

Non deuës pour rachapt de Seruitude , Chopin lieu fufdit, nombre 2.

Non deuës pour achapt d'arriere-fief fait en mefme iour que l'achapt du fief, pourueu que ce foit apres , fi ce n'eft que le fief foit imaginaire, Chopin ibid. nombre 13. & 14.

Ne peuuent eftre données, mais bien receuës par le Seigneur au preiudice de fon Fermier, fon bail n'eftant notifié , fauf en cas de recepte le recours du Fermier contre le Seigneur , Chopin *ibid num* 14.

Seigneur retenant cens & rentes a les ventes, bien que la rente foit alienée par luy, Chopin ibid. num. 15. & 16.

Tranfaction faite entre freres produit ventes , pour ce qui eft baillé en payement des dépens , dommages & interefts, Chopin ibid. num. 18.

Greffes non fuiets à ventes ny à retraiԁ, Chop. ibid. num. 21. & 22.

Efchange fait contre rentes racheptables, ne produit ventes, Loüet en la lett. L. chap. 9. s'il n'y a promeffe de rachepter, *idem* en la lettre L. chap. 18. Coquille, queft. 31. tient, qu'il en produit en tout cas , Ghop. *Parif. 1 tit. 3. num. 21.*

S'il y a échange d'vn fond à la charge du decret, n'eft deub ventes pour le decret conforme à l'échange : iugé en l'Audience

le

le Vendredy 16 Ianvier 1609. Voyez Maynard, liu. 4. ch. 17.

Secretaire du Roy ne retire les ventes du retrayant, s'il est aussi Secretaire, *secus*, s'il ne l'est pas. Loüet lett S, chap. 23. pag. 671. Charondas sur l'art. 138. de la Coustume de Paris, page 101. Grimaud. liu. 7. chap. 5 pag. 112. des retraicts, ou si la grace ne luy est point personnelle, Coq. quest. 174. Les Gardes des Sceaux des Chancelleries des Parlements, ne iouyssent point de cette exemption : iugé au Grand Conseil pour Goutte contre la vefue de Fager de Bourdeaux, par Arrest donné en Nouembre 1612.

Ventes deuës pour assignat translatif de proprieté fait par le mary apres la dissolution du mariage pour la dot de la femme : Coquille, quest. 115.

Ventes non deuës au pays coustumier pour vente de haute fustaye, si elle ne fait la meilleure partie du fief, ou que le fond soit inutil apres. Coq. quest. 30. Conf. des Ord. p. 466. en pays de droict écrit, iugé par Arrest du grand Conseil pour le sieur de Bordeille, contre le sieur de S. Maigrin sur procez par écrit du 5. Iuin 1610. & par autre Arrest du 8. Mars. 1614. pour Goutte, contre Coton.

Vassal ou tenancier peuuent abbatre la haute futaye, pourueu qu'ils ne soient obligez de l'entretenir, & que d'ailleurs les droicts du Seigneur soient asseurez, Coquille, quest. 269. ou que ce soit pour bastir en son fond, ou qu'il laisse des taillis, ou que ce soit pour donner air à ses fruicts, *etiam*, que ce soient arbres fruitiers, q. 275.

Retraict lignager n'a lieu, sinon quand le retrayant succede au vendeur dans l'an. Robert en ses Arrests, chap. 9.

Bail excedant neuf ans, ne produit ventes, s'il n'est à vie ou à perpetuité, ou qu'on vende le fond en mesme temps. Papon, liu. 13. tit. 1. Arrest 22.

Ventes non deuës par retraict lignager accordé en iugement ou dehors, Chopin *Paris. 1. titre 3. num.* 8. Charondas 7. resp. 216. Maynar, liu. 4. chap. 6. où il refute la réponse susdite de Charondas.

Secretaires du Roy non exempts des ventes dont ils se chargent pour frustrer les Seigneurs, *secus* s'ils sont vendeurs ou achepteurs. Chopin au lieu preallegué, ch. 4. nombre 5. Loyseau au traité des Offices, liu. 1. ch. 9.

Ventes deuës par le possesseur, bien qu'elles ne soient de son temps, art. 14. Coust. Par. *idem* pour les amendes, & iusques à ce,

T

le Seigneur n'est tenu l'admettre, Coq. quest 48. *etiam* qu'il ait receu le cens du predecesseur, *secus* s'il l'a acquis par decret sans opposition, Charondas, liu. 3. resp. 11. Papon, liu. 13. tit. 2. Arrest 36. ou s'il n'est Fermier, Chop. *Parif. 1. tit. 3. num. 3.*

Nouuelles ventes ne sont deuës de la nomination du command. pourueu qu'elle soit faite dans deux mois, Chop. Par. 1. tit 3. *num. 13.* ou Amy, au commentaire sur la Coustume de paris. Char 3. réponse 59. mesme apres s'il apert du mandement.

Ventes non deuës en pays plein pour ventes de nauire ou batteau, s'il n'est banal, fondé sur paux, ou en terre, Coq. Instit. f 234. Chop. parif. 29. Grimaud. Retr. liu 4. chap. 17. *secus*, en pays maritime. Voyez la coustume de Normandie, art 519, de Bayonne, tit. 5. art. 43. peleus, quest. 103.

Ventes deuës du prix des fruits vendus auec le fond, Coustume d'Aniou, art. 402.

Ventes sont deuës par transaction faite pour confirmer l'achapt, principalement si le prix de la transaction est grand, Chopin Coustume d'Aniou, liu. 3. tit. 5 *num. 3.* ou si elle est feinte, ou si le transigeant auoit d'ailleurs bon droict, Chopin liu. 2. du Domaine, tit. 5. *num* 6. que si la chose a esté acheptée sa iuste valeur, ne sont deus aucuns droicts.

Ventes deuës pour échange d'heritages à vn meuble precieux non estimé, Coq. question 266.

Ventes ne sont deuës à Laon pour vente resoluë du consentement des contractans dans la huictaine apres la tradition. Grimaud. au traité des Retraits, Liure 5. Chapitre 4. Brodeau sur le nombre 1. let. R. de Louet, traitant cette matiere fort amplement, Maynard Liure 4. Chap. 40.

Ventes ne sont deues pour contract resolu, faute de payer le prix, notamment si la faillite arriue peu apres le contract, & auant qu'il y eust demande, ou saisie du Seigneur, Charon Liure 2. de ses Pand. Chapitre 16.

Des Rentes constituées l'on n'en peut demander lods & ventes, Louet lettre L, nombre 15. & 16.

Ventes remboursables à l'acquereur, bien que le Seigneur luy en ait fait grace par bien-fait ou priuilege, Coquille question 164. *secus*, si celuy qui les doit rembourser a pareil priuilege: Louet lettre V. num. 22. page 671. n'est tenu affirmer, Maynard Liure 4. 4. Chapitre 31. le priuilege n'est communiqué à l'autre contractant.

Ventes non deuës pour reünion pourfuiuie par le Seigneur comme la chofe n'ayant pû eftre alienée fans luy. Coq. queftion 201.

Mais font deubs lods & ventes d'vn heritage à faculté de rachapt, fi les Couftumes des lieux ne difpofent du contraire; Loüet nombre 18. lettre I. ce qui s'entend pour la premiere vendition, & non pour la feconde, parce qu'elle eft refolutoire, & que le rachapt fait partie du contract, fans lequel la vendition n'euft efté faite; toutesfois il y a des Couftumes où le rachat doit la moitié des lods & ventes.

Lods & ventes font deubs d'vne faculté de remeré executée dans le temps, Loüet nomb. 12. lettre V.

Si en vn contract d'échange il y a foulte, les lods & ventes font deubs pour la foulte: mais non des échanges pures & fimples, s'il n'y a Couftume locale au contraire.

Si le Seigneur direct eft fait maiftre de l'heritage mouuant de fa directe Seigneurie, foit par acquifition, fucceffion ou autrement, & apres il vienne à le reuendre, il n'en peut demander aucuns lods à l'achepteur, eftant en ce cas tel heritage franc & allodial.

Or tout ainfi que les fonds tenus en cenfiue doiuent les lods & ventes à toute mutation de Seigneur en la plufpart des prouinces de ce Royaume: mefme eft deub le quint & requint, dont il eft parlé cy-deffus: car bien que le Seigneur direct ne peuft *Quint. & requint.* anciennement aliener fon fief fans la permiffion du Roy, ny le vaffal fans l'exprés confentement du Seigneur feodal, neantmoins à prefent ils le peuuent faire en payant au lieu dudit confentement le treiziéme denier de la vente; & fe nomme ce droict *Treiziéme.* en Normandie *treiziéme*, & ailleurs *quint & requint*, & fe paye au Roy ou au Seigneur par le vendeur, fi auttrement n'eft conuenu.

Les droicts & deuoirs feodaux font, qu'en chacune mutation de Seigneur, mort ou vendition, faut que celuy qui entre, & *Droicts &* non autre, faffe dans le temps prefcrit par la Couftume des lieux, *deuoirs feodaux.* la foy & hommage, & offre le droict de Relief au Seigneur feodal à fa perfonne, & non à autre, au lieu du fief dominant.

Foy ou ferment eft le deuoir qu'on promet continuer au Sei- *Foy.* gneur.

Homage eft la foubmiffion & reconnoiffance qu'on luy fait, *Hommage.* l'homage eft réel & le ferment perfonnel.

Droict de relief eft le reuenu d'vn an du fief que l'on requiert,

ou vne somme pour vne fois offerte, ou le dire de prud'homme
au choix du Seigneur feodal, (fors en vendition ou bail à rente,
où il est deub le quatriéme denier en quelques lieux) Toutesfois
pour l'acquisition qui se fait en ligne directe n'en est rien deub:
mais pour les autres en ligne collaterale faute de payer ledit
droict, & faire les foy & hommage, le Seigneur peut mettre en
sa main le fief mouuant de luy, & les arriere fiefs ouuerts, & faire les fruicts siens pendant la main mise, c'est à dire, tant que la
saisie dure: ne peut toutesfois durer que trois ans, apres lesquels
faut renouueller, autrement le Vassal rentreroit en la iouyssance
de son fief.

La saisie d'vn particulier creancier, auant la main mise du
Seigneur feodal, n'empesche que ledit Seigneur ne soit preferé,
& s'ils sont deux Seigneurs saisissans & contendans, le premier
iouyra des fruicts.

Doit le Vassal faire apparoir de l'inuestiture, c'est à dire, de
la reception de foy & infeodation du contract de son predecesseur, autrement il payeroit les droicts & deuoirs acquis à chaque
mutation, & faute d'en faire apparoir au Seigneur quand il la demande, il fait les fruicts siens, & ne le receura le Seigneur à
homme: mais s'il l'auoit receu à homme sans protestation, il ne
pourroit faire autre chose, sinon que d'auoir son action contre
les heritiers du predecesseur pour les fruicts deubs par ledit predecesseur.

Quand il y a plusieurs Seigneurs, faut faire la foy & hommage au lieu dont est mouuant le fief.

Vne femme renonçant ou acceptant la communauté, n'est
point tenuë de payer les droicts, pourueu que son deffunct mary les ait payez.

De mesme quand vn des heritiers renonce, il ne doit rien payer,
pourueu que la renonciation ne soit faite en fraude.

Le Seigneur peut encore quarante iours apres la foy & hommage faits, saisir le fief faute de dénombrement baillé: mais en
cette saisie ledit Seigneur ne fait les fruicts siens, mais est le Commissaire estably à ladite saisie tenu d'en rendre compte: & c'est
la difference qu'il y a entre les droicts & deuoirs non faits, & dénombrement non baillé: Ioint aussi qu'en la premiere saisie faute de droicts & deuoirs non faits, le Seigneur peut presenter au
Benefice s'il y en a, & saisir les arriere-fiefs ouuerts: ce qui ne
se fait point en la seconde saisie faute de dénombrement baillé.

Le dénombrement se baille en parchemin pardeuant Notaires, *Dénombre-mens.*
& le faut porter au lieu du fief ou domicile du Seigneur, s'il n'y a
manoir, lequel dénombrement le Seigneur peut blasmer ; mais le
vassal ne laisse pas d'auoir main-leuée : & quand il y a plusieurs
heritiers d'vn fief, tous doiuent bailler le dénombrement ; & s'il y
a manque, il le faut remplir & augmenter par le vassal, autrement
il seroit priué des heritages déniez.

Quand il y a debat entre les Seigneurs de qui releue le fief, le
vassal peut obtenir main-leuée, & à cét effet obtient lettres en
Chancellerie addressantes au Iuge Royal pour iouyr par main
Souueraine, en consignant les droicts.

Le vassal ne peut prescrire le fief par quelque temps que ce
soit : mais les profits se prescriuent par 30. ans ; & pour éuiter la
prescription, faut saisir & renouueller la saisie de trois ans en trois
ans.

Le blasme estant receu par le vassal au lieu du fief dominant,
faut faire assigner le Seigneur pardeuant son Iuge pour voir ordonner qu'il sera receu, & cependant obtiendra main-leuée.

Mais pour la reception du blasme, faut communiquer ses titres,
adueus & dénombrement de la teneur du fief, & poursuiure le
Seigneur d'en faire autant de sa part, ou bien lesdits vassal & seigneur se purgeront par serment, s'ils en sont requis.

Cette poursuite se fait par Requeste verbale, defaut & permission de la faire iuger ; ou à l'Audience si c'est aux Requestes du
Palais.

Celuy qui desaduoüe tenir de son seigneur la terre qu'il tient,
elle tombe en commise, & est acquise au seigneur, lequel la
peut saisir faute d'homme, droicts, & deuoirs non faits, & non
payez : & n'est pas receuable le proprietaire à dire qu'elle soit tenuë d'autre seigneur : la raison est, qu'il n'est pas raisonnable que
le vassal necessite son seigneur, de prouuer sa tenuë feodale ou
censuelle, veu qu'elle est assez prouuée quand autre que luy ne *Aucun vas-*
la reclame, & qu'vn vassal ne peut estre sans seigneur. De sor- *sal ne peut*
te que si ladite terre est demandée par autre, ce n'est pas au vas- *estre sans*
sal à deffendre ce fait : Mais parce qu'il ne peut tenir vne mesme *seigneur.*
terre de deux diuers seigneurs, il les doit mettre en ieu l'vn contre l'autre, en les faisant adiourner tous deux, afin de laisser l'vn
ou l'autre ; & s'il fait autrement il se met en danger de perdre sa
terre.

Quand il est deub cens au seigneur direct & censier, pour le

payement d'iceluy, il ne peut faire proceder par faute de payement par saisie sur les heritages accensez, mais il peut seulement
faire arrester les loyers quand ils sont plus que suffisans pour le
payement du cens, & moins faire proceder à nouueau bail, l'ancien demeurant pendant la saisie : car autrement les frais de la saisie & du bail monteroient plus que le cens. Aussi par Arrest des
Grands-Iours de Clermont du 5. Octobre 1582. vne telle saisie fut
cassée ; Papon Liure 13. de ses Arrests.

Tous Seigneurs ausquels appartient cens ou annuelle prestation
sur vn fonds, ou autre heritage, il s'ensuit qu'ils ont droict de
directe Seigneurie, s'il n'appert du contraire.

La directe Seigneurie est quand la commodité appartient à celuy auquel compete l'vsufruict, & non à celuy qui a la pure proprieté.

Au Seigneur direct auquel est adiugé la retenue de la chose
venduc, l'achepteur est tenu luy restituer les fruicts qu'il en a perceus pendant le procez, depuis le iour que le prix de la vendition a esté offert, auec les frais raisonnables.

Le Seigneur censier faute de detempteur, se peut saisir de l'heritage, & faire les fruicts siens, iusques à ce qu'il soit apparu vn detempteur, & qu'il soit payé de tous ses arrerages : & s'il possede lesdits heritages dix ans entiers, il les peut bailler à d'autres & à qui
bon luy semblera : mais dans les dix ans il est tenu de les rendre au
detempteur, s'il les demande.

Et peut ledit Seigneur censier s'addresser pour le payement de
ses arrerages au detempteur de l'heritage, sans qu'il soit tenu de
discuter l'action personnelle, contre le principal obligé, s'il ne
luy plaist.

Celuy qui prend vn heritage tenu en Emphyteose, est tenu de
payer le cens, tant & si longuement qu'il sera detempteur.

Quand vn detempteur a promis, & s'est obligé de payer & faire valoir le cens ou rente, il ne peut plus deguerpir la chose, s'il
n'y auoit legitime cause.

Vn prelat ne peut bailler en Emphyteute ou cens, l'heritage qui
est du patrimoine de son Eglise sans cause legitime & sans le consentement de son Chapitre : si ce n'estoit que l'heritage eust autrefois esté baillé en Emphyteute ou cens, auquel cas ledit prelat seul
peut faire ledit bail, sans droict de cens.

Si l'heritage tenu en Emphyteute ou cens, est mis és mains d'vne
Eglise, le Seigneur le peut contraindre de la quitter ou bailler

homme viuant, mourant, & confifquant, comme nous auons dit
ailleurs : mais fi vn heritage baillé par vne Eglife à droiæt de cens
ou Emphyteofe, vient au Roy à deffaut d'heritier ou autrement,
la chofe doit eftre venduë au plus offrant & dernier encheriffeur;
& dans deux ans l'Eglife peut rachepter & recouurir l'heritage, fi
bon luy femble.

L'heritage tenu en Emphyteofe peut bien eftre obligé, mais s'il
vient à appartenir au Seigneur direct par autre moyen que par le
fait du detempteur, par droict de commife, ou qu'elle foit retour-
née au Seigneur direct, alors feroit éuanouye l'obligation precedente

Faut que les terriers, & papiers cenfiers, foient fignez par Notaires; autrement on ne leur doit adioufter aucune foy & n'ont aucune operation, finon adminicule de preuue ; pource qu'anciennne-
ment ils ne fe faifoient pas en forme publique & authentique.

Si l'heritage baillé à titre de cens Emphyteute, ou loüage, ne
vaut le prix du bail ; le contract peut eftre caffé & refcindé, car
les droicts de cens font preferables à tous autres droicts & hypotheques.

Tous Seigneurs peuuent contraindre par action les detempteurs
de l'heritage, de paffer reconnoiffance des droicts de cens, & Seigneuriaux, mais ne font tenus d'exhiber leurs terriers & papiers
cenfiers en ayant pour ce faire permiffion du Roy.

Celuy qui tient vne maifon à titre de cens ou Emphyteute,
peut par le Seigneur direct eftre empefché de la démolir & d'en
vendre les materiaux : mais ne peut eftre contraint par le Seigneur de la faire réedifier, fi elle tombe en ruïne, encore que ce
foit par la negligence du detempteur, & fuffit qu'il paye le cens
deub : fi toutesfois il quite & renonce à l'heritage, le Seigneur
le peut pourfuiure pour le recouurement de fes dommages & interefts.

Les Seigneurs peuuent demander les arrerages de cens & droicts
d'Emphyteute, iufques à 29. années, bien que celuy qui poffede
l'heritage, l'ait acquis depuis peu, fauf au detempteur fon recours
contre fes garands.

Le Seigneur peut pourfuiure plufieurs detempteurs, fi bon luy
femble, de luy payer le droict de cens, chacun pour le temps qu'ils
ont iouy.

Le Seigneur direct ne peut defaifir l'Emphyteote contre fon
gré, finon qu'il demeuraft trois ans entiers fans payer cens ou pen-

fion, auquel cas il peut agir pour la relation du fonds,

L'Emphyteote ne peut aliener la chofe par luy tenüe à ce titre, fans le confentement du Seigneur direct, s'il n'eft autrement con-uenu.

Celuy qui par 40. ans entiers a poffedé vn heritage, duquel il a annuellement payé les redeuances au Seigneur direct, eft prefumé le tenir par droict Emphyteutique.

Quand on montre auoir payé les trois dernieres années, il eft croyable que l'on a payé les precedentes, s'il n'appert du con-traire.

Quand l'heritage donné à bail Emphyteutique eft occupé de force & violence par gens de guerre, ou autrement, & par apres reuient en la puiffance de l'Emphyteoute, il n'eft point tenu au payement des arrerages écheus pendant telle violente occu-pation.

M ais pour parler des autres droicts Seigneuriaux, il faut obfer-uer qu'encore que le droict de baftardife appartienne au Roy, il y a neantmoins des lieux où les biens des baftards morts en Fran-ce, tant paternels que maternels qu'ils poffedoient, font acquis aux Seigneurs hauts Iufticiers; encore que tels baftards ayent des enfans ou autres heritiers, pour n'eftre legitimes; & ne peu-uent tels enfans iouyr que des acqueftsfaits par leur pere baftard, qui ne peut fucceder aux biens de fes pere & mere. Mais pour fai-re que tels biens appartiennent aux Seigneurs, il faut que trois chofes neceffairement concourrent, à fçauoir que tels baftards foient nez en leurs terres, qu'ils y foient refidens, & y ayent tous leurs biés ou la plus grande partie d'iceux, & qu'ils y foient dece-dez, autrement ils ne peuuent fucceder, & de ce font rapportez par Bacquet plufieurs Arrefts au Traité des droicts de Baftardife; & s'ils s'approprient autrement aucune chofe de la fucceffion des baftards, ce feroit entreprife faite fur les droicts du Roy: eftant au refte remarquable que les baftards adulterins ne peuuent eftre legitimes : ainfi qu'il a efté iugé par Arreft de Tholofe du 17. A-vril 1565. & partant font incapables de fucceder: comme de mefme les baftards des Preftres, ainfi qu'il fut iugé par Arreft folemnel de Paris le 29. Mars 1563.

Le droict de Desherence eft fort conforme à celuy de baftardife & d'aubaine (qui eft le droict que le Roy à fur les étrãgers mou-rans en France fans lettre de naturalité; toutesfois il eft different, en ce que par iceluy le Roy ou le Seigneur fuccede à celuy qui
eft

est decedé sans enfans, quoy qu'il ne soit pas bastard, mais legitime, & qu'il soit regnicole & non étranger; estant ce droict ainsi appellé, comme à deffaut d'heritier, ou sans heritier. Ce droict appartenoit anciennement au Roy seul, comme encore maintenant il en iouyt en Champagne & autres lieux : mais les Roys ayans donné aux Ducs, Comtes, Marquis, Barons, &c. la haute, moyenne, & basse Iustice, de leurs terres & Seigneuries, sous pretexte de la haute Iustice, d'où ce droict depend, ils se le sont attribuez sur le Roy; encore qu'ils n'ayent rien de commun auec le droict de Iustice, & neantmoins ils succedent à leurs Suiets decedez sans hoirs, aux biens assis en l'étenduë de leur Iustice, n'estant le Roy, ny le haut Iusticier succedant par ce droict (qui autrement se nomme *main-morte*) tenu au payement des debtes du deffunct que iusques à la concurrence des biens qui leur sont écheus : & les meubles de tels decedez sont apres vendus au plus offrant & dernier encherisseur, & les immeubles donnez à cense, ou vendus par decret.

La Confiscation est vn droict qui n'aduient au Roy que par for- Confiscatiõ. faiture, quand le Suiet du Roy a commis crime de leze Majesté, quoy que les biens dudit suiet soient assis en la terre d'aucun Seigneur : mais si c'est autre crime, la cõfiscation en appartient au Seigneur haut Iusticier, qui a pareil droict pour les delicts communs, que le Roy aux crimes enormes, comme il fut iugé par Arrest du Parlement de Roüen du dernier Ianvier 1518. conforme à l'Ordonnance de Phylippes le Bel, & celles des Roys Iean & Charles V. VI. & VII.

Le droict d'Espaues & Biens vacans different, bien que ce Espaues. soient choses qui aduiennent par cas fortuit, comme or, argent monnoyé, ou non monnoyé, & autres choses, qu'vn homme trouué mort sur les chemins a sur soy, qui sont inuentoriez par les Officiers dn Roy ou du Seigneur ayant droict d'Espaues, & leur appartiennent, si dans l'an & iour personne ne les repete, & ne fait apparoir du droict qu'il a de les repeter : ainsi le cheual trouué errant, ou quelque autre animal que ce soit, vne bourse trouuée, vn tresor; mesme le nom *d'Espaue* est attribué aux personnes qui se trouuent en France de si lointain païs, que l'on ne Biens va- peut sçauoir de quelle contrée ils sont : Mais les biens vacans cans. sont ceux qui sont delaissez sans que personne en fasse adueu, comme les biens d'vne succession abandonnez par legitimes heritiers.

V

Franc-aleu. Le Franc-aleu est, quand on tient & possede des terres ou maisons, tellement allodiales qu'aduenant la vente d'icelles ne sont deubs aucuns quints, requints, lods, ventes, ny autres droicts quelconques. Le Franc-aleu toutesfois est de deux sortes, car ou telle franchise & immunité est de grace speciale concedée par le Roy, comme il y a en diuers lieux de ce Royaume, ou acquise à prix d'argent & moyennant finance. Quant aux premiers ils sont francs & exempts de toutes charges, mesme de la foy & hommage, & de l'arriere-ban, quand il est conuoqué, les autres sont tenus à la foy & hommage, & aller à l'arriere-ban en personne, ou contribuer selon la valeur des choses par eux possedées: au lieu que les vrays francs ne rendent aucune redeuance au Roy que de le reconnoistre pour Souuerain (le mot de *Franc-aleu* signifiant Franc-Subiet) & neantmoins selon l'opinion de du Moulin sur le 46. article de la coustume de Paris, leurs fiefs ne laissent pas d'estre sujets à confiscation, comme les autres qui ne iouyssent de pareille franchise.

Nulle terre sans Seign. Toutesfois en plusieurs Prouinces on ne peut tenir terres sans Seigneurs, & nul n'est fondé en Franc-aleu, s'il n'en fait apparoir, ainsi que le portent les Coustumes de Senlis article 261. Blois article 33. Poictou articles 99. & 105. de Bretagne article 318. Peronne titre troisiéme, article 123. & autres. Tellement que si le Seigneur de l'heritage n'a titre pour montrer qu'il n'est tenu à censiue: si le Seigneur direct a coustume de prendre censiue en la terre, le particulier Seigneur proprietaire vtile ne s'en peut exempter sans titre, mais il sera tenu payer le cens à raison des autres heritages suiets & redeuables à telle censiue: & où audit lieu il y auroit censiue à diuers prix, il la doit payer à raison de la moindre: ainsi que le porte par exprés la Coustume d'Auxerre, titre premier, article vingt-troisiéme. Voyez Bacquet au titre des droicts des Franc-fiefs, premiere Partie, Chapitre second, nombre vingt-trois, où il tient: Que si le sieur vtile d'vn heritage ne fait apparoir par titre exprez que son heritage soit tenu en Franc-aleu, que l'on doit imposer cens sur son heritage és terres du Domaine du Roy, lequel il doit payer eu égard aux prochaines terres payans censiues, suiuant les instructions dressées pour les Franc-fiefs & nouueaux acquests: & dit, Que c'est vne maxime en France, que le fief & le cens est charge ordinaire, & de l'ancien & commun establissement de la Police de ce Royaume. Aussi en France tous heritages saisis & mis en criées, sont

adiugez à la charge des droicts & deuoirs Seigneuriaux du fief
ou cens, bien que les Seigneurs ne fe foient oppofez. Ce qui
montre bien que ce font charges ordinaires & anciennes, que le
Iuge de fon office les fupplée & adiuge.

Pour le droict des Franc-fiefs qui fe leue, tant fur les Eccle- *Franc-fief.*
fiaftiques que roturiers, il a pris fon origine de ce que nous auons
dit cy-deffus : car les nobles ayans permiffion du Roy de vendre
leurs fiefs aux roturiers, à cette occafion il les fallut taxer, qui à
l'entretenement d'vn homme d'armes lors que l'arriere-ban eft
conuoqué, qui de la moitié, qui d'vn quart, qui d'vn Archer,
&c. Et dauantage, fut arrefté qu'ils feroient tenus rapporter leur
dénombrement de temps en temps, fur lefquels feroit fait taxe
de partie de leur reuenu, depuis la derniere leuée d'iceux.

Ce qui fut auffi ordonné par faint Louys, pour raifon des *Nouueaux*
nouueaux acquefts, pour lefquels il voulut finance eftre payée *acquefts.*
au Treforier, en quoy il fut fuiuy par Philippes le Bel par fes lettres
du 25. Iuillet 1210. qui limita que les droicts de nouueaux acquefts feroient payez de 30. ans auparauant fon ordonnance,
Charles IV. en l'an 1326. ordonna la mefme chofe, & prolongea le
temps, iufques à quarante ans. Philippes de Valois en l'an 1330.
le Roy Iean en 1346. Charles V. en 1364. Charles VI. 1372. les
limiterent par leurs Edicts à 40 ans auant iceux, & ce terme a
toufiours efté gardé iufques à Louys XI. Charles VIII. les leua
pour vingt années. François I. pour 25. Henry II. pour 30. ans:
Charles IX. pour 25. qui fut en l'année 1571. depuis lequel temps
ils n'ont efté leuez iufques en l'an 1609. que la commiffion en fut
deliurée.

Au furplus les anciennes taxes de 3. 4. 5. & 6. années du reuenu, des franc-fiefs & nouueaux acquefts, que le Roy auoit accouftumé de prendre pour la iouyffance de quarante années, font à
prefent reduites à l'arbitrage des Commiffaires deputez pour telles taxations, qui n'ont ordinairement égard que depuis 50. ou
60. ans en çà, au moyen des troubles ciuils, où tant les Ecclefiaftiques, que le Tiers-Eftat ont efté extremement appauuris, &
partant fans fuiure les anciennes taxes, ils ont feulement égard à
la qualité, fituation, fertilité ou fterilité des heritages fuiets au
droict des franc-fiefs & nouueaux acquefts, & à la richeffe ou
pauureté de ceux qui les tiennent : lefquels droicts ne font
deubs, comme dit-eft, que pour la iouyffance : de forte que celuy qui n'a iouy que quatre ans ou moindre temps, n'eft rien ta-

V ij

xé, foit Ecclefiaftique ou roturier ; auffi ne feroit il pas raifonnable qu'eftáns entrez en nouuelle iouyffance foit par achapt, donation, échange, legs teftamentaire, ou autrement, ils fuffent taxez pour le temps que tels droicts n'auroient efté leuez : c'eft pourquoy lefdits fieurs Commiffaires deputez ne taxent que pour la iouyffance de cinq années, & à proportion de temps.

Naufrage.   Le droict de Naufrage eft, que quand par la violence des vents fur la mer, quelques marchandifes vont à fonds, & par apres vont à bord, & font trouuées fur les ports ou terres fermes, elles appartiennt au Roy, ou au Seigneur haut Iufticier, en la terre duquel elles font trouuées, fi elles ne font repetées dans l'an & iour par ceux à qui elles appartiennent : aufquels dans ce temps elles doiuent eftre reftituées. Que fi ce font chofes qui ne puiffent eftre gardées vn an entier, elles doiuent eftre venduës, & les deniers mis en main tierce pour eftre conferuez pendant l'année, apres laquelle ils font deliurez au Seigneur de la terre.

Mais c'eft affez parlé des droicts, & rentes Seigneuriales ; difons vn mot des fimples rentes foncieres.

Quant aux fimples rentes foncieres, il n'y en a point d'autre que de fimple bail d'heritage à rente, qui transfere entierement la Seigneurie, tant directe qu'vtile au preneur.

Donc le bail d'heritage fait la rente fonciere, foit qu'il foit pur & fimple, foit qu'il foit meflé du contract de vente : comme quand l'heritage eft partie vendu, partie baillé à rente, & que l'acquereur en paye certaine fomme par chacun an : pareillement fi le bail à rente eft meflé du contract d'échange : comme quand la rente eft ftipulée pour la plus valluë, & au lieu de foulte de l'heritage contr'échangé : comme auffi la rente eft creée par vn partage, comme quand au lieu de partage en deniers, l'vn des copartageans qui a le plus fort lot, promet payer à l'autre certaine rente par chacun an : telle rente eft indubitablement fonciere, pource que l'autre copartageant tranfporte le droict qu'il auoit par indiuis en l'heritage qui demeure chargé de la rente. Bref, toutesfois & quantes que l'heritage eft tranfporté de main à autre, à condition qu'il demeurera chargé de rente, cette rente eft fonciere, pource qu'elle eft conftituée en l'alienation du fonds, comme il a efté dit.

De forte que fi la rente eft creée par vne tranfaction faite entre-deux, fe pretendans refpectiuement Seigneurs d'vn heritage, & qu'il foit accordé entr'eux, pour éuiter à procez, que l'vn de-

meurera Seigneur de l'heritage, à la charge d'en payer rente à
l'autre : telle rente peut estre reputée fonciere, pource qu'elle est
deuë à celuy qui pour icelle a quité la Seigneurie qu'il pre-
tendoit en l'heritage.

D'où il s'ensuit que les pensions qui se constituënt sur les
Benefices, sont vrayment charges foncieres qui ne sont tolerées
qu'en trois cas, à sçauoir, en resignation, en permutation, & au
cas de la transaction que l'on fait pour se redimer de procez ; &
ne sont jamais constituées, sinon en faueur de celuy qui cede le
droict qu'il auoit au Benefice, qui est la marque de la rente fonciere.

Toutesfois il faut prendre garde que le contract ne soit fait
en forme de vente, auquel le prix soit particularisé. Comme par
exemple, si le contract portoit. *Iean a vendu sa maison à Pierre
pour la somme de quatre cens écus , à sçauoir motié argent comptant,
& moitié à rente au aenier seize,* alors telles rentes ne seroient pas
rentes foncieres, mais rentes constituées : la raison est, que l'ex-
pression du prix est la vraye marque du contract de vente. De
mesme en l'échange, si Iean échange sa maison contre vingt arpens de terre à la somme de deux cens écus, pour lesquels Pierre
luy constituë rente : c'est vne rente constituée, & non vne rente
fonciere.

Or ces charges foncieres ainsi imposées, sont si fortes & si pre-
gnantes, qu'elles suiuent perpetuellement la chose, en quelques
mains qu'elles passent.

Aussi regulierement ces charges foncieres ne produisent pas
vne action personnelle pour l'obseruance d'icelle, mais seulement vne action réelle, & vne maniere de vendication sur la
chose. C'est aussi ce qui nous a donné sujet d'en traiter, auparauant que de passer outre à la forme de proceder en cette action
réelle.

Donc pour définir les charges foncieres dont nous venons de
parler, il faut dire que ce sont redeuances principales des heritages imposées en l'alienation d'iceux, pour estre payées & suppor-
tées par leur detempteur. Ainsi elles different des debtes & obligations personnelles, lesquelles, bien qu'elles puissent estre con-
tractées à l'occasion des choses, comme pour achapt d'heritages,
ne sont pas toutesfois debtes d'heritages , & ne suiuent pas le detempteur de l'heritage ; mais elles demeurent en la personne de
l'obligé, encore qu'il ne soit plus detempteur de l'heritage : &

apres fa mort paffent à fon heritier, bien qu'il ne prenne aucune
part en l'heritage. Au contraire, les charges foncieres font vraye-
ment deuës par l'heritage, & le fuiuent, en quelques mains
qu'il paffe, pour eftre payées par le nouueau detempteur d'iceluy,
& apres fa mort elles ne paffent point en fon heritier, finon en
tant qu'il fuccede à l'heritage.

Auffi ces charges foncieres different des feruitudes, tant réelles que perfonnelles : car outre que les feruitudes peuuent eftre
impofées hors l'alienation de la chofe, encore que les feruitudes
fe prennent & perçoiuent directement fur la chofe par celuy qui
en a le droict, les rentes foncieres tout au contraire, fe payent &
perçoiuent par les mains des detempteurs de la chofe chargée.
Par exemple, celuy qui a droict d'vfufruict ou d'allée en vne
maifon, en iouyt de par luy mefme ; & celuy qui a droict de rente fonciere n'en iouyt pas par luy-mefme ; mais faut qu'il foit payé
de fa rente par le detempteur & proprietaire de la maifon : qui eft
la feule difference effencielle des feruitudes auec les rentes foncieres, hors laquelle, & ce qui en dépend, elles font entierement femblables, & ce qui a lieu aux vnes, doit auffi eftre obferué aux autres, comme dit du Moulin fur l'article premier de
la Couftume de Paris, glof. 5.

Dauantage, ces rentes foncieres different des fimples hypotheques, en ce que l'hypotheque eft vne obligation acceffoire
ou fubfidiaire de la chofe pour confirmer & affurer la promeffe &
obligation de la perfonne qui eft debitrice : Mais la charge fonciere eft vne redeuance deuë proprement & directement par
l'heritage, & non par la perfonne ; & ce que la perfonne la paye,
c'eft à caufe de la chofe, non pour y eftre obligée de fon chef, pource que la chofe qui eft inanimée ne la peut payer fans le mini-
ftere de la perfonne.

Finalement elles different des rentes conftituées, premierement en ce que la vraye marque des rentes foncieres eft qu'elles
font deuës à celuy qui autresfois a efté Seigneur de l'heritage, &
qu'elles ont efté par luy creées & impofées en la tradition & alienation de l'heritage qui a efté transferé à cette condition qu'il
demeureroit chargé de telle rente, laquelle le Seigneur & aliena-
teur s'eft retenu & referué fur fon heritage : c'eft pourquoy elles
s'appellent auffi *rentes de bail d'heritages*, qui eft le nom que leur
baille la Couftume de Paris en l'article 109. Les Couftumes de
Senlis articles 273. & 274. de Clermont articles 14. & 36. & au-

tres, les appellent toutes *proprietaires,* partant il ne faut pas trouuer étrange que ces rentes ayent plus d'energie & aduantage que
les autres.

Au contraire les autres rentes ſont appellées ſimplement *conſtituées,* pource que lors qu'elles ont eſté creées, il y a eu aucune tradition de la choſe; mais vn ſimple & nud contract de conſtitution
de la rente, lequel a bien effet d'obliger les perſonnes, mais non
pas de diminuer ou changer la Seigneurie des heritages: il eſt bien
vray que par vne raiſon particuliere d'équité, pour faciliter le
commerce, on a trouué bon que l'hypotheque peuſt eſtre conſtituée par vne ſimple paction, ſans tradition, & qu'elle demeuraſt en la choſe, ſi par apres elle eſtoit alienée, afin que le debiteur ne peuſt empirer la condition, & abolir le droict de ſon
creancier en vendant l'heritage hypothequé: mais cela eſtant ex-
horbitant il ne paſſe point outre le ſimple effet d'hypotheque, &
ne peut pas eſtre tant aduātageux qu'vne charge fonciere, qui fait
aucunement partie du fond & proprieté de l'heritage, & qui auſſi ne peut eſtre impoſée qu'en la tranſlation d'iceluy.

En ſecond lieu, que pour la conſtitution, ceſſion ou amortiſſement d'vne ſimple rente conſtituée, ne ſont deubs lods ny ventes, bien meſme que la rente fuſt particulierement aſſignée ſur vn
certain heritage, pourueu que par effet l'heritage ne change point
de main, mais de la ceſſion & tranſport de la rente fonciere : &
encore du rachapt & amortiſſement d'icelle ſont deubs lods &
ventes, comme il eſt dit cy-deſſus : comme auſſi de la conſtitution
& impoſition, ſi elle eſt rachetable, & non autrement, comme il
eſt decidé en la couſtume de Paris article 87.

En troiſiéme lieu, le retraict lignager a lieu quand vne rente
fonciere eſt venduë, & non en rente conſtituée, par l'article 129.
de la meſme Couſtume.

En quatriéme lieu, pour les arrerages des rentes foncieres, on
peut meſme ſans contract executoire, directement proceder par
voye de ſaiſie ſur l'heritage, par l'Ordonnance de l'an 1536. Ce qui
ne ſe peut en la rente conſtituée, s'il n'y a contract ou condamnation.

En cinquiéme lieu, les criées & decrets des rentes foncieres ſe
font en la meſme forme que des heritages, & les criées des rentes
conſtituées ont leurs ſolemnitez à part, comme porte la meſme
Couſtume és articles 347. & 349.

En ſixiéme lieu, quand vn heritage chargé de rente fonciere

eſt vendu par decret, il eſt adiugé à la charge de la rente : mais ſi la rente eſt conſtituée, il eſt adiugé ſans charge d'icelle, franc & quite, & le creancier de la rente eſt mis en ordre ſur le prix du decret pour ſon principal & arrerages.

En ſeptiéme & dernier lieu, les arrerages de la rente conſtituée & non de la fonciere, ſe preſcriuent par cinq ans par l'Ordonnance de l'an 1512. article 71.

Ceux qui voudront voir au long la nature de ces rentes, droicts & deuoirs Seigneuriaux, qu'ils voyent Monſieur le Maiſtre au Traité des Amortiſſemens, Chopin & Bacquet en leurs Liures des Domaines, Papon Liure 13. titre 1. & 2. de ſon Recueil d'Arreſts.

De l'action petitoire, *& hypothequaire.*

POur intenter l'action petitoire, deux choſes ſont principalement requiſes : encore que Meſſieurs des Requeſtes du Palais n'en connoiſſent pas, ſi ce n'eſt du conſentement des parties. *La premiere* que le demandeur ait droict de proprieté en la choſe; *La deuxiéme,* que le deffendeur ſoit reconnu eſtre en poſſeſſion & ſaiſine de la choſe contentieuſe par tant d'années, afin de demander les fruicts & profit de la proprieté, dont l'eſtimation ſera faite pour chacune année.

L'action petitoire emporte auec ſoy tout le droict de la choſe, ce que les actions poſſeſſoires ne peuuent pas faire : eſquelles actions poſſeſſoires demeure touſiours la queſtion ſaine ſur proprieté.

La demande en acte petitoire contient ordinairement ces mots.

Demande en action petitoire.

L'an ::: le ::: iour de ::::: en vertu de certaines Lettres Royaux en forme de *Committimus* obtenuës en Chancellerie, en datte du tel iour, ſignées par le Conſeil, & ſeellées : & à la Requeſte de tel, de telle qualité, impetrant : le Huiſſier ou Sergent Royal en tel lieu, me ſuis exprés tranſporté en l'hoſtel & domicile de tel, auquel lieu en parlant à tel, i'ay ledit tel adiourné, & donné aſſignation à eſter & comparoir pardeuant Noſſeigneurs tenans les Requeſtes du Palais à Paris à tel iour.

Pour

Pour fe voir condamner à fe defifter & départir de l'indüe occupation & iouyffance qu'il s'efforce faire de tel heritage affis en tel
lieu, tenant d'vne part à tel (ou bien auquel eft demeurant tel, ou
que tient & poffede vn tel)& en laiffer la poffeffion pleine & entiere au demandeur, comme à luy appartenant, au moyen de telle chofe & telle : & outre luy payer & rendre les fruicts ou loyers
pris & perceus par iceluy deffendeur,au dire de gens à ce connoif-
fans, depuis fon occupation indue, & aux dépens, dommages &
interefts.

Demande pour feruitude confefoire.

Si c'eft en action confeffoire, le demandeur dira par fon exploict, qu'à caufe de tel heritage à luy appartenant, ioignant audit tel, confiftant en telle chofe, ledit demandeur a droict de
iouyr librement & commodément de tel paffage (ou bien que
l'heritage dudit deffendeur eft fuiet à receuoir les eaux qui cou-
lent & paffent par l'heritage du demandeur, pour eftre la vuidan-
ge plus prompte : ou bien a droict de veuë & lumiere par l'heritage dudit deffendeur ;) ce que le deffendeur empefche : faut
conclurre à ce qu'il foit condamné à faire ceffer l'empefchement,
& en ce faifant fouffrir le demandeur & fes heritiers iouyr dudit
droict,fans pour raifon d'iceluy luy donner aucun empefchement,
& pour auoir ce fait, que ledit deffendeur foit condamné en tous
fes defpens, dommages & interefts.

Demande pour feruitude negatoire.

Celuy qui dénie la feruitude fera fon exploict en cette forte à
fçauoir, que bien qu'vn tel heritage à luy appartenant, confiftant
en, &c. foit libre de toute feruitude, que de cette liberté & fran-
chife le demandeur ait iouy, fans que le deffendeur luy euft mon-
tré par bons & fuffifans titres qu'il euft droict d'icelle : Neantmoins il s'efforce acquerir ledit droict par l'vfage qu'il en prend,
foit pour paffer, repaffer & iouyr (faut icy declarer le cas de la feruitude) au preiudice & dommage du demandeur, lequel partant
conclurra à ce que deffenfes foient faites au deffendeur & à fes
gens, & famille, de plus paffer, & repaffer par tel heritage, ou autrement s'efforcer de iouyr dudit pretendu droict, ou bien qu'il
ait à boucher & fermer fes veuës & feneftres, voir dire & ordon-

X

ner qu'il demeurera franc & libre d'icelle feruitude, & de toutes autres qu'iceluy deffendeur y voudroit pretendre, & outre
condamné és dépens.

Demande en action hypothequaire.

Dira le demandeur que par contract d'vn tel iour, il a droict
de prendre chacun an fur tel heritage que poffede vn tel, telle
fo.mme : (ou bien) Que tel heritage, comme ayant appartenu cy-
deuant à vn tel, luy eft affecté au payement de telle fomme, con-
cluant à ce que tel heritage foit d'abondant declaré, affecté & hypothequé à fon droict : pour fi befoin eft, eftre vendu par decret
pour le payement d'iceluy ; & en ce faifant que le deffendeur foit
condamné à foy defifter & départir dudit heritage ; ou bien on
met ces mots (& iceluy heritage quitter & déguerpir fi mieux n'ayme ledit deffendeur luy payer la fomme de tant, pour laquelle
fomme ledit heritage luy eft affecté, hypothequé, & obligé par ledit contract, & outre condamné en tous fes dépens dommages &
interefts.)

Autre demande en action perfonnelle & hypothequaire.

Que fi c'eft vn droict annuel, faut conclurre à ce que le deffendeur ait à dire & declarer, s'il eft, ou a efté, ou depuis quel temps
il eft detempteur & proprietaire de tel heritage, affis en tel lieu,
tenant à tel ; pour, s'il fe declare detempteur, fe voir condamner à
payer & continuer par chacun an audit demandeur, telle fomme
conftituée par vn tel fur iceluy heritage, & à payer tant d'années
d'arrerages écheus à tel iour, & à paffer titre nouuel, & reconnoiffance de ladite rente, & qu'au payement & continuation d'icelle & arrerages, lefdits lieux feront dits & declarez, affectez, obligez, & hypothequez, fi mieux n'aime le deffédeur fe déguerpir pour
fi befoin eft, & à faute de payement & continuation, eftre lefdits
lieux faifis, criez, vendus, & adiugez par decret au plus offrant &
dernier encherifleur, en la maniere accouftumée ; & en outre,
comme de raifon, & outre le deffendeur condamné aux dépens.
Cette conclufion eft conforme à l'article 101. de la Couftume
de Paris, en ces mots, *Les detempteurs & proprietaires d'aucuns heri-*
tages, obligez & hypothequez à aucunes rentes ou autres charges réelles
ou annuelles, font tenus hypothequairement icelles payer auec les arrera-

ges qui en ſont deubs, à tout le moins ſont tenus iceux heritages de laiſſer,
pour eſtre ſaiſis & adiugez par decret au plus offrant & dernier encheriſ-
ſeur à faute de payement des arrerages qui en ſont deubs, ſans qu'il ſoit be-
ſoin de diſcuſſion ; & ſi la rente eſt fonciere doit eſtre l'heritage adiugé à
la charge de la rente.

Tellement que l'on void que cette action a lieu contre tous detempteurs d'heritages, encore qu'il n'en ſoient Seigneurs : contre
les Emphyteutes, le preneur à vie, ou à longues années, ou à rente fonciere, contre le mary à cauſe des heritages de ſa femme;
contre l'heritier par benefice d'inuentaire, & contre la femme de-
temptrice des heritages de la communauté.

Mais non contre le vray Seigneur qui ne poſſede l'heritage, le
Seigneur cenſier, Emphyteutique, ou rentier, ny contre le proprietaire, quand il y a vſufruict conſtitué : contre la femme mariée, le Commiſſaire de la choſe ſaiſie, & le curateur aux biens vacans, ny contre le ſimple Fermier.

Il ſera remarqué qu'encore que par cét article le mot de *Cens*
ne ſoit exprimé, il eſt toutesfois compris ſous le terme general de
rentes réelles & annuelles, qui contient toutes ſortes de redeuances, ſoit foncieres, ſoit hypothequaires. De ſorte que cette
action hypothequaire a auſſi bien lieu pour les charges foncieres,
que pour les ſimples hypotheques, attendu meſme que la charge fonciere emporte & comprend en ſoy le droict réel de ſuite
& d'hypoteque, encore plus preciſe que la clauſe expreſſe de
ſpeciale hypotheque ; & ce pour deux raiſons, l'vne, que quand
vne rente eſt particulierement aſſignée ſur vn heritage, tel aſſi-
gnat induit hypotheque ſpeciale ; l'autre, que nous tenons en
France, que le vendeur de l'heritage a touſiours hypotheque tacite, & meſme prelation ſur iceluy pour aſſeurance du prix, ce
qui a lieu meſme en meuble, par l'article 177. de ladite Couſtume
de Paris : quoy qu'en France meuble n'ait point de ſuite par hypotheque.

Donc ces demandes ainſi faites & les aſſignations données, il
ſe faudra preſenter en la forme & maniere qu'il a eſté dit cy-deſſus au titre *des Preſentations* : & ſi l'vn ou l'autre des parties ne
compare, leuer les deffauts, ou congez, ſuiuant qu'il eſt au titre
des Defauts.

Mais ſi toutes les parties comparent, faudra que le deffendeur
deffende ou propoſe ſes exceptions declinatoires, ſi aucunes il a,
ſur leſquelles il eſt touſiours prealable de faire droict.

Mais si au principal, il n'a point de valables moyens pour se deffé-
dre de la demande du demandeur en déclaration d'hypotheque, &
qu'il soit obligé de déguerpir l'heritage ou la rente pour laquelle
il est conuenu, par ce quil se void souuent que la chose acquise ne
vaut pas la somme qu'on demande & à laquelle elle se trouue affectée par celuy qui l'a venduë; en ce cas il faut abandonner l'heritage ou rente pour se mettre à couuert des dommages, interests & despens que l'on pourroit encourir en souftenant vne mauuaise cause, & pour s'en garantir l'on fait signifier au Procureur du demandeur l'acte qui suit & qui s'expedie au Greffe en cette forme.

*Extraict des Registres des Requestes du Palais
du : : : : iour de : : :*

Auiour d'huy est comparu au Greffe de ladite Cour Mr.... procureur en icelle, lequel en vertu de la procuration speciale a luy
passée, le tel iour.. pardeuant tel notaire, a declaré qu'il déguer-
pissoit comme de fait il déguerpit purement & simplement aux
perils, risques, & fortune de tel son vendeur & garand, telle maison, ou tel heritage, ou rente qu'il auoit acquise de luy par contract du... iour de... passé pardeuant tel notaire, & ce en consequence de la demande en declaration d'hypoteque a luy faite par
tel, au profit duquel il fait le present deguerpissement, à la charge
neantmoins d'estre par luy remboursé par preferance à tous creanciers sur le prix de la chose déguerpie des labours, semences ameliorations, impenses, & reparations vtiles, necessaires qu'il y a faites
sans preiudice du prix principal qu'il en a payé, interest, frais,
loyaux cousts & dépens, qu'il entend repeter contre son vendeur,
mesme ses dommages & interests dont il a requis acte.

Cet acte ainsi dressé & mis és mains du greffier, signé du Procureur, (& quelquefois de la partie qui déguerpit) apres auoir esté mis
en parchemin & signifié au Procureur du demandeur en declaration d'hypotheque, le demandeur peut faire crier & nommer vn
curateur aux biens déguerpis sur lequel fait saisir réellement &
decreter lesdits biens en la forme & maniere qu'il sera dit cy-
apres au traité des criées.

Mais il est important de remarquer que pour faire vn déguer-
pissement valable, il faut au prealable & suiuant la Coustume de
Paris que le garand soit sommé & mis en cause pour guarentir la
chose qu'il a venduë sans la charge de la rente ou hypotheque

que l'on pretend sur icelle & pour laquelle on est poursuiuy, de dé- guerpir. Ce qui donne lieu souuent aux demandes & actions de Stelionnat qui n'ont pour fondement que le contract par lequel on declare vn heritage ou rente que l'on vend franche & quitte de toute debte, & toutesfois elle se trouue affectée & hypothequée à diuerses personnes: Mais comme Maistre Charles Loyseau a am- plement traitté de ces matieres de droicts hypotequaires, dé- guerpissements & Stelionats, ceux qui auront des causes de cette nature en demandant ou en deffendant, y trouueront les decisions qu'ils pourront souhaiter pour l'éclaircissement & soustien de leur bon droict sans s'arrester à ces sortes d'exceptions dont sera parlé cy apres.

Exception est l'exclusion & contredit de l'action, suiuant que le dit fort bien le Iurisconsulte *Paulus* en la Loy seconde : *Exce- ption*, dit il , *est vne certaine exclusion qui se peut opposer à l'action pour exclurre la demande & empescher son effet, & qui est deduite & alleguée iusques à faire debouter le demandeur de son intention.*

Or il y a trois sortes d'Exception, à sçauoir, declinatoire, dila- toire, & peremptoire.

EXCEPTION DECLINATOIRE.

L'Exception declinatoire tient le premier rang des trois, car elle se doit proposer par le deffendeur tout au cómencement de la cause, & auant que d'alleguer aucune chose, autrement non reccuable : dautant que par icelle le deffendeur pretend montrer qu'il n'est tenu de répondre pardeuant les Iuges où on l'a ad- iourné, & veut decliner leur iurisdiction (appellée pour cette cau- se *declinatoire*) & se peut proposer pour cinq raisons.

La premiere, si vn Iuge Laïque veut connoistre des causes spiri- tuelles, car la connoissance en appartient au Iuge d'Eglise, tout ainsi que la connoissance des causes Laïques ne peut appartenir au Iuge d'Eglise.

La deuxieme, si le deffendeur n'est du ressort de la Iurisdiction où on l'a fait conuenir.

La troisiéme, quand l'action est déja intentée par deuant vn au- tre iuge, auquel cas on peut alleguer litispendance, & demander d'estre renuoyé pardeuant le premier Iuge , ce que les seconds doiuent fai e s'il leur apparoist des procedures faites ailleurs pour éuiter la diuersité des iugements : Que si d'auenture les parties ne se pouuoient accorder de ladite litispendance, & que celuy qui l'auroit alleguée n'eust pû promptement la faire apparoir, les Iuges peuuent ordonner que sans preiudice d'icelle, & sans y auoir pour lors égard, le defendeur deffendra à toutes fins : de sorte que ladite litispendance pourra estre alleguée pour fin de non receuoir, car autrement il faudroit faire vne Enqueste auant que la cause fût contestée. Voyez l'Arrest des Grands Iours de Moulins en l'an 1541.confirmatif d'vne Sentence, portant qu'vn deffendeur deffendroit à toutes fins : rapporté par Guenois sur Imbert Liure premier Chapitre 12.

La quatriéme, quand celuy qui se dit priuilegié ne l'est pas, ou l'estant, il fait conuenir quelqu'vn en qualité de Tuteur pour les affaires de ses mineurs n'ayans aucun priuilege, car en ce cas on peut demander le renuoy pardeuant les Iuges ordinaires de la demeure des parties.

La cinquiéme & derniere exception declinatoire regarde la personne des Iuges, quand on les veut recuser & empescher qu'ils ne conoissent de l'affaire, qui se doit aussi proposer dés l'entrée de la cause, autrement elle ne seroit point receuë : toutesfois, si la cause de recusation n'estoit encore connuë à la partie, il ne pourroit estre empesché de l'alleguer en tout estat de cause, en affirmant qu'elle n'est venuë à sa connoissance que du iour qu'il l'a proposée; & se doit ladite recusation proposer verbalement deuant le Iuge, ou par Requeste, ou autre écrit signé de la main de la partie, sur laquelle les Iuges procedent en la façon qu'il a esté dit cy-deuant.

Et quand l'vne ou l'autre de ces exceptions declinatoires est proposée, il faut que les parties soient ouyes, & alors la cause est renuoyée ou retenuë, & interuiennent les iugements rapportez au commencement de ce Style.

Et quoy qu'il soit prealable de faire droict sur les exceptions declinatoires, comme il vient d'estre dit, neantmoins il faut sçauoir qu'il y en a aucunes qui se ioignent & cumulent au principal, comme quand deux Seigneurs contendent le droict de Iurisdiction, & qu'ils demandent tous deux le renuoy, estant la cause pendante pardeuant vn Iuge Superieur : car alors ledit Iuge Superieur sur le debat de ce renuoy, peut appointer les parties à écrire à toutes fins, & informer. Voyez l'Arrest du 11. May 1571. rapporté par Charondas sur la somme Rurale de Bouteiller titre 17.

Si la cause est renuoyée, il se faut pouruoir au lieu du renuoy: mais si elle est retenuë, il faut fournir de deffenses ; & proceder ainsi qu'il a esté dit cy-dessus, en traitant de l'action personnelle.

EXCEPTIONS PEREMPTOIRES,
& fins de non receuoir.

SI on est debouté de l'Exception declinatoire, ou qu'on ne la puisse proposer, on a recours à la Peremptoire, qui est celle qui renuerse, perime & éteint l'instance, c'est à dire, qui met bas le fonds & le principal de la cause: & doit cette exception tenir le second rang dautant que les dilatoires, dont nous parlerons tantost, commencent la contestation.

Et parce que la prescription est vne des meilleures fins peremptoires, l'effet de laquelle est d'éteindre & amortir entierement l'action intentée, il faut icy dire comme elle s'acquiert.

Premierement, il est certain qu'elle est acquise dans quarante iours, s'il est question de l'acceptation d'vne succession par benefice d'inuentaire : dans six mois pour marchandises venduës en détail: dans vn an en action de complainte ou d'iniures: dans deux ans en salaires d'Aduocats & Procureurs: dans trois ans pour vsucapion de meubles & de peremption d'instances : dans cinq ans pour arrerages de pensions volantes : dans dix ans en action hypothequaire contre vn tiers, & en restitution en entier fondée sur force, &c. dans vingt pour la poursuite d'vn crime: dans 30. ans en immeubles& choses corporelles & droits de lods:dans quarâte en action hypothequaire,auec tit. possession constituée & de bonne foy, & dans cent ans contre l'Eglise.

La prescription toutefois ne court point contre pupils, mineurs, prodigues, & insensez pour quelque temps que ce soit.

Contre les absens pour le public, ny contre ceux de la Religion pretenduë,ou de contraire party pendant les troubles ciuils. Voyez l'Ordonnance de Charles IX. 1570. art. 33. Henry III. 1576. article 37. Henry IV. 1596. & l'Arrest rapporté du quatriéme Decembre 1602.

Ne court point aussi contre le gend'arme seruant en sa charge.

contre l'Eglife en temps de fchifme, non plus que contre l'Eg'ife
vacante, comme eftant deftituée de fon legitime Pafteur & defen-
feur, contre la femme pour la repetition de fa dot pendant la vie
de fon mary, finon qu'elle fut feparée de biens auec luy, non plus
que contre les affligez de contagion, ou chaffez de leurs maifons
par violence de la guerre, ou contre ceux qui font detenus par les
voleurs ou Pyrates.

A pres les prefcriptions vont les Exceptions de payement, com-
penfation, compofition, exception de chofe iugée; de dol & de
tranfaction, qui font toutes peremptoires; comme auffi l'exception de ferment decifif, qui a la mefme force que la tranfaction, dautant que celuy qui le defere fait la pattie de fa caufe.
Exception de confufion, qui dépend du ferment, parce que la
confeffion ou confufion eft équiualente à la quittance Exception de deniers non nombrez, quand on fait apparoir par écrit.
Exception du prix de la vente non payé, qui a lieu quand l'a-
chepteur n'a payé le prix de la vente en tout, ny pattie, fait conuenir fon vendeur, ou pour la relaxation de la chofe venduë,
ou pour la garantie & pleine maintenuë d'icelle, quand il eft inquieté par vn tiers. Exception du Conducteur contre le Locateur, quand le Locateur veut expulfer le Conducteur de la maifon qu'il luy a loüée, parce qu'il n'en a point d'autre, ou parce qu'il
la veut faire reparer; car le Conducteur luy peut oppofer, que lors
qu il a fait le loüage, il eftoit en pareille neceffité, & que laditemai-
fon n'a nõ plus befoin d'eftre reparée, que lors dudit loüage. Exception d'adultere, quand l'adultere eft notoire, la femme demandant fon dot pour eftre declarée non receuable à la pourfuite du
mary ou de fes heritiers. Exception d'euiction contre le vendeur,
quand vn vendeur, donateur, ou leurs heritiers, intentent action
fur la chofe, de laquelle ils font eux-mefmes garands. Exception
d'incapacité contre le Religieux incapable de fucceder, contre le
Laïque demandant dixmes, s'il ne l'a acquis contre vn Officier
ou Seigneur haut-Iufticier ceffionaire des droicts litigieux, contre celuy qui veut achepter la fucceffion d'vn Financier fous benefice d'inuentaire, au lieu qu'il la doit repudier ou accepter purement & fimplement, fuiuant l'Ordonnance. Contre l'étranger
pretendant Benefice en France fans Lettres de Naturalité. Exception de denegation de qualité contre vn qui fe dit heritier, & ne
l'eft pas. Exception de caution, quand le deuolutaire ne veut, ou
ne peut bailler caution de payer le iugé. Exception de demande

exce-

excedant cent liures sans écrit, parce que l'on n'est pas receuable
par l'Ordonnance de Moulins à le verifier par témoins : Voyez
ladite Ordonnance de 1566. art. 54. Exception de nullité de contract, quand il y a au contract quelque nullité visible, comme s'il
est receu par personne incapable, & non Notaire Royal : s'il n'y a
nombre suffisant de témoins : s'il n'est signé par les parties, ou
n'ont esté interpellées de ce faire, suiuant l'Ordonnance d'Orleans. Exception de defaut d'insinuation, qui doit estre faite dans
quatre mois du iour de la donation entre vifs, & la substitution
dans six mois, par l'Ordonnance de Moulins. Exception de simulation de contract, quand il est feint, comme celuy qui pressé
de sortir du Royame, vend son bien à vn sien parent ou amy intime;
ou qu'on constituë dot aduantageux à vne fille, afin de la faire renoncer à ses droicts, & qu'apres le mary passe quittance de plus
qu'il n'a receu. Exception de crainte, quand on a esté forcé en passant le contract, mais il faut auoir Lettres pour s'en faire restituer.
Exception de faux, quand on allegue que le contract ou le testament, sur le quel on fonde sa demande, est faux, & se faut inscrire
contre iceluy.

Exception de Macedonien qui peut estre proposée par vn fils de
famille mineur viuant, & entretenu aux despens de son pere, en
la puissance duquel il est, contre le creancier qui fauorisant ses
desbauches, luy a fait prest de deniers ou marchandises, dont il
luy a passé obligation, esperant par le decez du pere en tirer payement, suiuant en cela ce miserable vsurier Macedo Romain,
qui prestoit à vsure extraordinaire à l'indicible mal-heur & ruine
de la plufpart de ses debiteurs, pour à quoy obuier l'Empereur
Vespasien fit prononcer cét Arrest, qui a tousiours retenu son
nom.

Il est vray qu'au Macedonien il y a plusieurs Exceptions qui
peuuent toutes estre reduites à 16. poincts. 1. Si le fils de famille
est emancipé, marié, ou mis hors la puissance paternelle, ou suiuant les armes ou la marchandise, le pere l'approuuant, & ne
le contredisant. 2. Quand il est taisiblement émancipé : or le fils
est taisiblement émancipé, s'il tient maison à part, & boit & man-
ge hors la compagnie de son pere. 3. Si lors du prest, il est hors la
puissance paternelle, & apres, auant le terme de payer expiré, il y
rentre. 4. Quand il fait emprunt ou achapt de choses necessaires.
5. Quand le prest n'est en deniers, mais en marchandise, 6. Quand
il a bien ménagé la chose empruntée, 7. Quand le creancier a eu

Y

ſuiet de le croire pere de famille, 8. Quand le pere a approuué le preſt, 9. Quand deuenu pere de famille il ſaiſit ſon creancier de gages, pour l'aſſeurer deſa debte, 10. Quand il eſt couſtumier d'emprunter, & le pere de payer. 11. Quand il ſuppoſe le conſentement du pere, pourueu que ledit pere en ait eſté aduerty, & n'ait contredit, 12. Quand il eſt Aduocat, Procureur, Notaire, Medecin, Theologien, Soldat, Mathematicien, ou Profeſſeur public, &c. 13. S'il eſt Eſcolier, & le preſt eſt fait pour les frais de ſes études; moyennant que le preſt n'excede ſa penſion, 14. S'il eſt enuoyé en ambaſſade ou commiſſion pour le Roy, ou le public, & a fait les frais pendant la legation. 15. Quand l'emprunt a eſté fait pour le ſeruice du Roy, pour luy faire ſeruice, & paroiſtre aupres de luy, 16. Si le fils eſt baſtard: car les baſtards ne peuuent prendre qualité de fils de famille.

En tous leſquels cas l'obligation du fils de famille eſt valable, & ne peut eſtre oppoſé le Macedonien.

Mais ſi l'obligation eſt paſſée ſans le conſentement du pere, en la puiſſance duquel eſt le fils, & hors les cas cy-deſſus: meſme par le petit fils eſtant en puiſſance de l'ayeul; le Macedonien a lieu: & ce qui eſt dit des fils, doit eſtre eſtimé des filles. Voyez les deux Arreſts rapportez par Papon au premier Notaire, liu. 3.

Tout preſt fait au ieu à vn mineur qui a perdu le ſien, & ce qu'il a emprunté, eſt illicite, & eſt la choſe preſtée perduë pour le creancier: ſi toutefois il emporte gain du ieu, il doit payer, veu que perſonne ne ſe doit enrichir au detriment de celuy qui fait plaiſir.

Quant au maieur, s'il emprunte d'vn tiers qui n'eſt du ieu, il doit payer: mais ſi c'eſt d'vn qui iouë auec luy, & qu'il ſoit en euidente & continuelle perte, il ne peut eſtre tenu au payement: le meſme ſe dit pour vn qui tient breland & qui preſte: car il ne ſe peut faire payer, ſi ce n'eſt qu'apres vn interualle de temps la debte ſoit reconnuë pardeuant Notaire, auquel cas demeure la debte aſſeurée contre le maieur, auquel n'eſt interdite l'adminiſtration de ſes biens.

Or tout ainſi que l'imbecillité de l'âge du fils de famille, ou ſa trop grande facilité eſt ſecouruë par le Macedonien, de meſme l'inconſtante legereté des femmes a eſté ſoulagée par cét autre celebre Arreſt du Senat Romain, rendu à la pourſuite de Velleius tuteur, lors Conſul, auec Marcus Syllanus, qui luy a donné le nom de *Velleian*, par lequel, pour obuier aux inconueniens qui arriuoient iournellement à la ruine totale de ce sexe imbecille, on a trouué ce remede pour empescher la perte de leur doüaire & sommes dotales, ou de leurs immeubles.

Mais comme il y a des Exceptions au Macedonien, aussi y en a-t'il au Velleian : premierement, Si la femme en s'obligeant a touché deniers, 2. Si quelque temps apres s'estre obligée pour le faict d'autruy, ellle ratifie l'obligation, 3. Quand en empruntant elle a vsé de ruse, 4. Si elle a pris recompense, pour s'obliger, 5. Si elle a payé & deliuré les deniers sans s'obliger, 6. Si elle a fait obliger son debiteur au creancier de son creancier, 7. Si elle s'est obligée en diuers cas de pieté, comme liberalité, aumosne, mariage, &c. 8. Si elle est marchande publique, faisant trafic de marchandise, ou tenant hostellerie. Quant à la renonciation du Velleian, & autres droicts introduits en faueur des femmes, qui est vn autre cas qui faisoit valider le contract: il y a Edict par lequel il est prohibé de l'inserer aux contracts.

Hors desquels cas les obligations par elles passées, soit pures & simples, ou fideiussoires pour le faict d'autruy, ensemble tous contracts portans engagement, hypotheque, ou allienation de leurs immeubles, sont entierement inualides, & en sont facilement releuées auec lettres du Prince ; daurant que c'est office viril & non de femme, d'interceder & s'entremettre au fait d'autruy pour asseurer les affaires du tiers.

Les plus fauorables secourus par ce Senatusconsulte Velleian, sont les femmes mariées & en puissance de leurs maris : car soit qu'elles s'obligent pour le fait de leurs maris, soit qu'elles alienent leus immeubles & fonds dotaux pour le payement de leurs debtes, ou pour leur liberation des mains de leurs creanciers, le tout est tousiours nul, sinon que l'alienation, vente ou obligation procedassent pour les propres affaires de la femme.

Surquoy il faut obseruer, qu'en cas que la femme soit separée de biens d'auec son mary, elle ne peut neantmoins aliener ses immeubles, ny rien valablement contracter sans son authorité & consentement : parce que la separation, quant à ce, ne la libere pas de la puissance maritale, comme il fut iugé par Arrest de Paris, du 22. Février 1602.

Mais quand elle negotie ses propres affaires, soit en achapt d'heredité, ou de quelque fond, le prix duquel elle promet acquitter enuers les heritiers du vendeur : quand on met en ses

mains la marchandife pour acquitter celuy qui la luy met enuers
fes creanciers, & qu'elle s'oblige à eux moyennant telle remife:
quand elle promet indemnité à celuy qui differe d'accepter la tutelle de fes enfans, ou aux heritiers de leurs tuteurs qui refufent
d'accepter la fucceffion de leur pere, craignans la reddition de
compte à laquelle il eftoit tenu. En tous ces cas elle demeure valablement obligée, comme quand elle a moyenné le preft, & fol-
licité le creancier de prefter fous fon obligation : fi elle a prié le
creancier de prefter à fon fils, & s'eft obligée ; fi elle s'eft obligée
pour la liberation de fon fils prifonnier : fi vendant vn immeuble
auec vn tiers elle s'oblige auec luy à la garantie ; & fi elle a par
deux fois reconnu la debte, l'vne en s'obligeant, l'autre lors de
l'execution ; car de tout cela elle ne fe peut faire releuer. Voyez
Papon, liure 12. de fon Recueil d'Arrefts.

 Vne femme ayant vendu vne métairie en vertu d'vne procuration de fon mary pour le liberer de prifon, & s'eftant obligée à la
garantie ; bien que vendant elle n'euft point efté par luy authori-
fée, eftant depuis le mary decedé infoluable, & elle appellée pour
garantir la chofe venduë affectée à diuerfes hypotheques, fut deboutée de l'entherinement des lettres par elle obtenuës, pour eftre
releuée de l'obligation, par Arreft du 27. Aouft 1594. rapporté par
Louet, nomb. 10.

 Et encore depuis la publication de l'Edict cy-deffus, qui prohi-
be la renonciation eftre inferée aux contracts, & a efté plufieurs
fois iugé, que la femme non mariée, apres la fignification de l'Ordonnance des quatre mois, peut eftre emprifonnée faute de payement, fuiuant l'Ordonnance de Moulins, art. 48. Voyez l'Arreft
conforme à icelle rapporté par Loüet, du 20. May 1595. nomb. 11.
lettre F.

 La femme obligée auec fon mary, fi la debte n'eft conuertie au
profit de leur communauté, ou qu'apres le decez du mary elle renonce à icelle, elle ne peut eftre contrainte, & eft def-obligée.
Louet, nombre 17. lettre F.

 Mais fi la femme eft condamnée au payement de quelque fomme, luy eftant fignifiée l'Ordonnance des quatre mois, fi iceux
expirez elle ne fatisfait, elle peut eftre contrainte par emprifonne-
ment de fa perfonne, Arreft du 23. May 1585. rapporté par Robert,
liu. 2. nomb. 6.

 Au refte, quand il y a promeffe par écrit de ne demander ny
d'agir par l'vne des parties, ce en quoy elle pretend, l'autre eft te-

nuë & obligée en chofe qui n'excede cent liures. C'eft vne Exception, laquelle bien qu'elle ne foit proprement peremptoire,
elle eft neantmoins fuffifante pour exclurre le demandeur de fon
action.

Il eft vray que tels pacts ne peuuent interuenir entre particuliers
pour chofes qui concernent le public, comme au cours d'vne riuiere diuerty, ou maifon edifiée au preiudice du public, finon en
tant que touche l'intereft particulier du contractant, & quand
telles pactions font perfonnelles, les heritiers ne s'en peuuent ayder, s'il n'eft expreffement conuenu.

Outre ces exceptions, il y a les fins de non receuoir, qui font en
grand nombre, comme quand les demandeurs ne font parties capables, pour eftre en iugement, comme vn pupil fans l'authorité
de fon tuteur, femme mariée fans authorité de fon mary, Moynes
ou Religieux fans authorité de leur Superieur. Bref, toutes perfonnes qui ne font en leur puiffance, & qui ne peuuent agir à caufe de leurs qualitez, entre lefquels font les étrangers non natura-
lifez, qui doiuent bailler caution prealable, comme il a efté iugé
par Arreft rapporté par Papon, liu. 8 tit. 1.

Quand l'adiournement n'eft fait à perfonne ny domicile, ou
n'eft libellé, ou qu'il eft fait par Sergent incapable, n'ayant pouuoir de ce faire.

Quand le defendeur eft pourfuiuy en vertu d'vn contract vfurai-
re prohibé par l'Ordonnance.

Contre les Lettres de refcifion de contract, il y a fin de non receuoir, fi elles ne font obtenuës dans les dix ans prefix par l'Ordonnance, ou s'il y a prefcription ou fur-annation.

Auffi contre ceux qui veulent pourfuiure le petitoire auec le
poffeffoire, ce qui peut eftre empefché, parce que l'Ordonnance
le deffend.

Contre les demandeurs en retraict lignager, s'ils ne viennent
faire leur demande dans l'an & iour; ou fi l'offre n'eft bonne &
fuffifante, & fi elle n'a efté faite en tous les actes de la caufe, on
peut alleguer ladite fin de non receuoir.

Contre les feruiteurs demãdans payement de leurs falaires apres
l'an paffé qu'ils font fortis hors du feruice de leur Maiftre, on peut
alleguer qu'ils ne font pas receuables, ny au dedans de ladite année à demander plus de trois années, s'il n'y a obligation, promeffe, ou accord par écrit des années precedentes, fommations, ou
interpellations fuffifantes.

Auſſi contre tous Drappiers, Apotiquaires, Boulangers, Paſti-ciers, Serruriers, Chauſſetiers, Tauerniers, Couſturiers, Cor-donniers, Selliers Bouchers, & autres gens de meſtier, vendans leurs marchandiſes en détail, ne ſont pas receuables d'en faire petition & demande ſix mois apres, à compter du iour qu'ils ont baillé la premiere denrée, ouurage, ou marchandiſe. S'il n'y a ar-reſt de compte, cedule, obligation ou interpellation ou ſomma-tion iudiciaire faite dedans les ſix mois.

Contre ceux qui demandent arrerages de rente generale conſti-tuée à prix d'argent, parce qu'ils ne ſont pas receuables d'en de-mander plus de cinq années.

Les demandeurs en complainte apres l'an & iour, ne ſont pas receuables en leurs demandes, ou pourſuiuans le petitoire & poſ-ſeſſoire enſemble.

Contre tous demandeurs en repriſe de procez, ſi leſdits procez ſont peris par l'eſpace de trois ans, faut conclurre à ce qu'attendu ladite peremption d'inſtance, le demandeur en repriſe de procez ſoit declaré non receuable, & debouté de ſa demande, condam-né és dépens.

Et toutesfois & quantes que leſdites fins de non receuoir ſont propoſées, le Iuge ne peut plus donner defaut, ny aſſoir aucun iugement ſur iceux. Mais faut que droit ſoit prealablement fait, & ſur le champ, ſur leſdites fins de non receuoir, & que les parties ſoient oüyes ſur icelles, ſuiuant l'Ordonnance de Henry III. és Eſtats de Blois, article 154. en ces mots, *Les fins de non proceder ſe-ront iugées ſommairement par nos Iuges, ſans appointer les parties à met-tre par deuers eux : auſſi ſera prealablement fait droict ſur les fins de non receuoir, propoſées par les deffendeurs auparauant que regler & appointer les parties en contrarieté, & preuue de leurs faits ſans en faire aucune re-cuſation, &c.* Laquelle Ordonnance eſt conforme à celles de Charles VII. 1446 art. 134. Louys XII. 1507. à Blois, art. 64. & François I. 1535. chap. 12. art. 11.

Toutefois s'il y a de la difficulté, les parties ſont appointées à mettre leurs pieces, pour leur eſtre fait droict ſur ladite fin de non receuoir, ainſi que de raiſon. Mais il arriue rarement aux Reque-ſtes du Palais, que l'on appointe les parties à mettre ſur la fin de non receuoir : Meſſieurs des Requeſtes appointent le p'us ſouuent à écrire à toutes fins, à la difference des Iuges Preſi-diaux : toutesfois nous ne laiſſerons pas de faire icy mention de l'appointement à mettre ſur la fin de non receuoir, pour ne rien obmettre de ce qui dépend de cette matiere réelle, & ftyle de proceder.

Appointement à mettre fur la fin de non receuoir.

Extrait des Regiftres des Requeftes du Palais,
du tel iour.

Entre tel, de tel eftat, demandeur, felon l'exploi& de tel iour, par tel fon Procureur d'vne part, & tel deffendeur, par tel fon procureur d'autre: apres que ledit demandeur a perfifté en fes demandes & conclufions, & a requis dépens, & que ledit deffendeur a fouftenu que ledit demandeur n'eft pas receuable en fes demandes & conclufions, & conclud afin d'abfolution, & demande dépens, dõmages & interefts. La Cour, parties oüyes, a appointé & appointe les parties à mettre leurs pieces, & tout ce que bon leur femblera dedans trois iours pardeuers elle, pour leur eftre fait droi& ainfi que de raifon, & afin de dépens, dommages & interefts, & ne pourront les qualitez preiudicier.

Si le Procureur du deffendeur ne veut comparoir à l'Audience pour eftre oüy & reglé fur ladite fin de non receuoir, le Procureur dudit demandeur peut demander ledit appointement à mettre par deffaut, ainfi qu'il enfuit.

Extrait des Regiftres des Requeftes du Palais,
du tel iour & an.

Deffaut à tel demandeur par tel fon Procureur, contre tel deffendeur & deffaillant, par vertu duquel apres que ledit demandeur a dit ledit deffendeur auoir fourny de fins de non receuoir. La Cour a ordonné & ordonne que les parties mettront leurs pieces, & tout ce que bon leur femblera dedans trois iours par deuers la Cour, pour leur eftre fait droi& ainfi que de raifon, & afin de defpens. Et foit fignifié.

L'appointement fignifié au procureur du deffendeur, faudra dreffer la produ&ion par inuentaire, & produire pour faire vuider ladite fin de non receuoir.

EXCEPTIONS DILATOIRES.

CEtte Exception tire fa definition de fon nom, elle ne perime l'inftance, mais fert pour la dilayer feulement, ou à faire effectuer ce qui eft requis de droict, & ce que l'Ordonnance requiert: comme veuë, garand, vifitation, delay pour deliberer, & autres chofes dont il fera tantoft parlé.

Cette Exception fe peut eftendre en 18. poincts remarquables.

Le 1. regarde les perfonnes qui ne peuuent eftre conuenuës pour plus qu'elles ne peuuent, comme font conforts, perfonniers ou affociez, pere, mere, donateur, celuy qui a gratuitement conftitué la dot, le mary pour la reftitution d'icelle, le foldat qui a contracté au champ; les actions defquels, parce qu'elles n'abforbent ou n'eteignent pas la debte, mais la dilayent ou different iufques à ce qu'ils ayent moyen de payer, s'appellent *Dilatoires*.

2. Celuy qui eft conuenu comme caution d'vn autre, fi l'obligation n'eft folidaire, peut demander que le premier debiteur foit contraint.

3 Celuy qui eft inquieté pour l'hypotheque d'vn fonds à luy vendu, peut alleguer cette exception dilatoire, en difant qu'il eft prealable de difcuter l'action perfonnelle contre le vendeur.

4. Bien que deux debiteurs foient folidairement obligez, fi eft-ce qu'ils ne peuuent eftre contraints l'vn pour l'autre feul & pour le tout, finon qu'en l'obligation foit expreffement appofée la renonciation au benefice de diuifion, ordre de droict & de difcuffion.

5. Si le debiteur a moyen de iuftifier d'vne prorogation de payement à luy accordée par le creancier, l'exception eft dilatoire.

6. Quand le Iuge par fa Sentence a prefiny le temps de payement, il ne peut pluftoft eftre demandé, & on peut oppofer cette exception.

7. L'heritier qui n'a accepté fa fucceffion que fous benefice d'inuentaire, peut alleguer cette exception au creancier qui le pourfuit, veu qu'il ne peut eftre contraint qu'apres l'inuentaire fait.

8. Quand le debiteur a obtenu lettres d'attermoyment ou de répit

pit à 1. 2. 3. 4. ou 5. ans pendant l'entherinement d'icelles , le con
tract ceffe.

9. Le mary conuenu pour la reftitution de la dot qui confifte
en deniers, denrées, meubles ou droicts non immeubles , fe peut
feruir de cette exception , difant qu'il ne peut eftre conuenu dans
l'an.

10. Celuy qui ayant vendu vn fond , auquel fon achepteur eft
inquieté , peut alleguer (s'il eft appellé pour payer les dommages
& interefts) qu'il faut attendre que la chofe foit plainement éuin-
cée & Sentence renduë contre l'achepteur, finon qu'il ait vendu
le fond d'autruy que l'acheteur ignoroit, ou qu'il foit autrement
conuenu.

11. Celuy qui tient quelque chofe à preft pour certain temps,
peut exciper, fi elle luy eft demandée auant iceluy temps expiré.

12. Cette mefme exception fert au locataire contre le proprietaire qui le veut expulfer fans fuiet & contre les quatre cas de la
Loy, qui font pour rebaftir & reparer : s'y retirer par neceffité,
fi le locataire s'y comporte mal , ou s'il ne paye les loyers.

13. Le tuteur conuenu auant la pleine puberté de fon pupille, &
à la fin de fa tutelle de rendre compte, peut fe feruir de cette exception , finon quand les creanciers demandent vn compte fommaire, qui ne peut eftre dénié:le Curateur de mefme ne peut eftre
contraint auant la pleine maiorité de fon mineur , finon qu'il fuft
furieux , prodigue,&c.

14. La debte ne peut eftre demandée auant le terme écheu , ny
le debiteur contraint à payer à autre terme , lieu ou efpece qu'il
n'eft conuenu.

15. En la queftion pour controuerfer l'eftat du pupil , foit de fa
legitimation, naturalité, droict de fucceder, roture, nobleffe, ou
autrement, le tuteur peut oppofer que le demandeur ne peut agir
auant que fon pupil ait atteint la pleine puberté pour fouftenir
fon eftat & qualité, & cependant requerra la iouïffance de la chofe controuerfée par prouifion à caution.

16. Encore que felon l'article 84. des Ordonnances des Eftats
d'Orleans de l'an 1561. le deffaut de fignature vitie & annulle le
contract ; l'action toutesfois fondée fur tel contract, ainfi nul,
n'eft éteinte ny perie:mais doiuent les parties eftre reglées en preuue , fi la fomme ou chofe contentieufe n'excede les cent liures
de l'Ordonnance.

17. De mefme eft dilatoire l'obiection que l'on fait, que les let-

Z

tres Royaux, la ſignature, ou la Bulle obtenuë, ont quelque nullité viſible, ſoit en la datte, au texte, ſceau, ou ſignature : car pour
cela le principal ne laiſſe pas de demeurer en ſon entier.

18. Et finalement ne peut vn deffendeur eſtre conuenu pour vne
choſe, dont y a litiſpendance, ou dont iugement a eſté rendu, ou
contre l'achepteur de choſe litigieuſe : & ſont les exceptions, ſur
ce oppoſées, dilatoires.

DE FAIRE VEVE ET MONTREE
& declarations.

ES matieres réelles, pour raiſon des lieux que l'on vendique
& ſur leſquels on demande rente, ou autre deuoir foncier, le
demandeur eſt tenu de faire veuë, & montrée au doigt & à l'œil
au deffendeur, s'il le requiert, & pour faire ladite veuë, eſt commis vn Sergent Royal en la forme cy-aprés declarée.

Appointement pour faire veuë & montrée de lieu.

Extraict des Regiſtres des Requeſtes du Palais
du tel iour.

Entre tel, demeurant en tel lieu, demandeur, ſuiuant l'exploict
de tel iour, par Maiſtre tel ſon procureur d'vne part, & tel deffendeur par Maiſtre tel, ſon Procureur d'autre. Apres que ledit demandeur a perſiſté en ſa demande, & conclud aux fins d'icelle,
& és dépens, dommages & intereſts, & que ledit deffendeur a requis auparauant que pouuoir deffendre, que veuë & montrée
des lieux, ſur leſquels le demandeur pretend les cens & rentes
dont eſt queſtion, luy ſoit faite au doigt & à l'œil. La Cour, parties
oüyes, a ordonné & ordonne que ledit demandeur fera veuë audit deffendeur des heritages, ſur leſquels il pretend les cens & autres droicts Seigneuriaux mentionnez en ſa demande, pardeuant
le Iuge Royal des lieux, Huiſſier ou Sergent ſur ce requis : laquelle veuë ledit demandeur fera ſçauoir audit deffendeur trois
iours auparauant qu'icelle faire, & ne pourront les qualitez preiudicier.

S'il arriue que le Procureur du deffendeur ne vueille compa-

roir à l'Audience pour prendre ledit appointement de faire veuë,
Procureur dudit demandeur le pourra prendre par deffaut en la
forme & maniere qui ſuit.

Extraict des Regiſtres des Requeſtes du Palais,
du tel iour.

Deffaut à tel demeurant en tel lieu, demandeur, ſelon l'exploict
du tel iour, par tel ſon procureur d'vne part, Contre tel deffendeur :
Par vertu duquel, la Cour a ordonné & ordonne que ledit demandeur fera veuë audit deffendeur des heritages, ſur leſquels il pretend les cens & autres droicts Seigneuriaux mentionnez en ſa demande, pardeuant le Iuge Royal des lieux. Huiſſier ou Sergent
ſur ce requis, laquelle veuë ledit demandeur fera ſçauoir audit
deffendeur trois iours auparauant qu'icelle faire, & ſoit ſignifié.

*Appointe-
ment de fai-
re veuë &
moſtr e par
deffaut.*

Ledit appointement ſignifié au Procureur du deffendeur, faudra leuer vne commiſſion du Greffe en la forme & maniere qui
enſuit.

Les gens tenans les Requeſtes du palais à Paris, Conſeillers du
Roy noſtre Sire en ſa Cour de Parlement, Commiſſaires en cette partie, Au premier Huiſſier ou Sergent Royal, ſur ce requis,
Salut. Comme en la cauſe pendante pardeuant nous entre vn tel,
demandeur, ſelon l'exploict du tel iour d'vne part, & vn tel deffendeur d'autre : Nous ayons ce iourd'huy ordonné que ledit demandeur fera veuë audit deffendeur des heritages, ſur leſquels il
pretend les cens & rentes mentionnées en ſa demande, pardeuant le Iuge Royal des lieux, Huiſſier ou Sergent ſur ce premier
requis, laquelle veuë il ſera tenu faire ſçauoir audit deffendeur
trois iours auant qu'icelle faire. Si vous mandons qu'à la Requeſte dudit demandeur, vous faſſiez ſçauoir audit deffendeur trois
iours auant que faire icelle veüe, le iour, lieu & heure que ſe fera
icelle veuë, & qu'il ſe tranſportera ſur iceux heritages. Ce fait
aſſignerez iour auſdites parties, pour ouyr droict en diffinitiue, &
pour en outre proceder comme de raiſon. De ce faire vous donnons pouuoir. Donné à Paris ſous le ſeel deſdites Requeſtes, le
tel iour & an.

*Commiſſiõ
pour faire
veue & mõ-
trée d lieux
au drigt &
à l'œil.*

Pour voire faire ladite montrée le demandeur doit faire bailler aſſignation par vn deſdits Sergens au deffendeur, à ſa perſonne ou domicile, ou bien à la perſonne de ſon Procureur à certain

Z ij

iour, lieu & heure, pour se transporter sur les ieux contentieux,
& en faire montre & ostention en tel cas appartenāt, ô intimation:
c'est à dire, qu'il y compare ou non, on procedera à ladite montrée; & doit estre ledit adiournement baillé à delay competant,
selon la distance des lieux à certain iour & heure pardeuant le Sergent commis pour faire le rapport de ladite montrée.

Et à ladite assignation ledit deffendeur, ou Procureur pour luy
doit comparoir, & soit qu'il compare ou non, ledit demandeur
ou sondit procureur doit montrer à l'œil au Sergent commis pour
faire ladite veuë, les lieux contentieux de piece à piece, & les doit
confronter particulierement chacune piece de deux ou trois confrontations pour le moins, si les lieux sont roturiers: mais s'il est
question d'hostel noble & ses appartenánces, suffit de montrer ledit hostel auec ses enclos, & les confronter de deux côfrontations
pour le moins, sans montrer le surplus des appartenances dudit
hostel noble; le tout en presence de deux témoins; & de tout doit
le Sergent faire son procez verbal en la forme qui suit.

Procez ver-
bal de veuë L'an ::: le tel iour, & en vertu de certaines lettres de commission, données par Nosseigneurs les Gens tenans les Requestes du
palais en datte du, &c. signées du Puy, & seellées, obtenuës, & à
moy presentées par tel, ie Sergent Royal, aa Bailliage de ::: me
suis exprés transporté en l'hostel & domicile de tel, auquel lieu
en parlant à tel, i'ay ledit tel adiourné à estre & comparoir à tel
iour prochain, heure de dix heures attendant onze heures du matin, deuant telle maison pour de là nous trâsporter sur tels & tels
heritages, & leur en faire veüe, montre & ostention au doigt &
à l'œil, & proceder comme de raison, & leur ay baillé copie
de ladite Commission & exploict és presences de tels & tels témoins.

Et le tel iour heure d'onze heures, ie tel Sergent continuant mes
exploicts d'assignation, me suis exprés transporté au village :::au
deuant de tel, auquel lieu s'est presenté tel pour le demandeur,
tel pour le deffendeur, & quant à tel aussi deffendeur n'est comparu : parquoy apres auoir attendu iusques à l'heure de ::::: son-
née & passée, i'ay contre luy dóné deffaut, par vertu duquel & en
la presence de tel, l'vn des deffendeurs, ie luy ay fait veuë & ostention au doigt & à l'œil de tels & tels heritages tenant d'vne part à
tel, d'autre part à tel, aboutissant d'vn bout à tel, & d'autre à tel:
& apres nous nous sommes transportez en vne piece de terre contenant tant, tenant d'vne part, &c. que i'ay montrée au doigt &

à l'œil, ſur laquelle ledit tel pretend les cens & droicts dont eſt queſtion : plus ſur vne autre piece de terre aſſiſe en tel lieu, tenant d'vne part à tel , &c. deſquelles terres & heritages i'ay fait veue, & oſtention au doigt & à l'œil des tenans & aboutiſſans d'iceux, declarant auſdits tels deffendeurs en la preſence deſdits témoins, que ce ſont les terres & heritages ſur leſquels ledit tel pretend les droicts de cens & rentes dont eſt queſtion. Fait és preſences de tels & tels témoins , par moy menez exprés , leſquels ont ſigné auec moy le preſent procez verbal, dont ledit demandeur a requis a-cte: que ie luy ay octroyé pour luy valoir & ſeruir en temps & lieu ce que de raiſon. Fait les an & iour deſſuſdits.

Et s'il eſtoit queſtion ſeulement d'vne maiſon où ledit deffendeur demeuraſt, ou des lieux demandez par vertu de contract fait auec le deffendeur ou ſon predeceſſeur heritier, ſoit par vertu de Lettres Royaux, de reſciſion, ſupplément ou autrement, le demandeur ne ſeroit tenu en faire veuë, ny montrée au deffendeur : mais ſeulement declarer en propoſant ſa demande, que c'eſt la maiſon, où demeure ledit deffendeur , ſize en tel lieu, & tenant d'vne part, &c. ou tels lieux contenus par le contract.

Le deffendeur doit demander veuë des lieux contentieux auant que demander & appeller garands, ſi la choſe eſt ſuiette à garantie, dont ſera parlé cy-apres, pour informer ſes garands, de ce dont eſt queſtion : car autrement ils ne ſeroient tenus de prendre la garantie : & ſi ledit deffendeur auoit fait appeller ſes garands, auant que montrée euſt eſté faite, il faudroit qu'elle fuſt faite à ſes dépens : car depuis qu'il a pris delay d appeller garands, il eſt veu eſtre certioré & certain de la choſe dont eſt queſtion.

Si le deffendeur fait veuë, & montrée à ſon garand, il n'eſt pas requis que le demandeur y ſoit appellé : mais ſeulement ledit garand: Et s'il ne compare, ledit deffendeur fera ladite veuë & montre en ſon abſence.

On baille communément delay de trois ſemaines au demandeur pour faire veuë & montrée ou plus ou moins ſelon la diſtance des lieux, comme dit eſt ; & ſi le demandeur ne la peut faire dedans ledit delay, en ſera baillé vn ſecond, pendant lequel temps il pourra faire ladite veuë & montrée: s'il ne la fait comme il appartient, & eſt debattue ſera condamné à la refaire, & és dépens, pour le procez retardé.

Quand le demandeur fournir du procez verbal de la veuë, & la bai'le au deffendeur, ou à son Procureur, ledit deffendeur ne doit auoir delay pour en venir : mais s'il a garand, il aura delay de trois semaines : ou autre delay competant pour les appeller : & s'il veut appeller garands, & qu'il ne soit prest de proceder & deffendre, sera donné deffaut contre luy, sauf huictaine.

Si à l'assignation baillée pour voire faire montrée, toutes les parties comparent en leurs personnes, & s'accordent des confrontations des lieux contentieux, sans qu'il en soit fait montre à l'œil, le Sergent en fera procez verbal, & declarera & confrontera les lieux, ainsi que lesdites parties s'en sont accordées, qui vaudra audit cas autant que si lesdits lieux auoient esté montrez à l'œil, pourueu qu'il y ait deux témoins presens audit accord, dont le Sergent fera mention en son procez verbal.

Et si le Iuge ordonne du consentement des parties, que le demandeur baillera par declaration les lieux contentieux au lieu de faire montrée, ledit demādeur aura semblable delay pour ce faire qu'il aura pour faire montrée, & sera tenu bailler par écrit ladite declaration, & par icelle confronter & declarer les lieux contentieux de telles confrontations qu'il eust esté tenu faire à la montrée, & s'il en fournit au iour sur ce assigné, le deffendeur sera tenu proceder en cause, sans auoir delay pour venir.

Si le deffendeur declare qu'il n'est detempteur que d'vne quatriéme, ou autre portion desdits heritages, il faudra faire distinction.

Apres que le Procureur du deffendeur aura eu copie du procez verbal de veuë, le faudra faire receuoir pour iuger en la forme & maniere qui suit.

Extrait des Registres des Requestes du Palais, du tel iour & an.

Appointement parlequel'la veuë est receuë pour iuger.

Entre tel demandeur, par tel son Procureur d'vne part, & tel deffendeur par tel son Procureur d'autre. Apres que ledit demandeur a requis que la veuë & montrée par luy faite, & de laquelle il a fait bailler copie au Procureur du deffendeur, soit receuë pour iuger, & que par ledit deffendeur a esté requis delay pour le voir. La Cour, parties oïyes, a receu & reçoit le procez verbal de veuë, dont est question, pour iuger : a ordonné & ordonne que le deffendeur viendra au principal deffendre à la de-

mande & conclusions du demandeur à huictaine, Fait le tel iour
& an.

La huictaine passée, si le deffendeur ne fournit de deffenses, le
demandeur pourra obtenir ses deffauts ; & permission de le faire
iuger en la forme & manieré cy-apres declarée, & obtenir Sentence de contumace.

Si le defendeur fournit de deffenses faudra prendre appointement en droict à écrire & produire, & faire iuger le procez.

DES GARANDS.

Parce qu'il y a des procez & matieres suiettes à garand, le deffendeur auant contestation en cause, peut demander delay
de faire appeller son garand, qui ne luy peut estre dénié, & luy
doit estre donné selon la distance des lieux, en la forme & maniere
qui suit.

Extraict des Registres des Requestes du Palais,
du tel iour & an.

Entre tel, de tel estat, demeurant en tel lieu, demandeur, par
tel son procureur, d'vne part : & tel deffendeur par tel son Procureur, d'autre. Apres que ledit demandeur a persisté aux conclusions par luy prises, & a requis dépens, & que ledit deffendeur a
dit qu'il ne peut deffendre de son chef, parce qu'il ne sçait ce que
c'est de la demande du demandeur, & luy est besoin de sommer
son garand, requerant delay de trois semaines pour ce faire : La
Cour, parties ouyes, a donné & donne delay de tel temps aud.
deffendeur pour sommer la presente poursuite, & faire appeller ses
garands, & ne pourront les qualitez preiudicier.

Le iugement donné, le deffendeur leuera du Greffe vne commission pour sommer, & faire appeller ses garands en la forme &
maniere qui suit.

Les Gens tenans les Requestes du Palais, Conseillers du Roy
nostre Sire en sa Cour de Parlement, Commissaires en cette partie, au premier Huissier ou sergent Royal sur ce requis, Salut.
Comme en la cause pendante pardeuant nous entre vn tel demádeur d'vne part, & vn tel deffendeur d'autre; Nous auons ce iour-

d'huy permis audit deffendeur sommer qui bon luy semblera Si vous mandons & commettons par ces presentes qu'à la Requeste dudit deffendeur vous adiourniez à certain & competent iour, pardeuant nous, toutes & chacunes les personnes dont serez requis, pour répondre à telles demandes & sommations que ledit deffendeur voudra prendre, & en outre proceder comme de raison. De ce faire vous donnons pouuoir. Donné à Paris sous le Scel desdites Requestes le tel iour & an.

En vertu de laquelle commission ledit deffendeur fera adiourner ses garands aux Requestes du palais par exploict libellé contenant la demande en sommation, denonciation & requeste formelle, en la forme & maniere qui suit.

A la Requeste de tel Marchand demeurant en tel lieu, & en vertu de certaines lettres en forme de commission par luy obtenuës de Messieurs les Gens tenans les Requestes du palais en datte du tel iour, signées Dupuy & seellées. Soit adiourné à tel iour, tel, demeurant en tel lieu, à comparoir pardeuant Messieurs des Requestes du Palais, pour venir répondre à la demande en sommation, denonciation, & Requeste formelle dudit tel demandeur, Sur ce qu'il dit, qu'il est poursuiuy en ladite Cour, pour le payemét de dix liures tournois de rente, & cinq années d'arrerages d'icelle, qu'vn tel pretend auoir droict de prendre sur tel heritage, que lesdits deffendeurs ou leurs predecesseurs ont vendu à tel, pere dudit demandeur, sans la charge de ladite rente, pour eux voir condamner à faire cesser ladite poursuitte, prendre la cause & garantie pour ledit demandeur, & d'icelle l'en acquitter & prendre indemnité de l'euenement d'icelle, se voir condamner à rachepter ladite rente par emprisonnement de leurs personnes & ventes de tous leurs biens, & és dépens, tant en demandant qu'en deffendant, dommages & interests, que ledit demandeur a eus & soufferts, aura & souffrira par cy-apres à cause de ce.

Fait comme dessus par moy tel, Sergent Royal, en tel lieu, en parlant à tel, & à tel, en leurs domiciles: Ausquels, & à chacun d'eux, ie leurs ay baillé copie, ensemble de ladite commission & exploict libellé és presences de tel & tel témoins.

Au iour assigné les parties se presentent en la forme & maniere cy-dessus declarée au titre *des presentations*.

Cela fait, faudra, que le demandeur en sommation iustifie & baille copie aux deffendeurs en garantie, ou à leurs Procureurs, des pieces & poursuites contre luy faites par le demandeur originaire.

Il y a difference entre garands formels & garands ƒimples.

Le garand formel eƒt celuy qui eƒt obligé en la garantie d'vn heritage ou autre choƒe immobiliaire , qui peut prendre la cauƒe pour le deffendeur originaire, & le mettre hors de cauƒe, à la charge que les iugemens qui interuiendront ƒeront executez , tant contre le garand, que contre le garanty, pour le principal, & pour les dépens contre le garand ƒeulement , ƒuiuant l'Ordonnance de 1539. article 20.

Ce que le demandeur originaire ne peut empeƒcher.

Iugement par lequel le garand formel eƒt receu à prendre la cauƒe.

Extraict des Regiƒtres des Requeƒtes du Palais,
du tel iour & an.

Entre tel demandeur en matiere perƒonnelle & hypothequairè, par tel d'vne part, & tel deffendeur par tel ƒon Procureur, d'autre, & encore ledit tel demandeur en ƒommation , ƒuiuant le contenu en l'exploict libellé de tel Sergent, de tel iour , d'vne part, & tel deffendeur, d'autre. Apres que leƒdites parties ont reƒpectiuement perƒiƒté en leurs demandes & deffenƒes, & requis dépens, & que leƒdits deffendeurs en garantie, ont dit qu'ils ƒont garands dudit tel , & requis eƒtre receus à prendre la cauƒe & garantie pour luy à l'encontre dudit tel demandeur originaire: La Cour, parties ouyes, a receu & reçoit leƒdits tels & tels deffendeurs en ƒommation, à prendre le fait & garantie pour ledit tel, à l'encontre de tel , demandeur originaire, lequel deffendeur ladite Cour a mis & met hors de cauƒe, à la charge toutesfois, que les Sentences & Iugements qui interuiendront au preƒent procez ƒeront executées pour le principal, tant contre les garands que contre les garantis ; & pour les dépens, dommages & intereƒts contre le garand ƒeulement: & apres que leƒdits tels & tels garands ont ƒouƒtenu que la rente n'eƒt pas deuë ƒur l'heritage dont eƒt queƒtion, La Cour a appointé & appointe les parties en droict à écrire par aduertiƒƒements, & produire tout ce que bon leur ƒemblera dans huictaine ; ƒeront les productions communiquées, pour contre icelles bailler contredits & ƒaluations , dans le temps de l'Ordonnance, pour leur eƒtre fait droict ainƒi que de

A a

raiſon, & afin de dépens, dommages & interefts. Fait le tel iour, & an.

Par l'Ordonnance faite par le Roy François I. en l'an 1539. article 18. il eſt dit, quand les actions ſont diſpoſées à garand formel, ledit garand pourra prendre la cauſe, & mettra le deffendeur hors icelle; ce qui ſe doit faire auant conteſtation en cauſe, & eſt donné vn ſeul delay pour amener ledit garand.

Et par la meſme Ordon art. 9. il eſt dit, que ſi le garand compare & veut prendre la garantie, il le pourra faire au iour de la premiere aſſignation, & conteſter contre le demandeur ordinaire : ſinon que le garand vouluſt encore ſommer autre garand, pour ce faire luy ſera donné vn delay.

Et par l'article 20. de ladite Ordonnance, il eſt dit, que les Sentences & Iugemens donnez contre les garands ſeront executoires contre les garantis, tout ainſi que contre les condamnez, ſauf les dépens, dommages & interefts, dont la liquidation & execution ſe fera contre le garand ſeulement.

Et encore par l'article 21. de ladite Ordonnance, il eſt dit, que par vertu des deux defauts bien & deüement obtenus contre le garand, ſera donné Sentence ou Arreſt adiudicatif des concluſions du demandeur, apres verification deüement faite du contenu d'icelle.

Et parce qu'aux Requeſtes du Palais, les procureurs ne ſe peuuent rencontrer en meſme temps à l'Audience, pour pluſieurs affaires & occupations qui leur ſuruiennent à toutes heures, le Procureur du garand pourra comparoir en l'Audience, remonſtrer qu'il eſt garend d'vn tel, pour raiſon de tel cas, ſuppliant la Cour de le receuoir à prendre la cauſe pour luy à la charge de l'Ordonnance, ce qui ſera ordonné en la forme qui ſuit.

Extraict des Regiſtres des Requeſtes du Palais, du tel iour, & an.

Sur ce que tel Procureur de tel, a remontré que tel a fait appeller en la Cour de ceans tel, en action perſonnelle & hypothequaire pour auoir payement de la ſomme de dix liures tournois de rente, & cinq années d'arrerages qu'il pretend ſur vn tel heritage, laquelle pourſuite ledit tel a ſommé & denoncé audit tel la partie, & iceluy fait adiourner en la Cour de ceans à certain iour, où les parties ſont comparües par procureurs, & pretend ledit tel garend, montrer & iustifier que ledit heritage n'est pas obligé à ladite rente, & que partant il est mal fondé en ses conclusions. A cette cause nous a ledit tel audit nom, requis que ledit tel soit receu à prendre la cause & garentie pour ledit tel, à l'encontre de tel, lequel soit mis hors de cause à la charge de l'Ordonnance. Surquoy & apres que M. tel Procureur dudit demandeur originaire a esté appellé, & n'est comparu : LA COVR a contre luy donné defaut, & par vertu d'iceluy a receu & reçoit ledit defendeur en sommation à prendre le fait, cause & garentie, pour ledit tel, à l'encontre de tel demandeur originaire, & en ce faisant a mis & met ledit tel hors de cause ; à la charge toutesfois que les Sentences & Iugemens qui interuiendront, seront executez pour le principal, tant contre les garentis, que les garends, sauf les dépens, dommages & interests, dont la liquidation, & execution se fera contre le garend seulement, suiuant l'Ordonnance, & soit signifié.

Faudra leuer le iugement que dessus en forme, qui soit signé du Greffier & seellé, & le faire signifier audit demandeur originaire, lequel pourra poursuiure le garend, & à faute de ce faire, faire iuger contre luy vn defaut, comme il est dit cy-dessus : & s'il fournit de defenses pertinentes, faudra contester, & prendre l'appointement en droict.

Mais s'il arriue que le defendeur & adiourné en garentie ne vueille prendre la cause, & qu'il fournisse de defenses, faudra que le defendeur originaire conteste contre le demandeur originaire, s'il a des defenses contre le defendeur en garentie.

L'autre sorte de garend, c'est garend simple, qui ne doit que se ioindre en cause simplement, pour soustenir la demande ou defense de celuy qui le fait appeller, & non pas de prendre la cause.

Comme quand plusieurs sont obligez, vn seul & pour le tout, & l'vn d'iceux est seulement poursuiuy, il peut demander delay pour sommer la poursuite contre luy faite, à ses coobligez, pour le dédommager chacun pour leurs parts & portions, lesquels se peuuent ioindre en cause auec luy en tout estat de cause, s'ils ont cause & matiere de defendre contre le creancier, sinon passer condamnation.

Pour faire laquelle sommation, faudra obtenir vne semblable commission que dessus, en vertu de laquelle faudra faire adiourner le garend en la forme & maniere qui suit.

A la Requeste de tel, en vertu de certaines lettres de com-

miſſion, données par Meſſieurs des Requeſtes du Palais à Paris,
du tel iour, ſignées du Puy & ſcellées, ſoit adiourné à tel iour
pardeuant meſdits ſieurs des Requeſtes du Palais, tel demeurant
en tel lieu pour venir répondre à la ſommation & denonciation
dudit demandeur, ſur ce qu'il dit eſtre pourſuiuy en ladite Cour
par tel, pour le payement de la ſomme de tant, en laquelle il eſt
obligé ſolidairement auec ledit defendeur : à cette cauſe ſomme
ladite pourſuitte audit defendeur, à ce qu'il ait à contribuer pour
ſa part, pour le payement de ladite ſomme, offrant ledit demandeur de contribuer pour la ſienne, & à faute de ce faire, condamné és dépens, tant en demandant, que defendant, & de la ſommation, dommages & intereſts que ledit demandeur a eus & ſouf-
ferts, aura & ſouffrira par cy-apres à cauſe de ce.

En laquelle inſtance faudra faire ſemblable pourſuitte qu'en la
precedente.

DES VISITATIONS, PRISEES,
& eſtimations des lieux.

LES Viſitations ſe font pour deux raiſons, la premiere, pour
priſer & eſtimer les lieux & baſtimens, quand il eſt queſtion
de partage entre coheritiers, ou des ouurages de Maçons, Charpentiers, Laboureurs, ameliorations & impenſes. La ſeconde,
quand il eſt queſtion des ouurages qui n'ont pas bien eſté deuëment faits ; leſquelles viſitations ne peuuent eſtre faites, ſi non
par ordonnance des Iuges, ainſi qu'il senſuit.

Extraict des Regiſtres des Requeſtes du Palais
du tel iour.

Iugemét par
lequel eſt
dit, que les
lieux ſeront
veus viſi
tez priſez,
& eſtimez

Entre tel, demeurant en tel lieu, demandeur en matiere de
partage, par tel d'vne part, & tel defendeur d'autre, apres que
ledit demandeur a parſiſté en ſa demande & concluſions, & requis que pour plus facilement pauenir au partage d'entre les
parties, les lieux, maiſons & baſtimens de la ſucceſſion de tel,
ſoient veus, viſitez, priſez & eſtimez par Maçons, Charpentiers,
& gens à ce connoiſſans : Et par ledit defendeur a eſté dit, qu'ils
n'auoient cauſes valables pour ce empeſcher. LA COVR, parties
oüyes, a ordonné & ordonne, que les lieux, maiſons, & herita-

ges, dont est question, seront veus, visitez, prisez, & estimez par
Maistres Maçons, Charpentiers, & gens à ce connoissans, dont les
parties conuiendront pardeuant M. tel Conseiller en ladite Cour,
autrement en sera par luy nommé d'office pour ce fait en estre ordonné ce que de raison & ne pourront les qualitez prejudicier.

Pour faire executer laquelle Sentence, le poursuiuant pourra
presenter requeste ainsi, quoy qu'elle ne soit pas necessaire quand
par la Sentence vn Conseiller est commis.

A NOSSEIGNEVRS DES REQVESTES DV PALAIS.

Supplie humblement tel, disant, Que par Sentence de ladite
Cour, du tel iour donnée entre le suppliant demandeur d'vne
part, & tel deffendeur d'autre, a esté ordonné, que veuë, visitation, prisée, & estimation seroit faite des lieux & heritages, dont
est question entre les parties. Ce consideré, il vous plaise commettre tel de vous, Nosseigneurs, qu'il vous plaira pour faire la
prisée & estimation des lieux, dont est question, pour en estre
ordonné ce que de raison, & vous ferez bien.

Est commis tel Conseiller du Roy. Fait le tel iour & an.

En vertu de ladite requeste, qui sera deuëment signifiée, le
poursuiuant prendra vne Ordonnance du Conseiller, qui sera
commis sur ladite Requeste en la forme qui suit.

De l'Ordonnance de nous tel Conseiller du Roy nostre Sire
en sa Cour de Parlement, & és Requestes du Palais; Commissaire en cette partie, & à la Requeste de tel, de tel estat, demeurant en tel lieu, soit par le premier des Huissiers de lad. Cour, ou
autre Sergent sur ce requis, fait commandement à tels de comparoir pardeuant Nous, demain dix-heures, leuée de la Cour au
Parquet desdites Requestes, pour conuenir de Maçons, Charpentiers, & gens à ce connoissans, pour faire la visitation, prisée
& estimation, dont est question, suiuant la Sentence donnée entre lesdites parties, le tel iour, autrement en sera pris & nommé
par nous d'Office, ô inthimation. Fait au Parquet desdites Requestes le tel iour.

En vertu de ladite Ordonnance, faudra faire appeller, & adiourner la partie aduerse par vn Huissier ou Sergent, pour conuenir desdits Preud'hommes.

Au iour assigné, si les parties comparent pardeuant ledit
Commissaire, il fera son procez verbal en la forme qui suit.

L'an : :: le tel iour heure de : :: pardeuant nous tel, Conseiller du Roy en sa Cour de Parlement, & és Requestes du Palais, Commissaire en cette partie, est comparu en nostre Hostel, sis en tel lieu, Maistre tel Procureur en ladite Cour, & de tel, lequel nous a dit qu'en l'instance pendante en ladite Cour, entre luy demandeur d'vne part, & tel defendeur d'autre, par Sentence du tel iour, il auroit esté ordonné, que les lieux dont est question, seroient veus & visitez, prisez & estimez par Maistres Massons, Charpentiers, & gens à ce connoissans : dont les parties conuiendroient, pour ce fait estre ordonné ce que de raison. Pour l'execution de laquelle Sentence, ayant presenté sa Requeste à la Cour, & nous commis, il auroit en vertu d'icelle, & de nostre Ordonnance du tel iour fait assigner pardeuant nous à cedit iour, lieu & heure presente ledit tel, & son Procureur pour nommer & conuenir d'Experts : nous requerant qu'il nous pleust nommer d'Office telles personnes que bon nous sembleroit, faute que ledit tel, ou son Procureur seroit refus d'en nommer, apres que de sa part il a nommé tel Maistre Maçon, & tel Maistre Charpentier pour faire la visitation, prisée, estimation dont est question.

Comme aussi est comparu ledit tel, qui nous a dit que pour l'execution de ladite Sentence, il nommoit tels Maistres Maçon & Charpentier, Iurez de cette ville de Paris.

Surquoy nous, parties oüyes, auons donné & donnons acte ausdites parties des declarations & nominations dessusdites, & ordonné que lesdits tels & tels nommez & conuenus par les parties seront adiournez à comparoir pardeuant nous à demain dix heures du matin, leuée de la Cour : ou bien en nostre hostel sis en tel lieu, pour prester le serment en tel cas requis & accoustumé Fait le tel iour.

Suiuant ce iugement, faudra prendre l'Ordonnance dudit Commissaire pour faire assigner les Experts en la forme qu'elle est cy-dessus inserée; excepté qu'à celle-cy l'on met *soient adiournez tels & tels Maistres Maçons & charpentiers pour faire le serment en tel cas requis & accoustumé, de bien & fidellement faire la visitation, prisée & estimation des lieux, dont est question entre les parties, & ce à peine de tant d'amende. Fait le tel iour.*

Cette Ordonnance executée, & les assignations données, le clerc du Conseiller en fera mention dans son procez verbal, en ces mots.

Et ledit iour de : : : : : seroit derechef comparu pardeuant nous

ledit tel, Procureur dudit tel , qui nous a dit auoir en vertu de noftre fufdite Ordonnance fait affigner à cedit iour, lieu & heure prefente lefdits tels nommez & conuenus par les parties pour faire le
ferment, nous requerant , attendu la prefence defdits tels, qu'euffions à prendre leur ferment en tel cas requis & accouftumé.

Surquoy nous Commiffaire fufdit auons defdits tels, pris & receu le ferment en tel cas requis , de bien & fidelement voir & vifi-
ter lefdits ouurages , ou lieux , dont eft queftion , & faire bon &
fidel rapport de l'eftat d'iceux, fuiuant ladite Sentence dudit iour
de ::: laquelle à cette fin fera mife en leurs mains : ce que lefdits
tels ont promis faire. Fait les iour & an que deffus.

Cela fait, faut mettre les memoires ou demandes, exploits, Sentences & autres pieces és mains des Experts , qui vifiteront lefdits
lieux , & en feront leur rapport, lequel eftant fait & mis entre les
mains du Confeiller commis, il l'inferera en fon procez verbal,
en la forme qui fuit.

Et le tel iour, pardeuant nous Commiffaire fufdit, font comparus tels , qui nous ont rapporté , & mis és mains le rapport par
eux fait, fuiuant ladite Sentence, lequel ils ont affirmé veritable,
la teneur duquel enfuit.

Nous tels Maiftres Maçons & Charpentiers, en vertu de la Sen- *Raport d'Experts,*
tence du tel iour, & preftation de ferment par nous fait pardeuant M. Maiftre tel, Confeiller du Roy en fa Cour de Parlement,
Commiffaire és Requeftes du Palais, & en cette partie, nous nous
fommes tranfportez en tel lieu, lequel nous auons veu & vifité de
fonds en comble, haut & bas, & par toutes les chambres , caue,
grenier , cour, iardin & autres endroits de ladite maifon, laquelle nous auons trouuée en bon eftat, fors qu'il conuient faire telles
reparations en tels lieux, qu'auons prifez & eftimez à la fomme de
tant, & ainfi des autres chofes, ce que nous certifions eftre vray
en nos confciences , & auoir par nous ainfi fait : En témoin dequoy nous auons figné le prefent rapport. A Paris ce::::: iour
de : :: : Signé tels.

Ce procez verbal ainfi fait & figné du Commiffaire, eft deliuré
aux parties qui le demandent : mais principalement au demandeur, lequel en doit bailler copie au Procureur du defendeur pour
ce fait en demander la reception.

Faudra que le pourfuiuant faffe bailler copie dudit procez verbal au Procureur du defendeur par vn Huiffier, & en demander
la reception à l'Audience, en la forme qui fuit.

Extraict des Regiſtres des Requeſtes du Palais, du tel iour.

Appointe-
ment de re
ception du
procez ver-
bal de viſi-
ration, pri-
ſée, & eſti-
mation.

Defaut à tel demandeur, par tel ſon Procureur, contre tel deffendeur & defaillant, par vertu duquel, apres que ledit demandeur a dit, que ſuiuant la Sentence du tel iour, il a fait faire viſitation, priſée, & eſtimation des lieux dont eſt queſtion, comme appert par le procez verbal, dont copie a eſté baillée au Procureur dudit deffendeur; La Cour a receu & reçoit ledit procez verbal de viſitation, priſée & eſtimation pour iuger, & a appointé les parties en droiɑ à écrire par aduertiſſement, & produire tout ce que bon leur ſemblera dans huitaine pardeuers la Cour, feront les productions communiquées, pour contre icelles bailler contredits & ſaluations dans le temps de l'Ordonnance pour leur eſtre fait droiɑ, ainſi que de raiſon, & afin de dépens. Et ſoit ſignifié.

Suiuant lequel appointement faudra écrire, produire, & contredire, comme il a eſté dit cy-deuant en parlant de l'action perſonnelle.

DES SEQVESTRES.

LES Docteurs ont tenu, que le Sequeſtre eſt vne voye irreguliere, que le droiɑ a laiſſé à l'office des Iuges, quand ils ne peuuent ſi toſt découurir la verité de ce que l'on demande, tant le demandeur que le deffendeur; tellement que l'on ne peut ſçauoir qui a plus de droiɑ en la poſſeſſion : auſſi la principale cauſe du Sequeſtre, eſt afin d'obuier aux voyes de fait. A quoy l'Ordonnance a tres bien pourueu, pour le regard principalement des matieres Beneficiales, en ce qu'elle a voulu que les Sentences de recreance & maintenuë, ſoient executées nonobſtant l'appel. Et en ce quil eſt dit, que le poſſeſſoire ſera vuidé, ſans en faire aucun renuoy pardeuant le Iuge d'Egliſe. Voyez l'Ordonnance de 1539. art 62.

Mais quand il eſt neceſſaire de Sequeſtrer les choſes contentieuſes, ledit ſequeſtre ſe peut demander par l'vne ou l'autre des parties, en la forme & maniere qui ſuit.

Extrait

Extraict des Regiftres des Requeftes du Palais, du tel iour & an.

Sur ce que tel Procureur de tel, a remonſtré, que bien, qu'il ſoit *Requeste verbale pour faire ſequeſtrer les biẽs & heritages qui ſont en debat.* le plus proche heritier d'vn tel depuis peu decedé: Toutesfois tel l'a oublié & empeſché, en la poſſeſſion, & ioüyſſance de ladite ſucceſſion, & ſur ce y a procez pendant en ladite Cour, entre leſdites parties, au preiudice duquel ledit tel s'efforce de prendre & enleuer les fruicts de ladite ſucceſſion, ce qui ne ſeroit raiſonnable: A cette cauſe a ledit tel audit nom, requis que les biens de ladite ſucceſſion ſoient ſequeſtrez & regis par bons & ſuffiſans Commiſſaires, dont les parties conuiendront, pour en rendre bon & loyal compte & reliqua, quand, & à qui il appartiendra : & ce pour la conſeruation des droicts de l'vn & de l'autre des parties. Surquoy, & apres que tel Procureur de tel, a eſté ſuffiſamment appellé, & n'eſt comparu; La Cour a contre luy donné defaut, & par vertu d'iceluy, a ordonné & ordonne que ledit tel viendra au premier iour ſur la preſente Requeſte verbale, defendre & dire ce qu'il appartiendra : Et ſoit ſignifié.

Ladite Requeſte verbale ſignifiée, faudra obtenir & leuer vn defaut, ſauf trois iours a faute de defendre à l'entherinement d'icelle, & leſdits trois iours paſſez faut ſignifier la permiſſion de le faire iuger, ainſi qu'il a eſté dit cy-deſſus au titre *des Defauts*. Et pour la Sentence qui interuiendra ſur ledit defaut, la Cour ordonnera ledit ſequeſtre en ces mots. La Cour a ordonné & ordonne, que les biens & ſucceſſions de tel ſeront ſequeſtrez, regis, & gouuernez par bons & ſuffiſans Commiſſaires, dont les parties conuiendront, qui en rendront bon compte, & reliqua, quand, & à qui il appartiendra : le tout pour la conſeruation des droits des parties. Et ſoit ſignifié.

Pour l'execution d'iceluy, faudra preſenter Requeſte, ſur laquelle ſera commis vn Conſeiller, pour oüyr & regler les parties pour conuenir de Commiſſaires pour regir & gouuerner les choſes contentieuſes, en la forme qu'il a eſté dit cy-deſſus au titre *des Viſitations*, & faire la meſme pourſuite & procedure: ſinon que ſi la partie ne veut conuenir de Commiſſaires, ou fait defaut, le Conſeiller par ſon procez verbal en nommera d'office en ces mots: Nous, parties oüyes, auons donné deffaut à l'encontre dudit tel, & pour le profit d'iceluy nommé & nommons d'Office, tel,

B b

& tel, Commiſſaires pour regir & gouuerner les biens & autres choſes contentieuſes entre les parties par forme de Sequeſtre, ſuiuant la Sentence du tel iour, pour la conſeruation des droicts de qui il appartiendra, leſquels Commiſſaires pour ce preſens ont fait le ſerment en tel cas requis, & accouſtumé, & auons fait & faiſons deffenſes aux parties reſpectiuement, de les troubler ny empeſcher, à peine d'eſtre décheus des droicts par eux preſendus, & d'amende arbitraire. Fait le tel iour & an.

Ce qui eſt conforme à l'Ordonnance de 1539. art. 78. en ces mots, *Deffendons aux proprietaires, &c. de troubler ny empeſcher les Commiſſaires, ſur peine de priuation de droict, & autre amende arbitraire à l'arbitration de Iuſtice,* ce qui eſt iuſte, parce qu'autrement la Sentence ou Ordonnance du Iuge portant Sequeſtre ſeroit illuſoire.

Le Sequeſtre peut eſtre empeſché par l'vne des parties, quand il y a tiltre, pour montrer ſur le champ que les choſes contentieuſes luy appartiennent, la prouiſion ou recreance luy doit eſtre adiugée, au lieu de Sequeſtre. S'il y a appel du Sequeſtre, les Iuges peuuent dire, *nonobſtant & ſans preiudice de l'appel, par prouiſion ſuiuant l'Ordonnance,* parce que le Sequeſtre équipole à vne prouiſion au profit de l'vne & de l'autre des parties.

Mais ſi la partie fait établir des Commiſſaires qui luy ſoient fauorables, & qui le laiſſent ioüyr, on peut requerir qu'il en ſoit cohuenu d'autres, & au refus de ce faire par le Iuge, en appeller comme de dény de Iuſtice; enſemble de la Sentence portant établiſſement & reception d'iceux Commiſſaires, & pendant l'appel en faire commettre d'autres par le Iuge d'appel, au cas qu'il prenne long traict.

Par l'Ordonnance de François I. 1539. art. 82. il eſt dit, *Que tous Sequeſtriers, Commiſſaires, & Dépoſitaires de Iuſtice, commis au gouuernement d'aucunes terres & heritages, ſeront tenus de les bailler à ferme par authorité de iuſtice, parties appelées, au plus offrant & dernier encheriſſeur, qui ſera tenu de porter les deniers de la ferme iuſques à la maiſon des Commiſſaires, & d'entretenir les choſes en l'eſtat qu'elles leur ſont baillées, ſans y commettre aucune fraude ny maluerſation, ſur peine d'amende à la diſcretion de la Iuſtice.*

Ce qui eſt ſagement introduit, afin que les fruicts & heritages ne fuſſent baillez à ferme à vil prix en fraude du debiteur, à cette cauſe doiuent tels baux à ferme eſt e faits pub iquement, & appellez ceux qui ont intereſt: Le ſemblable eſt porté par l'Ordonnance des Criées, ſurquoy M. le Maiſtre en ſon Traité des Criées,

fait deux belles queſtions : La premiere, ſi le dernier encheriſſeur
ne ſe preſentoit apres ſon enchere, ou qu'il fuſt inſoluable, à ſçau-
uoir ſi on pourroit contraindre le precedent encheriſſeur de prendre la choſe: à quoy ledit ſieur le Maiſtre apporte cette diſtin-
&tion, diſant : Que ſi l'on auoit receu l'enchere du dernier, auec
clauſe que le premier fuſt liberé, ou qu'il eût baillé caution, alors
le premier ne pourroit eſtre contraint: mais à faute de ce, que le
precedent doit demeurer obligé, ſi le dernier eſt inſoluable, ou ne
paroiſſe plus. La ſeconde queſtion eſt telle, Les Commiſſaires
ayans enchery les fruicts pour la modicité du prix qu'ils en trouuent, remettent l'enchere au lendemain pour l'eſperance qu'ils
ont d'en auoir beaucoup dauantage, il arriue vn orage la nuict
qui gaſte & endommage les fruicts : neantmoins le lendemain les
Commiſſaires veulent contraindre le dernier encheriſſeur de tenir ſon enchere, ſçauoir s'il y doit eſtre contraint, il conclud que
non, ſauf ſi on luy faiſoit prealablement rabais de la perte &
dommage qui eſt arriué auſdits fruicts.

Et par les 83. & 84. articles de la meſme Ordonnance, il eſt dit,
Que leſdits Sequeſtriers & Commiſſaires ſont tenus le iour dudit bail à
ferme, faire arreſter par Iuſtice la miſe & dépenſe qui aura eſté faite pour
le bail d'icelle ferme, en la preſence des parties, ou elles deüëment appel-
lées. Et ne pourront ſur les deniers de la ferme , faire autres frais, &
miſes, ſinon qu'il leur fuſt ordonné par Iuſtice, parties appellées : & par-
tant rendront tous les deniers de la ferme , ſans aucune déduction, fors ce
qu'ils auront ainſi frayé comme deſſus, & de leurs ſalaires raiſonnables,
apres qu'ils auront eſté ainſi taxez par Iuſtice.

Et quant aux Sequeſtres ordonneZ par Iuſtice , ſeront tenus les parties
dedans trois iours apres la Sentence, conuenir de Commiſſaires, apres leſ-
dits trois iours paſſez, ſoit qu'ils en ayent conuenu ou non, ſeront tenus les
poſſeſſeurs ou detempteurs des choſes contentieuſes, laiſſer la detention ou
occupation des choſes ſequeſtrées, ſur peine de perdition de cauſe. Les Do-
&teurs ont toûjours tenu que ces mots *Sequeſtriers, Commiſſaires, &*
Depoſitaires de Iuſtice, ſont compris en la definition de Sequeſtre.

Par l'Ordonnance du Roy Philippe VI. il eſt ordonné que les
biens pris & ſaiſis en la main du Roy, ne ſeront baillez en garde
ou regime aux Officiers, Miniſtres, & Sergents de ſa Majeſté, mais
à quelque homme de bien d'eſtat priué moyennant ſalaire competent, qui ſoit ſujet à rendre compte en temps & lieu, & ſi aucun
Officier, Miniſtre, ou Sergent du Roy, preſume de prendre la garde & regime d'iceux biens , encore que ce ſoit du conſentement

B b ij

des parties, il eſt commandé le contraindre à rendre les fruicts leuez, ſans ſalaire & ſans déduction de frais , & deſpens.

On a demandé, ſi on peut eſtre contraint d'accepter vn Sequeſtre, & prendre le regime & gouuernement des choſes ſaiſies en la
main de Iuſtice. Rebuffe en ſes Commentaires ſur les Ordonnances Royaux au Traité du Sequeſtre & Commiſſaire, répond
que non, diſant, que ce n'eſt qu'vn Office volontaire & non neceſſaire. Toutesfois on tient que s'il n'y a excuſe, on peut eſtre
contraint d'accepter ladite charge, ainſi que l'office de Tuteur,
puis que l'Ordonnance donne cette authorité d'y commettre : ce
qui ſeroit vain & illuſoire, ſi on n'auoit pas la puiſſance de contraindre ceux qui ſans cauſe ſeroient refuſans d'en prendre la
charge : & peuuent les Commiſſaires ainſi établis eſtre contraints,
& ce par la priſe de leurs biens, & empriſonnement de leurs perſonnes, de rendre compte de chacune année, apres icelle écheuë,
en appellant l'obligé à voir rendre ledit compte : s'ils ſont pluſieurs Commiſſaires, ils doiuent eſtre condamnez à payer le *reliqua*, chacun pour ſa quotte part, s'ils n'eſtoient établis enſemble,
& vn ſeul pour le tout ; & par leur mort eſt leur charge finie , &
ne ſont leurs heritiers tenus exercer la commiſſion au lieu d'eux,
mais rendront compte du temps de leurs predeceſſeurs.

L'Ordonnance veut, que les Commiſſaires faſſent faire bail à
ferme iudiciairement, pourueu que les heritages n'ayent eſté baillez à ferme par l'obligé auant la priſe d'iceux : car en ce cas le bail
tiendroit, & ſeroit tenu le preneur apporter le prix de ſa ferme
aux Commiſſaires , tout ainſi que s'il auoit eſté fait par authorité
de Iuſtice : Ne ſe doit auſſi faire le bail à loüage des choſes ſaiſies
à aucunes perſonnes ſuſpectes, ou fauorables à l'vne ou à l'autre
des parties : comme auſſi les Commiſſaires ne doiuent permettre
que l'vne des parties iouyſſe de la choſe ſaiſie ; & il fut commandé
aux Commiſſaires d'ainſi le garder, ſur peine d'amende arbitraire,
par Arreſt du Parlement de Paris du 9. Ianvier 1536.

Leſquelles parties ne doiuent non plus eſtre receuës à prendre
à loüage leſdites choſes ſaiſies.

DES PROVISIONS.

IL eſt certain que la prouiſion ſe peut requerir en tout eſtat de
cauſe, ſoit auparauant, ou apres conteſtation en cauſe, & méme

pendant vn appel, & s'adiuge ordinairement en huit cas : Le premier, contre tous obligez en propre perfonne: Le deuxiéme, pour
le payement d'vne cedule reconnuë, ou deuëment verifiée, qui
équipole à l'obligation: Le troifiéme, à vn qui a elté battu & exce-
dé, on luy peut adiuger prouifion de quelque fomme de deniers
pour fes alimens & medicamens. Le quatriéme, à la vefue, demandant fon douäire : Le cinquiéme, à vne fille à marier, contre les
heritiers du pere mediats ou immediats, demandant fa legitime,
ou chofe leguée à caufe de dot: Le fixiéme au mary demandant la
dot de fa femme promife, ou non promife: Le feptiéme, au fils qui
plaide pour auoir le bien de fon pere : Le huictiéme, aux executeurs teftamentaires demandans deliurance des legs du deffunct.

L'inftance de prouifion fe peut intenter iudiciairement, quand
il y a procez meu entre les parties, en la forme qui fuit.

Extraict des Regiftres des Requeftes du Palais, du tel iour.

Sur ce que tel, Procureur de tel, nous a iudiciairement remon- *Requefte verbale pour obtenir la prouifion en baillant caution.*
ftré qu il a fait adiourner tel deffendeur en la Cour pour venir
reconnoiftre, confeffer ou nier vne cedule montant à la fomme
de tant, & en cas de denegation la voir verifier, tant par témoins
que comparaifon de feing & écriture : & depuis en vertu de la
Sentence de la Cour, du tel iour, ladite cedule a efté monftrée, &
exhibée audit deffendeur, par tel Huiffier, lequel l'auroit reconnuë auoir écrite & fignée, comme il appert par l'acte de reconnoiffance: à cette caufe ledit tel audit nom, a requis que ledit deffendeur foit condamné à garnir par prouifion la fomme de tant à
luy deuë par ladite cedule, du tel iour, reconnuë par ledit deffendeur le tel iour, en baillant caution fuiuant l'Ordonnance, & ce
fans preiudice des droicts des parties au principal; Surquoy &
apres que tel Procureur dudit deffendeur a efté appellé, & n'eft
comparu: La Cour contre luy a donné deffaut: Et par vertu d'i-
celuy ordonne que ledit deffendeur viendra au premier iour deffendre & dire ce qu'il appartiendra, & foit fignifié.

Ladite Requefte fignifiée au Procureur du deffendeur par vn
Huiffier, le demandeur & pourfuiuant obtiendra vn aduenir par
deffaut en la maniere qui fuit.

Extraict des Regiſtres des Requeſtes du Palais
du iour de.

Deffaut ſur
la prouiſion.

Deffaut à tel demandeur & requerant l'entherinement d'vne Requeſte, afin de prouiſion, du tel iour par tel ſon Procureur, contre tel deffendeur & défaillant: par vertu duquel la Cour ordonne que le deffendeur viendra preciſement au premier iour en l'Audience pour eſtre oüys & reglez ſur le contenu de ladite Requeſte, autrement ſera donné exploict, & le profit iugé ſur le champ, & ſoit ſignifié.

Ledit aduenir deuëment ſignifié au Procureur du deffendeur, s'il ne compare à l'Audience, le premier iour que l'on plaidera, la Cour prononcera en la forme & maniere qui ſuit.

La Cour a contre ledit deffendeur donné deffaut. Et par vertu d'iceluy lecture faite de la cedule, contract ou obligation dont eſt queſtion: enſemble de l'aduenir, a ce iour a condamné & condamne ledit deffendeur à garnir & payer audit demandeur la ſomme de tant, contenuë en ladite cedule, & ce par prouiſion en baillant caution, & ſans preiudice des droicts des parties au principal.

Ladite Sentence ainſi donnée, la faudra leuer en forme, pour la faire executer, & auparauant que ce faire, la faudra faire ſignifier au Procureur du deffendeur, & preſenter les cautions en la maniere qu'il a eſté dit au commencement de ce Style.

Les cautions ainſi receuës, la Sentence de prouiſion peut eſtre executée, nonobſtant oppoſitions ou appellations quelconques, ſuiuant l'Ordonnance de Henry II. de l'an 1559. article premier, 2. & 14. conforme à celles de Charles VIII. de 1493. article 15. de Louys XII. de l'an 1498. article 80. & François I. de l'an 1539. article 91. qui porte, *Que les Sentences de prouiſion, d'aliment, & medicamens, données par tous Iuges, à quelque ſomme qu'elles ſe puiſſent monter, de Sequeſtre, de choſe roturiere & non noble, de dot, doüaire, donation, de tutelle, confeſſion d'inuentaire, de ſalaires ou loyers de ſeruiteurs, & autres, ſeront executées nonobſtant l'appel, en baillant caution, excepté toutesfois les Sentences de fourniſſement de complainte, recreance, & reintegrande, l'execution deſquelles n'eſt permiſe qu'aux Iuges Royaux reſſortiſſans immediatement en la Cour de Parlement.*

Ce qui eſt d'autant plus iuſte, que tels iugemens prouiſoires ne

doiuent point receuoir de dilation : car s'il eftoit autrement, &
que l'effet d'iceux fuft fufpendu par appel, il arriueroit que celuy qui deuroit eftre cependant nourry & alimenté, feroit mife-
rablement delaiflé : de mefme, que celuy qui feroit bleflé ou na-
vré, lequel n'auroit moyen de fe faire penfer & medicamenter,
ny fournir aux frais neceflaires pour fa guerifon ; d'où il vien-
droit vne infinité d'accidents : parce que ceux aufquels feroient
adiugées lefdites prouifions, à faute d'eftre alimentez & penfez,
tomberoient en de griefues maladies, ou mourroient de faim &
de neceffité.

DES OFFRES.

IL y a des Plaideurs, lefquels voulans executer leurs paffions
& mauuaifes volontez, fous ombre du voile & du manteau de
Iuftice, intentent iournellement des procez, qui ne peuuent eftre
empefchez, finon par bonnes, fuffifantes & raifonnables offres,
& quand l'enuie de plaider furmonte la raifon de celuy qui fait
les offres, & que pour icelles il ne peut fortir de procez, il fe
peut conftituer demandeur en iugement, à ce que fes offres foient
declarées bonnes & valables, & demander les dépens depuis lefdites offres faites. Mais les Iuges ne peuuent exceder l'offre;
quand il conuient prononcer fur icelle, il faut que ladite offre foit
fuiuie ; fans en prendre vne partie & laiffer l'autre, ou bien la corriger ou changer.

Les offres fe peuuent faire au Greffe ou pardeuant Notaire, ou
par vn Huiffier ou Sergent en la forme & maniere qui fuit.

Auiourd'huy eft comparu au Greffe de la Cour de ceans, ou par- *Forme de*
deuant moy Notaire, tel, lequel a dit & declaré que pour empef- *faire les of-*
cher les pourfuites contre luy faites par tel, pour raifon de tel cas, *fres.*
ledit tel luy a offert & offre le titre nouuel par luy demandé, portant reconnoiffance de la rente dont eft queftion, enfemble de luy
payer à deniers découuerts la fomme de tant, qui luy eft deuë
pour les arrerages de ladite rente, apres que dédution a efté faite
des fommes de deniers payez, fur & tant-moins des arrerages d'i-
celles, comme il apert par quittances de tels & tels iours, defquelles fera baillé copie audit tel, à ce qu'il n'en pretende caufe d'i-
gnorance, proteftant à faute d'accepter lefdites offres & plaider
au preiudice d'icelles, de tous dépens, dommages & interefts.

Et quand on les fait fignifier par vn Huiffier ou Sergent, faut mettre ces mots. A la Requeſte de tel, ſoit declaré & fignifié à tel, que pour, &c. comme deſſus.

S'il eſt queſtion d'vne ſommation ſimple, faudra offrir de ſe joindre en cauſe, & faut qu'il y ait Sentence, par laquelle celuy qui fait les offres, ſoit receu partie jointe, auec tel, contre tel, & le tout faire fignifier aux Procureurs des parties.

Leſdites offres ſe peuuent faire en toutes cauſes, quand celuy qui les fait, veut ſortir hors de procez.

Les offres ſe font en matiere de retraict lignager, en tous les actes de la cauſe, à bourſe ouuerte & à deniers découuerts, & à parfaire, autrement elles ne ſeroient ſuffiſantes, ainſi qu'il ſera tantoſt dit.

Si la partie ne veut accepter leſdites offres, il faut, comme dit eſt, les faire receuoir en iugement, & faire fignifier la Requeſte verbale qui ſuit.

Extraict des Regiſtres des Requeſtes du Palais, du   iour de.

Requeſte verbale pour faire rece- uoir les of- fres.

Sur ce que tel Procureur de tel, a iudiciairement remonſtré que tel l'a fait appeller & adiourner en cette Cour pour luy payer cinq années d'arrerages de tant de rente, & luy paſſer titre nou- uel, laquelle rente ledit demandeur a reconnu & confeſſé, & paſſé titre nouuel, & quant aux arrerages a offert & offre de payer, com- me apert par acte du tel iour en déduiſant telles & telles ſommes de deniers qu'il a payées ſur & tant-moins, comme il appert par quittances, leſquelles offres ledit tel n'a voulu accepter, & s'effor- ce de plaider, pour conſommer ledit demandeur en frais, & le tenir long-temps en procez. A cette cauſe a ledit tel audit nom requis que ſes offres ſoient declarées bonnes & valables, & en ce faiſant ordonné que déduction ſera faite de la ſomme de tant, portée par telle quittance, & de tant portée par autre quittan- ce des payemens faits des arrerages de ladite rente, ſur & tant- moins, & qu'à cette fin il ſoit dit & ordonné que les parties vien- dront à compte pardeuant vn des Conſeillers de la Cour de ceans, & ledit tel condamné és dépens faits depuis leſdites offres: Surquoy & apres que tel Procureur dud. défendeur a eſté appellé, & n'eſt comparu, la Cour a contre luy donné defaut : Et par vertu d'iceluy a ordonné & ordône que led. tel viendra au premier iour

défendre,

defendre, & dire ce qu'il appartiendra sur la presente Requeste verbale, & soit signifié.

Ladite Requeste signifiée au procureur de partie aduerse, faudra obtenir defaut, sauf le temps selon la distance des lieux ainsi qu'il a esté dit cy-dessus, & permission de le faire iuger.

Si partie aduerse fournit de défenses qui soient pertinentes, les Iuges peuuent iuger difinitiuement & faire droict aux parties: mais s'il y a difficulté, les parties seront appointées à mettre dans trois iours.

S'il arriue que l'impetuosité & chicanerie de la partie aduerse ait tellement empieté, que sur le principal les Iuges ayent reglé les paries en droict à écrire par aduertissement, & produire, faudra faire ioindre l'instance de Requeste à l'instance principale en la forme qui suit.

Extrait des Registres des Requestes du Palais, de : : :iour de : : :

Entre tel demandeur à l'entherinement d'vne Requeste verbale du tel iour, tendant à ce que, &c. par tel d'vne part, & tel défendeur par tel d'autre La Cour, parties ouyes, a appointé & appointe les parties à mettre leurs pieces & tout ce que bon leur semblera, dans trois iours pardeuers la Cour: pour leur estre fait ainsi que de raison, & afin de dépens: & iointe à l'instance principale d'entre les parties, pour estre iugées coniointement ou separément, ainsi que la Cour verra estre à faire par raison, sauf à disioindre s'il y échet.

Et parce que le plus souuent les Procureurs qui ont mauuaise cause fuyent, le demandeur pourra comparoir à l'Audience, & remonstrer ce que dessus, & que ledit défendeur a fourny de défenses. Au moyen dequoy la Cour donnera défaut, & par vertu d'iceluy, appointera les parties à mettre, ainsi qu'il a esté dit cydessus, qu'il faudra faire signifier, & ce fait, dresser la production par inuentaire, & produire le tout auec l'aduertissement pour auoir iugement.

Ou bien si on ne veut pas prendre cette voye, comme vn peu longue, on peut presenter Requeste narratiue desdites offres, & requerir icelles estre iointes au procez, pour en iugeant y auoir tel égard que de raison.

Au bas de laquelle vn de Messieurs met ces mots, *Soit signifié à* la partie, & mise au sac, pour en iugeant y auoir tel égard que de raison.

Ladite Requeste signifiée à la partie ou à son Procureur, si lesdites offres sont raisonnables, & qu'elles ne soient acceptées, l'éuenement tombera sur la partie refusante.

Que s'il arriue que les procureurs s'accordent par l'aduis d'vn tiers, ils pourront passer appointement & condamnation, en la forme qui suit·

Entre tel demandeur à l'entherinement d'vne Requeste verbale, du tel iour, par tel son Procureur d'vne part, & tel défendeur, par tel d'autre. Apres que ledit demandeur a persisté à l'entherinement de ladite Requeste verbale, & a requis dépens; & que ledit tel défendeur a dit n'auoir causes valables pour ce empescher, Appointé est, du consentement des parties, que la Cour en ayant égard à ladite Requeste verbale & icelle entherinant, a declaré & declare les offres dudit demandeur du tel iour bonnes & valables; & en ce faisant a ordonné & ordonne, que les parties viendront à compte pardeuant tel Conseiller en la Cour, pardeuant lequel elles se purgeront par serment de ce qui a esté receu & payé, & exhiberont leurs papiers iournaux, si aucuns en ont: & est ledit tel demandeur condamné és dépens de l'instance, tels que de raison. Mais ce Style ne se pratique gueres, parce qu'il est trop bref pour quelques chicaneurs qui ne demandent qu'à perpetuer les procez, & tirer de l'argent des parties.

ACTIONS MIXTES.

LEs actions mixtes sont celles qui regardent la personne, & la chose, & par ainsi elles sont en patie réelles, & en partie personnelles: car quant au sujet où elles resident, elles semblent estre réelles, pource qu'elles suiuent la chose & non la personne; & quant à la forme & conclusion, semblent estre personnelles; pource qu'elles sont dirigées contre la personne & non contre la chose: & parce que la forme donne l'estre à la chose, elles sont communément mises au rang des actions personnelles. Mais d'autre costé à l'égard de la matiere & du sujet, elles sont appellées réelles, pource qu'elles suiuent la chose : & de cette espece sont toutes les *restitutions en entier, récisions de contrasts & retraicts lignagers* : lesquels s'intentent contre tous possesseurs comme les actions réelles; & neantmoins on conclud à ce que les defendeurs foient condamnez à faire ou à donner ce qui leur eft demandé comme aux actions perfonnelles.

L'action de partage eft auffi mixte, car elle tient de la réelle, en ce que chacun des coheritiers pourfuit la part contingente qui luy appartient en l'heredité controuerfée & diuifible : & de la perfonnelle, en la reftitution des fruicts ou reddition de compte & frais faits à la pourfuite de l'heredité dont eft pourfuiuy le partage, pour raifon dequoy les heritiers fe peuuent faire conuenir l'vn l'autre.

De toutes lefquelles efpeces d'actions il faut icy dire vn mot.

Premierement, Quant aux récifions & reftitutions en entier, il y a deux moyens principaux pour y paruenir.

Le premier regarde les mineurs qui fe peuuent faire reftituer en tout cas, & mefme contre les tranfactions, & toutes autres fortes de contracts, quelques authentiques qu'ils foient, & quelques fermens qui y foient exprimez, principalement quand ils font paffez fans affiftance de Tuteurs & Curateurs, & fans authorité de Iuftice.

Le deuxiéme eft pour les maieurs, quand il y a priuation de fens, deception d'outre moitié de iufte prix, circonuention, crainte, force, ou violence, abfence, pour le Roy ou le public, ou autre neceffaire & ligitime, dol, fraude, erreur, foit par la partie, ou par les Aduocats & Procureurs en fa caufe, comme confeffion, declaration, confentement, changement de demande apres conteftation en caufe, erreur de calcul, ou autrement, pourueu que dans les lettres on exprime la caufe, & que l'on foit dans le temps de reftitution, qui eft de dix ans par l'Ordonnance de Louys XII.

Outre lefquels deux cas il y en a plufieurs autres, comme fi on iuftifie vne debte apres le ferment decifif de la partie aduerfe, auquel on s'eft rapporté, quand mefmes il y auroit Sentence ou Arreft.

Ceux auffi qui par iufte ignorance de leurs droicts ont laiffé courir la prefcription de 30. ou 40. ans, comme la femme en puiffance de mary, ceux qui pour la Religion pretenduë, ou autrement, fe font abfentez du Royaume, le mineur qui a ignoré la chofe prefcrite luy appartenir : prodigues, infenfez, furieux, muets, & fourds, & autres incapables de contracter, comme prifonniers de guerre, ou des voleurs ; tous Ecclefiaftiques, Efcheuins de ville, Procureurs Syndics, qui ont vendu & aliené fans puiſſance de Superieurs, ou actes d'aſſemblées ou ſans authorité de Iuſtice, ſe peuuent eux ou leurs ſucceſſeurs faire reſtituer & obtenir Lettres en la forme qui ſuit.

Louys, &c. A nos amez & feaux Conſeillers les Gens tenans les Requeſtes de noſtre Palais à Paris ; Salut. De la partie de tel, nous a eſté expoſé telle choſe (faut exprimer par le menu les cas dont on ſe veut faire reſtituer) en quoy faiſant il auroit eſté grandement lezé & circonuenu, requerant ſur ce humblement nos Lettres de prouiſion. Pour ce eſt-il que nous deſirans ſubuenir à nos Subiets ſelon l'exigence des cas, vous mandons & commettons par ces preſentes, Que leſdites parties cōparantes pardeuant vous, & leſquelles nous voulons y eſtre aſſignées à certain bref & competant iour par le premier noſtre Huiſſier ou Sergent, qu'à ce faire commettons, s'il vous appert deſdites choſes (faut les répeter ſuccintement) & d'autres choſes, tant que ſuffire doiuent, & que l Expoſant ſoit dans le temps de reſtitution, caſſez & récindez ledit contract, & lequel nous auons caſſé & récin dé par ces preſentes, remettant les parties en tel eſtat qu'elles eſtoient auparauant iceluy : Car tel eſt noſtre plaiſir. Donné à Paris, le tel iour, l'an de grace : : : & de noſtre regne le : : :

Lettres de reciſion de contracts de vendition pour la deception d'outre moitié de iuſte prix, ſe peuuent obtenir en laforme ſuſdite : mais il ne faut pas obmettre la concluſion alternatiue, ou que le contract ſoit récindé, & en cas, &c. que le vendeur rende ce qu'il a receu, frais & loiaux couſts ; ou que l'achepteur ſoit tenu ſuppléer le iuſte prix : & en eſt le choix, non point au Iuge, ny à l'impetrant, mais à l'achepteur ; & ſuffit que la lezion ſoit de moitié du iuſte pris de la choſe venduë, comme il eſt porté par l'Ordonnance de Louys XII. article 46. & non du double, comme quelques-vns penſent, diſans, Que ſi la choſe eſt venduë dix liures, elle en doit valoir vingt : en quoy ils ſe trompent, parce que l'on doit auoir égard au iuſte prix de la choſe, & non au double Et ainſi le tient Rebuffe ſur l'interpretation de ladite Ordonnance, gloſe 1.

Le iuſte prix donc eſt, ce que vaut iuſtement la choſe, qui doit eſtre eſtimée par prud'hommes, dont les parties doiuent conuenir ; ſinon, les Iuges en nomment d'Office.

Que ſi l'achepteur veut ſuppléer, & pour ce faire, il veut couper des bois ; ou en quelque façon diminuer le fond, cela ne luy doit pas eſtre permis, dautant que s'il ne pouuoit fournir au ſupplément offert, le vendeur courroit fortune de dommage qui luy reſulteroit au moyen de ladite diminution. Et ainſi a eſté iugé par Arreſt du 14. Iuin 1515. rapporté par Papon Liure 16. titre 3. Arreſt 9.

Si en vn échange on a eſté trompé d'outre moitié de iuſte prix, on peut impetrer ſemblables Lettres.

L'achepteur peut obtenir telles Lettres, s'ils achepte deux fois plus que la choſe ne vaut.

Pour faute de ratification d'vn contract, ou de ſatisfaire aux clauſes d'iceluy, on en peut demander la caſſation & réciſion, & à eſtre quitte & déchargé de l'obligation en iceluy.

La reſtitution des mineurs doit eſtre pourſuiuie dans dix ans, qui courēt depuis la maiorité complette, qui eſt de 25. ans iuſques à 35. & celle des maieurs auſſi dans les dix ans, qui commencent à courir depuis la datte du contract, apres lequel temps les vns ny les autres ne ſont plus receuables, par l'Ordonnance de Louys XII. de l'an 1512. & de François I. de l'an 1534.

La reſtitution des mineurs eſt touſiours plus fauorable que celle des maieurs, & peut eſtre iuſtement pourſuiuie par le récindant contre celuy auec lequel a eſté contracté, ou ſes heritiers, moyennant que l'on ſoit dans le temps de l'Ordonnance. Et pour le réciſoire contre celuy qui ſe trouue lors poſſeſſeur de la choſe venduë autre que le premier achepteur: car il y a cette difference entre *Récindant & Réciſoire* que le *Récindant* eſt la réciſion ou caſſation du contract, & le *Réciſoire*, eſt l'execution du Récindant, c'eſt à dire, la reſtitution de la choſe au mineur, en rendant par luy les deniers tournez à ſon profit: ou bien c'eſt quand le majeur demande le ſupplément de la choſe venduë à trop vil prix, ainſi qu'il eſt dit cy-deſſus.

L'Egliſe lezée doit eſtre reſtituée en entier, meſme contre l'Egliſe, c'eſt à dire, Eccleſiaſtiques contre Eccleſiaſtiques, comme le mineur contre le majeur.

Toutes obligations & promeſſes, ſans cauſes & ſans numeration de deniers en aucuns lieux, tous contracts, accords, & renonciations à appel par priſonniers, encore qu'ils ſoient atteints au guichet des priſons; ventes de bled verd, alienation de choſes ſacrées, publiques & deſtinées à l'vſage public, & autres choſes ſemblables, ſont ſujettes à caſſation, & on s'en peut faire reſtituer par lettres.

Mais on ne peut pas eſtre reſtitué d'vne vente de meubles, en-

core qu'il y euſt deception d'outre motié de iuſte prix , ſi leſdits
meubles n'eſtoient precieux & de grande valeur, ou qu'il fuſt
queſtion d'vne ſucceſſion vniuerſelle , qui ne conſiſtoit qu'en
meubles: Papon Liure 16. de ſon Recueil d'Arreſts.

Non plus que d'vn bail à ferme du reuenu de quelques fruicts,
ſi ce n'eſt que le temps du bail ſoit perpetuel: mais ſi c'eſt pour
bien d'Egliſe, on le peut faire caſſer, s'il eſt pour plus de neuf ans,
ou s'il eſt fait par aduance ou anticipation. Voyez Papon Liure 16.
de ſon Recueil d'Arreſts.

Vne femme delaiſſée de ſon mary auec charges de debtes, ſe peut
faire reſtituer auec cette clauſe, *en rendant ce qui ſe trouuera eſtre
tourné à ſon profit.*

On peut auſſi faire reuoquer par Lettres vne donation à cauſe
d'ingratitude de la part du donataire, ou s'il ne ſatisfait aux clauſes
de la donation ; s'il frappe & excede celuy qui luy a fait la donation; s'il attente à ſa vie, biens & honneurs, s'il plaide contre luy,
ou le trauaille induëment: ſi la donation eſt faite pour cauſe ſale
& honteuſe ; ſi la cauſe pour laquelle la donation a eſté faite n'ap-
paroiſt; s'il y a de l'excez au don , ou ſi celuy qui donne n'a pas le
pouuoir abſolu de donner.

Quant aux tranſactions elles ont pareille force que le jugement, & ne peuuent eſtre récindées ſous pretexte de lezion d'outre moitié de iuſte prix , veu qu'elles paſſent ſur choſe douteuſe,
& dont l'euenemet eſt incertain : toutesfois s'il y a de l'aſtuce,
ſurpriſe, ou dol perſonnel, ou minorité, ou que leſdites tranſactions ſoient contre les Loix, & Ordonnances, ou contre les
bonnes mœurs, elles ſe peuuent caſſer, comme ſi les heritiers tran-
ſigent pour vne ſucceſſion future, ſi ce n'eſt que celuy de la ſucceſſion duquel il s'agiſt, le conſente, & qu'il perſeuere en ce conſentement iuſques à la mort.

Dol perſonnel & ſurpriſe eſt, s'il y a iugement que la partie ait
ſçeu & teu, & en ce cas ſe peut caſſer: mais non s'il n'en a rien ſçeu,
& que la tranſaction eſtant paſſée ſur vn procez preſt à iuger, Sentence ou Arreſt interuient le lendemain au profit de celuy qui
perd ſa cauſe par ladite tranſaction.

Mais il eſt certain que l'on ne peut tranſiger ſur vne Sentence
ou Arreſt qui paſſe en force de choſes iugées , ny pour choſes ſacrées , pour le danger de ſimonie, ny de la diſſolution d'vn mariage , veu que c'eſt vn Sacrement, ny ſur crime de rapt ou adultere,
ny autres crimes publics, hors leſquels on peut tranſiger pour

l'intereſt Ciuil de la partie intereſſée.

Pour les échanges qui ſont de nulle valeur, elles ſe peuuent caſſer quand il n'y a ſupplément, & que l'on eſt dans le temps de reſtitution pour le reſte, Voyez Papon Liure 16. & 19. de ſon Recueil d'Arreſts.

Donc les lettres de réciſion eſtans obtenuës, faut preſenter Requeſte pour l'entherinement d'icelles, ſur laquelle vn de Meſſieurs des Requeſtes met *viennent les parties en la chambre, ou faſſe ſa Requeſte en jugement*: & ce fait, faut faire ſignifier leſdites lettres au Procureur de partie aduerſe, le faire venir à l'Audience; & le Reglement qui interuient auſdites Requeſtes, porte ordinairement à produire & informer, à la difference de la Cour de Parlement, qui ſe reſerue d'ordinaire à informer, ſi elle void qu'il ſoit neceſſaire en iugeant.

Le Reglement ainſi pris, il faut ſatisfaire comme il a eſté dit cy-deſſus, en traitant de l'action perſonnelle.

RETRAICTS LIGNAGERS.

C'Eſt vne Couſtume obſeruée en France, Italie, Eſpagne, & autres lieux, que les lignagers peuuent r'auoir leurs heritages, & autres choſes vēduës aux étrangers, en rendant le ſort principal, frais, miſes, & loyaux couſts dedans l'an & iour, qui ſe prend en aucuns lieux du iour du contract.

C'eſt pourquoy le Droict l'appelle *retraict lignager*: car par iceluy le parent retire en ſa famille la choſe qui en auoit eſté alienée.

L'action de retraict eſt vn droict étroit, qui eſt fauorable: car par nature nous ſommes plus enclins à aymer ceux qui ſont rnais de noſtre ſang: auſſi naturellement nous ſouhaittons les choſes qui ont eſté poſſedées par nos predeceſſeurs pour memoire d'iceux, qui ſont imprimez eſdites choſes.

Cette action de retraict lignager eſt mixte; car elle regarde tant la perſonne que la choſe: c'eſt pourquoy elle peut eſtre intentée, tant pardeuant le Iuge de l'achepteur, que pardeuant le Iuge du lieu où l'heritage eſt ſitué, ainſi que les actions réelles, toutesfois auiourd'huy il eſt tenu pour reſolu, que retraict lignager eſt plus perſonnel que réel, de ſorte qu'il faut ſuiure le lieu du domicille du deffendeur, & non le lieu où l'heritage eſt aſſis: c'eſt pourquoy la pourſuite s'en peut faire és Requeſtes du Palais, non seulement contre le premier acquereur, mais contre tous autres.

Ce droict ne se peut ceder, parce que la consanguinité ne se peut separer d'auec nous : mais il se peut bien ceder à vn de la lignée.

Et pour entendre quelles personnes peuuent estre receuës à retraict lignager, ie diray auec tous ceux qui en ont traité, que tous consanguins, pourueu qu'ils soient au dixiéme degré de consanguinité, sont receus au retraict lignager, lequel droict est reglé de mesme que les successions, esquelles on ne peut succeder ayant passé le dixiéme degré de consanguinité, fors és Royaumes, Duchez, Comtez, & Baronneries, esquelles on succede infiniment, tant que le lignager se peut monstrer.

Tous demandeurs en retraict lignager sont tenus de iustifier leur genealogie, tant par titre que témoins, autrement ils ne seroient pas receuables en leur demande.

L'action de retraict lignager se doit intenter contre celuy qui a achepté, ou autre qui pourroit auoir achepté de luy, ou ses ayans cause, dans l'an & iour de son acquisition.

Mais il y a plusieurs personnes qui ne sont pas tenuës ny sujettes aux retraicts lignagers, comme les Roys & les Princes qui ne sont point sujets à l'obseruance de la Loy. Voyez Papon Liures 11. & 12. auquel lieu il rapporte le mesme à l'égard de l'Eglise, & Communauté des villes, ny pour dixmes venduës à l'Eglise, Arrest seiziéme.

N'a lieu aussi en contract d'échange : toutesfois si l'heritage est échangé pour moitié, & pour l'autre moitié vendu, le retrayant peut retirer ladite moitié, Papon lieu susdit.

N'a aussi lieu, quand il y a eu confiscation, par le moyen de laquelle la terre confisquée est reünie au fisque, ou à celuy qui luy succede : ainsiqu'il fut iugé par Arrest prononcé par Monsieur le President de Thou, le 21. Decembre 1563. rapporté par Papon au mesme lieu.

N'a lieu en ventes sous faculté de remeré ou autres, dautant qu'à l'effet de retraict les ventes doiuent estre faites & irreuocables auec tradition de possession sans simulation.

L'heritage qui est retiré par retraict lignager, est reputé patrimoine : mais les deniers qui ont esté employez au rachapt & retraict lignager, appartiennent par moitié à la femme, si elle apprehende la communauté.

En matiere de retraict lignager n'y a aucun recours de garantie

rantie, & ne peut l'acquereur pourfuiure en fommation pour l'euiction le vendeur, parce qu'il n'a pû ignorer le droict de retraict
lignager, qui eft vn droict commun & permis par la Loy & Couftume generale.

Faut bien regarder à former vne demande en retraict lignager,
parce que c'eft vne matiere rigoureufe : car qui manque d'vn
poinct, eft debouté de l'inftance & action.

La demande en retraict lignager doit eftre faite en la forme qui
fuit.

Demande en retraict lignager.

A la Requefte d'vn tel, foit fommé & interpellé tel, de luy
quitter & delaiffer par droict de retraict & proximité de lignage,
tel heritage, affis en tel lieu, tenant d'vne part, &c. qu'il a acquis
depuis an & iour d'vn tel parent, du cofté paternel ou maternel
dudit demandeur, & auquel ledit heritage appartient en propre
par la fucceffion de :::: luy offrant à cét effet bourfe & deniers à
decouuert, fort principal, frais, mifes, loyaux coufts, & à parfaire fuiuant la Couftume. Et à fon refus fera ledit tel adiourné à :::::
pardeuant Meffieurs les Gens tenans les Requeftes du Palais à
Paris, pour voir declarer ladite offre bonne & valable, & fe voir
condamner à délaiffer par retraict audit demandeur ledit heritage, & és dépens.

Au bas duquel exploict, l'Huiffier ou Sergent met ces mots, Fait
comme deffus, par moy :: :: en parlant audit :::: és prefences
de tels témoins, auquel i'ay baillé affignation à tel iour pardeuant
Meffieurs des Requeftes, le ::::: iour de ::::: mil fix cens:::

Ne doit le Sergent en faifant l'exploict dudit retraict, oublier à
faire figner fes témoins, dire leur demeure, & en faire mention par
la copie qu'il baillera à l'adiourné à peine de nullité, fuiuant
l'Ordonnance de 1588. & l'Arreft du Parlement de Roüen de l'an
1569.

L'affignation donnée le dernier iour de l'année eft bonne, pourueu qu'elle foit écheuë dans l'an & iour, fuiuant l'article 130. de la
Couftumé de Paris.

L'an & iour fe prend du iour de la faifine & inueftiture de l'a-
chepteur, & ainfi futiugé par Arreft rapporté par Papon, liu. 11.
tit. 7. Arreft 13.

L'an du retraict d'vn heritage vendu par procuration, ne court
que du iour de la ratification promife.

D d

L'an du retraict d'vn heritage vendu à la charge du decret, ne court aussi que du iour de l'ensaisinement dudit contract.

Si l'achepteur estoit absent, ou n'auoit point de domicile, le faudra faire adiourner à son dernier domicile, ou à son de trompe, & s'il retourne, le faut adiourner à sa personne.

Donc au iour assigné se faudra presenter, & par ladite presentation faudra faire les offres dessusdites.

Si l'assignation estoit donnée pardeuant le Preuost de Paris, ou autre Iuge, & que le procez & instance fust renuoyée pardeuant Messieurs des Requestes du Palais, faudroit debattre ou accorder la retention de la cause, ainsi qu'il a esté dit cy-dessus.

Mais aucuns ont tenu qu'en l'acte & appointement de retention de cause, l'offre doit estre faite, à faute de ce, que le demandeur doit estre debouté de son retraict lignager, ainsi qu'il fut iugé par Arrest du 12. May 1577.

Comme aussi faut faire les offres en tous les actes de la cause iusques à l'appointement en premiere instance, & iusques à la conclusion en procez par écrit, ou appellation, comme aussi aux aduenirs & autres significations, & s'il y a faute du Procureur, la partie peut auoir son recours contre luy.

Vn demandeur en retraict lignager ayant manqué de faire ses offres, & par ce moyen debouté de sa demande, peut encore vne fois intenter l'action de retraict lignager, pourueu que ce soit dans l'an & iour: car la faculté qui est donnée, ne s'étend pas pour vne fois, mais dure autant comme le temps baillé pour faire la demande, & par ainsi la premiere demande mal faite n'empesche pas qu'apres elle ne soit valablement faite dedans le temps deub: & en refondant les dépens des premieres procedures.

L'achepteur qui est le defendeur en retraict lignager ne peut refuser l'offre, & à rendre l'heritage, pourueu qu'elle soit bien faite, & dans le temps prefix, qui est dans l'an & iour: s'il y a de l'empeschement, les parties sont appointées à produire dans le temps de l'Ordonnance leurs pieces, & bailler contredits & saluations.

Suiuant lequel appointement il faut écrire & produire, comme il a esté dit cy-dessus.

Si la Cour condamne le deffendeur à delaisser l'heritage, elle ordonne ordinairement qu'il sera remboursé du principal, frais, mises & loyaux cousts dedans 24. heutes, à quoy il faut que le retrayant satisfasse apres le commandement, autrement il seroit debouté: comme il fut iugé par Arrest du 11. Mars 1603. par lequel

vn Vicaire de Saint Mederic de Paris, fut debouté du retraict lignager à faute d'auoir consigné dedans les 24. heures le prix de
l'heritage qu'il vouloit retirer, quoy qu'il alleguast que le temps
expiroit à vn iour de Dimanche, auquel sa qualité l'astreignoit
d'assister au Seruice Diuin ; aussi ces matieres estans odieuses,
comme empeschant la liberté d'vn chacun, l'obmission d'vne seule formalité est capable de faire déchoir le retrayant.

Quant au payement & consignation de deniers, faut qu'elle
soit faite à la mesme forme & valeur que l'argent estoit lors de
l'acquisition, & se fasse reellement, & actuellement, sans fraude
ny déguisement, & ne faut pas qu'il y ait faute d'vn sol. Tellement que les mieux aduisez, pour éuiter aux perils & inconueniens qui en peuuent arriuer, outre la somme du prix, faut qu'ils
consignent encore vne autre somme, pour suppléer s'il y auoit defaut, & protester de repeter le surplus, si aucun y a, tout le remboursement fait.

L'acquereur en retirant ses deniers, ne doit pas demander plus
qu'il ne faut; autrement il seroit condamné és dépens, dommages
& interests, à faute de receuoir ses deniers raisonnablement, tant
pour le principal, que frais, mises, & loyaux cousts, qui se iusti-
fient par les contracts.

S'il y a des impenses, le retrayant est tenu de les rembourser,
pourueu que ce soient impenses necessaires, non pas à plaisir ou
vtiles : car les impenses necessaires s'entendent de celles qui sont
faites moderément, selon la qualité des personnes & de la chose:
aussi le retrayant n'est pas tenu de rembourser les impenses vtiles,
parce qu'elles se peuuent trop monter, & quelquesfois beaucoup
plus que la chose ne vaudroit : tellement que cela épouuanteroit
le retrayant, de sorte qu'il ne pourroit iamais auoir ny ioüyr de son
priuilege, & droict de retraict lignager ; qui seroit vne fraude ouuerte, pour empescher tous retraicts lignagers.

Les fruits qui sont pendans par les racines sur les heritages appartiennent au retrayant, en payant les impenses desdits fruits,
qui sont les labours, semences & ameliorations. Mais s'il est question d'vn moulin, ou autre chose semblable, & que les vstanciles
d'iceluy ayent esté vsez & gastez, le défendeur en retraict lignager
n'en peut estre tenu, si les deteriorations n'estoient aduenuës par
sa faute & malice, & qu'il les eust employez à autre vsage que celuy auquel ils estoient destinez & employez.

C'est au retrayant de payer les lods & ventes apres le decret executé, pour deux raisons: la premiere, que l'heritage y est obligé: la seconde, que le retrayant est tenu des frais & loyaux coustz. Or esdits frais & loyaux consts, les lods & ventes y sont compris, & quand l'acquereur les auroit payez, le retrayant est tenu de le rembourser: tellement que s'il en estoit inquieté & pourfuiuy par le Seigneur, l'acquereur luy pourroit sommer la poursuite, & ne pourroit le retrayant éuiter sa condamnation pour le payement desdits lods & ventes.

Au reste, il y a 3. sortes de retraicts, sçauoir retraict lignager, retraict feodal, & retraict conuentionel. Le retraict lignager est celuy dont nous traitons.

Retraict.
feodal.   Le retraict feodal est celuy qui appartient au Seigneur feodal & Seigneur Ecclesiastique pour retenir l'heritage vendu par son vassal par puissance de fief dans quarante iours, du iour que l'on a baillé le contract pour l'enfaifiner.

L'vfufruictier peut aussi vfer de retenuë feodale.

Retraict cõ.
uentionnel.   Retraict conuentionnel est vne clause accordée au vendeur pour retirer son heritage dans certain temps, que l'on appelle ra-meré, dans lequel temps on ne peut intenter le retraict, mais faut attendre qu'il soit expiré: ainsi le tient Tiraqueau au Traité des Retraicts, fol. 36. nombre 22. De sorte que le retraict feodal & conuentionnel ne sont point suiets à la rigueur de la Coustume.

Le vendeur ne peut retirer l'heritage, si ce n'est qu'il l'ait vendu à vn parent, & que le parent l'eust reuendu à vn étranger, & faut que cela soit dans l'an.

Le retrayant peut demander les fruits depuis sa demande & offres: Mais il est au choix de celuy sur lequel on retire, de prendre l'interest de son argent, ou les fruits de l'heritage iusques au iour desdites offres.

Pour la preference des parents faut suiure la Coustume des lieux: en celle de Paris le premier adiournant est preferé.

Retraict en
Retraict, ce
que c'est.   Quand le Seigneur feodal auroit retiré, le lignager pourroit retraire sur luy, & est tousiours preferé au Seigneur: C'est ce que l'on appelle *retraict en retraict*, & faut que le lignager y vienne dans l'an du iour de la retenuë publiée au plus prochain Siege Royal.

Les acquests & conquests ne se peuuent retirer, parce qu'ils ne viennent pas de la lignée, & n'y a que les propres; encore s'ils sont vendus sur vn Curateur aux biens vacans, on ne le peut faire. Toutesfois si tous les heritages de la succession sont d'acquests, on les peut retraire, parce qu'ils sont faits propres aux heritiers.

Quand il y a supplément payé pendant le retraict, le retrayant
est tenu payer ledit supplément, pourueu qu'il soit fait sans fraude : mais il n'est pas tenu de payer la plus valluë expressement
donné par le vendeur : toutesfois il est tenu des reparations faites
pendant l'an du retraict, & depuis l'adiournement, pourueu
qu'elles soient petites.

S'il y auoit aussi eu quelque rente acheptée pendant l'an du retraict, à laquelle l'heritage fust suiet, le retrayant la doit rembourser; Arrest de l'an 1560.

Mais le retrayant n'est pas tenu des dommages aduenus à la
chose pendant l'an du retraict.

Le Roy peut retraire ce qui est en son fief, aussi bien que le coheritier la part que son coheritier vend.

Vn mineur n'est plus receuable à retraire apres l'an, mais son
tuteur peut retraire pour luy dans ledit temps.

On ne peut intenter action de retraict au nom de celuy qui a
esté conceu depuis la vendition ; ainsi le tient Tiraq. en son traité
du Retraict lignager : quoy que Papon, liu. 11. tit. 7. Arrest 1. rapporte qu'vne nommée Anne Hochier fust declarée bien receuable en son action de retraict, encore qu'elle ne fust née ny con-
ceuë lors de la vendition.

Mais ceux qui sont conceus auant la vendition sont bien fon-
dez en cette action, suiuant l'aduis de Grimaudet, liu. 2. chap. 14.
de son Traité du droict de retraict lignager.

Les bastards ne sont point receuables à intenter cette action.

Si vn lignager fait poursuite sous paction faite à vn autre, de
luy remettre la chose venduë quand il l'aura retirée, il doit estre
debouté du retraict: ainsi qu'il fut iugé par Arrest rapporté par
Papon lieu preallegué, Arrest 5.

Mais si le prochain lignager ayant retiré la chose venduë à vn
étranger, la remet audit étranger pour le mesme prix, ou plus
grand, si c'est hors le temps de retraict, autre prochain n'y est receu : car ce sera acquest au premier retrayant; si c'est dans l'an, il y
sera receu : & ainsi fut iugé par Arrest de **Bordeaux**, Papon lieu
susdit, Arrest 7.

Apres l'adiournement en retraict le lignager ne se peut départir
du retraict, quand mesmes, apres l'adiournement, la chose seroit
perduë, Arrest du 27. Iuin 1576. Et quand il a obtenu, il ne se peut
non plus départir, si ce n'est du consentement de l'achepteur,
mais il peut estre contraint au remboursement par ledit ache-

pteur, Arreſt du 2. Iuillet 1551. Papon lieu predit, Arreſt 9.

L'inſtance de retraiɕt ſe preſcrit par an & iour à faute de pour-ſuite; car l'adiournement ne ſuffit pas pour perpetuer l'action, Arreſt du 29. Iuin 1583. mais ſi la cauſe eſt conteſtée, l'action eſt perpetuée & continuée, & ne peut eſtre perimée par trois ans, Arreſt du 1. Auril 1579.

Et ſi le contract n'eſt point enſaiſiné ou infeodé, le temps pour intenter cette action eſt de 30. ans.

Vn échange n'eſt point ſuiet à retraiɕt, ſinon qu'il y ait ſoulte, & y a retraiɕt à proportion de la ſoulte.

Vn vſufruit ne tombe point en retraiɕt, parce qu'il retourne apres le deceds de l'vſufruiɕtier.

Loges, eſtaux, places publiques acquiſes du Roy, ſont ſuiettes à retraiɕt.

L'heritage vendu par licitation eſt ſuiet à retraiɕt à proportion.

Le temps de retraiɕt ne peut eſtre prorogé.

Quand le retraiɕt eſt adiugé, c'eſt à faire au defendeur le pre-mier à mettre ſon contract au Greffe, & affirmer le prix que le re-trayant doit alors conſigner ſeulement, & non les reparations qu'il faut faire eſtimer auparauant, eſtant au choix du demandeur, ou de conſigner auparauant le iugement, ou apres.

Apres l'adiudication & la conſignation du prix principal, le defendeur peut eſtre contraint de ſortir, quoy qu'il ne ſoit pas en-tierement rembourſé, ſauf ſon action.

Les frais & loyaux couſts ſe payent dans 24. heures de la liqui-dation d'iceux, & à faute de ce faire, apres le commandement de payer, le demandeur eſt debouté de ſon retraiɕt.

Quand vn heritage eſt acquis par retraiɕt pendant vne commu-nauté, il demeure aux heritiers des propres apres la diſſolution de ladite communauté, en rendant aux heritiers le prix des ac-queſts.

Vn heritage retiré par vn pere ſous le nom de ſon fils, appar-tient au fils, ſauf à rapporter les deniers débourſez par le pere.

Quand on adiuge le retraiɕt, les labours & ſemences ſe doi-uent rembourſer par le retrayant en prenant les fruiɕts de l'he-ritage.

Ceux qui en voudront voir dauantage, liſent Grimaudet & Tiraqueau ſur la Couſtume de Poiɕtou, & Papon, liu. 11. de ſon Receuil d'Arreſts.

ACTION DE PARTAGE.

CEtte action s'intente,ou pour la diuision d'vne chose vniuerselle, comme est l'heredité également aduenuë *ab intestat*, à
ceux qui ont suruescu le defunct: ou de quelque chose commune
en laquelle y auoit association entre les consorts, ou qu'ils ayent
chose à eux indiuisément delaissée, donnée, ou adiugée.

Quant à l'action de diuision de chose commune entre consorts,
elle s'intente communément par l'associé contre son coassocié,
possesseur comme luy,de la chose commune,afin de retirer sa part
contingente des biens par eux possedez suiuant les termes de leur
association,ou de la Sentence, ou testament, par lequel la chose
leur a esté indiuisément leguée, delaissée, donnée ou adiugée:
Comme si c'est vne maison,l'vn pourra demander partage & diuision en estre faite pour auoir sa part,au cas qu'elle puisse estre partie & diuisée,ou bien qu'elle soit venduë au plus offrant & dernier encherisseur , & est cette action reelle pour la prestation de
ce,dont il s'agit, & personnelle en la restitution des fruits,ou mal-
uersation commise en la chose commune.

Pour ce qui est de la diuision d'heredité , que le Iurisconsulte
appelle *familiæ ercischundæ*, elle a esté de tout temps pratiquée par
les heritiers qui succedent *ab intestat*, en vne hoirie, lesquels ne
veulent laisser leurs portions hereditaires en commun, auec leurs
coheritiers : mais en veulent venir à vne diuision,& forment leur
demande en la maniere qui suit.

Demande en action de partage.

L'an ::: le iour de ::: apres midy, en vertu de certaines Lettres Royaux en forme de *Committimus* en datte du tel iour, signées par le Conseil tel, & scellées, & à la requeste de tel impetrant,l'ay Huissier ou Sergent,soussigné,donné assignation à tel,en
parlant en son domicile,à estre & comparoir à tel iour pardeuant
Messieurs des Requestes du Palais à Paris,Pour voir dire que partage & diuision seront faits entre les parties, des biens, tant meubles, qu'immeubles, delaissez par le trépas de tel, duquel ils sont
heritiers par égales portions, pour estre à chacun baillé sa iuste
part & portion contingente, si faire se peut commodément, &
pour cet effet qu'iceux biens, meubles & immeubles seront veus
& visitez par gens à ce connoissans,dont les parties conuiendront,

finon qu'il en fera pris & nommé d'office : & à faute de ce faire en
cas de contredit & empefchement, qu'il fera baillé au demandeur fon droiét à part & diuis, felon les lots qui en feront faits par
lefdits Experts, finon & où les chofes feroient fujetes à fequeftrer;
en attendant l'effet dudit partage, qu'il en fera baillé audit demandeur par les mains defdits Sequeftres, iufques à la fomme
de :: par chacun an, fi mieux n'ayme ledit defendeur renoncer
audit partage, & confentir que fon droiét demeure entierement
accreu audit demandeur, & où il fe trouueroit que les chofes ne
fe pûffent partager commodément, qu'elles feront licitées pour
eftre adiugées à l'vn ou à l'autre des parties, à la charge de la re-
compenfe, fuiuant le prix de la licitation : à quoy il conclud, &
demande dépens.

Au iour affigné il fe faudra prefenter, finon leuer les defauts ou
congez, felon qu'il a efté dit cy-deuāt au titre *des Defauts & Cōgez.*

Si toutes les parties comparent, le demandeur pourfuiura les
defendeurs de fournir de defenfes par defaut & permiffion.

Si par les defenfes on dénie que le demandeur foit heritier, il
faut fouftenir au contraire, & prendre l'appointement à informer,
& faire bailler copie des faits, faire forclorre les defendeurs d'en
fournir de leur part, faire clorre, leuer commiffion, & faire enquefte en la forme qu'il a efté dit fur l'aétion perfonnelle, & n'a le demandeur en celle-cy, qu'à faire preuue de fa genealogie.

Mais fi le defendeur demeure d'accord de la qualité du demandeur, il interuiendra iugement, portant que partages & diuifions
feront faites entre les parties à frais communs de tous & chacuns
les biens, tant meubles qu'immeubles, delaiffez par lefdits de-
funéts, pour en eftre à chacune des parties baillée leur iufte part
& portion contingente, à la charge de rapporter, ou moins prendre, fuiuant la Couftume des lieux, où les biens font fituez, &
affis, & qu'à cette fin fera par lefdites parties nommé & conuenu
d'Experts pour faire les prifées & lots defdits heritages & meubles, qui feront le ferment pardeuant M. Maiftre tel Confeiller
en ladite Cour, ou pardeuant le Iuge des lieux, fi les heritages
font éloignez, &c.

Suiuant ce iugement faudra prendre vne Ordonnance pour
faire affigner les parties aduerfes pardeuant ledit Commiffaire
pour nommer & conuenir d'Experts & Prud'hommes, pour faire
la vifitation, prifée & eftimation des heritages appartenans aufdites parties en commun.

Suiuant

Suiuant cette aſſignation ſi les parties n'en conuiennent, le
Conſeiller en nommera d'Office; s'ils en conuiennent, faut prendre de luy vne autre Ordonnance pour faire aſſigner tant leſdits
Experts pour preſter le ſerment en tel cas requis, de voir & viſiter,
& fidelement priſer, & eſtimer les heritages ſujets à partage: & ce
fait, ſe tranſporter ſur les lieux, & proceder à ladite viſitation, priſée & eſtimation, en faire rapport, lequel ils mettront és mains dudit Commiſſaire, que les parties aduerſes, pour voir faire ledit ſerment, & proceder à ladite eſtimation, ô intimation.

Le ſerment ainſi fait par leſdits Experts, ils ſe tranſporteront ſur
les lieux, & feront leur rapport en la forme qui ſuit.

L'an : : : : le tel iour, à la Requeſte de tels demandeurs en partage: Contre tels deffendeurs, & ſuiuant l'Ordonnance de M.
Maiſtre tel, Conſeiller du Roy, &c. du tel iour.

Nous tels & tels, apres ſerment par nous fait pardeuant ledit
Sieur tel, ſommes tranſportez ſur les lieux, maiſons, terres, vignes,
prez, bois, & autres heritages cy-apres declarez ſujets au partage
d'entre leſdites parties, leſquels heritages, enſemble les droits appartenans auſdits tels, aux fiefs & terres de tels lieux, nous auons
priſez & eſtimez aux ſommes de deniers qui enſuiuent.

Premierement, vingt arpens de terre, tenans d'vne part, &c.
priſez à deux mille liures pour cecy.   2. mille liures.
Et ainſi des autres.
Ou bien les Experts font leur rapport en ces mots.

A Meſſieurs des Requeſtes du Palais, Conſeillers du Roy, &c. *Rapport*
Nous tels & tels, par vertu & enſuiuant certaine Sentence dattée *d'Experts.*
du : : : : donnée entre tels & tels heritiers de tel: & à la Requeſte
deſdites parties, les an & iour cy-apres declarez, ſommes tranſportez és maiſons auſdites parties appartenantes, & à elles aduenuës par le deceds dudit tel, aſſiſes en tel lieu, auſſi cy-apres declarées, pour, ſuiuant ladite Sentence deſſus dattée, & aux fins d'i-
celle, voir & viſiter leſdites maiſons, icelles priſer & eſtimer, pour
apres eſtre icelles maiſons parties & diuiſées, ſi faire ſe peut, entre
leſdites parties, & à chacune d'elles baillée ſa part & portion contingente & appartenante: leſquelles maiſons, apres ſerment par
nous fait pardeuant M. Maiſtre tel, Conſeiller en ladite Cour, &
en la preſence deſdites parties, nous auons veuës & viſitées, pri-
ſées & eſtimées aux ſommes de deniers cy-apres declarées, & ainſi
qu'il s'enſuit.

E e

Du iour de

Premierement , vne maison size en cette ville de Paris, ruë : : : :
contenante vn corps de logis de quatre trauées (faut specifier
toutes les aisances & appartenances d'icelle ; ensemble les tenans
& aboutissans) prisée à la charge du cens seulement , la somme
de : : : & ainsi des autres.

A la fin duquel procez verbal les Experts mettent ces mots.

Somme totale à quoy se montent & reuiennent ensemble les
prisées desdites maisons & heritages cy-dessus declarez : cinquante mil liures, aux conditions de retirer sur soy les eaux & égouts
des combles d'icelles maisons, & autres seruitudes, suiuant la
Coustume.

Ausquelles sommes, nous semble, & est nostre aduis, qu'elles
y seroient assez venduës , & aussi qu'elles les valent bien : le tout
eu égard à l'assiette, & disposition d'icelles, & au temps present,
cy   50. mil liures.

Tout ce que dessus certifions estre vray, témoin nos seings cy
mis les an & iour susdits. Signé tels.

Si les heritages sont éloignez , faut prendre vne commission
addressante au Iuge des lieux pour faire faire ladite prisée & estimation.

En vertu de laquelle le Sergent baillera assignation aux Experts
en ces mots.

L'an : : : le tel iour : Par vertu de certaine commission de Messieurs des Requestes du Palais, du tel iour, signé du Puy, & seellée :
& à la Requeste de tel y denommé & impetrant : Ie tel Sergent à
Verge au Chastelet de Paris, ay donné assignation à tel, en parlant
pour ledit tel, à tel en son domicile, de comparoir du iourd'huy
en vn mois prochainement venant, pardeuant Monsieur le Bailly
de tel lieu, ou son Lieutenant General audit lieu, pour conuenir
d'Experts pour faire les prisées des lots & heritages dont est question, & à plein mentionnez en ladite commission : ensemble leur
voir faire le serment en tel cas requis & accoustumé selon le tout,
& ainsi qu'il est plus au long contenu, & declaré par ladite commission ; de laquelle, ensemble du present exploict leur ay à chacun d'eux separément baillé & laissé copie és presences de tels
témoins.

Suiuant ces assignations, le Iuge commis dressera son procez

verbal, dans lequel feront contenuës toutes les comparutions,
dires, declarations & protestation des parties, & inferera tout au
long le rapport des Experts, & le tout en la forme qu'il a esté dit
cy-deuant, en parlant *des Visitations.*

Et pour proceder au partage apres que les parties auront pris
communication des rapports, prisées & estimations, s'il y a contestation, le Iuge commis les appointe à mettre pardeuers luy, auquel cas il faut écrire & produire comme il est dit cy-dessus.

S'il n'y a point de debat ou empeschement, il ordonne que lots
feront faits pour estre jettez au fort.

En quelques lieux les Experts font eux-mesmes lefdits lots; en
d'autres c'est l'aisné des parties; en d'autres le plus jeune, & en
d'autres, le Iuge ou Conseiller commis pour le fait dudit partage.

Pour jetter au fort, il faut faire des billets, fur lesquels font
écrits; premier, deux, trois & quatriéme lot, qui font baillez à
chacun des heritiers, par celuy dont ils conuiennent. Et font obligez les parties de se tenir à ce qui leur est écheu, comme aussi de
fuiure ce qui est fait par les Experts.

Que s'il y auoit appel de ce qui est ordonné par le Iuge ou par
les Experts, on ne doit laisser de passer outre, & executer le partage, nonobstant & fans preiudice d'iceluy.

Bref, quand d'vne Sentence de partage il y a appel (qui se doit
releuer directement à la Cour, & pourfuiure comme les autres
appellations) fi auant que de proceder au iugement d'iceluy, la
Cour ordonne qu'il fera fait arpentage, & mesurage, il faut prendre commission, pour faire executer l'Arrest, addreffante au premier Conseiller d'icelle, ou Iuge des lieux, lequel ayant dressé
son procez verbal, & dans iceluy inseré le rapport des Mesureurs
& Arpenteurs, & procedé, ainsi qu'il vient d'estre dit, il faut bailler copie au Procureur de partie aduerse dudit procez verbal, &
le faire receuoir par la Cour comme estant la piece decisiue du
procez, au iugement duquel la Cour procede incontinent apres.

DES REDDITIONS DE COMPTES.

TOvs Commissaires au regime & gouuernement des choses
mises en main de Iustice, Tuteurs aux pupilles & Curateurs
aux biens vaquans, executeurs de testaments & heritiers fous

Ee ij

benefice d'inuentaire, font tenus rendre compte à tous creanciers
& autres perfonnes legitimes : & font toutes Sentences de condamnation de rendre compte executoires, nonobftant oppofitions ny appellations quelconques, fans bailler caution.

La pourfuite & reddition de compte, fe peut faire aux Requeftes du Palais, à la Requefte des priuilegiez, encore que les Sentences, en vertu defquelles ils ont efté établis Commiffaires,
foient donnez par autres Iuges, ainfi qu'il a efté dit cy-deffus, en
la forme qui fuit.

A la Requefte de tel, de telle qualité, en vertu de certaines Lettres Royaux en forme de Committimus, données à Paris le tel
iour, fignées, par le Confeil tel, ie Huiffier ou Sergent fous-figné,
me fuis tranfporté au domicile d'vn tel, auquel lieu en parlant à
tel, i'ay donné affignation audit tel à comparoir pardeuant Meffieurs les Gens tenans les Requeftes du Palais à Paris à tel iour:
Pour fe voir condamner à rendre compte audit demandeur de
la commiffion, regime & gouuernement ou adminiftration que
ledit defendeur a euë ou deub auoir de tels chofes, en payer le
reliqua qui fe trouuera eftre deub par la fin & clofture dudit compte, à quoy il conclud, & demande dépens. Fait és prefences de
tels témoins.

Au iour affigné s'il fait defaut, fera procedé contre luy, ainfi
qu'il a efté dit cy-deffus au titre des *Defauts & congez* : s'il compare par Procureur, faudra qu'il paffe condamnation de rendre
compte en la forme & maniere qui fuit.

Sentence portant condamnation de rendre compte.

Entre tel demandeur en reddition de compte par Maiftre tel
fon Procureur d'vne part, & tel Commiffaire ou Tuteur de tel,
& defendeur par tel, auffi fon Procureur, d'autre part. Apres que
ledit demandeur a perfifté en fa demande, & requis que ledit defendeur foit tenu & condamné de rendre compte & reliqua de fa
charge, & que ledit tel defendeur n'a fçeu dire caufes valables
pour ce empefcher : La Cour, parties oüyes, a condamné & condamne ledit defendeur à rendre compte de ladite commiffion
ou tution pardeuant M. tel Confeiller en icelle, lequel compte
il prefentera, affirmera, & fera clorre dans tel temps, qui fera limité felon la diftance des lieux, pour ce fait en eftre ordonné ce
que de raifon.

Si ledit defendeur veut fuir, & ne vüeille paſſer condamnation,
le faudra pourſuiure de rendre compte par defaut, & permiſſion
de le faire iuger: ainſi qu'il a eſté dit cy-deſſus, & ce fait le faire
iuger. Tellement que par vertu dudit defaut, ledit defendeur y
ſera condamné, enſemble és dépens, leſquels il ne pourra coucher
en ſon compte.

Le iour & delay donné au deffendeur pour rendre ſon compte
expiré & paſſé, s'il n'y ſatisfait, le demandeur le peut pourſuiure par Requeſte, ſur laquelle ſera donné iugement en la forme & maniere qui ſuit.

Sentence de condamnation à faute de rendre compte.

A Tous ceux qui ces preſentes lettres verront, les Gens tenans
les Requeſtes du Palais à Paris, Conſeillers du Roy noſtre Sire
en ſa Cour de Parlement, Commiſſaires en cette partie, Salut.
Sçauoir faiſons, ſur ce que tel Procureur, de tel, nous a iudiciairement remonſtré, que par Sentence de ladite Cour, du tel iour, auroit eſté ordonné que tel rendroit compte & reliqua audit tel de
: : : &c. lequel il preſenteroit & affirmeroit pardeuant M. tel Conſeiller en ladite Cour, dans vn mois, lors prochain, ce que ledit tel
n'auroit tenu compte de faire: Au moyen dequoy ledit Procureur
auroit requis, & requiert que ledit tel ſoit contraint tant par ſaiſie
de ſes biens, que par empriſonnement de ſa perſonne, à rendre,
preſenter & affirmer ledit compte pardeuant ledit Sieur tel. Surquoy & apres que ledit tel & Maiſtre tel ſon Procureur ont eſté
appellez, & ne ſont comparus, Nous auons contr'eux donné &
donnons defaut. Et par vertu d'iceluy (à faute d'auoir par ledit
tel ſatisfait à ladite Sentence de rendre compte ſuiuant icelle pardeuant le Commiſſaire Commis:) *Ordonné & ordonnons*, qu'il y
ſera contraint par toutes voyes deuës & raiſonnables, meſme par
ſaiſie de ſes biens par noſtre Sentence & Iugement. Si donnons
commandement & commettons par ces preſentes, au premier
Huiſſier ou Sergent ſur ce requis, qu'à la Requeſte dudit tel, ces
preſentes il mette à deuë & entiere execution. De ce faire luy
donnons pouuoir. Donné à paris ſous le Seel deſdites Requeſtes, le tel iour.

Si le defendeur veut rendre compte en execution de ladite Sentence, apres l'auoir dreſſé en la forme accouſtumée, & qui contient ces mots ordinairement.

E e iij

[Compte que rend pardeuant vous M. Maiſtre tel, Conſeiller du Roy en ſa Cour de Parlement, Commiſſaire aux Requeſtes du Palais, & en cette partie, Maiſtre tel, de telle qualité rendant compte en execution des Sentences de ladite Cour des tel
iour & an.

A tel oyant ledit compte.

Premierement, pour vous faire entendre quel ſujet a donné
lieu à la reddition du preſent compte, il conuient obſeruer qu'en
l'année . . . . &c. le rendant ayant eſté eleu Tuteur à l'oyant, ou
bien ayant eſté commis pour faire la recepte de telle choſe, ou
fermier iudiciaire, il faut dire en peu de paroles quel a eſté le differend ſur lequel eſt interuenuë la condamnation de rendre compte, & cela écrit dans la preface d'iceluy compte, il faut enſuite
inſerer ladite Sentence de condamnation ou l'acte de tutelle, &
apres auoir laiſſé vn fueillet blanc, comme auſſi apres chacun
Chapitre de recepte ou dépenſe, leſquels Chapitres s'écriuent en
groſſe entre les deux marges du papier, l'on commence par le
Chapitre du recepte, auquel on met en teſte.

Chapitre de Recepte.

Premierement, fait le rendant Recepte de telle ſomme, faut
icy employer par article toutes les ſommes l'vne apres l'autre que
le rendant a receuës ſelon les pieces qu'il a pour les iuſtifier, ſoit
par l'inuentaire fait apres le deceds d'vn defunct, vente de meubles, ou par contract de conſtitution, baux, obligations, promeſſes, cedules, papier journal, Sentences, Arreſts executoires ou
autres actes, pour tenir ordre de compte encore qu'il n'ait pas
touché aucunes des ſommes y mentionnées, il ne faut pas qu'il
laiſſe de s'en charger en recepte, mais il doit mettre, qu'il fait recepte à la charge de la repriſe deſdites ſommes, donc le Chapitre de repriſe contient ces mots.

Chapitre de repriſe à cauſe des deniers comptez & non receus.

Premierement, fait repriſe ledit rendant de la ſomme de tant, par
luy couchée en recepte en tel art. du premier, ou ſecond Chapitre
de recepte, dautant, qu'iceluy rendant n'a peu toucher aucune
choſe à cauſe de l'inſoluabilité du debiteur, & quelque diligence
qu'il ait peu faire, comme il iuſtifie par pieces cy-rapportées cy

Item, fait reprise encore le rendant de telle somme, & ainsi des autres, & apres ce Chapitre l'on met d'ordinaire la dépense qui contient vn ou plusieurs Chapitres, s'il y en a plusieurs on met en teste.

Premier Chapitre de dépense.

Premierement, fait le rendant dépense de la somme de : : : : par luy payée pour telle chose, & partant requiert luy estre alloüé ladite somme, cy

Item, fait aussi dépense le rendant de la somme de, &c. ainsi l'on met toute la dépense par articles separez, & s'il y a plusieurs Chapitres de dépense, on met *second Chapitre de dépense*, & semblablement aux autres, & à la fin l'on met le Chapitre des frais de la reddition du compte, qu'on appelle dépense commune intitulée ainsi.

Chapitres de dépense commune.

Premierement, pour auoir mis les pieces par ordre pour dresser ce present compte sera alloüé cy- vj liures.

Pour le droict de consultation sur icelles sera alloüé cy iij liu.

Pour vous, Monsieur, qui procederez à l'audition & examen du present compte ce qu'il vous plaira.

Item pour la vacation du Procureur du rendant sera taxé cy

Item pour celle du Procureur de l'oyant sera taxé cy..

Item pour le calcul à vostre Clerc sera taxé.

Pour la grosse du present compte sera taxé à raison de dix sols par roolle cy..

Item pour deux copies dudit compte, à raison desdites deux copies pour vne grosse sera taxé..

Item, pour le procez verbal d'audition & examen dudit present compte, sera taxé à raison de cinq sols tournois par roolle cy..

Pour la copie d'iceluy pour signifier au Procureur de l'oyant sera taxé cy.

Item, pour les ordonnances & defauts contenant les assignations données au Procureur dudit oyant, pour venir proceder à l'audition, examen & closture du present compte sera taxé cy..

Nota, quand c'est vn homme de la campagne qui rend compte à Paris, on luy taxe ses voyages pour presenter & faire clorre son compte, & huit iours de sejour au moins; pour faire examiner lequel côpte le rendant auroit fait voyage de sa maison d'vn tel lieu en cette ville, diſtant de ꞉꞉꞉ lieuës, pourquoy luy ſera alloüé, &c.

Apres l'examen & cloſture duquel compte, quand il y a des debats formez par les oyans contre quelques articles qui ſont ſouſtenus par le rendant, le Clerc du Conſeiller commis, met à coſté de chaque article, *debatu par l'oyant, ſouſtenu par le rendant* & par l'ordonnance dudit Commiſſaire qui ſe met enfin dudit procez verbal, il appointe les parties à bailler plus amples debats, & ſouſtenemens, à écrire & produire par deuers luy, bailler contredits & ſaluations, le tout de huictaine en huitaine. Tellement que pour l'execution de cette ordonnance, l'oyant compte fait dreſſer ſes debats en cette forme.

Debats de compte. Debats de compte que met & baille pardeuant Vous, Noſſeigneurs des Requeſtes du Palais, Conſeillers du Roy en ſa Cour de Parlement, & Commiſſaires en cette partie, vn tel oyant compte.

Contre vn tel rendant.

Pour ſatisfaire à l'ordonnance de Monſieur tel, Conſeiller en ladite Cour, eſtant enfin de ſon procez verbal du tel iour, par laquelle il a reglé les parties à bailler plus amples debats, & ſouſtenemens de huictaine en huictaine.

A ce que s'il plaiſt à la Cour, il ſoit dit que les articles tant de recepte, repriſe, que dépenſe que le rendant a debatus en procedant à l'examen dudit compte, ſeront rayez, moderez & reformez ainſi qu'il enſuit, & le rendant condamné aux dépens de la preſente inſtance de debats de compte.

Il n'eſt pas neceſſaire de repeter icy, le pretexte qui a donné ſujet à la reddition du compte dont eſt queſtion, parce que dans le commencement dudit compte, il y eſt aſſez amplement exprimé, mais pour ne point abuſer de la patience de la Cour, l'oyant déduira preſentement ſes debats, leſquels il eſtime, ſauf correction tres-juſtes & raiſonnables.

Chapitre de Recepte.

Ledit tel oyant, a debatu tels & tels articles dudit Chapitre, par ce que le rendant ne faiſant recepte par iceux que de la ſomme de tant, iceluy oyant a recouuert telles pieces, qui font voir, qu'il doit augmenter leſdits articles de telle ſomme, & partant a mal ſouſtenu leſdits articles pour les ſommes qui y ſont couchées & employées, & en doit les dépens.

Quant à tel article, ſouſtient pareillement qu'il doit eſtre augmenté

menté de la somme de : 1 : &c. & ainsi suiure les autres articles debatus dans la recepte apres lesquels on met,

Chapitre de Reprise (s'il y en a vn dans le compte.)

Le rendant compte a fait reprise de telle somme en vn tel article, mais l'oyant soustient qu'il doit estre rayé, parce que le rendant ne faisant apparoir de diligences suffisantes pour se faire al-
loüer ces articles, il n'y a doute quelcõque à la radiation d'iceluy.

Il faut donc ainsi continuer les debats de la reprise sur chacun
article, & ensuite mettre,

Chapitre de Dépense.

Les articles de dépense que ledit oyant a debatus en procedant
audit compte, sont les premiers, deux, trois, &c. lesquels indubitablement doiuent estre rayez : Car quant au premier l'oyant ne
doit point cette somme par la raison que, &c.

Quant au second, parce que, &c. & ainsi faut dire sur chacun
article debatu les raisons qui le peuuent faire rayer.

Quant au Chapitre de dépense commune, il est alloüé ou debatu, si l'oyant le debat, il faut dire, les debats comme aux autres
Chapitres precedens, sinon il n'en faut point faire mention par les
debats, mais simplement dire que l'oyant conclud à la radiation,
moderation, ou reformation desdites articles comme dessus.

Ces debats ainsi dressez, il faut en faire copie & les faire signifier
au Procureur du rendant, auec vne Requeste de commandement
de fournir de ses soustenemens dans huictaine, laquelle passée &
la forclusion signifiée, l'on peut produire & obtenir les forclusions
de produire & contredire tout ainsi qu'en vne instance appointée
en droict, mais si le rendant fournit de soustenemens, ils contiennent ordinairement ces mots.

Soustenemens de compte, que met & baille pardeuant vous, &c. *Sousteñe-*
vn tel rendant compte. *mens.*

Contre vn tel oyant.

A ce que sans auoir égard aux pretendus debats dudit oyant, les
articles par luy debatus, tant en recepte, reprise, que dépense, demeureront alloüez audit rendant purement & simplement, & ledit oyant condamné aux dépens de ses temeraires debats.

Les premiers articles qui sont contestez & debatus par l'oyant

F f

font les, &c. du Chapitre de recepte dudit compte par la raison
qu'il dit que, &c. à quoy ledit rendant répond en vn mot, telle &
telle chose: faut alleguer icy les moyens qui peuuét détruire ceux
dudit oyant, & suiure article par article tous les articles debatus,
& apres ces soustenemens dressez, produire, & ioindre sa production à celle dudit oyant, pour fournir de contredits & saluations, comme aux autres instances dont le Syle est cy-deuant.]

Quelquesfois aussi les oyans sont receus à bailler leurs obmissions par écrit, & les rendans leurs réponses, auquel cas on fait la
mesme procedure qu'en l'instance de debats de compte, & pour
paruenir à la reddition du compte, il prendra vne ordonnance du
Conseiller commis en la forme qui suit.

Ordonnance
pour pren-
dre commu-
nication
d'vn com-
pte.

De l'Ordonnance de Nous tel, Conseiller du Roy en sa Cour de
Parlement, & és Requestes du Palais, Commissaire en cette partie, & à la Requeste de tel: Est enjoint au premier Huissier ou Sergent sur ce requis, faire commandement à M. tel, Procureur de
tel, de comparoir pardeuant nous en nostre hostel, scis ruë de : : :
à : : : tel iour, deux heures de releuée, pour prendre communi-
catió, si bon luy semble, du compte presenté & mis pardeuers nous
par ledit tel, pour ce fait estre procedé à l'examen d'iceluy, ô inti-
matron: De ce faire vous dônons pouuoir. Fait le tel iour, signé tel.

En vertu de laquelle Ordonnance, assignation sera donnée à
partie aduerse de comparoir pardeuant ledit Conseiller au iour
& heure portée par icelle en ces mots.

L'an : : : le tel iour, fut la presente signifiée & baillé copie, ensemble donné l'assignation y contenuë à Maistre tel Procureur
de partie aduerse en son domicile parlant à tel.

Si ledit Procureur ou la partie aduerse ne compare, faudra prendre le defaut qui suit.

Defaut
pour proce-
der à l'au-
dition d'vn
compte.

Defaut est donné par nous tel, &c. à tel oyant compte, suiuant
la Sentence de ladite Cour du tel iour, par Maistre tel Procureur,
contre tel demandeur, par vertu duquel auons ordonné que ledit
tel sera readiourné à comparoir en nostre hostel scis ruë : : à tel
iour, à deux heures de releuée, pour proceder à l'examen, audition & closture dudit compte, autrement sera fait droict. Fait le
tel iour, signé tel.

Ce defaut signifié, & l'assignation donnée, il faut que les parties ou leurs Procureurs comparent, & qu'en leurs presences il
soit procedé à l'examen & closture dudit compte, dont sera dressé procez verbal par led. Conseiller, contenant toutes les assigna-

tions, comparutions, defauts, declarations. & protestations des parties respectiuement, en la forme & m..nie e qui ensuit cy-apres.

[Mais si aux trois premieres assignations qui sont données aux oyans, ils ne comparent pour prendre communication & examiner le compte, le Commissaire en refere sur son procez verbal à la Cour, & par vne Sentence on ordonne que dans trois iours apres la signification d'icelle aux non comparans, ils procederont à l'examen & audition dudit compte, autrement y sera procedé, tant en presence qu'absence. Au Parlement & en la Cour des Aydes, se rendent des Arrests semblables.]

PROCEZ VERBAL SVR L'EXAMEN
& closture d'vn Compte.

L'An ::: le iour de ::: pardeuant nous tel Conseiller du Roy en sa Cour de Parlement, & és Requestes du Palais, Commissaire en cette partie en nostre hostel scis ruë ::: deux heures de releuée, est comparu Maistre tel Procureur en ladite Cour, au nom, & comme Procureur de tel, qui nous a dit que par Sentence du tel iour, ledit tel a esté condamné à rendre compte pardeuant nous de telle chose, en execution de laquelle Sentence ledit tel auroit fait dresser ledit compte, & pris nostre Ordonnance du tel iour, en vertu de laquelle il auroit fait assigner ledit tel au domicile de Maistre tel son Procureur, à comparoïr ce iourd'huy heure presente pardeuant nous aux fins de prendre communication dudit compte, lequel pour cét effet il auroit mis en nos mains auec les pieces iustificatiues d'iceluy ; ainsi que de ce il nous a fait apparoir par l'exploict de tel, Huissier desdites Requestes, du tel iour, estant au bas de nostre Ordonnance, contre lequel tel, il nous a requis defaut, & pour le profit d'iceluy luy donner acte de la presentation par luy faite dudit compte, & de ce qu'il a iceluy mis en nos mains, auec les pieces iustificatiues d'iceluy, & offert iceluy affirmer veritable, tant en recepte que dépense : & ordonner ledit tel estre reassigné à tel autre iour qu'il nous plaira, pour proceder à l'audition & examen d'iceluy.

Surquoy Nous Conseiller & Commissaire susdit, auons audit tel Procureur donné defaut contre ledit tel, & pour le profit d'iceluy, acte de ce qu'il a mis en nos mains ledit compte & pieces

iuſtificatiues, meſme de ce qu’apres le ſerment par luy faict, iceluy
iceluy affirmé veritable, tant en recepte que dépenſe. Et ordonné que ledit tel ſera reaſſigné à comparoir pardeuant nous au premier iour, pour proceder à l’audition & examen d’iceluy.

Et le tel iour pardeuant nous Commiſſaire ſuſdit en noſtredit hoſtel, à telle heure, eſt comparu ledit tel Procureur dudit
Conſ. par ...

Comme auſſi eſt comparu ledit Maiſtre tel Procureur de tel.

Ledit demandeur a requis qu’il ſoit procedé à l’audition dudit
compte.

Le defendeur a dit qu’il n’y peut proceder, qu’au preallable il
n’en ait eu communication ; ce qu’il nous a requis ordonner, offrant ce faict, en venir à tel iour qu’il nous plaira.

Surquoy Nous Conſeiller & Commiſſaire ſuſdit, auons aux
parties donné acte de leurs comparutions, dires, & requiſitions,
& ordonné que ledit defendeur prendra communication dudit
compte & pieces, & viendra proceder à l’audition & examen d’i-
celuy au premier iour.

Et à l’inſtant ont eſté ledit compte & pieces iuſtificatiues d’iceluy baillées en cōmunication audit tel Procureur du defendeur,
lequel s’en eſt chargé par ſon recepiſſé, & a promis iceluy rapporter au premier iour deux heures de releuée, auquel nous auons
continué la preſente aſſignation du conſentement des parties.

Et ledit tel iour enſuiuant deux heures de releuée ſont comparus leſdites parties.

Et ledit tel Procureur dudit defendeur, lequel nous a rendu &
mis és mains ledit compte & pieces, & en ce faiſant il en eſt demeuré déchargé, & luy auons rendu ſon recepiſſé.

Ledit tel Procureur du demandeur a requis qu’il ſoit preſentement procedé à l’audition & examen dudit compte.

Ledit defendeur l’a conſenty & accordé.

Surquoy nous Commiſſaire ſuſdit, auons du conſentement
deſdites parties, ordonné qu’il y ſera preſentement procedé, ce
que nous auons faict ; & y procedant ſur le premier Chapitre de
Recepte, le premier article tiré pour la ſomme de tant accordée
ou debatu, & ainſi des autres ; & apres auoir vacqué à l’audition
des 1. 2. & 3. Chapitre de Recepte couchez audit compte, & continué l’aſſignation pour proceder audit paracheuement de l’audition & examen d’iceluy à tel iour 2. heures de releuée en noſtredit
hoſtel.

Et ledit iour pardeuant nous Conseiller & Commissaire susdit, sont comparus, suiuant l'assignation par nous continuée audit iour & heure lesdites parties, assistées de leurs Procureurs, lesquels ont respectiuement requis qu'il nous pleust ordonner qu'il sera presentement procedé à l'acheuement de l'audition & examen dudit compte.

Ce que leur auons accordé, & ordonné qu'il y sera presentement procedé, ainsi que nous auons fait à l'instant, & y procedans, &c. Fait par nous Commissaire susdit, & sous-signé tel an & iour que dessus.

Pour bien dresser vn compte, faut mettre au commencement l'establissement de Commissaire, ou la Sentence de creation de tutelle, ensemble la Sentence portant condamnation de rendre compte.

Puis faire recepte entiere, sauf à repeter au Chap. de reprise.

Apres la recepte suit la dépense, & apres la dépense le Chapitre de reprise contenant les deniers comptez, & non receus ; & enfin est le Chapitre de dépense commune.

S'il y a obmission de recepte, on peut dés l'entrée debattre ladite obmission de recepte ; sur lequel debat le Iuge doit appointer à fournir d'obmissions, & le rendant de réponses : & s'il se trouue qu'il y ait obmission, elle se rend aux dépens de celuy qui a obmis.

La reuision se peut demander par le mineur, seulement quand il pretend obmission de recepte ou excessiue dépense, & doit faire les frais de la reuision, sauf à les repeter.

Si vn mineur commet crime pour lequel ses biens soient confisquez, quand le tuteur a rendu compte au Procureur du Roy, vn tiers confiscateur peut demander la reuision à ses dépens.

La transaction faite & passée entre vn tuteur & son mineur fait majeur, n'empesche que ledit tuteur ne rende compte.

Le tuteur d'vn mineur, duquel le pere auoit geré vne tutelle, peut estre condamné à rendre compte ; & faute de le rendre, on peut obtenir executoire contre luy sur les biens de son pupil, qu'on fait saisir.

En tous comptes, quand il y a du reliqua, on peut prendre executoire du Conseiller commis, & en vertu d'iceluy contraindre le reliquataire de payer.

Si en procedant au compte on forme quelques debats, le Conseiller ne laisse pas de passer outre à la closture d'iceluy, & sur les

debats ordonne que l'oyant baillera sesdits debats dans huictaine
apres, & les parties appointées en droict à écrire & produire, bailler contredits & saluations.

Suiuant ce Reglement, si le Procureur du deffendeur ne fournit de debats, faut le faire forclorre, ensemble de produire, en la
forme qu'il a esté dit cy-dessus.

Comme aussi s'il refusoit de rendre le compte & les pieces iustificatiues à luy baillées en communication, on le peut contraindre par corps ; ainsi qu'il a aussi esté dit cy-dessus en parlant des
contraintes par corps contre les Procureurs, faute de rendre les
procez ou instances.

Quand le compte est presenté & affirmé, le Conseiller fait mettre au commencement d'iceluy l'acte contenant ladite presentation & affirmation en ces mots.

Presenté & affirmé le present compte par ledit rendant en personne, ou bien par tel, en vertu de la procuration dudit tel iour.
Fait le tel iour & an. Et enfin on met ces mots.

Le present compte, ainsi qu'il gist, tant en recepte que dépense, a
esté par nous tel Conseiller, &c. & Commissaire en cette partie,
calculé, clos & arresté, & s'est trouué monter la recepte d'iceluy
alloüée & débatuë, comprise és 1. 2. 3. & 4. Chapitre d'icelle, à la
somme de ::: & la dépense aussi alloüée & debatuë, comprise és
1. 2. 3. &c. Chapitre d'icelle à la somme de ::: Et partant la dépense excede la recepte de la somme de ::: [Et sur les debats
auons appointé les parties à bailler par l'oyant ses debats dans
huictaine, & le rendant ses soustenemens huictaine apres, produire par les parties, & bailler par elles contredits & saluations dans
le temps de l'Ordonnance, &c.]

[Depuis quelques années lors qu'en vn compte ou bref estat, il
y a des articles debatus, l'on ne procede point au calcul qu'apres
les debats iugez.]

Au reste en matiere de compte on peut bien limiter vn temps au
rendant pour le faire clorre, & en cas de negligence adiuger prouision à l'oyant ; mais si le rendant fait tout ce qu'il peut pour faire
appurer & affiner son compte, on ne peut contre luy adiuger aucune prouision, dautant que pour condáner vn cóptable de payer
somme par prouision, il faut premierement sçauoir s'il doit. Aussi
par Arrest du 17. Feurier 1536. vn tuteur ayant presenté son compte, & condáné payer certaine somme au pupil pendant le procez
par prouision, en fut déchargé quoy que la somme fut fort petite.

Si vn compte eſt appuré,& qu'en vertu de l'Arreſt d'iceluy fait & paſſé, ſauf l'erreur de calcul, le debiteur executé s'oppoſe, & pour moyens d'oppoſition allegue erreur de calcul,duquel prom-ptement il peut faire apparcir, ou d'aucuns articles d'iceluy com-pte, lors le debiteur n eſt tenu garnir par prouiſion pour les arti-cles où l'erreur eſt notoire : mais és autres articles où l'erreur de-manderoit connoiſſance plus grande, le debiteur doit garnir: comme il fut iugé par Arreſt de Paris du 21. Mars 1540.

Et quoy que nous ayons dit cy-deſſus, qu'en reuiſion de com-pte, le mineur doit auancer les frais, neantmoins il faut ſçauoir que s'il n'a les moyens de ce faire, le tuteur peut eſtre contraint à les fournir: ainſi qu'il fut iugé par Arreſt du 11. Aouſt 1577. rap-porté par Bergeron dans Papon Liure 15. titre 9. Arreſt 3.

Vn reſte deub par cloſture d'vn compte rendu par vn Receueur des biens d'vn mineur, doit demeurer entre les mains dudit Re-ceueur, ſi le tuteur le requiert, iuſques à ce qu'il ait rendu ſon compte. Le Caron Liure 3. de ſes Reſp. Chapitre 31.

Arreſt de compte ſigné du Commiſſaire & des parties, ſans au-tre obligation & ſouſmiſſion receuë & ſignée par Notaire Royal, n'a aucune execution parée contre le redeuable ou ſes heritiers, & n'eſt autre choſe que ſimple écriture priuée; tellement qu'il eſt neceſſaire d'y venir par Arreſt, comme dit Papon lieu ſuſdit, Ar-reſt 2. Aucuns tiennent toutesfois qu'vne cloſture & Arreſt de compte fait par authorité de Iuge, emporte force d'inſtrument authentique, & de choſes iugées.

Si vn Commiſſaire étably à vn heritage ſaiſi, refuſe & dilaye rendre compte,la Cour a accouſtumé, à la Requeſte du pourſui-uant criées, de condamner à payer la ſomme, pour laquelle ledit heritage eſt ſaiſi, ſans aucun rembourſement de frais, Arreſt du 14. May 1535.

Eſtant au reſte remarquable que l'exception & deffenſe de Commiſſaire qui eſt conuenu pour rendre ſon compte, ne ſert pour dire qu'il n'a rien manié, car il l'a deub faire: toutesfois cela ſe doit entendre s'il a des compagnons, dont l'vn n'a manié, mais les autres ſeulement, & qu'il ait eſté éleu contre ſon gré, alors il eſt excuſable du compte: ſi toutesfois il a eſté éleu de ſon gré, il doit rendre compte, bien qu'il n'ait rien receu.

Voila côme ſe pourſuiuẽt toutes ces inſtances, leſquelles eſtans miſes en eſtat (comme les moyens en ſont preſcrits cy-deſſus) l'Ordon. de l'an 1539. art 90. enjoint au Iuge de proceder au iugemēt en ces mots, *Quand vn procez sera en estat de iuger, le Iuge quel qu'il soit, pourra proceder au iugemēt, & prononcer sa Sentence nonobstant que l'vne ou l'autre des parties soit decedée, sauf à ceux contre lesquels on la voudra faire executer, se pouruoir, si bon leur semble, par appel autrement fondé, que sur nullité de Sentence, comme donné contre vn decedé.*

En quoy a esté abrogé cét ancien Style auparauant receu en France, suiuant lequel on ne pouuoit donner Sentence contre vne personne decedée, encore que l'affaire fût en estat, parce qu'alors toutes Sentences données contre les defuncts estoient censées & reputées nulles.

Voila pourquoy il falloit faire appeller les heritiers dudit defunct (soit que les procez fussent en estat ou hors d'estat) pour prendre ou delaisser lesdits procez.

Mais l'Ordonnance cy-dessus en a autrement disposé, voulant que les Iuges passent outre au iugement des procez, ausquels ne manque, & n'est desirée autre chose que leur seul office & deuoir: de sorte que la commune forme auiourd'huy obseruée parmy nous sur l'execution de telles Sentences & Arrests ainsi rendus sur instances ou procez en estat, n'est autre sinon que celuy qui a obtenu, fait adiourner les heritiers pour voir declarer l'Arrest ou Sentence donnée contre le defunct, executoire contr'eux, comme elle eust esté contre luy, & ce pardeuant les Iuges, qui ont rendu lesdites Sentences & Arrests, & à cette fin obtiennent Lettres en la forme qui suit.

Lettres Royaux pour faire appeller les heritiers d'vn defunct pour voir declarer contr'eux vne Sentence executoire, comme elle estoit contre ledit defunct.

Louys, &c. au premier nostre Huissier ou Sergent sur ce requis, salut. De la partie de tel nous a esté exposé qu'il a obtenu Sentence du tel iour renduë par nos amez & feaux Conseillers les Gens tenans les Requestes de nostre palais à Paris, à l'encontre de defunct tel, par laquelle il auroit esté condamné, &c. pour laquelle Sentence voir declarer executoire, tant en principal que dépens adiugez par icelle: est besoin audit exposant faire assigner en la dite Cour, la vefue & heritiers dudit defunct si aucuns y a, requerant à cette fin nos Lettres de prouision. Pour ce est-il que nous te mandons & commettons par ces presentes, qu'à la Requeste dudit Exposant, tu adiournes à certain brief & competent iour, par-deuant

uant

uant nofdits Confeillers des Requeftes de noftre Palais à Paris,
les vefue & heritiers dudit defunct, &c. pour voir contr'eux declarer ladite Sentence executoire, tant en principal que dépens,
& proceder en outre comme de raifon. Car tel eft noftre plaifir.
Donné à Paris le tel iour.

En vertu defdites Lettres faudra faire adiourner les vefue & heritiers ou leur Tuteur, fi aucun y a, finon en faire élire vn pardeuant le Iuge ordinaire, & doit le Procureur de Roy ou Fifcal
du lieu faire cette pourfuite.

Au iour affigné, la prefentation, pourfuittes & procedures fe
feront, ainfi qu'il a efté dit cy-deffus, & qu'il fera tantoft dit fur les
reprifes des procez.

Si le defendeur heritier n'a de bonnes defences, faut qu'il paffe l'apointement de condamnation en la forme qui fuit.

Entre tel demandeur en execution de Sentence du tel iour, par
Me tel fon Procureur d'vne part, & tel defendeur par tel fon Procureur d'autre: Apres que ledit demandeur a conclu à ce que ladite Sentence obtenuë contre tel defunct, foit declarée executoire contre ledit tel defendeur, tout ainfi qu'elle eftoit contre ledit
defunct, tant en principal que dépens, & que par ledit defendeur n'a efté dit caufe valable pour l'empefcher; La Cour, parties oüyes a declaré & declare ladite Sentence du tel iour executoire côtre le dit defunct tel, & le defédeur condamné aux dépés.

Mais fi le procez n'eftoit pas en eftat de iuger lors de la mort de
celuy qui eft en caufe, il eft neceffaire, auant que de proceder
plus outre, de faire appeller fes heritiers en reprife de procez ; ce
qu'il faut toutefois entendre és caufes ciuiles & non és caufes criminelles, parce que les caufes criminelles communément perif-
fent, & font éteintes auec la perfonne de l'accufé.

Que fi on s'efforçoit de mettre l'inftance en eftat, nonobftant ledit decez, feignant de n'en rien fçauoir, ou autrement, le Procureur du defunct pour empefcher cette pourfuite, doit faire fignifier au Procureur du pourfuiuant l'acte qui fuit.

A la Requefte de Maiftre tel Procureur en la Cour de Parlement, foit declaré & fignifié à Maiftre tel, auffi Procureur en ladite Cour, & de Maiftre tel que tel eft decedé, à ce qu'il n'en
pretende caufe d'ignorance, & qu'il ait à faire affigner, fi bon luy
femble la vefue & les heritiers dudit defunct, pour lefquels il n'a
veu ny receu aucune affignation en reprife, proteftant de nullité de toutes les pourfuites & procedures qu'il fera au preiudice

Acte portât
qu'vne par-
tie eft dece-
dée.

G g

de la presente declaration.

Cét acte se signifie en ces mots: L'an ::::: le tel iour fut signifié & baillé copie à Maistre tel, Procureur de partie aduerse.

Apres laquelle signification, on ne peut plus faire poursuites qui vallent, & faut faire appeller les heritiers en reprise en la forme qui suit.

DES REPRISES DE PROCEZ.

Apres le deceds de l'vne ou de l'autre des parties, soit du demandeur ou du defendeur, faut auparauant que passer outre, faire appeller les heritiers du decedé en reprise de procez & pour ce faire, obtenir commission en la forme & maniere qui suit.

Commission pour faire appeller les heritiers en reprise de procez.

Les Gens tenans les Requestes du palais, Conseillers du Roy nostre Sire en sa Cour de parlement, Commissares en cette partie, au premier Huissier ou Sergent sur ce requis, Nous vous mandons & commettons par ces presentes, qu'à la Requeste de tel demandeur, vous adiourniez & donniez assignation à tels heritiers, ou biens tenans de defunct tel, & autres qu'il appartiendra, & dont requis serez, à estre & comparoir à certain & competent iour pardeuant nous pour venir reprende ou delaisser le procez y pendant entre ledit tel, demandeur d'vne part, & ledit defunct tel, defendeur d'autre, suiuant les derniers erremens au lieu dudit defunct tel, & en outre proceder côme de raison Fait le tel iour & an.

En vertu de laquelle commission, faudra faire adiourner les heritiers s'ils sont en âge, ou les tuteurs & curateurs des mineurs, si aucuns y a, sinon faudra que le Sergent en fasse pouruoir pardeuant le Iuge des lieux, pour venir proceder, suiuant le contenu de ladite commission, & en outre comme de raison.

Au iour assigné faudra faire la presentation en la forme & maniere qu'il a esté dit cy-dessus; & si les parties comparent par procureurs, comme ils sont tenus de faire, apres que les defendeurs auront repris, faudra que le demandeur en reprise fasse bailler copie au procureur des adiournez en reprises, des actes & derniers erremens de la cause, & procez dont on demande la reprise, en la forme qui suit.

Actes de communication des derniers erremens.

A La Requeste d'vn tel demandeur en reprise de procez soit signifié & baillé copie à tel defendeur, & adiourné en ladite reprise de procez, de tel appointement du tel iour donné entre lesdits tel d'vne part, & tel d'autre, qui sont les derniers erremens & & actes du procez, de la reprise duquel est à present question, à ce qu'il n'en pretende cause d'ignorance.

Mais auparauant cette communication, si les defendeurs veulent fuïr, & qu'ils demandent leurs delais pour deliberer, faudra prendre appointement à deliberer, en la forme & maniere qui suit.

Appointement par defaut portant delay de quarante iours
à deliberer.

Extraict des Registres des Requestes du Palais,
du :: :: iour de.

Defaut à tel demandeur en reprise de procez par tel contre tel defendeur & defaillant: par vertu duquel, la Cour du consentement dudit demandeur, a donné & donne audit defendeur delay de quarante iours, pour deliberer s'il se veut porter heritier ou non de tel, pour ce fait & le temps passé estre fait droit aux parties, ainsi que de raison, & soit signifié.

Lesdits 40. iours passez, à compter du iour de la signification qui sera faite dudit defaut, portant ledit delay, faudra que le demandeur fasse signifier defaut, sauf la distance des lieux, ainsi qu'il a esté dit cy-dessus au titre *des Defauts*, contre le defendeur à faute de deliberer, & permission de le faire iuger, le temps du sauf écheu, & le bailler à iuger ; & par Sentence le procez sera tenu pour repris, & en ce faisant, seront audit demandeur adiugez ses fins & conclusions.

Si le demandeur veut maintenir ledit defendeur heritier, il aura delay de huit iours de conseil pour renoncer à la succession, en la forme qui suit.

Extraict des Registres des Requestes du Palais
du iour de.

Defaut à tel demandeur aux fins de l'exploict d'vn tel iour par

Maistre tel son procureur, & tel defendeur d'autre : par vertu duquel : apres que le demandeur l'a maintenu heritier dudit defunct tel; la Cour luy a donné & donne delay de huictaine, iour de conseil : pour deliberer s'il est heritier ou non dudit defunct, & soit signifié.

S'il arriue que le defendeur renonce à la succession du defunct, il sera renuoyé sans dépens, pourueu qu'il n'y ait aucune contestation en cause, & sera le demandeur tenu de faire élire & créer vn curateur aux biens vacans, lequel sera tenu de reprendre le procez en la forme & maniere qui suit.

Fut present en sapersonne tel, demeurant en tel lieu, heritier ou curateur aux biens vacans de defunct tel, lequel, a fait & cõstitué son procureur tel, pour plaider, opposer, appeller, subftituer, élire domicile, & par special, pour comparoir pardeuant Messieurs des Requestes du palais, & reprendre le procez en procedant au lieu de defunct tel, suiuant les derniers erremens, & reglement pris en iceluy. Et generalement promettant, obligeant, &c. Fait & passé le iour & an.

Suiuant laquelle procuration, faudra que le procureur du defendeur compare au Greffe, & fasse l'acte de reprise en la forme qui suit.

Extraict des Registres des Requestes du Palais,
du tel iour & an.

Auiourd'huy est comparu au Greffe de ladite Cour Maistre tel procureur en ladite Cour, lequel en vertu de la procuration speciale à luy passée de tel iour pardeuant tels Notaires au Chastelet de paris, par vne telle, vefue de feu tel, tant en son nom, que comme mere & tutrice de tels, enfans mineurs dudit defunct & d'elle ; & encore procureur de tels heritiers dudit defunct, a repris & reprend en procedant, les instances pendantes en ladite Cour entre ledit defunct demandeur à l'encontre de tel, a offert de proceder en icelle selon les derniers erremens, ainsi que de raison, dont ledit tel procureur a requis acte.

Cét acte expedié en parchemin, & signé du Greffier desdites Requestes, il le faut faire signifier aux procureurs des parties aduerses, & proceder suiuant les derniers erremens.

DES CONSTITVTIONS DE NOVVEAV
Procureur.

QVant aux Conftitutions de nouueau Procureur, il y en a de deux fortes.

La premiere eft quand l'on reuoque vn Procureur, faut par même moyen en conftituer vn autre en fon lieu, autrement ladite reuocation feroit nullé, & nonobftant icelle on pourroit toufiours s'adreffer au Procureur reuoqué. Voila pourquoy il faut que la procuration foit en cette forme.

Fut prefent en fa perfonne tel demeurant en tel lieu, lequel a reuoqué & reuoque par ces prefentes pour Procureur Maiftre tel Procureur en Parlemét, n'entendant qu'il s'immifce plus à l'aduenir en aucunes de fes affaires : & au lieu dudit tel ledit conftituant conftituë fon procureur general & fpecial Maiftre tel Procureur en la dite Cour pour plaider, oppofer, appeller, élire domicile fubftituer, & par fpecial de comparoir, pour & au nom dudit conftituant en defendant, & generalement , &c. pro. &c. ob. &c. renonc. &c. Fait & paffé és études des Notaires fouffignez , l'an : : : le : : : iour auant midy, & a figné. *Procuration de reuocatió & conftitution de nouueau Procureur.*

Faut faire fignifier ladite procuration , tant au Procuration reuoqué, qu'à celuy de partie aduerfe, afin qu'il n'en ignore.

Pour retirer les pieces du procureur reuoqué , faudra luy faire fignifier l'acte qui fuit.

A la Requefte de tel, foit fommé & interpellé Maiftre tel procureur en Parlement, cy-deuant fon procureur, de luy rendre & mettre és mains tous, & vn chacun les papiers, exploicts, & autres pieces, que ledit tel procureur a pardeuers luy , offrant ce faifant luy payer fes frais & falaires raifonnables qu'il iuftifiera auoir faits, déduifant ce qu'il a fur ce receu: à faute de ce, protefte ledit tel de recouurer à l'encontre de luy tous dépens, dõmages & interefts qu'il pourroit encourir, à caufe de la retention d'iceux papiers, & exploits, mefme du feiour qu'il eft contraint de faire en cette ville, & où ledit tel feroit aucunes pourfuites cy-apres de n'en eftre tenu. A ce quil n'en ignore donc acte. *Acte pour retirer des pieces.*

Il y a fi grand nombre de procureurs maintenant, qu'aucuns d'iceux inconfiderément, fans aucune modeftie, contre l'honnefteté publique, fe font reuoquer les vns les autres, mandient

les pratiques, procez & affaires, y employent leurs parens & amis
pour les attirer : bref, font tout ce qu'ils peuuent pour déposseder
leurs compagnons ; & qui pis est, s'efforcent de retirer les pieces
des mains du Procureur reuoqué sans le faire payer de ses salaires,
& de l'argent qu'il a aduancé : tellement que le plus souuent le
Procureur reuoqué est contraint de plaider pour estre payé & remboursé ; encore quil soit bien receuable en sa demande, si est ce
que les nouueaux constituez ne feront aucune difficulté de chica-
ner contr'eux, chose qui deuroit estre punie par les Iuges, comme estant vne malice affectée.

La seconde sorte de constitution de nouueaux Procureurs est
quand vn Procureur est decedé, la partie aduerse ne peut plus faire poursuite de procez, & faut prealablement faire apeller la partie pour constituer nouueau Procureur, & a cette fin obtenir cô-
mission en la forme & maniere qui ensuit.

Commission
pour faire
appeller la
partie ad-
uerse pour
constituer
nouueau
Procureur

Les Gens tenant les Requestes du Palais , Conseillers du Roy
nostre Sire en sa Cour de Parlement, Commissaires en cette partie,
à la Requeste de tel, mandons au premier Huissier ou Sergent sur
ce requis, adiourner tel defendeur, à comparoir à certain & competent iour pardeuant nous, pour constituer nouueau Procureur,
au lieu de defunct tel , son Procureur au procez pendant pardeuant nous entre lesdites parties : & en outre proceder comme
de raison. Fait esdites Requestes le tel iour.

En vertu de laquelle Commission signée du Greffier & scellée,
faudra faire adiourner le defendeur, pour constituer nouueau Procureur & venir proceder suiuant le contenu desdites lettres de
commission. Au iour assigné, la presentation se fera ainsi qu'il a
esté dit cy-dessus au titre *des Presentations.*

Si le deffendeur & adiourné ne compare , faudra leuer le defaut,
& le bailler à iuger, & par vertu d'iceluy ; les fins & conclusions
principales du demandeur luy seront faites & adiugées, car ledit
defaut emporte gain de cause. Mais si le defendeur compare par
Procureur, par ladite comparution il satisfait à ce que le demandeur demande, tellement qu'il faudra proceder audit procez selon les derniers erremens, & actes de la cause , desquels le Procureur du demandeur sera tenu de bailler copie au Procureur dudit defendeur, afin de proceder suiuant iceux : car autrement le
Procureur nouuellement constitué, ne pouroit proceder, dautant
qu'il ne seroit pas instruit, & ne sçauroit ce que c'est du procez.

On peut aussi desauoüer vn Procureur , qui sans charge ny

procuration, occupe pour vne partie, en ces mots.

A la Requefte de tel, foit fignifié & deuëment fait à fçauoir à tel, Maiftre tel fon procureur, qu'il ne fçait ce que c'eft des procedures ou Sentences de Meffieurs des Requeftes du palais données par appointé, par lefquelles il a efté ordonné telle chofe, encore que Maiftre tel procureur, les ait confenties, parce que iamais il ne fut, & ne luy a ledit tel baillé charge ny procuration, & lequel partant il defaduouë, & tous ceux qui luy ont donné charge de paffer lefdites Sentences, & occuper pour luy à ce qu'il n'en pretende caufe d'ignorance.

Cét acte figné de la partie, fera fignifié en ces mots : Fait & fignifié le contenu cy-deffus audit tel procureur dudit tel, en parlant à ::: en fon domicile le tel iour par moy Sergent à verge au Chaftelet de paris fouffigné, & luy ay baillé & laiffé copie és prefences de tels témoins, figné tel.

Les procureurs conftituez font auffi fuiets à defadueu, quand ils excedent les termes de leurs procurations, qu'ils conniuent & s'entendent auec les parties aduerfes, ou qu'ils pechent par ignorance en leurs charges : mais il a efté parlé fur le Style du parlement, tant des reprifes de procez, conftitutions de nouueaux procureurs, defadueus d'iceux, que des executions des Sentences & Arrefts : c'eft pourquoy il n'en fera icy rien dit dauantage.

Seulement pour paruenir à l'inftance des Criées (de laquelle il refte à traiter) nous dirons qu'en vain la Sentence feroit donnée, fi elle n'eftoit mife à execution.

Or telle execution procede par vente des meubles, & fubhaftation des imeubles du condamné par Arreft ou Sentence, dont il n'y a appel : pourueu que les fommes foient liquidées, autrement il faudroit faire faire la liquidation auant que venir à l'excution, Arreft du 2. Iuillet 1525. rapporté par papon, liu. 18. tit. 6.

La faifie des immeubles ne peut valablement eftre faite, fans prealable commandement à la perfonne du condamné, ou en fon domicile en parlant à quelqu'vn de fes domeftiques, auquel doit eftre donnée la copie de l'exploict en prefence de deux témoins, auec fpecification des immeubles faifis, & établiffement de Commiffaires, fuiuant les Ordonnances de Louys XII. 1498. article 56. Charles IX. 1560. articles 93. & 1564. & 1568. article 3. & de Henry III. 1579. article 173.

Il eft neceffaire de faire exacte perquifition de leurs meubles, & apres le comandement fait aux tuteurs de payer, s'ils declarent

n'auoir meubles ny deniers appartenans aux mineurs, il leur faut
faire rendre compte : & si le reliqua n'est suffisant, faire ordonner qu'il sera procedé par saisies & criées des immeubles, estant
vne chose certaine que le defaut de discution des meubles d'vn
mineur annulle entierement les criées, suiuant qu'il fut iugé par
Arrest du 27. Ianuier 1545. rapporté par Papon, qu'il dit auoir
esté donné sur l'interpretation de ladite Ordonance cy-dessus: laquelle la Cour declara n'estre entenduë des mineurs : bien qu'elle
fust generalle. Aussi est-ce vn priuilege special & particulier de
la Loy, pour suruenir à l'infirmité & inconsiderée facilité des mineurs : car comment seroit-il équitable de permettre prendre &
saisir les immeubles des mineurs pour estre vilement & injustemét
vendus, s'il se trouuoit assez de meubles pour le payement de la
debte ? Et voila pourquoy aussi il est receu & obserué en France
pour leur regard, ce qui vient d'estre dit cy dessus, & conformément à l'Arrest donné en leur faueur.

Toutesfois quand il y a vn curateur creé pour les criées des heritages d'vne fille mariée par l'aduis de ses parens, & mineure, il a
esté iugé par autre Arrest du 27. Iuillet 1595. que la discution de
ses meubles n'est pas necessaire.

Le mineur ne peut faire casser le decret de l'heritage de son
Tuteur à luy obligé, s'il ne s'y est opposé, Arrest de l'an 1596.

Les deniers delaissez au mineur par ses pere & mere qui ont
védu aucuns fonds pour s'accommoder ailleurs, ou du moins qui
ont destiné les deniers receus à l'acquisition d'immeubles pour le
mineur, ne peuuent estre saisis que sous la mesme solemnité des
immeubles, & apres entiere discution. Voyez Monsieur le President le Maistre sur le premier article de l'Ordonnance des criées,
laquelle pource qu'elle prescrit la forme qui doit estre suiuie par
ceux qui veulent faire vendre des heritages par decret : nous a-
uons iugé à propos de l'inserer en ce lieu, ensemble l'Arrest de
verification d'icelle, portant la modification d'aucuns articles de
ladite Ordonnance.

ORDONNANCE DV ROY POVR LE FAIT
des Criées, de l'an 1551.

Henry par la grace de Dieu Roy de France, A tous ceux qui
ces presentes lettres verront, Salut. Comme plusieurs grandes

des plaintes & clameurs nous euffent efté faires de la longueur tenuë au fait de la Iuftice procedant des executions des Sentences
& Arrefts donnez, tant en nos Cours de Parlement, qu'és Bailliages & Senéchaufsées reffortiffans en icelles, & auffi és Requeftes
de nos Palais, & en nos Cours établies, tant fur le fait de la Iuftice
de nos-Aydes, que de noftre Trefor, par la malice des parties
condamnées, obligées & redeuables, qui pour ne vouloir obeyr
aufdites Sentences & Arrefts, & fatisfaire à leurs debtes & obligations, laiffent faifir leurs heritages, & biens immeubles, &
iceux mettre en criées, tendans par la longueur du temps accouftumé à faire lefdites criées, & à les faire verifier & rapporter, &
auffi à faire droict fur toutes les oppofitions, & empefchemens
qui interuiennent auant aucune chofe adiuger par decret, à tellement vexer & ennuyer leurs creanciers pourfuiuant lefdites
criées & les oppofans à icelles, qu'ils les contraignent à quiter &
delaiffer les pourfuiites defdites exeutions, & de leurs debtes, &
finalement à rendre inutiles, & de nul effet lefdites debtes, obligations, Sentences & Arrefts. Au moyen dequoy euffions chargé
aucuns bons perfonnages nos Officiers de Iuftice, zelateurs d'i-
celle & du bien public, de penfer & regarder à quelques bons
moyens, par lefquels on peuft abreger lefdites Sentences, Arrefts & obligations, à ce qu'il fuft facile à chacun de recouurer
fon deub & adiudication pour foy en ayder à fon befoin & neceffité, mefme nous pour noftre particulier, recouurer les reftes
des comptes de nos Officiers Comptables, & autres nos debtes &
adiudications: Par lefquels nos Officiers euffent fur ce fait dreffé
aucuns articles, lefquels, fuiuant la commiffion fur ce par nous
à eux dirigée, ils nous euffent enuoyés. Sçauoir faifons, que veus
& entendus par nous lefdits articles, & apres auoir eu fur iceux
l'aduis & opinion des Gens de noftre Priué Confeil, & de plufieurs bons & autres nobles Perfonnages dudit eftat de la Iuftice,
pour ce conuoquez & appellez en noftredit Confeil, Nous par ledit aduis & opinion, & afin d'obuier à la ruine, tant des condamnez obligez que de leurs creanciers, porteurs de leurs obligations,
& ayans obtenu lefdites Sentences & Arrefts; Auons dit, ftatué
& ordonné, & par ces prefentes, difons, ftatuons & ordonnons ce
qui s'enfuit, pour eftre d'orefnauant par prouifion, iufques à ce
que par nous autrement y ait efté pourueu, obferué & gardé en
nofdites Cours & Iurifdictions.

Hh

PREMIEREMENT.

Que quand aucun heritage, ou chofe immeuble fera faifie & mife en criées, l'Huiffier ou Sergent qui fera lefdites criées, fera tenu
fe traufporter fur les lieux, & en faifant la faifie & premiére criée,
de declarer & fpecifier par le menu en icelle faifie & premiere
criée les heritages & chofes criées par tenant & aboutiffans, fors és
Seigneuries, fiefs & droicts Seigneuriaux, efquels fuffira de faifir
le principal manoir, fes appartenances & dependances, & iceux
droicts Seigneuriaux.

2. La faifie faite, il fera tenu de laiffer vne attache contenant
dec'aration, tel e que deffus eft dite, defdites chofescriées, laquelle
fera mife & attachée à la porte & entrée de l'Eglife Parochiale
defdits lieux criez: Et fi les heritages font affis en diuerfes Paroiffes, fera fait le femblable en chacune defdites Paroiffes, pour le
regard de ce qui fera affis en icelle Paroiffe.

3. Qu'en toutes faifies de maifons affifes és villes & villages, même en la ville de Paris, en faifant la faifie, ou deuant la premiere criée, fera mis & affiché fur l'entrée de la maifon vn panon-
ceau portant nos armes : au deffous duquel fera écrit, que ladite
maifon eft faifie & mife en criée: Et de ladite attache en fera l'executeur mention par fon rapport & procez verbal : & de fait feront
les criées faites & continuées, ainfi qu'il eft accouftumé de faire
aux iours de Dimanche, & iffuë de grand Meffe Parrochiale, tant
és villes que villages fans qu'il foit plus befoin faire lefdites criées
és greffes, & Auditoires, ainfi que l'on auoit acoûtumo de faire.

4. Que d'orefnauant incontinent apres la faifie, & auparauant
que faire la premiere criée, feront établis Commiffaires au regime & gouuernement des chofes criées, fous peine de nullité d'i-
celles criées. Et feront lefdits Commiffaires tenus bailler lefdites
chofes criées à ferme aux plus offrans & derniers encheriffeurs,
moyennant bonnes cautions fuiuant nos Ordonnances. Et auons
fait & faifons inhibitions & defenfes, à tous proprietaires defdites chofes criées, & à tous autres, de troubler ou empefcher directement ou indirectement lefdits Commiffaires & Fermiers en
la iouyffance de leurs Commiffion & fermes, fous peine à ceux
qui directement auront fait ledit trouble ou empefchement, d'e-
ftre declarez rebelles & defobeyffans à Nous & à Iuftice, & de
confifcation de leurs biens.

5. Que lesdites criées parfaites, elles seront certifiées pardeuant
le Iuge des lieux, lecture faite d'icelles à iour de plaids & iceux
tenans. Et apres que le proprietaire aura esté adiourné pour voir
adiuger le decret, seront les oppositions, afin de distraire ou annuller lesdites criées, si aucunes y a, prealablement vuidées &
terminées, & pareillement les oppositions pour les charges foncieres.

6. Qu'inco ntinent apres que les oppositions afin de distraire
ou d'annuler, ou pour charges foncieres, auront esté vuidées,
soit par mesme iugement ordonné que le decret sera adiugé au
quarantiesme iour en suiuant, sauf apres l'adiudication à discuter des autres oppositions pour debtes personnelles ou hypotheques, si aucune y a.

7. Et sera l'enchere leuë & publiée en iugement à iours de
plaids, & iceux tenans, & icelle enchere attachée à la diligence de
l'encherisseur à la porte de l'Auditoire du *Siege* auquel sera fait
l'adiudication, pour y demeurer l'espace de quinze iours.

8. Et seront tous autres encherisseurs receus dedans ladite
quinzaine à encherir és Greffes des Cours où lesdites criées seront pendantes. A la charge toutesfois qu'ils seront tenus faire signifier au dernier encherisseur, ou à son Procureur, ladite enchere. Et la quinzaine passée sera deliuré le decret à celuy qui se trouuera le dernier encherisseur, lequel dernier encherisseur sera tenu de consigner & mettre les deniers de son enchere és mains de
tels personnages, Marchands ou autres que les poursuiuans desdites criées & opposans à icelles voudront nommer & élire, ayant
regard à la quantité & plus grande somme de deniers deubs aufdits poursuiuans & opposans, ou au nombre desdits opposans.

9. Et seront tenus les encherisseurs de nommer leur Procureur
en faisant leur enchere, & élire domicile en la maison de leurdit
Procureur, & autrement ne sera receuë ladite enchere.

10. Et parce que souuent il y a plusieurs personnes sucitées par les
poprietaires, qui pour empescher l'adiudication par decret, font
faire enchere par gens supposez & inconnus, & par vertu de procuration passée par Procureurs non connoissans les parties, Nous
auons ordonné & ordonnons qu'aucun ne sera receu à encherir en personne, qu'il n'ait Procureur au Siege qui ait de luy
connoissance, & que ledit Procureur ne soit present à faire icelle
enchere.

11. Auons inhibé & defendu, inhibons & defendons à tous

Procureurs d'encherir par vertu de Procurations, qui leurs seront
baillées ou enuoyées, sinon qu'ils connoissent les parties ayans
passé lesdites procurations, ou bien celuy ou ceux qui les voudront charger d'encherir, dont ils seront tenus prendre acte pour
auoir recours à l'encontre de ceux qui les aurōt chargez d'encherir, s'il est trouué que par fraude ou malice l'enchere ait esté faire.

12. Que tous heritages criez seront adiugez à la charge des
droicts & deuoirs Seigneuriaux, frais & mises desdites criées, &
des charges réelles & foncieres qui seront contenuës és iugemens
de discution, & où les heritages criez seroient de plus grande valeur que lesdites charges, sera l'enchere faite à prix d'argent.

13. Que tous pretendans droicts non Seigneuriaux ou censuels
sur les choses criées, soit foncieres ou autres, seront tenus eux opposer pour lesdits droicts & pour les arrerages d'iceux, s'ils pretendent aucuns en estre deubs.

14. Que si les opposans afin de distraire le tout ou portion des
choses criées, ou bien pretendans droict réel & foncier sur icelles, ne font apparoir des droicts pretendus par lettres, ou instrumens authentiques, mais se veulent fonder en preuues de témoins, seront tenus au iour qui leur sera assigné pour bailler leurs
causes d'opposition, articuler faits receuables, sur lesquels ils entendent faire preuue dedans le delay qui leur sera prefix pour informer & faire leurs enquestes. Et à faute de ce faire dedans ledit
delay, sera passé outre à l'adiudication par decret desdites choses
criées, nonobstant lesdites oppositions, à la charge toutessois
que lesdits opposans en verifiant par apres les droicts par eux pretendus, le proprietaire & les opposans appelez, seront mis en leur
ordre à la distribution des deniers de l'enchere pour l'estimation
de ce que seront estimez les droicts de proprieté, ou charge réelle
par eux respectiuement pretendus.

15. Que tous opposans afin de distraire ou annuller, ou par charges foncieres, par le moyen desquelles oppositions l'adiudication
par decret sera retardée, s'ils sont deboutez de leur opposition,
seront condamnez en trente liures parisis d'amende enuers nous,
& pareille amande enuers le poursuiuant criées. Et neantmoins
seront tenus des arrerages des rentes qui auront cependant couru
par le moyen de leurs oppositions, ayans retardé l'interposition du
decret: pour lesquelles amédes & arrerages liquidez, s'ils n'ont dequoy payer, il tiendrōt prison, sinō que les Iuges pour aucunes cōsi-
deratiōs à ce les mouuās, trouuent qu'ils en deussét étre excusez.

16. Que s'il y a opposition formée pour l'euenement d'vn procez petitoire intenté pour raison de choses criées, ou chacun droict réel pretendu sur icelles qui puisse prendre long trait, ou bien pour recours de garátie ou autre semblable droict, dont n'y auroit procez encómencé, au moyen desquelles oppositions est empeschée l'adiudication par decret & distribution des deniers, sera prefix temps certain à l'arbitrage de Iustice, pour faire vuider lesdits procez déja commencez & pendans. Et à faute de ce faire dedans ledit temps, seront lesdits procez petitoires intentéz auparauant la saisie, euoquez & aportez deuant le Iuge, pardeuers lequel seront pendantes lesdites criées, & lesquels nous y auons dés à present euoquez & euoquons en l'estat qu'iceux procez seront lors trouuez, pour faire droict par mesme moyen sur ladite demáde petitoire, comme seroit à faire sur vne opposition afin de distraire, par les pieces, & sur l'instruction & estat auquel sera trouué iceluy procez, apres le delay susdit passé. Sera aussi passé outre pour le regard des oppositions de recours de garantie, pour lequel n'y auroit procez commencé, à la charge que les opposans posterieurs seront tenus obliger & hypothequer tous & chacuns leurs biens, & bailler caution bonne & suffisante, de rendre & restituer les deniers qui par luy seront receus à l'opposant ou opposans pour ladite garantie, qui séroient trouuez estre precedans en hypotheque desdits opposans, ausquels la distributió aura été faite.

Si donnons en mandement à nos amez & feaux Conseillers les Gens tenans & qui tiendront nos Cours de Parlement, lesdites Requestes du Palais, & celles de nosdites Aydes, Preuost de Paris, Conseillers ordonnez sur le fait de la Iustice de nostre Tresor, & à tous nos Baillifs & Senéchaux, ou leurs Lieutenans, & à chacun d'eux, si comme à luy appartiendra, Que nos presens, Edict, Statut, & Ordonnance ils fassent respectiuement lire, publier & enregistrer en nosdites Cours & Iurisdictions, & tout le contenu en iceux garder & obseruer par prouision, selon que cy-dessus est dit, & iusques à ce que par nous autrement en ait esté ordonné. En contraignant & faisant contraindre à ce faire, souffrir & obeyr tous ceux qu'il appartiendra, & pour ce seront à contraindre reaument & de fait, nonobstant oppositions & appellations quelconques : Car tel est nostre plaisir, nonobstant aussi quelconques Statuts & Ordonnances à ce contraires : ausquelles quant à ce auons dérogé & dérogeons, & sans preiudice d'icelles en autres choses. En témoin de ce nous auons fait mettre nostre

Seel à cesd. presentes. Donné à Fontainebleau le 3. iour de Septē-
bre, l'an de grace 1551. & de nôtre Regne le 5. publié le 23. Nouembre ensuiuant.

Extraict des Regiſtres de Parlement.

Veu par la Cour les Lettres Patentes du Roy en forme d'Edict
prouiſional, contenans aucuns articles, Ordonnances & Reglement ſur le fait des criées, decrets & diſtribution des deniers procedans de l'adiudication d'iceux : duquel Edict le Procureur General dudit Seigneur en auroit requis la publication. Et ſur ce la
matiere miſe en deliberation, ladite Cour ordonne qu'iceluy E-
dict ſera leu, publié & enregiſtré és Regiſtres d'icelle, & le contenu en iceluy gardé, entretenu & obſerué en ladite Cour, Pre-
uoſtez, Bailliages, Senéchauſſées & Iuriſdictions y reſſortiſſans,
ſelon ſa forme & teneur, ſous les declarations & modifications
qui enſuiuent. A ſçauoir, pour le regard du 4. article deſdites
Ordonnances, concernant les defenſes de troubler les Commiſſaires ou Fermiers en la iouyſſance de leurs commiſſions, ſur peine aux contreuenans d'eſtre declarez rebelles & deſobeyſſans au
Roy, & de cofiſcation de biens : declare ladite Cour leſdites defenſes & peines, n'auoir lieu à l'encontre deſdits oppoſans afin de
diſtraire, qui lors de la ſaiſie ſeroient trouuez poſſeſſeurs actuellement & iouyſſans des choſes, pour la diſtraction deſquelles ils
ſe rendroient oppoſans. En entant que touche le 7. article, concernant l'affixion & attache des encheres és portes de l'Auditoire
du Siege, auquel ſera faite l'adiudication par decret, a ladite Cour
en iceluy article amplifiant, inhibé & defendu à toutes perſonnes quelconques, d'oſter, arracher, rompre, diſtraire, en aucune
maniere, directement, ou indirectement, les panonceaux ou encheres, qui ainſi ſeront miſes par authorité de Iuſtice ſur les lieux
criés, & és portes des Auditoires des Sieges, & s'adiugeront par
decret leſdits lieux criez, & ce dedans le temps introduit par ladite Ordonnance, ſur peine d'amende arbitraire, & d'eſtre punis
corporellement. Et pour le regard du 8. article deſdites Ordonnances, declare ladite Cour pour le bien des parties & alienation
deſdites criées, que le dernier encheriſſeur ſera tenu ſur peine
de priſon, mettre & conſigner és Greffes des Cours ou Iuriſdiction où ſe fera ladite adiudication, les deniers de leurs encheres leſquels y demeureront pour eſtre diſtribuez ainſi qu'il appartiendra, ſinon que les proprietaires pourſuiuans & oppoſans

aufdites criées accordent d'autre depofitaire, felon la forme contenuë audit article. Et pour le regard des euocations de procez en
recours de garanties ou petitoires qui feront intentez pour raifõ
des chofes criées, ou du droiƈt réel pretendu fur icelles, mentiõ-
né au 16 article, declare & ordonne ladite Cour qu'où lefdits
procez feroient pendans en icelle en premiere inftance, ou par
voye d'appel, auant que faire aucune euocation d'iceux pour e-
ftre ioints aufdites criées, que les parties fe pouruoiront en icelle Cour par Requefte, pour eftre fur icelle ordonné ce que de
raifon. Et au fur plus ordonne ladite Cour en reglant les oppofitions aux criées pour droiƈts hypothequaires ou perfonnels, que
dans la huiƈtaine pour tous delais apres l'affignation, rapport ou
renuoy defd.criées, ou du iour qu'ils feront tenus precifemẽt fournir de leur caufe & moyens d'oppofitions, lettres & titres. Et où
ils fonderoient leurf.ites oppofitions en preuue de témoins, ar-
ticulez faits receuables, & d'iceux informer, & ce dedans les quarante iours prefix & ordonnez auant l'adjudication des decrets,
lequel temps de quarante iours échu & paffé, à faute de ce faire
fera paffé outre à l'adiudication par decret defdites criées, nonobftant lefdites oppofitions: referuant neantmoins aufdits oppofans hypothequaires & perfonnels, pouuoir dedás la huiƈtaine apres l'adiudication par decret pour tous delais, fournir de
leurfdites caufes d'oppofitiõ, lettres & titres, ou de faire apparoir
de leurs pretendus droiƈts par preuue valable: Autrement ledit
temps paffé, forclos & deboutez de leurfdites oppofitions, & cõ-
damnez en l'amẽde, fuiuant l'Ordõnance. Et fera paffé outre à la
diftributiõ par ordre de deniers enuers les oppofans qui auroient
fourny & verifié de leurfdites oppofitiõs, fauf à ceux qui n'auroiẽt
fourny dedás le temps & delay, de pouuoir proceder par aƈtiõ ou
voye d'Arreft fur le reliquá des deniers reuenás au proprietaire fi
aucuns y a. Et ne fera aucun receu à foy oppofer à criées apres le
decret fcellé, fauf aux parties de foy pouruoir apres par voye d'Arreft, cõme dit eft, fur le reliqua des deniers reuenás aux proprietaires, fi aucuns y a. Prononcée en iugemẽt le 23. de Nouembre 1551.

Et par autre Arreft de la Cour donné fur les adiudications par
decret à la conferuatiõ des droiƈts, tant proprietaires que creanciers, & autres du 23. Nouembre 1598. il eft dit.

1. Que les adiudications par decret des immeubles mris en criées
en execution d'Arreft, & executoires de ladite Cour, ferõt faites
en icelles: & les autres faites en vertu des Sentences aux Sieges

esquels elles auront esté données : & ce qui sera mis en criées par
vertu d'obligations & contracts, pardeuant les Iuges, ausquels
l'execution d'iceux appartient.

2. Tous poursuiuans criées en execution d'Arrest & executoires
de ladite Cour, seront tenus incontinent apres la verification d'i-
celles faite pardeuant les Iuges ordinaires, faire apporter au Greffe de ladite Cour lesdites saisies & criées, pour y estre ladite saisie registrée, ensemble le nom des parties & Procureurs, & iufques à ce qu'il y ait ordre certain, ne seront aucunes oppositions
receuës, & en cas de negligence ou contrauention dudit poursuiuant, auront les opposans recours contre luy.

3. Les oppositiõs afin de distraire serõt receuës iusqu'à l'Arrest par
lequel la vente des heritages sera ordonnée au quarãtiéme iour, &
sera led. Arrest à la diligéce du poursuiuãt criées registré aud. registre: apres lequel Arrest lesdites oppositiõs afin de distraire ne serõt
receuës ny registrées, sauf aux opposans à se pouruoir sur les deniers prouenans de l'adiudication, le tout sans déroger, pour ce
qui se decrete pardeuant les Iuges ordinaires, à ce qu'ils ont accoustumé garder, suiuant les Coustumes des lieux.

4. Quant aux oppositions afin d'ypotheque au payemẽt des debtes,
feront receuës, iusques à ce que le decret soit deliuré, & non
apres, sauf à se pouruoir sur le surplus des deniers, si aucuns y a,
les premiers opposans satisfaits selon l'ordre: Et seront toutes oppositions afin de distraire, ou autres, nulles, si elles ne sont faites
par acte au Greffe, registrées audit registre, ou receuës par le Sergent procedant ausdites criées.

5. La mesme forme sera gardée aux criées pendantes en ladite
Cour par euocation des autres Parlemẽs ou des Sieges inferieures.

6. Ne seront les encheres receuës qu'au prealable les oppositiõs
afin de distraire ne soient iugées, & feront les parties enregistrer
audit Registre l'Arrest donné sur ladite opposition, afin de distraire, & afin qu'en procedant à l'adiudication les heritages distraits
n'y soient compris.

7. La 1. enchere contiendra au long les heritages saisis, le nom
des assistans & proprietaires, ensemble les charges, & ladite enchere publiée en iugement, & copie baillée aux procureurs desdits
saisissans & proprietaires, si aucuns y a, affichées à la Barre de ladite
Cour, portes du Palais, & autres lieux, publiée, sur les lieuxaux
endroits accoustumez, auec declaration qu'au quarantiéme iour
sera procedé à l'adiudicatiõ, & toutes encheres receuës au Greffe

sans

fans aucune autre publication fur les lieux pour eftre procedé à
ladite adiudication, fuiuant l'Ordonnance. Se referuant ladite
Cour, pour faciliter les encheres, de commetre aux Iuges des
lieux éloignez la reception defdites encheres, pour heritages de
peu de valeur, felon qu'elle verra eftre à faire fur les Requeftes, fi
aucunes à cette fin font prefentées, pour ce fait, & le tout rapporté, eftre par ladite Cour procedé à l'adiudication, demeurant
les formes obferuées par les Iuges ordinaires pour reyterer les publications qui fe font pardeuant eux, & autres folemnitez accou-
ftumées & requifes par les Ordonnances.

8. Le Procureur du pourfuiuant fera tenu, lors que l'adiudication fera pourfuiuie & requife, mettre au Greffe toutes les pieces
neceffaires pour la feureté du decret, & les Procureurs qui auront
fait enchere, de faire le femblable, à ce contraints par prouifion.

9. Les Procureurs ne feront receus à encherir fans procuration
fpeciale : ny les parties fans conftituer Procureur pour empefcher
la fuppofition des perfonnes infoluables & autres fraudes : àquoy
le Greffier, par lequel ledit regiftre fera fait, & toutes encheres
receuës, non par autres, tiendra la main.

10. Toutes encheres, apres la premiere, feront par l'encheriffeur fignifiées au Procureur du procedant & dernier encheriffeur, fors & excepté que les encheres faites le dernier iour de la
quinzaine paffée, aucun ne fera receu à encherir.

11. L'adiudicataire confignera dans huit iours apres l'adiudication, autrement y fera contraint par corps par le pourfuiuant
ou oppofant, aufquels à cette fin fera deliuré contrainte, fans que
le Receueur des Confignations puiffe faire les contraintes.

12. Le pourfuiuant criées, ou autres qui feront pourfuites de
l'ordre & diftribution des deniers, fera tenu comprendre tous les
oppofans dans l'appointement à produire ou appointement d'ordre, fi aucun eft fait entr'eux à peine de répondre en leur nom de
la debte du creancier qui auroit efté obmis.

13. Le Greffier Receueur des Confignations ne fera payement
des deniers fur appointement ou autrement que par l'Ordonnance de la Cour, auec tous les oppofans, à peine d'en répondre
en fon propre & priué nom.

14. Et pour rendre ledit Arreft notoire, il eft ordonné qu'il fera
publié en jugement & enuoyé aux Baillages & Senéchauffées, &
autres Sieges du reffort, pour y eftre, leu, publié & regiftré.

Et par l'Édiſt de Charles I X. du mois de Nouembre 1563. pour chaftier la mauuaife foy de ceux qui font refus ou longueur de payer à leurs Seigneurs de fief, leurs cens & autres redeuances, eft ordonné que tous deniers deubs pour cenfiues & rentes foncieres, & autres redeuances de bail d'heritage perpetuel, feront executables par faifies de leurs heritages, terres, & poffeffions fujetes aufdits deuoirs, & n'auront les poffeffeurs, fur qui lefdites terres auront efté & feront faifies, main-leuée pendant le procez, fi aucun fe meut, finon en confignant és mains du faififfant trois années d'arrerages defdites redeuances & droicts, pour lefquels lad. faifie aura efté ou fera faite, ou en faifant deuëment & promptement apparoir auoir payé les cens & rentes, donti l fera queftion par ladite faifie, fans preiudice des droicts des parties, de leurs dépens, domages & intereft enfin de caufe.

Mais pour reprendre noftre inftance des criées, faut fçauoir que l'on peut faire criées en vertu d'obligation, ou côdânation portée par Sentences ou Arrefts, car le fôdemét des criées. c'eft la debte.

On peut auffi faire criée en vertu de Sentences des Iuges Confuls pa deuant les Iuges Royaux, Iuges competens des criées & non les Iuges Subalternes. Côme auffi on les peut faire en vertu d'vne Sentence de prouifion, car cela fe refout en dommages & interefts.

Criées fe peuuent faire de toutes chofes immobiliaires, comme d'vne maifon, heritage, terre, moulin à eau ou à vent : les nauires y peuuent auffi eftre compris.

Si vn debiteur eft trouué faifi de fon heritage, on le peut faire faifir, quoy qu'il l'ait vendu à vn autre.

Par l'Ordonnance il faut prealablement faire commandement de payer, le reyterer & faifir auparauant que l'on puiffe faire criées, aufquels commandemens l'élection de domicile n'eft point neceffaire, mais bien aux exploicts de faifies : aufquels il faut auffi établiffement de Commiffaires & témoins qui fignent les exploicts, finon il faut appeller le Notaire ou le Greffier du lieu où les heritages font faifis.

Le Sergent eft auffi tenu de mettre les tenâs & aboutiffans des heritages faifis, declarer à la Requefte de qui, & en vertu dequoy, & pour quelle fomme, & mettre élection de domicile pour celuy qui fait faifir, qui doit eftre au lieu où fera l'adiudication à peine de nullité.

On ne peut faifir fur le gardien Noble ou Bourgeois, dautant que les gardiens n'ont que l'adminiftration des fruicts, &

faut faire créer vn Curateur.

La faifie doit eftre fignifiée au faifi auquel il faut declarer que la premiere criée s'en fera vn tel Dimanche à l'iffuë de Meffe Parrochiale, à vn tel endroit, & qu'elle continuera de quatorzaine en quatorzaine, defquelles quatorzaines il en faut quatre.

Le Sergent eft encore tenu de mettre les panonceaux Royaux en la maniere accouftumée, c'eft à dire, apres la faifie faite auant la premiere criée, & mettre vne affiche és lieux faifis ; fi c'eft vne maifon, à l'entrée d'icelle, & à la porte principale de la Parroiffe du lieu, & par ladite affiche faut mettre à quels iours les autres criées fe feront, & fi les biens faifis font fituez en diuerfes Parroiffes, ledit Sergent mettra les affiches en toutes lefdites Parroiffes.

Quand apres ladite premiere criée faite, le faifi fe porte pour appellant, le Sergent ne doit pas laiffer de paffer outre, conformement à l'Ordonnance, non plus que quand il y a appel de la Sentence, en vertu de laquelle on fait les criées, pourueu que la premiere criée foit faite. [Mais fi l'appel eft interietté de la faifie réelle auant ladite premiere criée, il en faut demeurer-là & faire juger l'appel.]

Les criées d'vn Office fe font en la Parroiffe du Siege dont il depend, & où fe fait le principal exercice dudit Office : mais s'il eft Royal & comptable, lefdites criées fe font en la Chambre des Comptes à Paris, deuant la porte faint Barthelemy, Parroiffe de ladite Chambre, & fe doiuent les panonceaux mettre, tant à la porte de l'Eglife, qu'à la porte de la maifon de la demeure du debiteur, au cas qu'il foit demeurant dans la Ville & Faux-bourgs de Paris : mais s'il eft demeurant ailleurs, outre les folemnitez fufdites, faut faire les criées & quatre quatorzaines en la Parroiffe du domicile dudit debiteur, & mettre les affiches à la porte de l'Eglife, & à la porte de fa maifon.

BAVX IVDICIAIRES.

SI les Commiffaires ne vouloient par accepter la commiffion on les affigne pardeuant le Iuge d'où eft émané le iugement ; mais fi c'eft en vertu d'vne commiffion que les criées fe font, en ce cas faut faire affigner lefdits Commiffaires pardeuant le Iuge où l'adiudication fe doit faire.

Et apres que le commiffaire eft condamné d'accepter la commiffion, il faut qu'il faffe tout incontinent apres proceder au bail

iudiciaire : & pour cét effet, si c'est aux Requestes du Palais, faut
faire commettre vn Conseiller, proclamer aux Prosnes des Parroisses, mettre affiches aux portes des Eglises, & aux lieux publics, & appeller tant le saisissant que le saisi, le tout selon qu'il est
amplement porté par le procez verbal qui suit. Mais apresent c'est
le Commissaire general qui fait ses diligences a mesme temps que
la saisie reelle est registrée chez luy, où qu'il est sommé de ce faire
par le saisissant.

L'an : : : le tel iour, pardeuant nous tel, Conseiller du Roy
Procez ver-
bal d'vn
Conseiller
procedant
au bail iu-
diciaire des
choses sai-
sies.
noltre Sire en sa Cour de Parlement, Commissaire aux Requestes du Palais, & en cette partie, au Parquet desdites Requestes,
dix heures en attendant onze du matin, est comparu Maistre tel
Procureur en ladite Cour, & Procureur de tel Commissaire, étably au regime & gouuernement d'vne maison & heritages cy-
apres declarez, saisis à la Requeste de tel, sur tel: lequel Procureur audit nom, nous a dit & remonstré que pour le deub de sa
charge & commission, & afin qu'il ne fust repris de negligence, il
a presenté Requeste à la Cour, tendante, à ce qu'il fust procedé
au bail iudiciaire de ladite maison & heritages, sur laquelle au-
rions esté commis: En consequence dequoy luy auons deliuré
nostre commission le tel iour, en vertu de laquelle il a fait assigner lesdits saisissant & saisi à cedit iour, & heure, pour assister
audit bail, & y faire trouuer de leur part encherisseurs, si bon leur
sembloit. Nous a remonstré en outre, que pour le deub de sadite
charge & commission, il a fait mettre & apposer affiches sur tous
& chacuns les lieux & endroicts voisins desdites choses saisies:
Comme aussi il a lesdites affiches fait publier aux Prosnes & Parroisses circonuoisines desdits lieux, ainsi que de tout il nous auroit fait apparoir par les exploicts de tel Sergent, & certificats des
Curez & Vicaires desdites Parroisses contenans lesdites affiches,
qu'à ce iour, lieu & heure, ou autre continue & dependant d'i-
celuy sera par nous procedé audit bail, & que toutes personnes seront admises à y mettre enchere, aux charges portées par ladite affiche & autres ordinaires, de laquelle affiche la teneur ensuit.

DE PAR LE ROY.

Et Nosseigneurs des Requestes du Palais.

On fait à sçauoir à tous qu'il appartiendra que le tel iour pro-

chaînement venant au Parquet defdits fieurs des Requeftes dix
heures du matin, leuée d'icelle, par deuant Monfieur Maiftre tel
Confeiller du Roy en fa Cour de Parlement, Commiffaire en cette partie, il fera procedé au bail iudiciaire d'vne maifon fize en tel
lieu confiftant en telle chofe, tenant, &c, faut mettre au long les
appartenances & dependances, tenans & aboutiffans.
Item, vne grange fize en tel lieu, tenant, &c.

Item, vne piece de terre ou vigne, &c. Et ainfi des autres terres & heritages defignées particulierement par ladite affiche, qu'il
faut inferer comme elle eft dans ledit procez verbal.

Tous lefdits heritages faifis & mis en criées à la Requefte de
tel, fur Maiftre tel, au plus offrant dernier enchériffeur, en la
maniere accouftumée, & ce pour vn an, tant que ladite commiffion durera, à ladite charge d'acquiter les droéts & deuoirs Seigneuriaux que peuuent deuoir lefdits heritages enuers les fieurs
directs, & d'en iouyr par l'adiuuicataire, ou adiudicataires, côme bon pere de famille, & outre des frais dudit bail iudiciaire:
declarant que toutes perfonnes feront receuës à enchérir, à ce
que nul n'en pretende caufe d'ignorance.

Nous a ledit tel Procureur audit nom, requis & demandé aéte
de fes diligences, attendu lefquelles il nous pluft prefentement
proceder audit bail: apres qu'il nous a dit comparoir pour ledit
tel faihffant, & faire pour luy pareil requifitoire que pour ledit
Commiffaire: & ce en vertu du defaut qu'il a requis contre le faifi deuëment affigné, & non comparant.

Et auffi comparu Maiftre tel, Procureur en ladite Cour, au
nom & comme Procureur de Maift e tel faifi, qui a dit qu'il empefche qu'il foit procedé en cette Cour, à la vente des heritages
fur luy faifis à la Requefte de tel, & au bail à ferme que tel Commiffaire étably à la faifie qui a efté faite defdits heritages à la Requefte dudit te, a pourfuiuy par deuant nous, dautant que cela
ne fe peut faire qu'auec grands frais qui tombent en pure perte
fur ledit tel fa partie: & auffi qu'il ne fe trouuera en cette ville aucun enchériffeur, comme fur les ieux: c'eft pourquoy il nous
a requis d'ordonner, que pour proceder audit bail à ferme les
partie fe pouruoiront par deuant les Iuges des lieux, où il nous
fupplie les renuoyer, attendu que c'eft le bien defdites parties, &
leur grand foulagement.

Et par ledit tel, pour ledit Commiffaire & faififfant, a efté dit,
que ledit tel n'eft confidérable, attendu que la faifie réelle d'i-

ceuxheritages, cy-deſſus enoncez, a eſté faite en vertu de Sentence de cette Cour, qu'en ſuite d'icelle ſaiſie Commiſſaires ont
eſté établis, & à eux enjoint de faire faire ledit bail en cette Cour:
que les affiches qu'il a fait mettre ſur les lieux, portent qu'il y ſera procedé pardeuant Nous, & auſſi que le ſaiſi a aſſignation en
cette Cour à heure preſente à cette fin : pourquoy il ſouſtient
qu'il doit eſtre procedé audit bail iudiciaire pardeuant nous, ce
qu il nous a requis vouloir ordonner.

Surquoy nous Commiſſaire ſudit, auons donné acte auſdites
parties de leurs comparutions, dires & declarations : & ſur la conteſtation meuë entr'elles, ordonné qu'il en ſera par nous referé à
la Cour, ſur noſtre preſent procez verbal, pour par elle en eſtre
ordonné ce que de raiſon. Signé tel.

Et le tel iour, pardeuant nous Conſeiller & Commiſſaire ſuſdit, au Parquet deſdites Requeſtes, dix heures en attendant onze
du matin, eſt comparu ledit tel Procureur dudit tel, Commiſſaire ; lequel nous a dit & remonſtré, que ſur les conteſtations cy-
deuant meuës par noſtre preſent procez verbal, Sentence eſt interuenuë à noſtre rapport, le tel iour dernier, par laquelle a eſté
ordonné, que ſans auoir égard à l'empeſchement formé par ledit
tel au preſent bail iudiciaire, qu'il ſera par nous procedé & paſſé
outre au bail dont eſt queſtion, en la maniere accouſtumée : En
execution de laquelle Sentence, & en vertu de noſtre ordonnance du tel iour, il a fait aſſigner ledit tel, au domicile dudit tel
ſon Procureur, pour aſſiſter audit bail, & y faire trouuer de ſa part
enchериſſeurs, ſi bon luy ſemble, contre lequel, tel non comparant, ny Procureur pour luy, ledit tel audit nom, nous a requis
defaut : & pour le prefit d'iceluy, qu'il nous pleuſt paſſer outre audit bail, veu ladite Sentence & les remiſes precedentes.

Surquoy nous Commiſſaire ſuſdit auons donné acte audit tel
de ſa cõparution, dire, & declaration, & defaut à l'encontre dudit
tel non comparant: pour le profit duquel nous auons remis & cõ-
tinué ledit preſent bail à huictaine, auquel iour ſera ledit tel aſſigné pour s'y trouuer, & y faire trouuer de ſa part encheriſſeurs, ſi
bon luy ſemble.

Et le tel iour pardeuant nous Conſeiller & Commiſſaire ſuſdit
au Parquet deſdites Requeſtes, dix heures attendant onze du matin, eſt comparu ledit tel Procureur dudit Commiſſaire, lequel
nous a dit & remonſtré que voulant par luy pourſuiure le preſent
bail, & en ſuite de noſtre Ordonnance, aſſignation ayant eſté

donnée audit tel faifi, au domicile de fon Procureur, ledit tel
Procureur auroit declaré qu'il fe portoit pour appellant de ladite
Sentence cy-deffus enoncée, par laquelle il a efté ordonné qu'il
feroit paffé outre au bail de queftion, fans auoir égard à l'empefchement dudit tel, audit nom, au moyen dequoy nous a dit
autre Sentence de ladite Cour eftre interuenuë le tel iour, par
laquelle il efté ordonné, que nonobftant l'appel interjetté par
ledit tel, ladite Sentence du tel iour, ny autres oppofitions ou
appellations quelconques, & fans preiudice d'icelles, pour lefquelles ne fera differé, il fera paffé outre audit bail iudiciaire pardeuant nous: En fuite de laquelle Sentence qu'il a fait fignifier
au dit tel, & en vertu de noftre Ordonnnance, il nous a dit auoir
fait affigner à cedit iour, lieu & heure prefente ledit tel au domicile de fon Procureur, pour affifter audit bail, & faire trouuer
de fa part encheriffeurs, fi bon luy femble, contre lequel non cô-
parant, ledit tel nous a requis defaut: & pour le profit d'iceluy,
qu'il fuft paffé outre audit bail prefentement, apres qu'il a dit cô-
paroir pour ledit faififfant, & faire pour luy pareil requifitoire.

Surquoy nous Commiffaire fufdit auons audit tel donné acte
de fa comparution, dire & declaration, & donné defaut contre
ledit tel, pour le profit duquel, auons continué le bail à tel iour,
lieu & heure, auquel iour eft a ledit faifi affigné pour y affifter, &
y faire trouuer encheriffeurs, fi bon luy femble.

Et le tel iour pardeuant nous Commiffaire fufdit au Parquet
defdites Requeftes, dix heures attendant onze heures du matin,
eft comparu ledit tel, lequel nous a dit, que fuiuant noftre prefente Ordonnance, & en vertu du defaut par nous donné, il auroit fait affigner ledit tel, contre lequel non comparant il a requis
defaut: & pour le profit, qu'il fuft par nous prefentement procedé
audit bail, attendu les remifes precedentes, apres qu'il nous a dit
comparoir pour le faififfant.

Surquoy nous, &c. auons audit tel donné & donnons defaut à
l'enconre dudit tel, & pour le profit d'iceluy ordonné qu'il fera
reaffigné à quinzaine, auquel iour auons remis & continué le prefent bail pendant lequel temps fera d'abondant mis & appofé autres nouuelles affiches aux lieux & endroicts où les precedentes
ont efté, afin qu'aucun n'en pretende caufe d'ignorance.

Et le tel iour, pardeuant nous Commiffaire fufdit au Parquet
defdites Requeftes, dix heures attendant onze heures du matin,
eft comparu ledit tel, audit nom, qui nous a dit & remonftré

auoir en vertu de noftre Ordonnance, & defauts à luy par nous
donnez, fait reaffigner à cedit iour, lieu & heure prefente, ledit
tel faifi, au domicile de fon Procureur pour affifter audit bail, y
faire trouuer encherifleurs, fi bon luy fembloit : Nous a en outre
remonftré ledit tel, auoir fait mettre & appofer autres nouuelles
affiches és lieux & endroits où les precedentes ont efté, comme
pareillement il a lefdites affiches fait proclamer aux Profnes des
Parroifles voifines defdits lieux faifis, contenans lefdites affiches,
qu'à ce iour, lieu & heure, fera par nous procedé audit bail, &
que toutes perfonnes feront receuës à y encherir, aux charges
portées par lefdites affiches. Contre lequel tel n'y comparant ou
Procureur pour luy, ledit tel, audit nom, nous a requis defaut :
& pour le profit d'iceluy, veu les remifes precedentes, il nous
plût prefentement proceder audit bail apres qu'il nous a dit comparoir pour ledit tel faififlant & faire pour luy pareil requifitoire que ledit Commiflaire.

Surquoy nous, &c. auons donné defaut à l'encontre dudit tel
ainfi non comparant, ny Procureur pour luy, & pour le profit d'i-
celuy ordonné qu'il fera prefentement procedé audit bail.

Ce fait, auons du confentement defdits Commiflaires, & faififlant, fait proclamer par tel Huiffier le bail de ladite maifon &
heritages deflus declarez par l'affiche, eftre à faire prefentement
au plus offrant & dernier encherifleur, en la maniere accouftumée, pour en iouyr par l'adiudicataire vn an, & tant que la Com-
miflion durera à la charge d'aquiter les droicts & deuoirs Seigneuriaux, que peuuent deuoir lefdits heritages, enuers les Seigneurs directs, & d'en iouyr en bon pere de famille, & tenu des
frais du bail iudiciaire, & aux charges contenuës par l'affiche, &
autres ordinaires, aufquelles charges publications ainfi faites &
reyterées par ledit Huiffier, a efté fait enchere dudit bail par Maiftre tel Procureur en ladite Cour, à la fomme de : : : loyer par
chacun an, par ledit tel Procureur à telle fomme, par ledit tel à
tant : Et apres plufieurs & diuerfes publications & reyterées par
ledit Huiffier, & que perfonne n'eft apparu qui ait voulu encherir ledit bail à plus haut prix, & que ledit tel, audit nom de Procureur defdits Commiflaire & faififlant, nous a requis vouloir
adiuger : auons audit tel, comme plus offrant & dernier encherifleur, adiugé & adiugeons par bail iudiciaire, le loyer defdites
maifons & heritages cy-deflus enoncez par ladite affiche à ladite
fomme : : : de loyer par chacun an pour en iouyr vn an, & tant &
                                                              fi lon-

ſi longuement que ledit Commiſſaire iouyra, à la charge d'acquiter les droicts & deuoirs Seigneuriaux, que peuuent deuoir leſdits heritages enuers les Seigneurs directs, & d'en iouyr en bon
pere de famille, payer les frais faits, tant du preſent bail que ceux
faits pour y paruenir, & aux charges portées par ladite affiche cy-
deſſus inſerée & autres ordinaires, & a ſigné auec ledit tel Procureur dudit Commiſſaire & ſaiſiſſant, la minutte dudit bail iudiciaire, & ont eſté toutes les pieces iuſtificatiues dudit bail iudiciaire, renduës audit nom. Fait par nous Conſeiller & Commiſſaire ſuſdit ſous-ſigné, les iour & an ſuſdits.

Si c'eſt vne terre qui ſoit ſaiſie, qu'il y ait fermier à ladite terre,
ledit fermier n'a qu'à s'oppoſer pour voir declarer ſon bail conuentionnel en iudiciaire.

Vn Laboureur auſſi pour ſes labours & ſemences, ſe peut oppoſer au bail.

Faut que l'adiudicataire fourniſſe autant dudit bail iudiciaire
audit Commiſſaire, baille caution, & paye les frais dudit bail.
Et au bout de l'an s'il ne paye la ſomme portée par ſon bail, il y
peut eſtre contraint par corps comme depoſitaire des biens de
Iuſtice.

On ne fait ordinairement bail que pour vn an, ou tant que la
Commiſſion dure : Mais on le peut renouueller apres trois ans.

Ceux qui peuuent refuſer d'eſtre établis Commiſſaires à des
criées ſont mineurs, ſexaginaires, ou qui ſont chargez de cinq enfans, ou trois tutelles, ou trois Commiſſions, ou ceux qui ſont
ſujets ou vaſſaux du Seigneur ſaiſi.

Si les Commiſſaires apres auoir accepté la charge iouyſſent
quelque temps des choſes ſaiſies, auant que de faire faire baux iudiciaires, & adiudication à d'autres ; Il faut qu'ils rendent compte auparauant, & ſi le reliqua eſt ſuffiſant, il n'eſt pas beſoin de
paſſer plus outre.

CERTIFICATION DE CRIE'ES.

APres que les criées ſont faites & parfaites, il les faut faire
certifier en chaque Iuriſdiction où les heritages ſont aſſis,
ſuiuant l'Ordonnance & Arreſt cy-deſſus, à cét effet on met les
exploicts de ſaiſie & le procez verbal des criées, és mains du Certificateur de chaque Bailliage, qui en fait le rapport à l'Audience

en la presence de dix Aduocats & Procureurs, pour le moins, si c'est en Iustice Royale : & si c'est aux Iustices Subalternes, où il y a haute Iustice, sept : lesquels, auec le Iuge, certifient lesdites criées estre bien faites : & faut que ledit Iuge declare que lesdits lieux sont assis en sa Iurisdiction : car tout cela doit estre mis dans la Sentence portant ladite certification.

Et il ne suffiroit pas qu'elles fussent certifiées par le Iuge ou Conseillers, mais faut que ledit nombre d'Aduocats ou Procureurs y soient, si non à leur defaut, des Notaires & Sergens.

Et apres ladite Sentence de certification on fait enregistrer lesdites criées aux Greffes où se font lesdites certifications : & apres ladite certification personne n'est receuable à debatre de nullité les criées, mais se faut pouruoir par appel contre la Sentence de certification.

La certification des criées d'heritage sis en la Preuosté de Paris se fait au Chastelet, quoy que les criées se fassent aux Requestes du palais.

Ces formalitez obseruées, si les criées sont faites en vertu d'vne Sentence de Messieurs des Requestes du Palais, ou que le poursuiuant y ait ses causes commises, (parce que comme il est dit sur le Style du Chastelet, toutes certifications de criées doiuent estre faites és Iuridictions ordinaires & naturelles, & non point és Iuridictions commises comme celle des Requestes du Palais) faut qu'il prenne lettres, ou si c'est à Paris, qu'il presente Requeste pour faire appeller ausdites Requestes, tant le saisi (pour voir interposer le decret, voir adiuger, & bailler moyens de nullité) que les opposans pour dire leurs causes d'opposition.

DES OPPOSITIONS AFIN DE
distraire, & de charge.

ILy a quatre sortes d'oppositions. La premiere est afin de distraire : La 2. est afin de charge : La 3. afin de nullité de criées : & la 4. afin d'hypotheque pour la conseruation de la chose deuë.

Quant aux trois premieres, elles empeschent l'interposition du decret : Tellement que s'il estoit interposé, on le feroit reuoquer par le moyen de ladite nullité

L'opposant afin de distraire, se dit proprietaire de la chose saisie ou de partie d'icelle, neantmoins les criées ne sont faites sur luy, ny pour ſa debte : auſſi l'oppoſant afin de nullité ſe dit proprietaire : mais il eſt debiteur ; & ne peut demander diſtraction : mais bien que les criées ſoient declarées nulles, ſi les ſolemnitez n'ont eſté gardées ny obſeruées, tels oppoſans ſont tenus de former leur oppoſition auparauant que les criées ſoient receuës pour iuger, & qu'il ſoit dit qu'il ſera paſſé outre à l'adiudication par decret au quarantiéme iour ſuiuant l'Ordonnance, autrement ladite oppoſition ne ſeroit pas receuë.

Acte d'oppoſition afin de diſtraire.

Auiourdhuy a comparu pardeuant moy tel, Sergent : ou, au Greffe de la Cour de ceans tel en perſonne, oubien, Maiſtre tel Procureur en ladite Cour, lequel en vertu de la procuration à luy paſſée par ledit tel, pardeuant tel Notaire, le tel iour, a declaré & declare qu'il s'eſt oppoſé & oppoſe aux criées pourſuiuies par tel, de telle maiſon ſize en tel lieu, ſur tel, afin de diſtraire la moitié, ou telle part & portion qui luy appartient en icelle, ainſi qu'il fera voir en temps & lieu, & a élu domicile en ſa maiſon ſize ruë ::: dont il a requis acte.

Ledit acte leué par extraict, le faudra faire ſignifier au Procureur du pourſuiuant criées, & fournir par meſme moyen ſes cauſes d'oppoſition.

[Et à l'egard deſdites oppoſitions qui ſont formées à des criées, ſoit afin de diſtraire, de charge, de garantie en cas d euiction, ou de conſeruer les formes des cauſes d'oppoſition que l'oppoſant fournit en ces matieres, ſont toutes ſemblables, il n'y a que 'es concluſions à y changer, & contiennent d'ordinaire ces mots.]

Cauſes d'oppoſition de diuerſes ſortes.

[Cauſes & moyens d'oppoſition que met & baille pardeuant vous, Noſſeigneurs des Requeſtes du Palais à Paris, Noſſeigneurs de Parlement, vn tel, oppoſant afin de tel e choſe.

Contre vn tel pourſuiuant les criées, vente & adiudication par decret d'vne telle terre, circonſtances & dependances, & encore vn tel partie ſaiſie.

Pour monſtrer qu'il doit eſtre dit s'il plaiſt à la Cour, que deſdites ſaiſies & criées, dont eſt queſtion, il en ſera diſtrait au profit de l'oppoſant, telle piece de terre, maiſon, bois ou vigne à luy appartenant, & le ſaiſiſſant condamné aux deſpens de ladite inſtance d'oppoſition.

Si l'oppoſition eſt afin de charge l'on conclura à ce que la terre ou maiſon ſaiſie ne ſoit venduë, qu'à la charge de telle rente fonciere, veuë feruitude, ou autres droiꞔs dont il s'agira.

Si c'eſt afin de garantie, l'on demandera par les cauſes d'**oppo**-ſition, que les lieux ſaiſis ne ſoient vendus qu'à la charge de la garantie, en cas d'euiꞔtion des heritages que l'oppoſant auroit acquis du ſaiſi, comme luy eſtant ceux ſaiſis, affeꞔtez & hypothequez à ſadite garantie.

Et ces oppoſitions doiuent, comme dit-eſt, eſtre formées aux criées, & jugées auant le congé d'adjuger: car autrement on n'y ſeroit plus receu, il n'y a que l'Egliſe qui a ce priuilege.

Quant aux cauſes d'oppoſition afin de conſeruer, ou de payement de ce qui eſt deub à l'oppoſant par le ſaiſi, on ne les fournit qu'apres que les biens ſont adiugez, & les deniers conſignez és mains du Receueur des conſigations, & l'on met ſeulement dans les qualitez, oppoſant à l'ordre & diſtribution des deniers prouenus de la vente de telle choſe, au lieu d'oppoſant aux criées, & l'on côclud à ce qu'il ſoit dit que des deniers prouenás de la vente de tels biens, l'oppoſant ſera payé de la ſomme:: portée par vn tel contraꞔt ou obligation du tel iour & an, auec les intereſts du iour de la demande ou condamnation, s'il y en a, ſinon ils ne courent que du iour de l'oppoſition formée au Greffe, auec les frais & loyaux couſts, & dépens.

Pour le narré du fait qui a donné lieu à l'oppoſition, on le met d'ordinaire au commencement deſdites cauſes d'oppoſition, leſquelles ainſi dreſſées, l'on fait ſignifier au Procureur du ſaiſiſſant & pourſuiuant, & apres l'on produit en la forme ordinaire des autres inſtances, quand les appointemens à produire ſont obtenus: car en ces matieres on n'appointe point en droiꞔt, mais ſont tenus les pourſuiuans criées, faire bailler coppie des cauſes d'oppoſition & piece, iuſtificatiues concernant les diſtraꞔtions, charge & garantie aux parties ſaiſies & oppoſans, afin qu'ils fourniſſent memoires & pieces s'ils en ont pour y deffendre, & à faute de ce faire, ils ne ſont reſponſables des condamnations qui interuiennent en ces inſtances, & ſi on les condamne aux dépens, on reſerue à les coucher en frais extraordinaires de criées.

Au ſurplus l'on a iugé auſdites Requeſtes du Palais, qu'en matiere de decrets, ſoit volontaires ou forcez, quand il n'y a point d'oppoſition par des creanciers pour ſommes liquides & certaines, l'adiudicataire n'eſtoit tenu de conſigner le prix de ſon acacquiſition és mains du Receueur des conſignations.

Moyens de nullité. Quant aux moyens de nullité qu'vne partie ſaiſie eſt aſſignée

pour fournir en Iustice à l'encontre des saisies & criées à la Requeste du saisissant, comme il sera dit cy-apres sur l'opposition,
afin d'annuler apres auoir mis en teste: Moyés de nullité que met
& baille pardeuant vous , &c. vn tel, contre vn tel saisissant &
poursuiuant criées, l'on conclud à ce que pour les moyens qui seront déduits, lesdites saisies & criées, soient declarées nulles &
de nul effet & valeur, & en consequence main-leuée d'icelles faites au saisi , auec dommages, interests & dépens.

Pour le fait des moyens, il se deduit comme aux autres écritures cy-dessus.

Lesdites causes d'opposition fournies & baillées par écrit, faudra requerir que les parties soient reglées à produire, en la forme
& maniere qui s'ensuit.

Entre tel demandeur, & poursuiuant les criées de tel heritage,
saisi sur tel par tel son Procureur d'vne part, & tel deffendeur &
opposant, afin de distraire la moitié d'iceluy heritage par tel aussi
son Procureur d'autre. Apres que ledit defendeur a declaré auoir
fourny de causes d'opposition , la Cour a appointé & appointe les
parties à produire dans huitaine tout ce que bon leur semblera,
seront les productions communiquées, pour contre icelles bailler contredits & saluations dans le temps de l'Ordonnance, pour
leur estre fait droict ainsi que de raison , & afin de dépens, dommages & interests.

Appointe-
ment à pro-
duire sur
l'opposition
afin de di-
straire.

Si le Procureur de partie aduerse ne veut passer ledit appointement , le faudra demander , & leuer par defaut, ainsi qu'il a esté
dit cy-dessus , & dresser la production & produire, poursuiure les
forclusions & faire iuger l'instance.

Mais si la partie aduerse veut accorder la distraction , faudra
dresser l'appointement en la forme qui s'ensuit.

Iugement sur opposition afin de distraire.

Entre tel demandeur & poursuiuant les criées de tel heritage saisi, & mis en criées sur tel, par Maistre tel, son procureur d'vne part,
& tel defendeur & opposant afin de distraire , par Maistre tel
aussi son procureur, d'autre part. Apres que ledit opposant a persisté en son opposition : & en ce faisant requis distraction luy estre
faite de la moitié de l'heritage dont est question, & demandé dépens dommages, & interests : & que ledit tel, n'a sçeu dire causes
valables pour ce empescher: La Cour a ordonné & ordonne que
la moitié de tel heritage , tenant à tel, saisi & mis en criées à la

Requeste dudit tel, sera distraite au profit dudit tel, a condãné &
condamne ledit tel és dépens de l'instance, & de tout ce qui s'en
est ensuiuy, tels que de raison, que le poursuiuant pourra coucher auec ceux par luy faits en frais extraordinaires des criées.

S'il y a contestation, il y aura condamnation de dépens dommages & interests : mais s'il n'y a point de contestation, il n'y aura
aucune condamnation de dépens, dommages & interests, parce
qu'auparauant ladite contestation, le saisissant & poursuiuant
criées est presumé auoir eu iuste cause d'ignorance.

Si au contraire l'opposant afin de distraire est debouté : il doit
estre condamné en l'amende, tant enuers le Roy qu'enuers la partie, & és arrerages qui ont couru pendant ce retardement, à la décharge du saisi, & en tous les dépens, dommages & interests pour
la retardation desdites criées, qui doiuent estre taxez, liquidez sur
le champ, ainsi qu'il a esté dit cy-dessus.

Mais si apres l'opposant recouuroit pieces, il se pourroit encore opposer pour estre en ordre sur le prix, comme quand il ne s'oppose qu'apres le congé d'adiuger.

Quant aux oppositions afin de charge qui vont à ce qu'vne maison ou terre ne soit venduë qu'à la charge des veuës, égouts, rentes non rachetables, & droicts qui peuuent estre deubs par la chose qu'on decrete, la poursuite s'en fait comme à celle cy-dessus.

[En ces matieres d'opposition afin de distraire & de charge, les
Procureurs des saisissans peuuent s'ils ont desir de poursuiure prō-
ptement, sans s'amuser aux procedures ordinaires que l'on fait
pour obliger l'opposant à fournir de causes d'opposition & pieces
iustificatiues d'icelles, peuuent soustenir les opposans non receuables en leur opposition, & à mesme temps prendre l'appointement à produire, comme il est dit cy-dessus, produire & obtenir
leurs forclusions, & cela se peut faire, tant aux Requestes du Palais qu'au Parlement.]

OPPOSITION AFIN D'ANNVLLER.

REste maintenant à parler de l'empeschement & opposition
que peut former le proprietaire, lequel doit estre appellé &
adiourné parlant à sa personne, suiuant la Coustume de **Paris**,
pardeuant le Iuge où les criées sont poursuiuies, pour bailler
moyens de nullité, & voir interposer le decret.

Que si on ne peut parler à sa personne, il faut l'adiourner à son

domicile, & au Proſne de la Meſſe Parrochiale des lieux où les
heritages ſont aſſis , auec affiches contre la porte de l'Egliſe.

Au iour aſſigné , apres la preſentation faite , le demandeur luy
baillera copie du procez verbal deſdites criées , & le pourſuiura
de bailler moyens de nullité contre leſdites criées.

Si le defendeur baille ſes moyens de nullité , & le demandeur
ſes réponſes , les parties ſeront appointées à produire.

Mais ſi le defendeur ne dit mot , le demandeur prendra ſes defauts en la forme qui s'enſuit.

Extraict des Regiſtres des Requeſtes du Palais du iour de.

Defaut à tel demandeur & pourſuiuant criées de tel heritage
par tel , contre tel , defendeur & defaillant : ſauf le tel iour qui ſera mis ſelon la diſtance des lieux , à faute de bailler pretendus
moyens de nullité , & dire ce qu'il appartiendra & ſoit ſignifié.

Le ſauf échu à compter du iour de la ſignification dudit defaut ,
faudra obtenir permiſſion de le faire iuger en la forme & maniere
qui enſuit.

Extrait des Regiſtres des Requeſtes du Palais, du : : :iour de : : :

La Cour a permis & permet à tel , demandeur & pourſuiuant
les criées de tel heritage par tel , de faire iuger le defaut , par luy
obtenu le tel iour , contre tel defendeur & defaillant , à faute de
fournir de moyens de nullité , & ſoit ſignifié

Leſdits defaut & permiſſion de le faire iuger , ainſi deuëment
obtenus , le faudra faire iuger , & par iugement leſdites criées ſeront declarées bien & deuëment faites & certifiées.

Veu par la Cour le defaut obtenu par tel demandeur & pourſuiuant les criées faites par tel Sergent , le tel iour & autres ſubſe-
quents , de tel heritage ſaiſi ſur tel , à faute de payement de la ſôme
de tant , Sentence de certificatiõ deſdites criées dõné par tel Iuge ,
le tel iour & an , Commiſſion , l'exploiĉt d'aſſignation donné audit
defendeur , pour bailler moyens de nullité , & voir interpoſer le
decret au quarantiéme iour ſuiuãt l'Ordõnance , ce que ledit demandeur a produit : & tout cõſideré. la cour dit , que ledit defaut
a eſté bien & deuëment obtenu , pour le profit duquel a declaĩé &

declare lesdites criées bien & deuëment faites & certifieés, a ordonné & ordône qu'il sera procedé à l'adiudication par decret au
quarantiéme iour suiuant l'Ordonnance. Fait le tel iour & an.

Le iugement ainsi obtenu, le faudra faire signifier au proprietaire
ou à son Procureur, à ce qu'il n'en pretende cause d'ignorance:
puis le faire enregistrer par le Greffier des criées, & apres les affiches se mettent tant à la principale porte du palais, porte de la ville par où l'on va aux heritages saisis, que sur les lieux, & sont tous
encherisseurs receus à mettre enchere aux heritages criez, ainsi
qu'il sera tantost dit.

Mais si le proprietaire baille ses moyens de nullité, & empesche
l'adiudication par decret, disant que les criées ont esté mal-faites,
& que les solemnitez n'y ont pas esté gardées, il sera oüy, & s'il y a
de la faute esdites criées, elles seront declarées nulles, & le saisissant condamné en tous les dépens, dommages & interests du proprietaire: & quand les criées sont declarées nulles, les oppositions le sont aussi.

Mais si le defendeur n'a aucuns moyens de nullité à fournir,
apres qu'il aura eu communication du procez verbal d'icelle, il
passera volontairement le iugement qui suit.

Extraict des Registres des Requestes du Palais,
du tel iour & an.

Entre Messire tel, demandeur selon le contenu d'vne commission du tel iour, par Maistre tel son Procureur d'vne pat , & Messire tel defendeur, par Maistre tel aussi son Procureur d'autre
part: Apres que ledit demandeur a persisté en ses conclusions, &
ce faisant requis que ledit defendeur soit tenu de bailler moyens
de nullité contre les criées faites à sa Requeste sur ledit demandeur des Terres & Seigneuries de tels lieux, circonstances & dependances: & que ledit tel Procureur audit nom, en vertu de la
procuration speciale, à luy passée pardeuant Notaires le tel iour,
a dit auoir eu cômunication du procez verbal de la saisie & criée,
& acte de certificatiõ d'icelles, qu'il n'a aucuns moyens de nullité
à proposer côtre lesdites criées, consent & accorde qu'il soit procedé à l'adiudication desdites terres au quarantiéme iour, suiuant
l'Ordonnance, & à cette fin s'en rapporte à la Cour d'en ordonner:
Appointé est, que desdites declarations cy-dessus, les parties auront ce present acte, pour leur seruir & valoir, ce que de raison, &

pour

pour faire droict aux parties, a ordonné & ordonne que lesdites criées & certifications seront mises pardeuers la Cour, pour en estre par elle ordonné, ainsi qu'il appartiendra par raison.

Que s'il y a opposition formée pour l'euenement d'vn procez petitoire, commencé pour raison des choses criées, on donne delay de qurante iours pour la faire vuider, suiuant ladite Ordonnance des criées cy-dessus.

Mais pour les sommations en recours de garantie, pour lesquelles il y a procez commencé, elles n'empeschent l'adiudication par decret, pourueu que les posterieurs opposans y obligent leurs biens pour rendre, au cas que ceux qui ont intenté lesdites sommations, soient deuant eux, toutesfois on baille d'ordinaire semblable delay de quarante iours pour faire vuider lesdites instances. apres lequel lesdits ptocez & instances sont euoquez par même Ordonnance, au lieu où se iugent lesdites criées, afin de faire droict sur le tout par mesme moyen.

Tant y a que lesdites oppositions afin de distraire de charge & de nullité estans vuidées, on peut alors poursuiure l'adiudication par decret, ce que l'on ne peut faire auparauant.

Quant aux nullitez des criées, voyez papon Liure 6. titre *des executiös & de criées*, & M. le presidét le Maistre en son Traité des criées.

Quand le saisissant paye, les criées cessent, & ne peut le poursuiuant que se faire rembourser de ses frais; lesquels frais sont ceux qu'il a faits contre le debiteur, & non ceux qu'il peut auoir faits contre les opposans.

Mais s'il n'y a que le poursuiuant payé, l'vn des opposans se peut faire subroger sans faire de nouuelles criées, ou bien il se fait subroger, quand il y a de l'intelligence entre le saisi & le poursuiuant, car alors par vne Requeste ledit opposant fera ordonner que le poursuiuant mettra l'instance en estat de iuger dans vn temps, lequel passé il se peut en son lieu faire subroger & poursuiure à la Barre comme dessus.

Aussi si le saisi decede ou s'absente pendant le procez, il faut faire appeller ses heritiers en reprise, & proceder côme aux reprises.

De mesme quand l'vn des opposans decede: car le poursuiuant doit faire appeller ses heritiers.

Et s'il n'y a point d'heritiers, faut faire créer vn curateur, lequel s'il decede aussi, en faut faire créer vn autre.

Et il est à obseruer qu'vn poursuiuant criées ne peut accorder vne distraction ou charge à vn opposant sans auoir sommé le saisi

& oppofant de luy fournir memoires & pieces pour s'en deffendre, & doit mefme inftruire ces oppofitions du moins auec la partie faifie, qu'il faut comprendre en ces Reglemens.

DE L'ADIVDICATION PAR DECRET.

APres les nullités des criées iugées & terminées, s'il eft dit
qu'il fera procedé à l'adiudication par decret au quarantiéme iour les encheres feront receuës, mefme la premiere qui doit
eftre publiée en iugement, en la forme qui fuit.

Maiftre tel, Procureur de tel, en vertu de la procuration fpeciale à luy paffée, a enchery & mis à prix tel heritage affis en vn tel
lieu, tenant d'vne part à tel, &c. icy faut mettre l'affiette, enfemble les confins, tenans & aboutiffans de tous les heritages faifis & mis en criées à la Requefte de tel, fur tel, à la fomme de tant,
aux charges portées par l'affiche, des frais des criées, droicts Seigneuriaux, & autres : a ledit tel éleu fon domicile en la maifon de
tel, qu'il a conftitué & conftituë fon Procureur.

Ladite enchere publiée en iugement & enregiftrée par le Greffier fera attachée à la porte de l'Auditoire du lieu où les criées
font pourfuuies, enfemble au marché public & Eglife Parochiale
des lieux où les heritages font fituez & affis pour y demeurer quarante iours entiers.

Les quarante iours écheus, on peut proceder à l'adiudication
par decret, & font tous les encherifleurs receus, iufques à ce que
le decret foit feellé, & faut que le dernier encherifleur paye, &
mette és mains du Greffier le prix de fon enchere, ou qu'il apporte quitäce des creanciers, autremét le decret ne fera point deliuré.

Par l'Ordonnance cy-deffus mentionnée de l'an 1551. article 10.
il eft defendu à tous Procureurs d'encherir, par vertu de leur
procuration, s'ils ne connoiffent les parties pour auoir recours à
l'encontre d'eux, s'il eft trouué que par fraude ou malice l'enchere ait efté faite.

S'il arriue quelque autre encherifleur qui vueille encherir par
deffus la derniere enchere, faudra qu'il la faffe en la forme qui fuit.

Maiftre tel Procureur de tel, en vertu de la procuration fpeciale à luy paffée par tel pardeuant tel Notaire, le tel iour, a enchery les heritages faifis & mis en criées : à la Requefte de tel, fur tel,
à la fomme de tant, outre & pardeffus la premiere enchere, & aux
charges y contenuës & a ledit tel éleu fon domicile en la maifon
de tel fon Procureur.

Faudra que ladite enchere ſoit ſignifiée au precedent encheriſſeur, ou à ſon procureur, par Arreſt du 14. Aouſt 1585. la Cour
ordonna, Que d'oreſnauant ſur les dernieres encheres des heritages pourſuiuis & mis en criées pardeuant les Gens tenans les
Requeſtes du palais, les quarante iours preſcrits par l'Ordonnance paſſez, l'adiudication ſeroi. faite au dernier encheriſſeur, ſauf
quinzaine, laquelle adiudication ſeroit publiée en iugemét l'Audiance tenant, pendant laquelle ſeroient tous encheriſſeurs receus
à encherir au Greffe, à la charge de faire ſignifier leur enchere au
precedent encheriſſeur, ou à ſon Procureur deuant ledit iour de
quinzaine écheu & paſſé, ſeroient tous ceux qui voudroient encherir, & mettre à plus haut prix, tenus de comparoir au prochain iour de Mercredy ou Samedy enſuiuant ladite quinzaine à
l'Audiance, pardeuant l'vn des Conſeillers qui ſeront à l'Audiance, pardeuant lequel tous encheriſſeurs ſeroient receus à encherir, iuſque à l'heure d'onze heures, laquelle ſonnée & rapportée, leſdits heritages ſeront adiugez au dernier encheriſſeur, s'il
n'y auoit iuſtes cauſes de remettre ladite adiudication à la huitaine enſuiuant, & ſeroit ledit decret deliuré au dernier encheriſſeur, qui doit conſigner le prix de ladite adiudication dedans
huitaine apres ladite adiudication, & icelle paſſée contraint par
empriſonnement de ſa perſonne, & ſeroient les Procureurs des
pourſuiuans criées, tenus par la meſme contrainte de mettre au
Greffe dedans les vingt-quatre heures apres ladite adiudication,
tous & chacuns les procez verbaux & pieces concernant le fait
deſdites criées, qui leur ſeroient rendus ledit decret expedié.

Donc ſuiuant ledit Arreſt, les quarante iours prefix expirez &
paſſés, ſera l'adiudication faite au dernier encheriſſeur, ſauf
quinzaine, en la forme & maniere qui ſuit.

Extraict des Regiſtres des Requeſtes du Palais,
du :: : iour de : ::

La Cour a adiugé & adiuge à tel demeurant en tel lieu, tel heritage ſaiſi & mis en criées à la Requeſte de tel, ſur tel, aux charges
contenuës en la premiere enchere, & pour le prix & ſomme de
tant, a ledit tel éleu ſon domicile en la maiſon de tel, ſon Procureur, ſauf quinzaine. A coſté de laquelle adiudication le Commis
de l'Audience met ces mots, *publié en Iugement tel iour & an.*

Laquelle adiudication ſera publiée en Iugement l'Audience tenant. Et ledit iour de quinzaine écheu & paſſé, ſeront tous

*Forme de
l'adiudica-
tion, ſauf
quinzaine.*

*Nota,
que la pu-
blication*

ceux qui voudront encherir & mettre à plus haut prix, de comparoir au prochain iour de Mercredy ou Samedy, ensuiuant ladite
quinzaine à l'Audience, ou autres Conseillers cõmis en leur lieu,
pardeuant lesquels tous encherisseurs seront receus, desquelles
encheres le Greffier dresse vn Acte, & quand l'enchere n'est suffisante, le poursuiuant saisi & opposant demandent la remise de
l'adiudication à quinzaine, qui est accordée par le Conseiller cõmis, & apres icelles remises il peut adiuger,

Lesquelles remises il faut faire signifier aux Procureurs du saisi
& opposans, & dernier encherisseur.

Le Conseiller ayant receu toutes les encheres & les publications
d'icelles faites par l'Huissier, heures d'onze heures sonnées, le Cõ-
seiller declarera les heritages estre adiugez au dernier encherisseur ; ce qui sera mis par écrit, & enregistré par le Greffier qui deliurera le decret en forme, lequel pour sa prolixite a ète icy obmis.

Toutesfois le decret ne doit estre deliuré qu'apres que l'adiudi-
taire a consigné, ce qu'il doit faire dans huit iours, autrement il y
peut estre contraint par corps, à la Requeste des poursuiuans ou
opposans, comme il est dit cy-dessus.

L'adiudicataire outre le prix de son enchere est encore tenu des
frais ordinaires des criées : mais ce ne sõt que ceux faits iusques à
la certification, l'enchere, deux remises, & l'adiudication sauf
quinzaine, & moitié du congé d'adiuger, quant aux autres il n'en
peut estre tenu.

DES OPPOSITIONS AFIN D'HYPOTHEQVE
& l'ordre de la discution des opposans aux criées.

Les oppositions afin d'hypotheque se peuuent former iournellement, iusques à ce que l'adiudication par decret ait été
faite. Toutesfois apres ladite adiudication, on se peut opposer à
la deliurance du surplus des deniers procedans de l'adiudication
par decret, appartenans au proprietaire & debiteur, apres tous
les opposans payez, encore qu'ils soient posterieurs : & ces oppositions se reçoiuent iusques à ce que le decret soit leué, & faut
qu'il soit vingt-quatre heures entre les mains du Seelleur, pendant lesquelles se peuuent encore former lesdites oppositions.

Si le creancier ne s'oppose dans les vingt-quatre heures, il fera proceder par voye de saisie sur les deniers reuenans bons és
mains du Receueur des Consignations.

Aussi vn opposant à vn decret, peut faire proceder par execution sur autres heritages de l'obligé ou condamné, iusques à ce
qu'il soit payé; mais decret sur decret de mesme heritage ne se
peut faire: l'article 80. de l'Ordonnance de l'an 1593. dit que tous
opposans calomnieusement à criées deboutez de leur opposition,
feront condamnez en l'amende ordinaire, telle que du fol appel
és Cours Souuerainnes, & de vingt-liures parisis és autres Iurifdictions inferieures, & plus grandes à la discretion de Iustice, si
la matiere y est disposée, & autant enuers les parties.

L'opposition afin d'hypotheque se peut faire és mains du Sergét
qui a fait les criées, ou au Greffe, en la forme & maniere qui suit.

Extrait des Regiſtres des Requeſtes du Palais, du tel iour & an.

Auiourd'huy a comparu au Greffe de la Cour de ceans tel Procureur, lequel en vertu de la procuration speciale à luy paſſée
par tel, pardeuant tel Notaire, tel iour, s'eſt oppoſé & oppoſe aux
criées d'vn tel heritage, saiſi sur tel, à la Requeſte de tel, afin
d'eſtre payé de la somme de : : : qu'il iuſtifiera en temps & lieu luy
eſtre deuë, & eſtre conſerué en tous autres droicts d'hypotheque,
frais & loyaux couſts, a ledit tel éleu son domicile en ſa maiſon,
ſize en tel lieu, dont a requis acte.

Acte d'op-position afin d'ypotheque

L'acte d'opposition leué par extraict, le faudra faire signifier,
tant au Procureur du proprietaire, qu'à celuy du pourſuiuant
criées, à ce qu'ils n'en pretendent cause d'ignorance : & ce fait,
faudra fournir de causes d'oppoſitiõ, & d'icelles faire bailler copie aux Procureurs deſdites parties, & des pieces iuſtificatiues.

Tellemét que lors que l'adiudication par decret sera faite, faudra
prendre reglement pour faire la diſcution des oppoſans afin d'hypotheque, en ces mots.

Extraict des Regiſtres des Requeſtes du Palais, du tel iour, & an.

Defaut à tel pourſuiuant l'ordre des deniers prouenans de la
vente de tel heritage saiſi sur vn tel, par tel son Procureur: Contre tel, Partie saisie, & tel & tel oppoſans audit ordre, & defaillans: par vertu duquel la Cour a appointé & appointe les parties,
à bailler causes d'opoſition, & à écrire & produire tout ce que bõ

leur femblera dans huictaine, feront leurs productions communiquées, pour contre icelles bailler contredits & faluations dans
le temps de l'Ordonnance, pour leur eftre fait droict, áinfi que de
raifon, & afin de dépens. Et foit fignifié.

Suiuant lequel appointement faudra dreffer la production &
produire, faire forclorre les parties aduerfes de fournir de caufes
d'oppofition, & de produire & contredire de leur part; & s'ils
produifent faudra contredire leur production, & obtenir nouuelles forclufions de contredire ; Mais fi les oppofans fuient, faut
apres qu'ils ont fait fignifier leur acte d'oppofition les pourfuiure
de fournir leurs caufes d'oppofition & pieces iuftificatiues par defaut, & permiffion de le faire iuger, & s'ils n'en fourniffent, il interuient Sentence par defaut qui les deboute de leur oppofition,
& les condamne aux dépens.

Il eft neceffaire au pourfuiuant, auant que prendre l'appointement à produire fur l'ordre, de leuer du Greffe l'extraict des oppofans, crainte d'en obmettre quelqu'vn. [Et lors qu'ils ont tous
produit pour euiter aux longueurs, on fait vn petit jugement par
defaut qui ordône que dans huictaine ou quinzaine les oppofans
à l'ordre prendront communication de l'inftance par les mains
du plus ancien Procureur defdits oppofans, pour y fournir de cô-
tredits, fi bon leur femble. Et fur la diuerfité des aduis qui fe ren-
côtrent au Palais pour fçauoir fi vn faififfant d'immeubles, afin de
criées, eft obligé de s'oppofer au Greffe pour le payement de fon
deub & frais ordinaires & extraordinaires defdites criées, quoy
que Meffieurs des Requeftes du Palais ayent plufieurs fois iugé
que telle oppofition n'eftoit point neceffaire, veu que fa faifie con-
feruant le droict des creanciers, il eftoit biê iufte qu'il conferuât le
fien, neantmoins pour euiter à conteftation, ie confeille aux pourfuiuans criées de former cette oppofition à telle fin que de raifon,
& même d'y employer ces mots: *Afin d'eftre paié par preference à tous*
autres creanciers, des frais ordinaires & extraordinaires qui luy feront
deubs,] & apres les procedures cy-deffus faites, fera donné Sentence de difcution en la forme & maniere qui fuit,

Sentence de difcution, & ordre de priorité, & pofteriorité
de tous oppofans.

Entre tel, demandeur & pourfuiuant criées d'vne part, & tel
proprietaire, defendeur, d'autre part, & tels & tels oppofans afin

d'hypotheque, d'autre part. Veu par la Cour les caufes d'oppofitions, lettres & titres defdites parties, appointement à produire
fur lefdites oppofitions, Sentence & adiudication par decret du
tel iour, par laquelle les heritages dont eft queftion ont efté adjugez à tel, moyennant la fomme de, &c. qu'il a configné au Greffe de la Cour de ceans, productions, contredits & faluations defdites parties, & ce qui faifoit à voir & confiderer. Dit a efté,
Que la Cour a ordonné & ordonne que fur la fomme de::: pro-
uenuë de la vente de telle maifon ou terre, il en fera pris la fomme de::: pour les pieces & frais de la prefente Sentence, & apres
fera le pourfuiuant payé par preference à tous creanciers, des
frais extraordinaires par luy faits à la pourfuite des criées, & prefent ordre qu'il fera tenu faire taxer dans tel temps pardeuant le
Rapporteur auec les Procureurs de tels, & plus ancien des oppofans, apres fera vn tel Seigneur payé de 29. années d'arrerages, des
cés & droicts Seigneuriaux deubs à caufe defdits heritages qui
font en fa cenfiue : & ledit tel payé, fera ledit tel & pourfuiuant
criées payé de la fomme de, &c. à luy deuë par obligation du tel
iour, & ainfi des autres, felon la priorité & pofteriorité d'hypotheque. Fait le tel iour & an.

La Sentence de difcution donnée, fera leuée en forme, fignifiée
aux Procureurs du faifi & oppofant, auec lefquels on liquide les
arrerages & interefts des creanciers, quand il eft ainfi ordonné par
la Sentence d'Ordre, laquelle aprés eft mife és mains du Recce-
ueur des Confignations pour payer tous les oppofants, fuiuant
l'ordre d'icelle, & ne peut ny ne doit ledit Receueur des Confignations payer les pofterieurs auant les premiers, autrement il
fera tenu d'en répondre en fon propre & priué nom.

Du decret volontaire.

[Le decret volontaire eft celuy qui fe fait lors qu'vn acquereur
d'heritages, offices ou rentes, a ftipulé par fon contract d'acquifition qu'il poura faire decreter fur luy les biens acquis dans vn
temps limité par ledit contract pour purger les hypotheques des
creanciers de fon vendeur, & apres auoir fait faifir reellement fur
luy acquereur lefdits biens, à la Requefte d'vn de fes creanciers, il
fait faire les criées & les mêmes procedures que l'on fait en vn decret forcé, iufques à l'adiudicatiõ, & dãs la faifie réelle procez verbal de criées affiches, Sentence de certificatiõ, congé d'adjuger,
enchere, adiudication, fauf quinzaine, Remifes & decret, il faut

que l'on mette qu'on a saifi fur vn tel, telle maifon, ou autres chofes comme les ayant acquis d'vn tel, autrement les creanciers du
vendeur pourroient fe plaindre de l'adiudication, & faire declarer l'heritage affecté à leurs debtes ou à déguerpir ; cela fe iuge
ainfi auiourd'huy, tant au Parlement qu'aux Requeftes du Palais,
fur ce qu'on a prefupofé que les criées où ces mots n'eftoiēt point
inferez, eftoient faites en fraude, & pour fruftrer les creanciers
du vendeur , qui autrement ne pouuoient auoir connoiffance
de la vente des biens de leur debiteur.

Au refte quand l'adiudication eft faite dans les formes, le Receueur des Confignations ne peut obliger l'adiudicataire à configner le prix de fon contract, mais doit ledit adiudicataire leuer vn
extraict du Greffier des decrets & oppofitions de la Cour, comme il n'y a point d'oppofans au decret, & à cét extraict attacher
vne Requefte qui contient en fubftance ces mots.

A Noffeigneurs des Requeftes du Palais.

Requefte pour eftre déchargé du droit de Cōfignatiō. Supplie humblement tel difant qu'il a acquis d'vn tel, vne maifon &c. par contract volontaire moyennant la fomme de : : : auec
faculté d'en pouuoir faire faire le decret fur luy dans fix mois ou
vn an, auquel decret n'eft furuenu aucun oppofant , comme il
appert par le certificat du Greffier de la Cour, que le fuppliant a
leué depuis fon adiudication : Ce confideré Noffeigneurs, il vous
plaife ordonner que ledit decret volontaire fera deliuré audit
fuppliant, par le Greffier de la Cour, fans qu'il foit obligé de
payer aucun droict de Confignation au Receueur d'icelles Confignations de ladite Cour, & vous ferez bien.

Cette Requefte fignée d'vn Procureur eft baillée à vn Confeiller auec ledit certificat & extraict d'adiudication, & fur icelle
l'on donne Sentence conforme aux conclufions de ladite Requefte & cette Sentence leuée & fignifiée au Receueur des Confignations , le Greffier des Requeftes du Palais la voyant, figne le
decret, le fait feeller & deliurer aux parties ou à leurs Procureurs
en payās les droicts ordinaires fuiuās le Reglemēt cy-apres inferé.]

Des fubrogations aux criées.

[Comme dans toutes fortes d'affaires il s'y peut rencontrer des
abus & fubtiles chicanes, pour empefcher le cours de la Iuftice,
mais

mais particulierement dans les matieres de criées , où fouuent vn
mauuais debiteur fait faifir reellement fon bien à la Requefte d'vn
creancier fuppofé , pour ofter à vn veritable, le moyen d'y paruenir & ainfi par cette inuention demeurer maiftre des criées,
qu'il retarde ou aduance comme il veut; pour remedier à cét arti-
fice vn legitime creancier qui fe doute de la fourbe, peut par Requefte verbale ou par Requefte prefentée à la Chambre, demander la fubrogation aufdites criées, au lieu du faififfant & pourfuiuant en le rembourfant de fes frais, defquels il fera payé par
preference fur le prix de la chofe venduë, d'ordinaire cette Requefte afin de fubrogation contient ces mots.

A Noffeigneurs des Requeftes du Palais.

Supplie humblement tel , difant qu'en qualité de legitime
creancier de tel, de telle fomme portée par contract ou obligation &c. il s'eft oppofé aux criées de telle terre, maifon ou heritages faifis fur ledit tel, à la Requefte d'vn tel, qui ne tient compte
de mettre à fin lefdites criées: Ce confideré, Noffeigneurs, il
vous plaife ordonner que dans fix fepmaines ledit tel faififfant fera tenu de faire mettre à fin lefdites criées, autrement ledit temps
paffé, que ledit fuppliant demeurera fubrogé à la pourfuite defdites criées fous les offres qu'il fait de le rembourfer de fes frais, &
en confequence que le Procureur dudit pourfuiuant fera contraint par corps à luy mettre les pieces defdites criées entre les
mains , & ce faifant en demeurera déchargé, & vous ferez bien.

Requefte afin de fub-rogation à des criées.

Cette Requefte fignée du Procureur du Suppliant eft prefentée
à vn Confeiller ou à vn Greffier des Chambres, qui met fur icelle,
viennent les parties au premier iour en la Chambre , fait le : : : &
apres qu'elle eft fignifiée, on va plaider en la Chambre où elle eft
prefentée, & fi le pourfuiuant ne compare, la Cour donne jugement par defaut, qui porte que dans vn temps de trois mois ou
moindre delay , il mettra les criées à fin,autrement & ledit temps
paffé, fera fait droict fur la fubrogation requife.

Quelquefois l'on donne iufques à trois delays differents au dir
pourfuiuant, & quand il n'y fatisfait pas le demádeur en Requefte eft fubrogé ,fuiuant les conclufions de la Requefte cy-deffus.

Tous ces jugements fe leuent par defaut, s'ils ne font contradictoires : car en ce cas, il faut dreffer & faire fignifier des qualitez, ainfi qu'il eft obferué aux autres matieres cy-deuant.

M m

Il faut auſſi obſeruer que quand la Cour ordonne ſur vne Requeſte que les parties viendrõt plaider au premier iour, cela s'entend les Mardis, & Vendredis de releuée ſeulement, & que ſi vne partie veut faire plaider ſa cauſe vn Lundy ou vn Ieudy du matin, il faut qu'il ſoit dit ainſi ſur la Requeſte.]

MATIERES BENEFICIALES.

EN traitant de la matiere de regale au Style du Parlement, il a eſté auſſi parlé quelque peu des matieres Beneficiales, mais parce que la procedure qui s'obſerue aux Requeſtes du Palais y a eſté obmiſe, & que c'eſt l'vne des actions la plus importante dont cette Cour connoiſſe, i'ay trouué qu'il eſtoit à propos d'en faire icy mention.

Donc en matiere de complainte celuy qui l'intente ayant fait aſſigner celuy qui le trouble pour voir dire qu'il ſera maintenu & gardé en la poſſeſſion & iouyſſance du Benefice cõtentieux, auec reſtitution de fruicts & dépens, & en cas de conteſtation la recreance, l'on ſe preſente en la forme qu'il a eſté dit au titre des Preſentations, & les deux parties eſtans comparuës, la premiere expedition que l'on fait en ces matieres eſt de prendre l'appointement à comuniquer titres, ainſi qu'il enſuit.

Extraict des Regiſtres des Requeſtes du Palais du tel iour.

Appointe-
mẽt à com-
muniquer
titres.

Defaut à tel, pourueu d'vn tel Benefice, demandeur en complainte pour raiſon du poſſeſſoire dudit Benefice, ſuiuant l'exploict du tel iour, par Maiſtre tel ſon Procureur : Contre tel, ſoy diſant pourueu du même Benefice, defendeur & defaillant. Par vertu duquel la Cour a appointé & appointe les parties à communiquer leurs titres & capacitez dans huictaine, & ſoit ſignifié.

Cét appointement mis en parchemin, & paraphé du Commis du Greffe, on le donne à ſignifier au Procureur du defendeur, auec le defaut qui ſuit.

Extrait des Regiſtres des Requeſtes du Palais, du tel iour & an.

Defaut à Maiſtre tel, pourueu de tel Benefice, demandeur en

complainte pour raison du possessoire dudit Benefice, suiuant l'exploict du tel iour, par tel son Procureur: Contre Maistre tel, soy disant pourueu dudit Benefice, defendeur & defaillant, à faute de de communiquer ses titres & capacitez, sauf huictaine, ou autre delay, suiuant la distance des lieux, quand le Iuge l'ordonne, & soit signifié. *Defaut à faute de cõmuniquer titres.*

Et faisant signifier ce defaut, l'on fait encore offrir au Procureur, en baillant copie des titres & capacitez du demandeur par l'acte qui suit.

A la Requeste de tel, Procureur de tel, Soit offert en baillant à Maistre tel, Procureur de tel, copie des titres & capacitez qui ensuiuent. *Acte pour offrir les titres.*

Premierement des lettres de Tonsure dudit tel, en datte du tel iour.

Plus, des lettres de Diacre, & ainsi des autres Ordres, des Prouisions, prise de possession, & bref des actes qui seruent à la cause, puis on met à la fin, pour satisfaire à l'appointement à communiquer titres du tel iour, à ce qu'il n'en ignore.

Ces capacitez offertes au Procureur, & la huictaine du sauf portée par le susdit defaut échuë, le demandeur prend vne permission de faire iuger ledit deffaut, où l'on met les mêmes qualitez qu'audit defaut, laquelle signifiée, si le defendeur ne fait offrir ses capacitez dans six iours apres l'on baille le defaut à iuger; sur lequel interuient Sentence de recreance au profit du demandeur & au principal deboute le defendeur de defenses, & faut que cette Sentence conformément à l'Ordonnance, soit signée de sept Iuges, autrement elle seroit nulle.

Mais si le defendeur fait offrir aussi ses capacitez, & que les parties les ayent respectiuement pris, le demandeur prend le second appointement qui ensuit.

Extraict des Registres des Requestes du Palais,
du tel iour & an.

Defaut à Maistre tel, de même qu'à l'appointement à communiquer titres; mais la prononciation est de cette sorte: Par vertu duquel, apres que le demandeur a dit les parties auoir respectiuement fourny leurs titres & capacitez; la Cour les a appointez & appointe à écrire par memoires dans huictaine, & soit signifié. *Appointement à écrire par memoires.*

Ce second appointement s'expedie comme le precedent, & ensuite se fait aussi la mesme procedure par defaut & permission à faute de fournir d'écritures par memoires, apres que le demandeur a fait offrir les siennes en baillant au procureur du defendeur.

Ces écritures par memoires se dressent par vn Aduocat en cette forme.

Forme dé-criptures par memoires.

Ecritures par memoires que met & baille pardeuant vous Nosseigneurs des Requestes du palais à paris. Maistre tel, pourueu d'vn tel Benefice, demandeur en complainte pour raison du possessoire de ladite prebende, suiuant l'exploict du tel iour : contre Maistre tel, soy disant aussi pourueu du même Benefice, defendeur.

A ce que pour les raisons & moyens qui seront déduits cy-apres ; il soit dit, s'il plaist à la Cour, que le defendeur sera maintenu & gardé en la possession & iouyssance du Benefice dont est question, defenses au defendeur de le troubler à l'aduenir, iceluy defendeur condamné en la restitution des fruicts depuis sa prise de possession, & aux dépens de l'Instance.

Pour à ces fins paruenir remonstre le demandeur telle chose, faut mettre le fait dont il s'agit & le reste, comme aux autres écritures.

Si le defendeur ne fournit d'écritures de sa part dans le temps de l'appointement, & apres les defaut & permission signifiez à son Procureur, on peut faire iuger ledit defaut, & faire par iceluy iuger aussi la recreance.

Mais s'il en fournit de sa part, on peut au choix de l'vne des parties, porter la cause en l'Audience d'vne des Chambres, & la faire plaider, où quelquesfois elle se iuge disinitiuement au profit de celuy qui a le plus apparant droict, ou quand les Aduocats ne demeurent pas d'accord de leurs titres, la Cour les appointe à produire, bailler contredits & saluations.

Ou bien le demandeur prend ce troisiéme appointement par defaut.

Extraict des Registres des Requestes du Palais, du tel iour.

Appointement à produire en matiere Beneficiale.

Defaut à Maistre tel, Curé ou Prieur, ou chanoine d'vn tel lieu, demandeur aux fins de l'exploict du tel iour : tendât à ce que (faut mettre les conclusions de l'exploict) par tel son Procureur : contre tel, soy disant pourueu du même Benefice, defendeur & defaillant : Par vertu duquel apres que le demandeur a dit les parties auoir respectiuement fourny de leurs écritures par memoires. La

Cour les a appointées à produire leurs titres & tout ce que bon
leur femblera pardeuers elle dans huiɛtaine, bailler contredits &
faluations dans le temps de l'Ordonance, & à la huiɛtaine enfuiuant, à ouyr droiɛt, & foit fignifié.

Cét appointement expedié & fignifié comme le precedent, &
la huiɛtaine paffée du iour de la fignification, le Procureur du demandeur dreffe fon inuentaire, produit, obtient fes forclufions de
produire & contredire, met l'inftance en diftribution, en baillant
lefdites forclufions au Greffier du depoft des facs; & fi le defendeur produit de fa part, on fait prendre les produɛtions par vn
Huiffier, par les mains duquel on en prend communication pour
les côtredire, finon le fac du demâdeur eftant diftribué & baillé au
Rapporteur, & le defendeur y ayant ioint le fien, on prend cette
communication par les mains de fon Clerc, & enfuite fe fait les
mêmes pourfuites & procedures comme és autres inftances.

Il faut remarquer que quand dans l'exploiɛt de demande le demandeur a obmis de demander recreance, apres que le defendeur
a fourny copie de fes capacitez, & écritures par memoires, qui
feruent de defenfes en ces matieres, il peut prefenter la Requefte
qui fuit pour obtenir ladite recreance.

A Noffeigneurs des Requeftes du Palais.

Supplie humblement tel, difant, Qu'il a efté bien & Canoniquement pourueu d'vn tel Benefice, en la poffeffion & iouyffance
duquel il a efté troublé par vn tel qui iouyt des fruiɛts d'iceluy :
Ce confideré, Noffeigneurs, il vous plaife ordonner que pendant le procez le fuppliant iouyra des fruiɛts & reuenus dudit Benefice par forme de recreance, nonobftant oppofitions ou appellations quelcònques, & fans preiudice d'icelles, auec defenfes au
defendeur de le troubler, & vous ferez bien.

Requefte pour demã-der la re-creãce d'vn Benefice.

Sur cette Requefte on fait mettre, *Viennent les parties*, & on
pourfuit de venir plaider iufques à ceque la recreãce foit adiugée
à celuy qui a le plus apparent droiɛt, laquelle eftant prouifoire,
s'execute nonobftant l'appel, & fi la Sentence ne le prononce, on
le peut faire dire par vn autre Iugement qui s'obtient fur autre
Requefte en plaidant, ou par defaut.

Quand c'eft vn deuolutaire qui contefte vn Benefice, & que
fon droiɛt eft fondé fur vn deuolut, celuy qui plaide contre luy
auant aucune procedure ny conteftation doit demander qu'il foit

tenu de bailler caution de 300. liures fuiuant l'Ordonnance, par
la Requefte verbale qui fuit.

Extraict des Regiftres des Requeftes du Palais,
du tel iour, & an.

Requefte verbale pour demander qu'vn deuolutaire donne caution. Sur ce que Maiftre tel, Procureur de tel, pourueu d'vn tel Benefice, nous a iudiciairement remonftré qu'encore qu'il foit bien &
Canoniquement pourueu d'vn tel Benefice, qu'il en foit paifible
iouyffant, depuis vn tel temps, neantmoins Maiftre tel qui pretéd
eftre pourueu par deuolut, le trouble en la poffeffion & iouyffance d'iceluy : A cette caufe ledit tel audit nom nous a requis que
toute Audience foit deniée audit deuolutaire, iufques à ce qu'il
ait donnné caution conforme à l'Ordonnance, furquoy & apres
que ledit tel, & fon Procureur ont efté appellez, & ne font comparus, la Cour a contre eux donné defaut, & par vertu d'iceluy
ordonné que les parties viendront plaider au premier iour en
l'Audience, autrement fera fait droict & foit fignifié.

Quelques-vns pourfuiuent cette Requefte par defaut & permiffion, mais le meilleur & plus prompt cours eft de faire venir
plaider en l'Audience, où on ordonne les conclufions de la Requefte.

Si le deuolutaire veut aduancer l'affaire, il peut dés que fa partie aduerfe a comparu prefenter fa caution, & la faire receuoir
apres en auoir communiqué les facultez, en la forme qu'il a efté
dit au titre *des Prouifions*, par vn acte de prefentation de caution,
Requefte de *Commititur*, defaut fauf trois iours, & pur & fimple,
deuëment fignifiez; ou bien, il peut demander qu'en confignant
300. liures, il luy foit permis de contefter le Benefice dont eft queftion.

Si les parties qui conteftent vn Benefice veulent faire verifier
leurs fignatures de Cour de Rome par Banquiers, comme cela
eft ordinaire, afin qu'en la produifant la Cour y adioufte plus de
foy, & ofter la fufpicion de fauffeté, voicy comme on y procede.

A Noffeigneurs des Requeftes du Palais.

Requefte pour faire verifier vne Prouifion de Rome. Supplie humblement tel pourueu d'vn tel Benefice, qu'il vous
plaife pour proceder à la verification de la fignature & prouifion
du fuppliant, & dont il s'entend ayder contre tel, enfemble pour

la nomination de Banquiers, & pour receuoir leur serment, commettre tel de vous Nosseigneurs, qu'il vous plaira, & vous ferez
bien.

Sur cette Requeste l'on fait commettre vn Conseiller, duquel
on prend l'Ordonnance qui suit.

De l'Ordonnance de nous tel Conseiller du Roy en sa Cour de
Parlement, Commissaire aux Requestes du Palais, & en cette
partie; A la Requeste d'vn tel, auons enioint à l'vn des Huissiers
de ladite Cour, donner assignation à tel à comparoir pardeuant
nous tel iour, dix-heures du matin, leuée de la Cour, au Parquet
d'icelle, nommer & conuenir de Banquiers pour verifier les si-
gnatures & prouisions dudit tel : autrement en sera par nous nommé d'office, ô intimation. Fait audit Parquet le tel iour.

Ordonnãce a m.me fin.

On fait signifier cette Ordonnance signée du Conseiller commis auec la susdite Requeste au Procureur de partie aduerse, lequel compare au iour & heure qui luy est donnée, nomme vn Bã-
quier de sa part, & le demandeur vn autre, sinon le Conseiller en
nomme d'Office, & apres on prend vne seconde Ordonnance de
luy en cette forme.

De l'Ordonnance de nous, &c. comme la precedente; mais on
y adiouste ces mots, Auons enioint à l'vn des Huissiers de ladite
Cour donner assignation à tel & tel, Banquiers en Cour de Rome,
à comparoir pardeuant nous à tel iour, dix heures du matin, leuée de la Cour, au Parquet d'icelle, pour prester le serment de
bien & fidellement proceder à la verification des prouisions & si-
gnatures dudit tel. Pour voir faire lequel serment sera Maistre tel
pareillement assigné audit iour, lieu & heure ô intimation, qu'il
y compare ou non. Fait au Parquet le tel iour.

*Autre Or-
donnance
pour assigr er
Banquiers.*

En vertu de cette Ordonnance, signée du Conseiller, & signifiée au Procureur de partie aduerse, on assigne lesdits Banquiers conuenus ou nommez d'Office, & au iour de l'assignation
ils comparent deuant ledit Conseiller, prestent le serment, &
apres qu'on leur a mis la signature entre les mains, ils en dressent
& signent leur raport; Et de tout ce que dessus ledit Conseiller
ou son Clerc dresse son procez verbal en la mesme maniere qu'vn
procez verbal de rapport d'Experts, dont la forme est cy-deuant
au titre *Des visitations, prisées & estimations*, puis faut produire toutes ces pieces, si la cause n'est iugée en l'Audience diffinitiuement.

DES INSCRIPTIONS DE FAVX

LEs inscriptions de faux estans aussi ordinaires aux Requestes du Palais qu'au Parlement, i'ay creu estre obligé de dire icy vn mot des differentes procedures qui se fōt ausdites Requestes.

Lors que le demandeur a presenté sa Requeste pour auoir permission de s'inscrire en faux, de la façon qu'elle est dressée dans le Style du Parlement, que l'acte d'inscription a esté expedié au Greffe, & signifié, il prend vn defaut comme il ensuit.

Extrait des Registres des Requestes du Palais, *du tel iour, & an.*

Defaut à faute de mettre au Greffe vne piece maintenuë fausse　　Defaut à tel, demandeur en faux, par tel son Procureur: Contre tel, defendeur & defaillant, à faute de mettre la piece maintenuë fausse au Greffe, sauf trois iours: & soit signifié.

Ce deffaut paraphé du Greffier, & signifié apres le sauf écheu, si le defendeur n'a mis la piece au Greffe, on fait signifier au Procureur la permission qui suit.

Extrait des Registres des Requestes du Palais, *du tel iour & an.*

Permission de faire iuger.　　La Cour permet à tel demandeur en faux, de faire iuger le defaut par luy obtenu le tel iour, par tel son Procureur : contre tel, defendeur & defaillant, à faute de mettre au Greffe la piece maintenuë fausse, & soit signifié.

Apres cette permission signifiée, si le defendeur ne satisfait on baille le defaut à juger à la Chambre, & interuient Sentence, qui ordonne que le defendeur mettra la piece au Greffe dans trois iours, autrement qu'il sera passé outre au jugement de l'instance, sans auoir égard à la dite piece.

Mais si le defendeur satisfait, & qu'il mette la piece au Greffe, il fait signifier au Procureur du demandeur l'acte qui suit.

Acte qui cōtient que la piece fausse est au Greffe　　Maistre tel, Procureur de tel, declare à Maistre tel Procureur d'vn tel, qu'il a ce iourd'huy mis au Greffe de la Cour sa piece maintenuë fausse, à ce qu'il n'en ignore.

Faisant signifier lequel acte, le defendeur prend vn congé à faute de fournir de moyens de faux en cette forme.

Extrait

Extrait des Regiſtres des Requeſtes du Palais.

Congé à tel defendeur en faux par tel ſon Procureur : contre *Congé faute* tel, demandeur & defaillant, à faute de fournir moyens de faux, *de fournir* ſauf trois iours : & ſoit ſignifié. *moyens de faux.*

Apres le ſauf écheu, on prend vne permiſſion de faire iuger ledit congé, comme deſſus, & ſi le demandeur laiſſe iuger ce congé, on le deboute de ſon inſcription en faux, auec condamnation de dépens : mais s'il fournit ſes moyens de faux, & qu'il declare qu'il les a mis au Greffe par vn acte comme celuy cy-deſſus, on les fait bailler au Rapporteur auec la piece maintenuë fauſſe, & s'il n'y a Rapporteur on les fait diſtribuer par le Greffier, puis on les fait iuger, & eſt rendu Sentence qui les ioint à l'inſtance, ou les declare admiſſibles : on fait la même procedure que celle qui s'obſerue au Parlement, où il faut auoir recours.

Quelquefois les Notaires ou autres perſonnes qui ont les minutes maintenuës fauſſes, font difficulté de les apporter au Greffe, c'eſt pourquoy l'on preſente la Requeſte qui ſuit.

A Noſſeigneurs des Requeſtes du Palais.

Supplie humblement tel, diſant qu'vn tel d'eſt inſcrit en faux contre vne telle piece, dont la minute eſt és mains d'vn tel Notai- *Requeſte* re ou Greffier qui eſt refuſant de la porter & mettre au Greffe de *pour con-* ladite Cour : Ce conſidéré, Noſſeigneurs, il vous plaiſe ordonner *traindre vn* que ledit tel, Notaire ou greffier, ſera contraint par empriſonne- *Notaire à* ment de ſa perſonne à apporter & mettre au greffe de ladite *apporter la* Cour, ladite piece maintenuë fauſſe, & vous ferez bien. *piece maintenue fauſſe*

Le Conſeiller à qui ſera preſenté cette Requeſte, met ſur icelle, *Soit fait commandement*, & à l'inſtant la faut faire ſignifier audit Notaire ou greffier & s'il n'obeyt audit commandemét dans le temps qui luy eſt preſcrit par iceluy, faut preſenter vne ſeconde Requeſte toute ſemblable, ſur laquelle la Cour prononce vne Sentence par corps contre ledit Notaire ou autre qui a ladite piece, laquelle on fait executer.

Il y a des Procureurs qui obſeruent vne autre forme pour faire apporter vne piece fauſſe au greffe, c'eſt qu'au lieu d'obtenir vn defaut à faute de mettre au Greffe ladite piece, ils preſentent vne Requeſte contre le defendeur en faux, par laquelle ils luy font

commandement de la mettre dans vn temps , & faute de ce faire,
ils preſetent vne autre Requeſte , par laquelle ils demandent qu'à
faute d'auoir par luy ſatisfait audit commandement, que cette
piece ſoit rejettée du procez, & que ſãs y auoir égard il ſoit paſſé
outre au iugemét d'iceluy, & font mettre ſur cette ʀequeſte, *Vien-*
nent les pʋrties : de ſorte qu'il faut aller en l'Audience plaider ſur
icelle, où la Cour iuge ſuiuant les concluſions, quand le defendeur n'a fait ſes diligences, & pour moy cette procedure me ſemble meilleure , & plus raiſonnable que la premiere dont i'ay parlé
cy-deuant.

[Mais i'ay encore cette obſeruation à faire, qu'àpres que les
moyens de faux ont eſté declarez admiſſibles, qu'on en a informé,
& decretél'information, ſoit d'adiournement perſonnel ou de priſe de corps , ledefendeur en faux eſtant aſſigné en la Cour pour
eſter à droiƈt , il ne luy ſuffit pas de comparoir par Procureur aux
preſentatiõs, mais il doit faire ſa comparution en perſonne, & ſe
faire interroger ſur l'information contre luy faite, autrement le
demandeur doit leuer & faire deliurer ſes deffauts aux preſentations, & apresles auoir fait ſignifier au Procureur du defendeur,
les bailler à iuger & obtenir Sentence de contumace ſur iceux, telle que les Iuges aduiſeront, apres toutesfois que la piece maintenuë fauſſe , les moyens de faux , l'information , les decrets, & aſſignations données en vertu d'iceux , auec les deffauts leuez aux
preſentations &, ſignifiez, aurõt eſté communiquez à vn ſubſtitud
de Mõſieur le Procureur General, qui aura donné ſes concluſions
ſur le tout, apres quoy la contumace eſt bien iugée , & n'y a que
la voye d'appel , qui en puiſſe empeſcher l'execution.

L'on ne recoit plus d'inſcription de faux aux Requeſtes du Palais, que le demandeur en faux ne conſigne vingt liures, pour iuger les moiens de faux.

———————————————

DES INTERVENTIONS.

Tant au Parlement qu'aux Requeſtes du Palais, & en la Cour
des Aydes, ſi aux inſtances & procez qui y ſont pendãs, quelque perſonne a intereſt, ou ſoit ſommé de s'y ioindre, il peut ciuilement & auec Iuſtice preſenter la Requeſte qui ſuit pour y interuenir.

A Noſſeigneurs des Requeſtes du Palais.

Supplie humblement tel, de telle qualité, diſant qu'il a eu aduis qu'il y a inſtance pendáte en ladite Cour, entre tel d'vne part, *Requeſte*
& tel d'autre (faut mettre les noms des parties) pour raiſon de *d'interuen-*
telle choſe, en laquelle inſtance, le ſuppliant a grand intereſt d'in- *tion.*
teruenir pour ſouſtenir (faut deduire le ſujet de ſon interuention :) Ce conſideré Noſſeigneurs, il vous plaiſe receuoir le ſuppliant partie interuenante en ladite inſtance, ordonner qu'il en
aura communication pour fournir ſes moyens d'interuention
dans le temps qu'il plaira à la Cour : & vous ferez bien.

Sur cette Requeſte on fait mettre par le Rapporteur ou par le
Greffier de la Chambre où l'inſtance eſt pendante, *Viennent les*
parties, puis on la fait ſignifier aux Procureurs des demandeurs &
defendeurs, & s'ils ne viennent plaider au iour qu'il eſt ordóné,
on prend vn aduenir au premier iour, de matin, ou de releuée,
comme ſur les autres Requeſtes.

S'ils ne comparent on obtient jugement par defaut, que l'on
fait expedier par le Greffier de la Chambre, en cette forme.

Extraict des Regiſtres des Requeſtes du Palais, du tel iour & an.

Defaut à tel, demandeur en Requeſte du tel iour afin d'eſtre *Iugement*
receu partie interuenante en l'inſtance d'entre tel & tel, pour y *d'interuen-*
déduire ſon intereſt, par tel ſon Procureur : contre tel & tel, de- *tion par de-*
fendeur & defaillant : Par vertu duquel la Cour en la Chambre *faut.*
a receu & reçoit le demandeur partie interuenante en l'inſtance
dont eſt queſtion, ordonne qu'il aura communication d'icelle
pour y fournir ſes moyens d'interuention, ſur laquelle les parties
ſont appointées à produire dans trois iours, & ioint à ladite inſtance, & ſoit ſignifié.

Ce iugement leué & ſignifié, l'interuenant fournit ſes moyens
d'interuention, le fait ſignifier aux Procureurs de toutes les parties, obtient des forcluſions de fournir de réponces à iceux, produit, & fait forclorre de produire, ainſi qu'il a eſté dit és autres
matieres, dont il eſt cy-deſſus traité, & quelquesfois ſur ces interuentions l'on donne Sentence à contredire, quand l'interuenant
produit des nouuelles pieces : mais ſi les Reglemens pris en l'in-

stance, portent à contredire, on les fait seulement deliurer, comme sur l'interuention, par cette Requeste que l'on presente.

A Nosseigneurs des Requestes du Palais.

Requeste pour faire declarer vn reglement à contredire commun.

Supplie humblement tel, Qu'il vous plaise declarer le Reglement à contredire interuenu en l'instance d'entre tel & tel commun, sur l'interuention dudit suppliant, & vous ferez bien.

Sur cette Requeste le Rapporteur met, *Soit fait & signifié,* & apres la signification d'icelle les Procureurs retirent les sacs pour contredire, comme aux autres instances.

Quand l'interuention est contradictoire, on fait seulement signifier les qualitez du Iugement aux Procureurs, puis on le fait expedier, & se fait la mesme procedure que dessus.

Au reste beaucoup de chicaneurs pour empescher quelquesfois le iugement d'vn procez mandient des interuentions : mais quãd la Cour découure visiblement la fourbe, elle condamne l'interuenant aux dépens, aussi bien que celuy qui a contesté mal à propos.

DES COLLATIONS, ET VIDIMVS DE PIEGES.

IL y a de deux sortes de Collations qui se font aux Requestes du Palais, au Parlement, & en la Cour des Aydes : les vnes se font par vn des Commis du Greffe, les autres par les Huissiers, au choix & option des Procureurs des parties.

Celles que fait le Commis du Greffe se font en vertu d'vne Requeste que l'on presente en cette forme.

A Nosseigneurs des Requestes du Palais.

Requeste pour faire collationner des pieces.

Supplie humblement tel, qu'il vous plaise pour iustifier du bon droict qu'il a en l'instance pendante en ladite Cour, entre luy d'vne part, & tel d'autre luy permettre de faire collationner aux Originaux les pieces dont il s'entend ayder en ladite instance, par le Greffier de ladite Cour ou son commis, & vous ferez bien.

Cette Requeste signée du Procureur, on la porte au Commis auec les originaux & copies des pieces que l'õ veut fair collationner, qui met sur icelle, *Soit fait & signifié,* & à costé de la Requeste met & paraphe le nombre des Originaux qu'on luy laiſſe , & qu'il garde trois iours francs apres la ſignification de cette Requeſte au procureur de partie aduerſe, puis il rend leſdits Originaux & copies collationnées que l'on fait ſigner du greffier en Chef,& met ſur ladite Requeſte,*rendu les Originaux le tel iour.*

Si c'eſt vn Huiſſier qui faſſe leſdites collations, quoy qu'il y ayt reglemens depuis quelque temps qui leur deffend d'en faire , on preſente la Requeſte qui ſuit.

A Noſſeigneurs des Requeſtes du Palais.

Supplie humblement tel, qu'il vous plaiſe pour collationner les pieces dont le ſuppliant s'entend ayder contre tel, commettre tel des Huiſſiers de la Cour qu'il vous plaira,& vous ferez bien.

Sur cette Requeſte vn de Meſſieurs les Conſeillers met, *commis tel Huiſſier. Fait ce tel iour.*

On fait ſignifier cette Requeſte au procureur de partie aduerſe, & en faiſant cette ſignification on luy enioint de comparoir à certaine heure au banc dudit Huiſſier au palais, pour voir proceder au fait deſdites collations , & dire ce qu'il voudra: s'il compare il peut proteſter de ces contredits , & cette proteſtation eſt inſerée en la copie collationnée , que l'Huiſſier déliure,ſignée de luy, ou dans ſon procez verbal.

Quelquefois quád les pieces qu'on veut faire collationner ſont produites pardeuers vn Rapporteur, on peut auſſi le faire commettre pour proceder au fait deſdites collations en preſentant vne ſemblable Requeſte que celle cy-deſſus , ſinon qu'au lieu de mettre,*commettre tel Huiſſier,* on met, *commettre tel de vous,N oſſeigneurs, qu il vous plaira , & vous ferez bien.* Et cette Requeſte donnée à Monſieur le Rapporteur,il ſe commet ſur icelle,& on la fait ſignifier au procureur de la partie aduerſe auec l'Ordonnance qui ſuit ſignée de luy.

De l'Ordonnance de nous tel, Conſeiller du Roy en ſa Cour de parlement Commiſſaire aux Requeſtes du palais & en cette partie & à la Requeſte de tel,comparant par tel ſon procureur , auons enioint à l'vn des Huiſſiers de la Cour donner aſſignation à tel , à cóparoir pardeuant nous le tel iour,à telle heure,en noſtre Hoſtel, ſis en tel lieu , pour voir proceder au Vidimus & collations des pieces dont ledit tel s'entend ayder en l'inſtance d'entre les parties,ô intimation, qu'il y compare ou non; y ſera procedé, tant en

Ordõnance d'vn Conſeiller pour la collation des pieces.

N n iij

presence qu'absence. Fait en nostre dit Hostel le tel iour & an.

Si le procureur assigné ne compare, on prend vn defaut à l'encontre de luy en cette forme.

Defaut est donné par nous tel, Conseiller, &c. à tel comparant, par tel son procureur : contre tel defaillant & son procureur : par vertu duquel auons derechef enioint à l'vn des Huissiers , &c. comme à l'Ordonnance.

Ce defaut signé du Conseiller, & signifié, si le procureur compare il luy est permis de dire ce que bon luy semblera : sinon on procede par vertu du defaut ausdites collations , que le Clerc du Conseiller deliure à sa partie ou à son procureur, signées de son Maistre.

Or toutes ces collations se mettent au bas de chacune copie en cette forme.

Collation de la presente copie qui a esté faite à son original en papier ou parchemin , sain & entier, ce requerant Maistre tel procureur de tel, & en l'absence de Maistre tel, Procureur de tel, suffisamment attendu & appellé en la maniere accoustumée, Fait par nous Conseiller, ou Huissier, ou bien fait au Greffe des Requestes du palais le tel iour & an.

Si le Procureur de la partie est present, on met, Et en la presence d'vn tel, Procureur de tel, qui a protesté de ses contredits, ou dit telle chose, qu'il faut inserer en ladite collation.

Lesdites collations de pieces se font pour ce que iamais la Cour n'aiouste foy à des copies collationnées par des Notaires, & sans que les parties aduerses soient appellées : mais souuent elle reçoit & adiouste croyance aux copies signées des Procureurs, lesquelles par consequent ne sont suiettes à aucunes collations.

Il faut obseruer que deux parties ayans vn procez l'vn contre l'autre, l'vne des parties peut faire collationner les pieces de sa partie aduerse auant qu'il soit iugé, mais quand il y a Sentence ou Arrest, il ne le peut plus faire, leurs pieces n'estans plus communes, mais s'ils ont plusieurs procez, & que les pieces du iugé puissent seruir aux non iugez, le procez estant encore és mains du Rapporteur repris par vn Huissier, on peut faire vidimer, compulser, & collationner lesdites pieces , comme il a esté iugé par plusieurs Arrests, sans que la partie qui les a produites le puisse empescher.

DES SAISIES ET ARRESTS.

APres auoir traité de toutes les actions dont les Requeftes du Palais connoiffent, il y en a vne derniere qui eft la demande en faifie & Arreft, laquelle s'intente en cette forte.

Celuy à qui il eft deub vne fomme certaine & liquide par obligation, Sentence executoire, ou autre acte paffé fous Seel Royal, peut faifir & arrefter de plein droict entre les mains de ceux qui doiuent à fon debiteur, les deniers, grains, ou autres chofes dont ils luy font, ou pourroient eftre redeuables.

Mais quand la debte eft portée par vne fimple promeffe ou écriture fous feing priué, faut prefenter Requefte au Preuoft de Paris, & obtenir fa permiffion de faifir ou commiffion, quand il faut faifir hors Paris.

Maintenant Meffieurs des Requeftes du Palais donnent de ces permiffions de faifir, pourueu que leur Iurifdiction foit faifie du different des parties, & que les faifies que l'on veut faire foient incidentes,

Et lors qu'vne partie eft affignée pour affirmer ce qu'elle doit, & le debiteur affigné pour confentir la deliurance des chofes faifies, on fait fes prefentations en la forme qu'és autres matieres, & les pourfuites par defaut & permiffion de le faire iuger, comme aux autres demandes, finon que l'on met: Defaut à tel, demandeur en faifie & arreft & deliurance des deniers, fuiuant l'exploict du tel iour, par tel fon Procureur: contre tel, defendeur & adiourné pour affirmer ce qu'il doit à tel: & ledit tel (faut mettre le nom du debiteur) adiourné pour confentir la deliurance des deniers faifis, fauf tel temps, & foit fignifié.

En la permiffion de faire iuger ledit defaut, on met la mefme chofe excepté *fauf* qui ne s'y met pas.

Si celuy, entre les mains duquel on a faifi, affirme qu'il ne doit rien, apres auoir communiqué la quittance de fon payement, faut fe pouruoir par autre voye pour eftre payé.

Mais s'il declare qu'il doit, & qu'il eft preft de payer, en le faifant dire auec la partie faifie, il paffe condamnation à cette condition, & deduction de fes frais de faifie, & arreft, que la Cour liquide d'ordinaire à quatre liures feize fols parifis & moins.

Puis faut continuer la pourfuite contre le debiteur pour le faire

confentir la deliurance defdits deniers, ce qu'il ne fçauroit em-
pécher, quand la fomme eft legitimement deuë.

Souuent telles perfonnes, fi elles ne paffent condamnation, ou
ne donnent leur cōfentement par écrit, elles laiffent iuger vn deffaut contr'elles, qui porte que fansles plus conuoquer ny appeller, celuy qui doit, vuidera fes mains des deniers faifis, dont ce
faifant il demeurera valablement quite & déchargé.

Mais quand en ces matieres les parties affignées ne comparent
pas apres auoir leué aux prefentations le defaut à faute de comparoir qui ne contiént autre chofe que celuy cy-deffus, finon
qu'on y met le mot de *defaillant*, à faute de comparoir fans aucun
fauf, interuient Sentence fur iceluy, par laquelle on ordonne que
dans quinzaine ou autre temps, celuy qui doit viendra ou enuoi-
ra procuration fpeciale pour faire foy & ferment, & communiquera fes baux, & derniere quitance, & condamné aux dépens.

Et fi dans le temps porté par la Sentence, il n'y fatisfait eftant
reaffigné en vertu d'icelle, ou comparoiffant, il interuient autre
Sentence fur defaut où l'on adioûte feulement demādeur en execution de Sentence de ladite Cour ; du
iour de   par laquelle on le repute debiteur en fon propre
& priué nom, de la fomme par laquelle la faifie a efté faite, qu'on
le condamne à payer, & aux dépens, laquelle Sentence on peut
valablement mettre à execution contre le condamné.

Quand plufieurs creanciers faififfent vne même fomme, le plus
vigilant, ou premier defdits faififfans prefente Requefte, à ce
que par preference aux autres faififfans il touche les deniers faifis, & la caufe portée en l'Audience, foit aux Chambres ou au
Parquet on appointe les parties à mettre fur la preference pardeuant vn de Meffieurs, quand c'eft en la Chambre, & quand c'eft
au Parquet pardeuers la Cour, ce qui doit paffer par la diftribution comme les appointemens en droiĉt, & obtenir les forclufions. Sçauoir feulement vn commandement de produire, & la
forclufion, apres quoy le Rapporteur peut iuger ou donnner Sentence à contredire, auquel cas faut proceder comme és autres
inftances.

Des licitations.

Quelquesfois tant au Parlement qu'aux Requeftes du Palais,
on iuge que les loyers d'vne maifon ou autres heritages feront licitez

citez entre coheritiers, qui eſt à dire que chacun touchera ſa part
deſdits loyers à diuis par les mains du Locataire de la maiſon ou
terre, & en ce cas faut faire la même pourſuite que d'vn bail iudiciaire, par le Iuge Commis, ſinon qu'il faut adiouſter dans l'affiche, qu'il ſera procedé au bail, à la charge de la licitation ordonnée par la Sentence ou par l'Arreſt du tel iour, & que l'adiudicataire ſera tenu de payer à chacun des coheritiers leurs parts &
portions deſdits loyers ſeparement, outre les autres charge ordinaires des baux iudiciaires.

Et en matiere de terres, maiſons, ou choſes qui ne ſe peuuent partager facilement, on a accouſtumé apres la priſée & eſtimation qui ſe fait par Experts & gens à ce connoiſſans en la maniere accouſtumée, & comme il a eſté dit en l'action de partage,
& ſur le rapport deſdits Experts, qui diſent que les lieux ne ſe
peuuent partager, mais bien liciter. La Cour ordonne telles li-
citations, & ſi vn creancier fait ſaiſir ſeulement la part d'vn des
coheritiers, on en ordonne la vente par licitation : mais ſes copartageans qui ont déja part dans les biens licitez, ſont preferez aux
étrangers, en payant autant que l'étranger en voudroit donner.

La procedure pour paruenir à cette vente ſe fait en la même
maniere que l'adiudication par decret dont a eſté parlé cy-deſſus : mais le plus ſouuent pardeuant vn de Meſſieurs au Parquet,
ou à la Barre de la Cour.

Suiuent les nouueaux Reglemens de Meſſieurs des Requeſtes
du Palais.

REGLEMENT FAIT PAR
Messieurs des Requestes du Palais, con-
cernant l'exercice & droicts de leurs
Officiers & Clers.

EXTRAICT DES REGISTRES DES
Requestes du Palais, du premier iour
de Iuin 1647.

LA Cour deuëment informée des abus & contrauentions qui se commettent par les Officiers d'icelle au preiudice des Reglemens cy-deuant faits: Et desirant y pouruoir, apres auoir ouy lesdits Officiers & Procureurs de Communauté, & veu les Reglemens cy-deuant faits, & en executant iceux par maniere de prouision: A ordonné & ordonne qu'il

I.

Sera mis en tous les Iugemens de la Cour vingt-deux lignes à la page, & quinze syllabes à la ligne, pour lesquels le Greffier en Chef ne pourra prendre pour tout droict que vingt sols tournois pour roolle, non compris le droict de controolle, lequel il ne pourra leuer qu'en obseruant l'Edict de Creation d'iceluy, & ce faisant mettre trente lignes à la page, & vingt syllabes à la ligne.

II.

Enioint à tous les Clercs écriuans en peau, quinzaine apres que les Dictums de la Cour leur auront esté baillez, iceux mettre és mains dudit Greffier en Chef, & deffenses à eux de les transporter hors l'étenduë de ladite Cour, à peine d'amendé arbitraire.

III.

Et au regard des Dictums des années precedentes iusques à huy, lesquels ils ont en leur possession, seront tenus lesdits Escriuains en peau, leurs vefues heritiers ou ayans cause, dans vn mois pour tous delays & par corps, iceux remettre entre les mains dudit Greffier en Chef, & dont ils se purgeront par serment, que par dol ou fraude ils n'en retiennét aucuns, & ne delaissent d'en auoir , defquels Dictums ledit Greffier en Chef fera Regiftre d'année en année à fes dépens : Et à l'égard de ceux des années precedentes on fera expedier lefdits Regiftres dans quatre ans.

IV.

Ne pourra ledit Greffier en Chef prendre que cinq fols pour chercher les minutes des Sentences renduës auparauant l'an, & pour chercher celles qui auront efté renduës dans l'an ne luy fera payé aucune chofe.

V.

Toutes Sentences, diffinitiues, prouifoires, interlocutoires & autres contradictoires fujettes à execution , feront portées à la fignature par les Clercs de Greffe à peine d'amende arbitraire, à la referue des appointemens de retentions , delay de garand , & de deliberer, de veuë, de produire, contredire ou à mettre, d'informer renouuellement de delay , que les pieces feront mifes au Greffe, promeffe mife au Greffe, promeffe tenuë pour reconnuë , fournir de moyens de faux , fatisfaire aux Sentences , à faute de ce faire paffé outre au Iugement du procez, receu partie interuenante; communiquer Titres, écrire par memoires, intendits, les lieux veus & vifitez, reception d'enquefte, rendre compte, rapport entheriné, publication d'enquefte, fubrogation de Criées, appointemens d'élection de domicile & autres appointemens, concernans l'inftruction de femblable qualité : tous lefquels Iugemens ne pourront eftre deliurez par *à tous ceux* par le Commis de l'Audience.

VI

Pareillement feront portées à la fignature les premieres encheres qui fe publie en Iugement; Enfemble les adiudications, fans que l'on foit tenu d'y porter les actes d'oppofition.

VII.

Defenfes aux Commis des Greffes de mettre leurs noms à la fin des expeditions, mais la Collation feulement auec paraphe.

VIII.

Toutes Sentences fujettes à execution, ne feront fignifiées ny publiées par les Huiffiers fur la fimple collation des Clercs de Greffe, fi elles ne font fignées par le Greffier : & pour toutes les autres, elles feront fignifiées fur la fimple collation

IX.

Toutes Sentences diffinitiues qui gifent à execution, & celles dont il y aura appel, feront leuées en forme ou par extraict, ainfi que bon femblera aux parties.

X.

Les Decrets feront fignez auant que d'eftre feelez.

XI.

Dans les petits Dictums des Sentences d'Ordre ne fera employé à l'aduenir que les efpices & prononciation d'icelles : Et feront tenus les pourfuiuans criées de payer & aduancer le droict de fignature qu'ils employeront par apres en frais extraordinaires des criées.

XII.

Les actes homologuez feront tranfcrits dans les Sentences d'homologation, fi bon femble aux parties, & non autrement. Et fera tenu ledit Greffier en chef figner lefdits Iugemens, ainfi qu'il en fera requis par les parties.

XIII.

Seront tenus les Clercs écriuans en peau, écrire de leurs mains les Sentences lifiblement & correctement, & d'eftre toûjours audit Greffe en habit decent : Defenfes à eux d'auoir des Clercs pour écrire lefdites Sentences à peine d'amende.

XIV.

Enioint auffi à tous les Commis dudit Greffe d'écrire ou faire écrire les Iugèmens & expeditions lifiblement & correctement à peine d'amende.

XV.

Sera tenu ledit Greffier des Prefentations Regiftrer les cedules des Prefentations tout au long, en lettres lifibles dans les cahiers qu'il fera tenu clorre & figner tous les Mardis matin de chacune fepmaine, à peine de trente liures d'amende, aplicable au pain des prifonniers de la Conciergerie du palais, & à les communiquer aux procureurs & à leurs Clercs pour les deliurer huitaine apres feulement, & ne prendra pour le deliuré d'vn defaut ou congé, à faute de comparoir, que douze deniers, fous les mêmes peines.

XVI.

Les procureurs feront tenus fe prefenter au Greffe en toutes caufes fujettes à prefentation, tant en demandant qu'en deffendant, & faire autant de prefentations qu'il y aura d'exploicts feparez & demandes differentes.

XVII.

Pourront lefdits Procureurs fe faire fignifier les actes portant qu'ils ont, ou les affignations, & qu'ils eftre d'occuper, & fe

bailler les cedules des presentations manuellement, & se cotter
& signer sur leurs Registres, pourueu qu'ils se presentent si le
cahier n'est pas clos, & au cas qu'il le soit, au cahier suiuant.

XVIII.

Ne pourront lesdits Procureurs se cotter sur le cahier desdites
Presentations, qu'au prealable ils n'ayent donné leurs cedules
signées d'eux au Greffier.

XIX.

Les cedules desdites Presentations seront registrées, les cahiers
d'icelles cottez par nombre, & paraphez en chacun feüillet.

XX.

Defenses à toutes personnes de transporter lesdits cahiers hors
le Greffe à peine d'amende arbitraire.

XXI.

Enioint au Commis de l'Audience de parapher incessamment
& deliurer aux procureurs & leurs Clercs les minutes des Iugemens & appointemens concernans l'instruction des causes, pour
estre par lesdits procureurs ou leurs Clercs, & non par autres, mis
en parchemin, sans que ledit Commis en puisse prendre aucune
chose, fors des Sentéces qu'il a droit & est en possession d'expedier en forme, desquelles il ne pourra prendre qu'à raison de sept
sols six deniers pour chacun roolle, en mettât à la page d'vn feüillet ou roolle en parchemin vingt-deux lignes, & quinze sillabes
à la ligne, & en la peau écrite sur le blanc quaráte-quatre lignes.

XXII.

Sera tenu le Commis de l'Audience mettre les minutes des
Sentences qu'il aura expediées en forme és mains du Commis du
paraphe à la Saint Martin, & à Pasques de chacune année.

XXIII.

Le Commis & garde des sacs & Registres, sera tenu toutes les
sepmaines du iour produit, & sans attendre les forclusions mettre les instances en distribution sans aucune remise, pour quelque cause & occasion que ce soit.

XXIV.

Enioint au Commis garde du depost de rendre les sacs aux
procureurs, quand il n'y aura point d'appel des Sentences, en luy
payant cinq sols tournois pour sa décharge, quelque nombre de
sacs qu'il y puisse auoir pour vne partie ou plusieurs parties, par
même procureur & même production, pourueu toutesfois que
lesdits sacs ayent passé au Greffe.

XXV.

Quand il y aura appel d'vne Sentence, sera tenu ledit Commis garde du depost, de porter incessament le procez au Parlement, & ne pourra prendre que cinq sols tournois pour chacune partie ou plusieurs parties par même Procureur & même production, quelque nombre de sacs qu'il y ait

XXVI.

Le Commis garde du depost ne pourra prendre pour la façon d'vn executoire ou port d'enqueste ou procez, que cinq sols tournois, & pour l'enuoy des pieces maintenuës fausses moyens de faux & autres baillez aux Messagers que quinze sols tournois.

XXVII.

Ne pourra ledit Commis garde du depost prendre aucune chose pous la reception des enquestes, informations, pieces maintenuës fausses qui luy seront apportées, fors pour les bailler, cinq sols tournois

XXVIII.

Enioint aux Commis des Chambres, incontinent qu'vne Sentence aura esté prononcée, de porter ou faire porter les sacs és mains du Commis garde des sacs & Regiltres, pour en faire la décharge sur le produit, à la reserue des Iugemens interlocutoires & de prouision, dont les sacs seront remis à l'instant és mains des Clercs des Rapporteurs.

XXIX

Defenses ausdits Commis & leurs Clercs de communiquer lesdits sacs ny aucune piece d'iceux à peine d'amende arbitraire, & sur ledit produit seront tenus les Clercs écriuans en peau se charger, quand il faudra expedier vne Sentence en forme, & ce fait, les remettront entre les mains dudit Commis garde des sacs & Regiltres qui en demeurera chargé, iusques à ce qu'il les ait rendus aux Procureurs, ou portez au parlement en cas d'appel, & seront tous les sacs desdits procez baillez ausdits Commis gardes des sacs dans trois mois.

XXX.

Seront aussi les Dictums mis és mains des Clercs écriuans en peau par les Commis desdites Chambres aussi-tost qu'ils auront elté prononcez, lesquels Clercs écriuans en peau s'en chargeront sur vn Regiltre, qui sera par eux fait & gardé par les Commis desdites Chambres, lequel Regiltre sera porté de mois en mois par les Commis desdites Chambres és mains du Greffier en chef,

lequel retirera fans falaire defdits Clercs écriuans en peau les
Dictums qui ne luy auront point efté rendus dans la quinzaine,
comme il a efté dit cy-deffus.

XXXI.

Les Commis des Chambres ne pourront prendre que huit fols
tournois pour la prononciation d'vne Sentence renduë par defaut ou congé : & pour les defauts diffinitifs où il y a deux écus
d'efpices, que dix fols tournois : pour les forclufions quinze fols
tournois, & pour les Sentences renduës fur productions des parties, feize fols tournois pour la premiere feüille, & pour les autres
fuiuantes douze fols tournois, en mettant à chaque feüille trente
lignes au moins, & à chaque ligne feize fyllabes, pour les aduenirs cinq fols tournois. Pour les Reglemens donnez aux Audiences des Chambres par defaut on congé quinze fols tournois : &
pour les contradictoires feize fols tournois.

XXXII.

Les Commis des Chambres prendront pour les Sentences
d'Audience feize fols tournois pour roolle, en mettant à la page
vingt-deux lignes, & quinze fyllabes à la ligne.

XXXIII.

Et pour vne diftribution, quelque nombre de facs qu'il y ait,
vingt fols tournois, & pour les forclufions douze fols tournois.

XXXIV.

Ne pourront lefdits Commis prendre aucune chofe pour répondre les Requeftes de reception, de production nouuelle, ny
pour les bailler à l'Huiffier : Et defenfes à eux de répondre aucune Requefte, pour quelque caufe que ce foit, depuis qu'il y aura Rapporteur, & à cette fin les procureurs feront tenus cotter
fur les Requeftes les noms defdits Rapporteurs.

XXXV.

Tous appointemens paffez entre les procureurs des parties
donnez à l'Audience du Parquet, concernans l'inftruction des
procez, feront deliurez aufdits Procureurs fur les expeditions
qu'ils en feront eux-mêmes, & ne pourra le Commis des paraphes prendre pour fon droict de paraphe que deux fols tournois,
& defauts, permiffions & aduenirs, fix deniers tournois : Et des
Sentences qu'il expediera en forme, cinq fols tournois pour chacun roolle en mettant vingt-deux lignes à la page, & quinze fyllabes à la ligne, Defenfes aux Commis des paraphes d'expedier
aucuns Iugemens qu'ils n'ayent efté prealablement paraphez par

le Commis de l'Audience, si ce n'est des Iugemens pris entre les Procureurs par appointé & de leur consentement, & ne pourront lesdits Procureurs faire entrer lesdits Iugemens en taxe de dépens, s'ils n'ont esté paraphez par ledit Commis de l'Audience.

XXXVI.

Ne pourra le Commis tenant les criées prendre pour l'enregistrement des criées des maisons, rentes, Offices & autres biens de pareille nature,& heritages non excedans cinq articles iceluy includ, que quarante sols tournois, & pour dix articles iceluy aussi includ, soixante sols tournois, & depuis dix , quelque nombre qu'il y ait , quatre liures tournois : pour vn acte d'opposition dix sols tournois,& pour le deliuré du Decret quinze sols tournois.

XXXVII.

Enioint ausdits Commis des criées de mettre aux Sentences d'adiudication vingt-deux lignes à la page,& quinze syllabes à la ligne,& auront douze sols tournois pour roolle.

XXXVIII.

Ne pourront lesdits Commis pour l'extraict des opposans prendre que huit sols tournois pour roolle, ausquels ils seront tenus de mettre vingt-deux lignes.

XXXIX.

Defenses aux Clercs écriuains en peau d'inserer aux Sentences en forme les aduertissemens & contredits: Enioint d'y mettre seulement les demandes & defenses, & moyens sommaires des parties, pour lesquels auront six sols tournois pour chacun roolle, ausquels ils seront tenus de mettre vingt-deux lignes à la page,& quinze syllabes à la ligne, desquelles Sentences ils seront tenus faire minute, sans qu'ils puissent rien pretendre pour le droict de minute:& pour les Sentences de prouisions par extraict,n'y pourront mettre que les qualitez, Reglemens & dispositif, sans qu'ils puissent prendre desdites Sentences plus de six sols tournois pour roolle,comme dit est.

XL.

Defenses aux Huissiers & seruiteurs des chambres de prendre argent des parties pour les Audiances qui se donneront aux châbres: & de prendre plus de dix sols tournois pour la communication d'vne production nouuelle , & sans qu'ils puissent prendre aucun droict pour les remettre au Greffe des sacs & Registres.

XLI.

Et ne pourront prendre pour leurs assistances aux pulications
qu'ils

qu'ils feront pardeuant Messieurs plus grand salaires que huit
sols tournois.

XLII.

Et seront tenus les Huissiers de seruice se trouuer en habit decent à l'entrée des Chambres à sept heures du matin & à deux
heures de releuée, pour receuoir les commandemens de la Cour,
sans que pendant ledit temps ils en puissent desemparer sans permission, & en cas de contrauention seront mulctez d'amende
arbitraire.

XLIII.

Seront aussi tenus tous Officiers de ladite Cour se rendre en
la fonction de leurs charges au Palais en habit decent aux heures prescrites par les Ordonnances à peine d'amende arbitraire.

XLIV.

Enioint ausdits Huissiers d'eux-mêmes faire toutes les significations & exploicts iceux nettement & lisiblement écrits, sans
qu'ils puissent faire les significations à domicile, sans charge expresse écrite & signée du Procureur, au dos de la piece qu'il faudra
signifier, & faire eux-mêmes lesdites significations, sans les faire
faire à leurs Clercs à peine de faux; Et en cas qu'ils le fassent, permis aux Procureurs de se saisir desdits Clercs, ensemble des expeditions desquelles il feront porteurs pour preuues desdites contrauentions.

XLV.

Defenses aux greffiers & Huissiers de deliurer les expeditions
& actes, qu'aux Procureurs, leurs Substituds ou Clercs, & non
aux parties ny soliciteurs.

XLVI.

Ordonne que tous lesdits Huissiers seront au Palais en leurs
places à huit heures du matin, & y feront residence iusques à Midy : Et depuis la Saint Martin iusques à la Chandeleur, depuis
deux heures de releuée iusques à cinq, & depuis ledit iour iusques à la Saint Simon & Saint Iude, iusques à six heures, ne pourront faire aucunes significations en Esté apres sept heures, & en
Hyuer apres cinq, à peine de nullité.

XLVII.

Enioint à tous les Officiers de la Cour de mettre le receu de
leurs droicts au dos des actes qu'ils deliureront.

XLVIII.

Sera le reglement du 29. Decembre 1636. Fait entre le greffier des Collations & les Huissiers de ladite Cour, touchant les Collations, executé selon sa forme & teneur : Et en ce faisant, ne pourront lesdits Huissiers estre Commis pour faire lesdites Collations, sinon auec connoissance de cause.

XLIX

Les defauts se pourront bailler à iuger six iour apres la signification de la permission, & trois iours apres la premiere iteratiue, & s'il y en échet vne seconde ou autres iteratiues, vingt-quatre heures apres la signification.

L.

Et seront les demandeurs tenus bailler copie de leurs pieces, sur lesquelles ils fondent leurs demandes, auttrement & à faute de ce faire, ne courra le delay pour deffendeur, que du iour de ladite communication.

L I.

Tous declinatoires seront proposez quinzaine apres la signification du premier defaut : autrement, & à faute de ce faire dans ledit temps, & iceluy passé, le delay de defendre ne delaissera d'auoir son cours, ne sera donné aucun nouueau delay, si ce n'est auec grande connoissance de cause.

LII.

Tous appointemens seront receus, sans que les qualitez puissent nuire ny preiudicier, si à la signification d'iceux le procureur ne l'empéche : Et par sa réponse declare les causes de son empéchement, ou par sa Requeste presentée le lendemain de ladite signification.

LIII.

Toutes Sentences donrées, tant sur production qu'à l'Audience, & sur defaut seront par les Clercs du Greffe deliurées par extraict, s'ils en sont requis.

LIV.

Enioint à tous les Procureurs de mettre à tous les appointemens immediatemét apes le nom de chacune partie, le nom de son Procureur: Fait defenses au Greffier d'en receuoir autrement à peine de nullité.

LV.

Seront à l'aduenir deliurées Sentences par defaut, portant profit aux Procureurs qui auront vne Requeste réponduë & signifiée auec deux aduenirs signifiez. Et en cas que les condamnez par icelles, obtiennent par defaut des defenses d'executer les-

dites Sentences, lefdites defenfes feront leuées fur le premier aduenir fignifié: & feront tenus les procureurs demander le rapport
des appointemens & Sentences fujettes à rapport vn mois apres
la fignification qui leur en fera faite, autremét ils n'y feront plus
receus, & feront les rapports demandez ; Sçauoir des appointemens & Sentences données à l'Audience du Parquet, & de celles à faute de comparoir ou de defendre à ladite Audience du
Parquet, & les autres aux Chambres où elles aurôt efté données.

LVI.

Ne pourront les Procureurs demander le rapport des Sentences, qu'ils ne les ayent à la main ou copie d'icelles fignifiées.

LVII.

Et feront pareillement tenus les Procureurs de produire au
Greffe toutes leurs productions complettes, mettre & figner les
defficits s'il y en a, à peine d'amende contre les contreuenans : Et
defenfes au Commis du depoft de receuoir lefdites productions
fi elles ne font complettes.

LVIII.

Defenfes aux Procureurs de prefenter Requefte pour plaider
aux Chambres, foit fur le principal ou prouifion, s'il n'y a des
defenfes fournies, & d'en pourfuiure le Iugement par defaut, s'il
n'y a aduenir ou acte : Et en cas qu'il y ait vne des Chambres faifie par Requefte prefentée en icelle & fignifiée : Leur fait defenfes de fe pouruoir à d'autre Chambres à peine d'amende arbitraire pour la premiere fois, & d'interdiction pour la feconde.

LIX.

Enioint aux Procureus de mettre en toutes les expeditions des
caufes où il y aura plufieursparties & Procureurs, & notáment és
ordres, les noms & furnoms de ceux pour lefquels ils occupent,
& de cotter leurs noms fur peine de tous dépens dômages & interefts des parties en leurs propres & priuez noms, faire les copies
lifibles & en bon papier,

LX.

Defenfes aux Procureurs de faire faire aucuns inuentaires de
productions par leurs Clercs. Enioint à eux de les faire eux-mé-
mes, & les faire écrire correctement & lifiblement, & de mettre
à chacune page de grand papier vingt deux lignes & douze fyllabes à la ligne & en petit papier douze lignes à la page, & fix fyllabes à la ligne. LXI.

Leur fait defenfes de faire aucuns aduertiffemens, contredits &

& faluations, ny de les faire figner par les Aduocats : Permis à
eux de faire vn recit fommaire au preambule de l'inuentaire, &
quand il y aura aduertiffemens faits par Aduocats, defenfes à
eux de les tranfcrire dans l'inuentaire, ny de faire aucun recit du
fait, leur permet feulement d'y mettre les Conclufions: Fait auffi
defenfes aux Procureurs pourfuiuans Criées de faire plus d'vne
production en l'ordre.

LXII.

Pourront neantmoins faire des productions nouuelles, fi befoin eft.

LXIII.

Enioint aux Procureurs d'attacher des Copies aux Requeftes
qu'ils prefenteront, & de mettre les productions & Requeftes de
contredits dans des facs.

LXIV.
Criées.

Ordonne qu'à l'aduenir apres les criées faites & certifiées, elles feront rapportées & regiftrées au Greffe, & ne fe pourra faire
aucune pourfuite fur lefdites criées que huit iours apres l'enregiftrement d'icelles , & fe feront les pourfuites pour bailler
moyens de nullité contre le faifi, fans qu'il foit befoin de le faire
figoifier à aucun Procureur des oppofans.

LXV.

Sera tenu le Commis des Criées d'auoir en fon Greffe les Regiftres defdites Criées, & les communiquer aux Procureurs, toutesfois & quand il en fera requis fans prendre aucun falaire.

LXVI.

Le pourfuiuant criées fera tenu de bailler copies au Procureur
du faifi & plus ancien Procureur des oppofans des actes, moyens
d'oppofition & titres afin de charge, & de diftraire, & leur declarer le nom de Meffieurs les Rapporteurs, & aux Procureurs
des oppofans afin d'hypotheque, leur declarer par acte lefdites
oppofitions, afin qu'ils ayent à en prendre communication par
les mains dudit ancien Procureur, pour lequel acte ne fera taxé
pour chacune fignification & copie faite à chacun Procureur
que feize deniers parifis, en ce compris le droict de l'Huiffier.

LXV.I.

Qu'il ne fe fera aucune pourfuite contre les oppofans afin de
conferuer ; foit de bailler caufes d'oppofition ou pieces iuftificatiues, mais feulement fera pris le Reglement à produire à huitai-

ne , pendant lequel temps les oppofans pourront bailler leurs
caufes d'oppofition : Et où les Procureurs le feront, lefdits frais
n'entreront en taxe,& où ils feroient paffez par le tiers en répon-
dra en fon nom, & fera priué de fa taxe.

LXVIII.

Le congé d'adinger eftant interuenu , fera en regiftré par ledit
Clerc ayant la charge des criées, enfemble les Sentences, & Iugemens afin de charge ou de diftraire , fans qu'il puiffe prendre
aucun droict.

LXIX.

Le Commis des criées fera tenu mettre en l'enchere qui fera
faite en chaqne page vingt deux lignes, & à la ligne 15.fyllabes,
& pour chacun roolle luy fera payé 7. fols fix deniers tournois.

LXX.

Et apres ladite enchere fera publiée par le premier Huiffier defdites Requeftes l'Audience tenant : Et pour fon falaire fera payé
& taxé quinze fols tournois, & pour les affiches au Parquet defdites Requeftes,aux portes du Palais,Saint Barthelemy,& autres
lieux où befoin fera , cinquante fols tournois pour tout, & pour
la publicatiõ, fur laquelle fera fait des remifes,huit fols tournois.

LXXI.

Sera ladite enchere publiée aux Iurifdictions des chofes faifies,
& pour ce faire payé au Greffier trente fols pour en deliurer acte.

LXXII.

Et outre ladite enchere fera publiée au Profne des parroiffes
des chofes faifies les Dimanches , dont les Curez bailleront certificat,& pour iceux leur fera baillé cinq fols tournois.

LXXIII.

Apres la quarantaine expirée, à compter du iour de la publication faite fur les lieux de la premiere enchere,fera dreffée l'adiudication, fauf quinzaine, dans laquelle ne feront compris tous
les heritages : mais feulement fera fait mention eftre declarez en
la premiere enchere, dans laquelle adiudication feront mifes les
charges nouuelles, & autres innouations furuenuës depuis la
premiere enchere , laquelle adiudication, fauf quinzaine , fera
mife au net, en parchemin par le Commis defdites criées, ainfi
qu'il eft dit cy-deffus, auquel fera payé quinze fols tournois , &
pareille fomme pour la publication à l'Audience.

LXXIV.

Ladite adiudication,fauf quinzaine, fera fignifiée au Procureur
du faifi , & à tous les procureurs des creanciers oppofans , apres

laquelle quinzaine expirée feront faites trois remises de quinzaine en quinzaine qui feront fignifiées aux procureurs des faifis & plus ancien procureur des oppofans, pour chacune defquelles remifes fera payé audit Commis de l'Audience dix fols tournois, au premier Huiffier huit fols tournois, apres lefquelles fe fera l'adiudication au plus offrant & dernier encherifleur en la maniere accouftumée: & pour le droict de ladite adiudication fera taxé au Commis de l'Audience & au premier Huiffier pareille fomme. Et où il arriueroit quelques oppofitions ou empefchemens à l'adiudication, il ne fera fait ny taxé aucune remife, fi ce n'eft apres les empefchemens leuez, laquelle remife fera fignifiée à tous les procureurs defdits oppofans qui feront lors de ladite adiudication fauf quinzaine.

<h3 style="text-align:center">LXXV.</h3>

Sera tenu l'adiudicataire de configner dans quinzaine le prix de fõ adiudication; Et en cas de pourfuites à l'encontre de luy, à faute de ce, les frais d'icelle ferõt par luy payés, fans qu'ils puiffét être cõpris en la declaration des frais extraordinaires de criées.

<h3 style="text-align:center">LXXVI.</h3>

Sera tenu le pourfuiuant criées mettre és mains du premier Huiffier l'enchere & adiudication, fauf quinzaine, fans laquelle ne fera faite aucune publication ny enchere.

<h3 style="text-align:center">LXXVII.</h3>

Sera le Decret expedié par le Commis de l'Audience, fans que par iceluy il puiffe vfer d'aucunes redites, mais le plus fuccintement que faire fe pourra: & fera tenu de mettre à chacune page vingt-deux lignes, & quinze fyllabes à la ligne, & pour fon falaire aura douze fols tournois pour chacun roolle, fans qu'il puiffe rien pretendre pour la minute.

<h3 style="text-align:center">LXXVIII.</h3>

Et apres ledit Decret expedié, fera mis entre les mains du Receueur des Confignations pour mettre fa quittance, fans que luy ou fon Commis puiffent pretendre aucun droict pour ladite quittance, & apres fera ledit Decret mis és mains du Commis à la garde du Seel de ladite Cour, auquel pour iceluy garder vingt-quatre heures, & apres appofer le Sceau, fera payé cinq fols tournois, & pour les oppofitions formées en fes mains huit fols tournois, pour l'enregiftrement quinze fols tournois, fans qu'il puiffe pretendre aucune chofe pour la garde : permis aux parties choifir tel Notaire que bon leur femblera pour faire expedier leurs quittances.   LXXIX.

Apres l'adiudication sera leué l'extraict des opposans, sans que
dãs le roolle d'iceux ledit Clerc puisse mettre que le nom du procureur de l'opposant & de la qualité d'iceluy, & par ledit extraict
sera tenu de faire mention des opposans dénommez au procez
verbal de criées.   LXXX.

Sur lequel extraict le Procureur du poursuiuant criées obtiendra l'appointement à produire, & sur iceluy fera vne seule production: & ne pourront les procureurs des opposans faire aucunes
poursuites de l'ordre, qu'ils n'ayent esté au prealable subrogez.
            LXXXI.

Sera l'instance d'ordre mise en distribution, ainsi qu'il est accoustumé, & ayant retiré le Procureur du poursuiuant criées les
productions, contredira icelles par vn seul contredit, dont il sera
tenu bailler vn extraict à chacun des procureurs pour ce qui les
concerne, sans qu'il puisse estre taxé que deux copies : sçauoir
l'vne d'icelles entiere, qui sera baillée au procureur du saisi , &
l'autre pour tous les opposans en la forme cy-dessus.
            LXXXII.

Et si le poursuiuant criées neglige la poursuite de l'ordre vn
opposant pourra demander la subrogation sans estre tenu à aucun remboursement. Et si nonobstant ladite subrogation ledit
poursuiuant criées continuë ses poursuites , elles ne luy seront
taxées comme inutiles.   LXXXIII.

Les sacs ne pourront estre rendus aux procureurs que par le
Clerc & garde des sacs & Registres, ainsi qu'il est accoustumé.
            LXXXIV.

Et quant à la taxe des dépens de frais extraordinaires de criées
seront taxez auec le procureur du saisi poursuiuant & plus ancien procureur des creanciers opposans seulement, & où il y auroit plusieurs debiteurs saisis qui seroient comparus par diuers
Procureurs, ne sera taxé pour tous lesdits Procureurs qu'vne
seule assistance, qui sera partagée également entr'eux.
            LXXXV.

Et au regard du Commissaire aux saisies réelles, tres-expresses
inhibitions & defenses luy sont faites de contreuenir à l'Edict
de creation de son dit Office, & de faire plus grandes procedures
pour paruenir au bail iudiciaire, qu'vne Ordonnance & deux
deffauts, & tout ce qui sera fait au pardessus sera rejetté, sans qu'il
puisse les repeter à l'encontre des saisissans & saisis , & les baux

qui seront faits des choses saisies, seront faits le plus succintement
que faire se pourra.   LXXXVI.

Et à chacune page desquels baux seront mises vint-deux lignes, & quinze syllabes à la ligne , & ne pourra ledit Commissaire pretendre aucun voyage de Sergens exprés enuoyez sur les
lieux pour paruenir ausdits baux , mais seulement vn Vin de
Messager.   LXXXVII.

Toutes adiudications qui seront faites à l'aduenir en ladite
Cour , seront à la charge, que l'adiudicataire sera tenu de souffrir
que le Fermier iudiciaire iouysse de son bail pour le reste de l'année, en laquelle l'adiudication luy sera faite en luy payant le prix
d'iceluy, si mieux il n'ayme le rembourser de ses labours & semences , ce qu'il sera tenu faire de ses deniers , & sans que luy ny lesdits Fermiers iudiciaires puissent cy-apres pretendre aucun remboursement de leurs labours & semences sur les biens du saisi : Et
seront tenus les poursuiuans criées dans toutes les affiches & remises qu'ils feront faire, d'y faire inserer & publier ladite Charge.
                    LXXXVIII.

Et sera tenu le Receueur des Consignations à la premiere requisition qui luy sera faite par le Procureur du poursuiuant criées, ou
le plus ancien Procureur des opposans, de deliurer vn extraict
sommaire des payemens qu'il aura faits en côsequence de la Sentence d'ordre pour voir les creanciers qui auront esté payez , &
ce qui reste en ses mains, sans que pour ce, il puisse pretendre aucune chose : Et sera tenu le Procureur du poursuiuant criées,
mettre incessamment la Sentence d'ordre, & procez verbal de liquidation entre les mains du Receueur des Consignations , lequel Procureur sera tenu iceluy communiquer aux Procureurs
des autres opposans, quand requis en sera , sous leurs recepissez.
                    LXXXIX.

Enioint aux Clercs de Messieurs en tous actes qui seront par
eux deliurez & expediez, de mettre en chacune page vingt-deux
lignes & douze syllabes à la ligne.
                    XC.

Et pour l'obseruation du present Reglement , sera commis de
mois en mois vn de Messieurs de chacune des Chambres de la
Cour, pardeuant lesquels se pouruoiront ceux qui auront à faire
plaintes des contrauentions audit Reglement, pour en estre par
eux fait rapport à ladite Cour, & par elle pouruûu ainsi que de
raison.

REGLEMENT

REGLEMENT ENTRE LES
Huiſſiers des Requeſtes du Palais, & les
Sergens du Chaſtelet de Paris.

A Tous ceux qui ces preſentes Lettres verront, les Gens tenans les Requeſtes du Palais à Paris, Conſeillers du Roy noſtre Sire, en ſa Cour de Parlement, Commiſſaires en cette partie; Salut Sçauoir faiſons, que Veu par la Cour la Requeſte à Elle preſentée par la Communauté des Procureurs de la Cour: Contenant que combien qu'aux ſeuls Huiſſiers & Sergens de cette Cour appartienne l'execution des Iugemens & Ordonnances d'icelle, neantmoins pluſieurs Huiſſiers & Sergens dautres Iuriſdictions ſe chargent ioutnelement des Sentences renduës en ladite Cour en forme, ou par extraict, auec commiſſion des Chancelleries, & procedent par contrainte contre leſdits Procureurs, ſoit pour la reddition des inſtances, reſtitution des pieces & procedures de criées & autres, au preiudice des ſurſeances, ſoit ſur Requeſte, ſoit par aduenir, ſoit de l'Ordonnance verbale du Rapporteur, & les executent auec violences dans les ruës ſans aucun reſpect, & ſans defferer aux ſurſeances, outre que les contraintes ne ſe doiuent point faire ailleurs qu'en la Sale du Palais. Requeroient qu'il pluſt à ladite Cour, en executant les Iugemens obtenus par les Huiſſiers d'icelle le vingtiéme Ianvier mil cinq cens ſoixante & ſept, & treize Février mil ſix cens vingt-ſix, faire iteratiues defenſes à tous Huiſſiers & Sergens, autres que ceux de ladite Cour, de mettre à execution les contraintes contre les Procureurs de la Cour, concernans les inſtructions des procez, & pour la reddition d'inſtances, comptes, & pieces iuſtificatiues d'iceux, deliurance de pieces de criées & autres, & en cas de contrauention, permettre à ladite Communauté des Procureurs de faire empriſonner les contreuenans, nonobſtant oppoſitions ou appellations quelconques, & ſans preiudice d'icelles : VEV leſdites Sentences des vingt Ianvier mil cinq cens ſoixante & ſept, & treize Février mil ſix cens vingt-ſix, & autres pieces attachées à ladite Requeſte : Concluſions du Procureur

Qq

General du Roy: Oüy le rapport de l'vn des Confeillers d'icelle,
Et tout confideré, LADITE COVR a ordonné & ordon-
ne, que lefdits Iugemens des 20. Ianuier mil cinq cens foixante &
fept, & treiziéme Fevrier mil fix cens vingt-fix, feront executez
felon leur forme & teneur, & fuiuant iceux a fait & fait iteratiues
inhibitions & defenfes à tous Huiffiers ou Sergens, autres que
ceux de ladite Cour, de mettre à execution les contraintes contre les procureurs d'icelle, concernans les inftructions des procez
& pour la reddition des inftances, comptes, pieces iuftificatiues
d'iceux, deliurance des pieces de criées pendantes en ladite
Cour: Et en cas de contrauention, a permis & permet aufdits
Supplians de faire emprifonner les contreuenans. DONNE'
à paris fous le Scel defdites Requeftes le vingtiéme Ianuier mil
fix cens quarante-cinq.

Fin du Style des Requeftes du Palais.

TABLE DES MATIERES
Contenües en ce Style des Requestes du Palais.

A

I

L

FIN.

LE VRAY STYLE
DES REQVESTES
DE L'HOSTEL,

TANT A L'ORDINAIRE
qu'à l'extraordinaire.

E Style des Requeſtes de l'Hoſtel, eſt ſemblable à celuy des Requeſtes du Palais, pour les cauſes qui leur ſont commiſes par le Roy à l'ordinaire; comme il eſt amplement monſtré dans noſtredit Style deſdites Requeſtes du Palais, où nous auons auſſi parlé de la nature & qualité des cauſes & inſtances qui s'y pourſuiuent, & comme elles furent premierement agitées deuant Meſſieurs les Maiſtres des Requeſtes ordinaires de l'Hoſtel du Roy, auſquels le Roy Philippes le Bel par Edict exprés, ordonna tant la connoiſſance des debats pour les Offices qu'il auoit donnez, que des cauſes pures perſonnelles qui ſe preſentoient contre ſes domeſtiques : mais parce que leſdits Maiſtres des Requeſtes ſe trouuoient lors occupez à plus grandes Charges, comme ceux qui aprés Monſieur le Chancelier, eſtoient lors Chefs de la Iuſtice en France, ordonnez & établis par les Roys, pour aſſiſter principalement auprés de leurs Perſonnes, en leurs Chancelleries & grand Conſeil, pour l'expedition des grandes matieres & affaires concernans le Royaume, meſme que (au rapport de Loyſeau dans ſes Offices) ils eſtoient en ce temps-là, appellez *Miſsi Dominici*, c'eſt à dire, enuoyez Commiſſaires dans les Prouinces pour iuger Souuerainement les appellations qui s'interjettoient des Ducs & Comtes

a

deuant le Roy, ou deuant le Maire du Palais, appellé *le Duc des Ducs*, ou *le grand Duc de France*, dont fait encore aujourd'huy preuue, l'enuoy que le Roy fait d'eux, tour à tour, par les Prouinces & Generalitez de France, pour y estre Intendans de la Iustice, Police, & Finances, & qu'ils opinent & prennent leur place en tous les Parlemens de France, auparauant les Conseillers desdits Parlemens, & en passant par les bonnes Villes où il y a Presidial ou Senéchaussée, ils ont droict d'y tenir le Siege & d'y presider, & faut que les Baillifs & Senéchaux leur cedent la place comme à leurs Superieurs, se reseruerent seulement la connoissance en premiere instance, des debats qui naistroient à raison des Offices, & au regard des differends des Officiers & domestiques de la Maison du Roy en matiere personnelle, comme estant de trop legere importance, ils furent laissez à la deuotion des Conseillers & Senateurs qui residoient dans Paris, lesquels pour cette occasion tirerent quelques-vns de leur Corps, qu'ils commirent pour connoistre desdites matieres. Et par ce que ces Conseillers ainsi commis, succederent ausdits Maistres des Requestes de l'Hostel, ils furent appellez *les Gens des Requestes*, non de l'Hostel, mais du Palais, duquel ils estoient extraicts, & auquel ils faisoient residence.

Causes & matieres qui se traitent à l'ordinaire aux Requestes
de l'Hostel.

MAis depuis Messieurs les Maistres des Requestes de l'Hostel, comme les Conseillers des Requestes du Palais, ont toûjours connu & connoissent encore, de toutes actions personnelles, possessoires & mixtes, de quelque nature & qualité que soit l'action, entre les Officiers de la Couronne & Commensaux de la Maison du Roy, de la feuë Reyne Mere de sa Majesté, de Monsieur le Duc d'Orleans son frere, de Monsieur le Prince, des Cheualiers de l'Ordre, Conseillers d'Estat, Presidens des Parlemens, Maistres des Requestes, Officiers & Conseillers de Cours Souueraines & Secretaires du Roy, mesme des Abbayes, Chapitres, Colleges & Communautez qui sont de fondation Royale, Aduocats du Conseil, & tous autres Officiers priuilegiez, qui ayment mieux plaider ausdites Requestes de l'Hostel, qu'aux Requestes du Palais ; Et à l'égard des Presidens & Conseillers des Requestes du Palais, ils doiuent particulierement plaider aux Requestes de l'Hostel, mesme leurs enfans y ont priuilege de Committimus.

Or en ces causes que l'on appelle *de l'ordinaire* Messieurs les Maistres des Requestes ordinaires de l'Hostel, ne peuuent iuger Souuerainement & en dernier ressort, mais il y a appel d'eux au Parlement de Paris, tout ainſi que des Sentences renduës ſur pareilles matieres par les Conſeillers des Requeſtes du Palais, mais leurs procedures ſont ſemblables à celles que l'on fait aux Requeſtes du Palais, & l'on n'y fait qu'vne ſeule formalité differēte, qu'ils ont établie par vn Iugement du 20. May 1661. qui eſt qu'apres vn acte de reception de caution preſente, & le Maiſtre des Requeſtes commis pour la receuoir, il faut prendre vne Ordonnance de luy pour aſſigner la partie condamnée, pour accorder ou empeſcher la reception de la caution & certificateur, auant qu'on puiſſe obtenir ſes deffauts ſauf, pur & ſimple ; ce qui ne ſe pratique point és autres Iuriſdictions.

De ces Maiſtres des Requeſtes, il y a quatre Compagnies, ſeruant alternatiuement chacune ſix mois de l'année, ſçauoir trois mois auſdites Requeſtes de l'Hoſtel (pour les affaires ordinaires dependantes deſdites Requeſtes de l'Hoſtel, telles qu'elles ſont cydeſſus ſpecifiées,) & trois autres mois conſecutifs, au Conſeil Priué du Roy.

Cauſes & matieres extraordinaires qui ſe traittent aux Requeſtes de l'Hoſtel.

LEs cauſes & matieres dites de l'extraordinaire, qui ſe iugent Souuerainement aux Requeſtes de l'Hoſtel, ſont premierement, celles qui regardent ou concernent la falſification des Sceaux de la grande & petite Chancellerie.

Plus de toutes les cauſes, inſtances & procez, qui ſont renuoyez auſdites Requeſtes de l'Hoſtel, par les Arreſts du Conſeil Priué du Roy, ou par les Lettres Patentes attributiues de Iuriſdiction.

Plus des propoſitions d'erreur propoſées ou alleguées contre les Arreſts des Cours Souueraines.

Plus de toutes ſortes d'inſtances qui ſe forment ou s'intentent en execution des Arreſts dudit Conſeil Priué.

Plus des appellations qui ſont interjettées des procedures & inſtructions des inſtances pourſuiuies audit Conſeil Priué du Roy, comme des Ordonnances de Meſſieurs les Maiſtres des Requeſtes eſtans de quartier audit Conſeil Priué du Roy, appointemens en droict, & reglemens ordinaires à communiquer & produire, ou ſommaires à écrire & produire dans trois iours, par eux rendus aux inſtances deſquelles ils ſont Rapporteurs des forcluſions de produire, bref de tout ce qui s'ordonne par leſdits Maiſtres des Requeſtes.

Plus des appellations qui s'interjettent des taxes & executoires de dépens dudit Conſeil.

Plus des demandes de ſalaires & vacations des Aduocats dudit Conſeil.

Plus des defadueus formez contre lefdits Aduocats dudit Confeil, & autres pour les inftances du Confeil, & d'autres caufes &
matieres femblables, qui toutes fe jugent Souuerainement & fans
appel, & à ce fuiet font dites *caufes extraordinaires.*

Plus des inftances qui s'intentent pour le fait des priuileges que
le Roy concede & octroye aux Imprimeurs pour imprimer les anciens & nouueaux liures.

Plus les plaintes & inftances concernans le fait du petit Seau,
comme il fe void par le Reglement qui fuit.

Extraict des Regiftres des Requeftes ordinaires de l'Hoftel du Roy.

SVr les plaintes faites par les Officiers de la Chancellerie deParis,
des abus qui fe commettent depuis quelque temps, par les Officiers, Greffiers, leurs Commis & Controolleurs des Greffes du
Parlement de Paris & Cour des Aydes dudit lieu, d'inferer dans les
Arrefts defdites Cours, *Qu'ils feront executez par vertu de l'extraict,*
dont il nous a efté reprefenté plufieurs portant ces mots, ce qui
eft fait à la folicitation des Procureurs & Soliciteurs, fous pretexte de profiter des droicts du Seau, ce qui eft directement contre l'authorité du Roy, & au mépris de fes Ordonnances, Arrefts & Reglemens de fon Confeil Priué, donnez pour la conferuation des droicts de fadite Majefté, pour faire ceffer lefquels
abus & defordres lefdits Officiers nous auroient requis leur pouruoir, fuiuant & conformément aufdites Ordonnances, Arrefts
& Reglemens dudit Confeil Priué : Les Maiftres des Requeftes ordinaires de l'Hoftel du Roy, Iuges Souuerains en cette partie, af-
femblez au nombre de fept en leur Auditoire du Palais. Apres auoir
oüy fur ce les Gens du Roy, ont ordonné & ordonnent defenfes
eftre faites aufdits Officiers, Secretaires, Greffiers, leurs Commis
& Controolleurs des Greffes defdites Cours, de plus figner ny deliurer à l'aduenir aucuns Arrefts dans lefquels ces mots foient inferez, *Sera le prefent Arreft executé par vertu de l'extraict,* ny mefme
en payant les droicts du Seau directement ny indirectement, fur peine de faux, & de cinq cent liures d'amende, payable par chacun des
contreuenans fans deport, nonobftant oppofitions ou appellations
quelconques, applicable moitié aux reparations de ladite Chancellerie, & l'autre moitié aux denonciateurs. Faifant à cette fin defenfes à tous Huiffiers & Sergens de mettre tels & femblables Arrefts à execution fur les mefmespeines & d'interdictiõ de leursChar-
ges, & de tous dépens, dommages & interefts des parties. Fait à
Paris efdites Requeftes de l'Hoftel le trentiéme iour de Iuin mil fix
cent cinquante-trois. Signé, DE MOSNY.

Suppoſé donc, que le Style (pour les cauſes ordinaires qui ſe traitent aux Requeſtes de l'Hoſtel) ſoit pareil à celuy des Requeſtes du Palais ; il ne reſte qu'à parler de la forme de proceder que l'on y tient aux matieres extraordinaires, laquelle forme eſt fort ſuccincte.

Procedures qui ſe font aux Requeſtes de l'Hoſtel en execution des Arreſts de renuoy du Conſeil Priué du Roy.

PAr le reſultat dudit Conſeil du dernier Iuin 1597. il eſt dit, Que tous Aduocats qui ſe feront preſentez pour aucunes parties, feront tenus ſubſtituer l'vn des autres, afin que s'abſentans de la ſuite du Conſeil pour legitime empéchement, la partie ſe puiſſe addreſſer pour les inſtructions & executions d'Arreſts auditSubſtitué, & ce à peine de tous dépens, dommages & intereſts des parties, en leurs propres & priuez noms, conformément auquel reſultat il a touſiours eſté obſerué, que les Aduocats du Conſeil qui ont occupé aux inſtances pendantes audit Conſeil, & qui ſont renuoyées aux Requeſtes de l'Hoſtel, pour y eſtre iugées Souuerainement, ſont tenus d'occuper auſdites Requeſtes de l'Hoſtel, ainſi qu'il a eſté depuis peu iugé en vne cauſe renuoyée dudit Conſeil auſdites Requeſtes de l'Hoſtel, d'entre le ſieur de la Chappelle d'vne part : Et le Procureur du Roy de Domfront d'autre part : Car encore qu'il fuſt allegué par l'Aduocat du Conſeil que ſa charge eſtoit finie, tant au moyen duditArreſt de renuoy, qu'à cauſe que la partie aduerſe auoit elle-meſme chargé vn Procureur de ſa cauſe auſdites Requeſtes de l'Hoſtel, au lieu de l'Aduocat qui auoit occupé pour elle audit Conſeil, neantmoins il fut dit que l'Aduocat occuperoit & recouureroit memoires de ſa partie pour defendre dans trois ſemaines. Il eſt vray que par le 49. article de ceux nouuellement preſentez par les Aduocats dudit Conſeil, ils ſupplient tres-humblement le Conſeil d'ordonner, qu'en cas de renuoy fait par ledit Conſeil auſdites Requeſtes de l'Hoſtel, l'Aduocat qui aura occupé audit Conſeil, ne ſoit tenu de defendre, ſi ce n'eſt qu'audit Conſeil, il fuſt queſtion du principal, auquel cas luy ſera donné delay, ſelon la diſtance des lieux, mais cét article (non plus que les autres) n'eſt point encore arreſté audit Conſeil.

Quand donc par Arreſt du Conſeil, vne inſtance eſt renuoyée aux Requeſtes de l'Hoſtel, il n'eſt point beſoin de faire aſſigner les parties auſdites Requeſtes de l'Hoſtel, mais il ſuffit que l'Aduocat du pourſuiuant baille copie de l'Arreſt de renuoy à l'Aduocat qui a occupé au Conſeil pour la partie aduerſe, par l'acte qui ſuit.

Acte, contenant copie baillée d'vn Arrest de renuoy aux Requestes
de l'Hostel.

A La Requeste de Maistre   Procureur
en Parlement, ou bien Aduocat de
Soit baillé copie à Maistre   Procureur
ou Aduocat & Conseil de   de l'Arrest contradictoire du Conseil Priué du Roy, rendu entre lesdites parties, le
    iour de   portant
renuoy de la cause d'entre lesdites parties aux Requestes de l'Hostel, à ce qu'il n'en ignore.

Il faut obseruer que les Procureurs du Parlement pretendent
occuper esdites instances renuoyées, comme en toutes autres ordinaires & extraordinaires auec les Aduocats du Conseil ; Et alors ils
mettent dans les autres qu'ils dressent, ces mots, Maistre tel Procureur dudit tel, declare à Maistre tel Aduocat & Conseil de tel,
qu'il est Procureur de tel, &c. apres lequel acte & copie d'Arrest
de renuoy donné & signifié, le poursuiuant doit presenter sa Requeste pour la retention de la cause ausdites Requestes de l'Hostel,
en la forme suiuante.

A Nosseigneurs les Maistres des Requestes ordinaires de l'Hostel
du Roy, Iuges Souuerains en cette partie.

SVpplie humblement tel, disant qu'en l'instance cy-deuant pendante au Conseil Priué du Roy entre le suppliant d'vne part, &
tel d'autre part, seroit interuenu Arrest le   iour de
par lequel le procez & les parties sont renuoyées en cette Cour,
pour y estre iugé Souuerainement, lequel Arrest le suppliant a fait
signifier, & d'iceluy bailler copie audit tel. Ce consideré, Nosseigneurs, il vous plaise retenir la connoissance de la cause, & ordonner que les parties viendront proceder suiuant les derniers erremens, & vous ferez bien.

Au bas de cette Requeste, le Greffier des Requestes de l'Hostel, met ces mots.

Viennent les parties au premier iour. Fait le : : : iour de : : : mil six
cent : : :

Cette Requeste signifiée par l'vn des Huissiers desdites Requestes de l'Hostel, l'Aduocat du defendeur compare à l'Audience, ou
fait defaut ; s'il compare, la cause est retenuë auec luy ; s'il fait defaut, interuient Arrest en ces mots.

Arrest de Retention de cause par defaut.

ENtre tel ::: demandeur en Requeste par luy presentée à la Cour
le ::: iour de :::à ce que le procez d'entre luy & le defendeur

cy-apres nommé, renuoyé en cette Cour, par Arreft du Confeil
Priué du Roy, du ::: iour de :: foit retenuë, & ordonné que les
parties viendront proceder, fuiuant les derniers erremens d'vne
part, & tel ::: defendeur d'autre part, les Maiftres des Requeftes
ordinaires de l'Hoftel du Roy, Iuges Souuerains en cette partie, ont
dõné defaut au demãdeur, par vertu duquel ils ont retenu & retien-
nent la connoiffance de la caufe d'entre lefdites parties, & ordonné
qu'elles viendront proceder fuiuant les derniers erremens, & foit
fignifié. Fait efdites Requeftes de l'Hoftel, le :: iour de

Pour leuer cét Arreft, faut premierement fignifier les qualitez
d'iceluy à l'Aduocat de la partie aduerfe, en ces mots.

Qualitez d'vn Arreft.

ENtre tel ::: demandeur en Requefte par luy prefentée à la Cour
le ::: iour de :: tendante à ce que, &c. & tel defendeur d'autre
part, les Maiftres des Requeftes, &c.

Et au bas de ces qualitez, on met ces mots.

Arreft du :: iour de ::

Ces qualitez fignifiées, il les faut porter au Greffier qui expedie
l'Arreft fur icelles, lequel il faut pareillement faire fignifier à l'Aduocat de la partie aduerfe.

Durant ces pourfuites on peut faire apporter le procez au Greffe defdites Requeftes de l'Hoftel, fi ce n'eft que par l'Arreft de
renuoy du Confeil, il foit dit qu'il fera iugé au rapport du Commiffaire deputé pour le iugement dudit procez du Confeil, auquel cas,
le procez luy demeure entre les mains.

Que fi ledit procez eft tout inftruit & en eftat de iuger, & qu'il
n'y ait point d'incident ou demande nouuelle à regler, faut prefenter la Requefte qui fuit.

Requefte pour prendre reglement à produire & ouyr droict.
A Noffeigneurs les Maiftres des Requeftes ordinaires de l'Hoftel du Roy,
Iuges Souuerains en cette partie.

SVpplie humblement tel :: difant que l'inftance cy-deuant pendante au Confeil Priué du Roy, entre luy d'vne part, & tel :::
d'autre part, ayant efté renuoyée en cette Cour, par Arreft du
iour de :: elle y a efté retenuë par Arreft du iour de :: en forte qu'il
conuient à prefent reprendre les derniers erremens, & proceder
fuiuant iceux. Ce confideré, Noffeigneurs, & que les parties ont
efté reglées, & ont écrit & produit audit Confeil, Il vous plaife
appointer derechef lefdites parties à produire & oüyr droict comme deuant, & vous ferez bien.

Au bas de cette Requefte le Greffier met ces mots.

Viennent les parties au premier iour. Fait le ::: iour de :::

Les parties ayant plaidé interuient l'Arreſt qui ſuit.

Arreſt d'appointé ſur vn renuoy du Conſeil.

ENtre tel :: demandeur aux fins de la Requeſte par luy preſentée à la Cour le ::: iour de ::: à ce que ſur l'inſtance d'entre luy
& le defendeur cy-apres nommé, renuoyée à ladite Cour, par Arreſt du Conſeil, du ::: iour de :: il plaiſe à icelle Cour regler les
parties à produire & ouyr droict comme deuant, d'vne part, & tel
::: defendeur d'autre ; Les Maiſtres des Requeſtes ordinaires de
l'Hoſtel du Roy, Iuges Souuerains en cette partie, ont appointé &
appointent les parties à produire dans trois iours, & ouyr droict
comme deuant, & ioint à l'inſtance principale, diſtribuée à Maiſtre ::: pour leur eſtre ſur le tout coniointement fait droict.

Les qualitez de cét Arreſt ſe ſignifient comme les premieres, &
ſur icelles le Greffier expedie ledit Arreſt qu'il faut pareillement faire ſignifier à l'Aduocat de la partie aduerſe.

Cela eſtant fait le pourſuiuant dreſſera ſa production, s'il en a
aucune à faire, & fera faire commandement de produire à ladite
partie aduerſe en la forme qui enſuit.

Requeſte de commandement de produire.

A Noſſeigneurs les Maiſtres des Requeſtes ordinaires de l'Hoſtel
du Roy, &c.

SVpplie humblement tel, Qu'il vous plaiſe en receuant la production par luy faite contre tel, pour ioindre à Monſieur :: Rapporteur de l'inſtance principale, ſuiuant l'Arreſt du ::::: iour de :::
Ordonner commandement eſtre fait audit tel, de produire de ſa
part dans trois iours, autrement forclos, & vous ferez bien.

Au bas le Greffier met ces mots.

Soit fait commandement. Fait le ::: de ::: mil :::

Trois iours apres ce commandement ſignifié, il faut obtenir la
forcluſion de produire en cette forme.

Forcluſion de produire.

A Noſſeigneurs les Maiſtres des Requeſtes, &c.

SVpplie humblement tel, qu'il vous plaiſe veu la Requeſte cy-
attachée forclorre tel, de plus pouuoir aucune choſe produire
en l'inſtance d'entre les parties : Ce faiſant, ordonner icelle eſtre
iugée en l'eſtat qu'elle eſt, & ſur ce qui ſe trouuera pardeuers la
Cour ſans autre forcluſion ny ſignification de Requeſte, & vous
ferez bien.

Au bas le Greffier met,

Soit fait & ſignifié, fait le :: iour de ::

Que

Que s'il y a quelque incident à inftruire comme vn appel, il le faudra pourfuiure en la forme qui enfuit.

A Noffeigneurs les Maiftres des Requeftes ordinaires de l'Hoftel du Roy, Iuges Souuerains en cette partie.

SVpplie humblement tel, difant que durant que l'inftance d'entre luy, & tel, enuoyée du Confeil en cette Cour, eftoit pendante audit Confeil, ledit tel a interjetté appel d'vne Sentence renduë par le Iuge de :: le ::: iour de :: par Requefte par luy prefentée audit Confeil, le ::: iour de :: lequel appel n'a efté inftruit, n'y ayant eu que la fimple requefte prefentée audit Confeil, fur laquelle acte auroit efté donné audit :: de fondit appel, & ordonné qu'elle feroit mife au fac, pour en iugeant ladite inftance y auoir tel égard que de raifon. Ce confideré, Noffeigneurs, il vous plaife ordonner que ledit appellant viendra conclurre en fondit appel à l'Audience, autrement qu'il fera donné congé, & vous ferez bien.

Au bas le Greffier met cès mots,

Viennent les parties au premier iour, fait le ::: iour de :::

Si à ce iour l'appellant ne compare à l'Audience ; il faut prendre vn aduenir contre luy en ces mots.

Aduenir fur ladite Requefte.

Extraict des Regiftres des Requeftes ordinaires de l'Hoftel du Roy.

Congé defaut à tel ::: intimé & demandeur en Requefte du :: iour de :: par tel fon Aduocat, contre tel : appellant d'vne Sentence donnée par le Iuge de :: le iour de ::: & defendeur & defaillant, par vertu duquel les Maiftres des Requeftes ordinaires de l'Hoftel du Roy, Iuges Souuerains en cette partie, ont ordonné & ordonnent que les parties en viendront au premier iour, à peine de congé, & foit fignifié. Fait aufdites Requeftes de l'Hoftel, le ::: iour de ::: mil fix cent.

Si l'appellant ne tient compte de comparoir à l'Audience pour conclure en fondit appel, il fera donné congé contre luy, comme il s'enfuit.

Congé contre vn appellant, à faute de conclure en fon appel.

Entre tel appelant d'vne Sentence renduë par le Iuge de :: le :: iour de :: d'vne part, & tel :: intimé d'autre part, lès Maiftres des Requeftes ordinaires de l'Hoftel du Roy, Iuges Souuerains en cette partie, ont donné & donnent congé à l'intimé contre l'appellant, par vertu duquel ils ordonnent qu'il baillera fa demande, & foit fignifié. Fait aufdites Requefte de l'Hoftel le ::: iour de :::

Pour leuer ledit Arreft de congé, faut faire fignifier les qualitez, comme les premieres cy-deffus, fur lefquelles le Greffier expedie ledit Arreſt, lequel il faut faire ſignifier à l'Aduocat de partie aduerſe apres l'expedition.

    Ce fait, il faut dreſſer la demande de congé comme il s'enſuit.

Demande & profit de congé, donné à l'Audience.

Emande & profit de congé, que met & baille pardeuant vous, Noſſeigneurs les Maiſtres des Requeſtes ordinaires de l'Hoſtel du Roy, Iuges Souuerains en cette partie, tel : : : intimé, & requerant le profit dudit congé par luy obtenu à l'Audience, le : : iour de : :

    Contre tel, appellant d'vne Sentence renduë par le Iuge de : : le : : iour de : :

    Diſant que les parties eſtans en procez au Conſeil Priué du Roy, ledit appellant auroit incidemment interietté appel de ladite Sentence, & le tout ayant eſté renuoyé en cette Cour, la cauſe y auroit eſté retenuë, & apres l'Arreſt de retention, l'intimé auroit pourſuiuy ledit appellant de venir conclurre en ſondit appel à l'Audience, ce que n'ayant voulu faire, l'intimé a obtenu ledit congé, le profit duquel il requiert luy eſtre adiugé comme il s'enſuit.

    C'eſt à ſçauoir que par Arreſt de ladite Cour, il ſoit dit ledit congé auoir eſté bien & deuëment obtenu, & pour le profit d'iceluy, que l'appellant ſoit declaré décheu de ſondit appel, & condamné en l'amende & aux dépens de la cauſe d'appel, & de tout ce qui s'en eſt enſuiuy.

    Sur cette demande interuient Arreſt conforme aux concluſions priſes par icelle.

    Si l'appellant veut pourſuiure, il doit tenir la meſme procedure que celle de l'intimé, excepté qu'au lieu de congé, l'appellant obtient vn defaut, & qu'il conclud par ſa demande, & profit de defaut, à ce que l'intimé ſoit declaré décheu du profit de la Sentence, auec dépens de la cauſe principale & d'appel, auſquelles concluſions l'Arreſt qui interuient ſur ladite demande & profit de defaut eſt conforme.

AVTRES PROCEDVRES QVI SE FONT
ſur vn appel.

Aut preſenter la Requeſte pour venir conclure en l'Audience telle qu'elle eſt cy-deſſus, ſinon voir receuoir l'appointement au Conſeil, qui doit eſtre offert & ſignifié auec ladite Requeſte, en la forme qui ſuit.

Appointement au Confeil.

ENtre tel ::: appellant d'vne Sentence renduë par le Iuge de ::
le :: iour de :: mil :: d'vne part, & tel :: intimé d'autre part.
Appointé eft que les maiftres des Requeftes ordinaires de l'Hoftel
du Roy, Iuges Souuerains en cette partie, ont appointé & appointent les parties au Confeil, baillera l'appellant fes caufes d'appel
dans trois iours, & l'intimé fes réponfes trois iours apres, produiront les parties tout ce que bon leur femblera pardeuers eux dans
trois autres iours enfuiuans, & ioint à l'inftance principale diftri-
buée au fieur de ::: Confeiller du Roy en fes Confeils, Maiftre des
Requeftes ordinaire de fon Hoftel, pour leur eftre fur le tout coniointement ou feparemēt fait droiét, & fauf à disjoindre s'il y échet.

Cet appointement au Confeil fignifié à l'Aduocat de la partie
aduerfe, il le faut fommer de le paffer par l'acte qui fuit.

Acte de fommation de paffer vn appointement au Confeil.

A La Requefte de Maiftre ::: Aduocat ou Procureur de tel
intimé, foit fommé & interpellé Maiftre ::: Aduocat &
Confeil de tel appellant, de figner & paffer l'appointement au
Confeil, en la forme qu'il luy a efté offert & fignifié, autrement declare qu'il en pourfuiura la reception au premier iour à l'Audience,
à ce qu'il n'en ignore.

Au iour d'Audience, il y faut comparoir pour demander la reception dudit appointement, fuiuant laquelle demande ledit appointement eftant receu, on le baille au Greffier, lequel l'expedie
en parchemin, & le deliure au pourfuiuant.

Si ledit appointement eft receu auec l'Aduocat de l'appellant, il
ne le faut point faire fignifier, s'il eft receu par defaut, il le faut faire
fignifier, & quant & quant il faut que l'intimé faffe fignifier la Requefte de commandement de fournir de caufes d'appel, obtienne la
forclufion d'en fournir & de produire, comme au Parlement, felon
qu'il eft dit dans noftre Style dudit Parlement.

Si l'appellant pourfuit, il doit apres la reception de l'appointement contradiétoirement ou par defaut, faire dreffer fes caufes
d'appel, les faire fignifier auec vne Requefte de commandement de
fournir de réponfes, & obtenir la forclufion d'en fournir & de produire, ainfi qu'il vient d'eftre dit en parlant de l'intimé.

PROCEDVRES SVR VNE DEMANDE
faite au Confeil Priué du Roy, incidemment à vne inftance y
pendante & renuoyée aux Requeftes de l'Hoftel.

Celuy qui l'a prefentée au Confeil, doit prefenter aux Requeftes
de l'Hoftel, la Requefte qui enfuit.

b ij

Requeſte pour venir deffendre à vne Requeſte incidente.

SVpplie humblement tel , diſant qu'il s'eſt rendu demandeur à l'encontre de tel , aux fins de la Requeſte par luy preſentée au Conſeil le : : iour de : : incidemment en l'inſtance qui y eſtoit pendante , & qui eſt renuoyée en cette Cour , & retenuë , mais dautant qu'il n'y a eu aucunes defenſes fournies ny Reglement ſur ladite Requeſte , le ſuppliant deſireroit luy eſtre pourueu. Ce conſideré , Noſſeigneurs , il vous plaiſe ordonner que le defendeur viendra au premier iour à l'Audience defendre à ladite demande, à peine de defaut , & vous ferez bien.

    Au bas le Greffier met ces mots.

Viennent les parties au premier iour , fait le iour de : :
Aduenir ſur ladite Requeſte.

Extraict des Regiſtres des Requeſtres de l'Hoſtel du : : : iour de : : :

DEfaut à tel , demandeur aux fins de la Requeſte par luy preſentée au Conſeil Priué du Roy , le : : iour de : : (faut prendre la datte de la Requeſte) contre tel defendeur & defaillant , par vertu duquel les Maiſtres des Requeſtes ordinaires de l'Hoſtel du Roy , Iuges ſouuerains en cette partie , ont ordonné & ordonnent ; que les parties en viendront au premier iour à l'Audience, à peine de l'exploict , & ſoit ſignifié.

    Si le defendeur compare , on plaide , s'il ne compare , on donne defaut , par vertu duquel on ordonne que le demandeur baillera ſa demande, laquelle eſtant faite & dreſſée , ainſi que dit eſt cy-deſſus, on la baille à iuger , & ſur icelle interuient Arreſt , pareil à celuy cy-deuant.

    Le defendeur peut faire pareilles pourſuites , & obtenir la meſme choſe , excepté qu'au lieu de defaut il obtient congé , & pour le profit fait debouter le demandeur de ſa demande , auec dépens.

Si la demande eſt incidemment faite aux Requeſtes de l'Hoſtel , on la peut inſtruire comme il s'enſuit.

PROCEDVRES SVR VNE DEMANDE
incidente faite aux Requeſtes de l'Hoſtel , par
Lettres ou par Requeſte.

Il faut preſenter pareille Requeſte à celle cy-deſſus, & auec icelle, faire ſignifier vn appointement en droict en cette forme.

    Appointement en droict ſur vne demande incidente.

ENtre tel , demandeur aux fins d'vne commiſſion ou Requeſte du : : iour de : : : tendante à ce que (*faut prendre les concluſions de la commiffion ou Requefte tout au long*) d'vne part, & tel defendeur d'autre part Appointé eſt, que les Maiſtres des Requeſtes ordinaires de l'Hoſtel du Roy, Iuges Souuerains en cette partie, ont appointé & appointent les parties en droiɛt à écrire par aduertiſſement, & produire tout ce que bon leur ſemblera pardeuers la Cour dans trois iours, & ioint à l'inſtance principale, diſtribuée au ſieur de ∷ pour leur eſtre ſur le tout coniointement ou ſeparement fait droiɛt ainſi que de raiſon, & ſauf à dis-joindre.

Si le demandeur ne paſſe cét appointement, faut le ſommer de ce faire en cette ſorte.

Aɛte de ſommation de paſſer vn appointement en droiɛt ſur vne demande incidente.

A La Requeſte de Maiſtre ∷ Aduocat & Conſeil de tel demandeur, ſoit ſommé & interpellé Maiſtre ∷ Aduocat & Conſeil de tel defendeur, de ſigner & paſſer l'appointement en droiɛt qui luy a eſté offert & ſignifié, autrement declare qu'il en pourſuiura la reception à l'Audience au premier iour, dont aɛte.

Cela eſtant fait, il faut que l'Aduocat du demandeur compare à l'Audience, & demande la reception de l'appointement, ce qui eſt ordonné à l'inſtant: ce qu'eſtant fait on le baille au Greffier, qui le met en parchemin & le deliure; s'il eſt contradiɛtoirement receu, il ne le faut point ſignifier; s'il eſt receu par defaut, il le faut faire ſignifier, comme cy-deſſus eſt dit, en ſuite dequoy il faut dreſſer l'aduertiſſement, & apres le temps porté par le Reglement produire, & à cette fin, bailler la Requeſte ſuiuante.

Requeſte de commandement de produire ſur vne demande incidente.

A Noſſeigneurs les Maiſtres des Requeſtes, &c.

SVpplie humblement tel demandeur, qu'il vous plaiſe en receuant la produɛtion du ſuppliant à l'encontre de tel, pour ioindre à Monſieur tel Conſeiller du Roy, &c. ordonner commandement eſtre fait audit tel, de produire de ſa part dans trois iours, ſuiuant le Reglement du ∷ iour de ∷ *aliàs* forclos, & vous ferez bien.

Cette Requeſte ſignifiée, & les trois iours paſſez, faut obtenir la forcluſion comme s'enſuit.

Forcluſion de produire ſur vne demande incidente.

A Noſſeigneurs, &c.

SVpplie humblement tel, qu'il vous plaiſe, veu la Requeſte cy-attachée, forclorre tel, de plus pouuoir aucune choſe produire en l'incident de Requeſte ou Lettres du … iour de … & ordonner iceluy eſtre iugé en l'eſtat qu'il eſt, & ſur ce qui ſe trouue produit pardeuers la Cour de la part du ſuppliant, ſans autre forcluſion, & vous ferez bien.   b iij

Si dans la production du demandeur ou du defendeur, s'il produit, il y a des pieces sujettes à contredit, interuient l'Arreſt qui
enſuit.

Arreſt à contredire ſur vne demande incidente.

Extraict des Regiſtres des Requeſtes de l'Hoſtel du Roy

LEs Maiſtres des Requeſtes ordinaires de l'Hoſtel du Roy, Iuges
Souuerains en cette partie , en voyant l'inſtance d'entre tel &
tel, (faut prendre les qualitez des parties, les dattes des demandes,
ou des appellations , ſans mettre aucunes concluſions) ont ordonné que les productions faites par leſdites parties , leur ſeront reſpectiuement communiquées , pour contre icelles bailler contredits &
ſaluations dans trois iours , dépens reſeruez.

Cet Arreſt leué il le faut faire ſignifier , en ſuite dequoy le premier produiſant doit retirer les ſacs & productions pour fournir ſes
contredits , s'il ne les prend,& que le ſecond produiſant vueille aduancer, il fera ſignifier l'acte qui ſuit à l'Aduocat du premier produiſant.

Acte de ſommation de retirer vne inſtance pour la contredire.

A La Requeſte de Maiſtre . .. Aduocat , ou Procureur de tel ,
ſoit ſommé & interpellé Maiſtre . . . Aduocat de tel, retirer
dans huy l'inſtance d'entre les parties, des mains de Monſieur...pour
fournir de contredits, autrement & à faute de ce faire , proteſte ledit tel de la retirer au premier iour ; à ce qu'il n'en ignore.

Les ſignifications de contredits , & forcluſions d'en fournir , ſe
font & s'obtiennent comme aux Requeſtes du Palais , ainſi qu'il a
eſté dit dans noſtre Style deſdites Requeſtes du Palais , où il a eſté
auſſi remarqué qu'il n'eſt point neceſſaire d'obtenir des forcluſions de fournir de ſaluations, dautant que nul n'en fournit, s'il ne
veut.

S'il y a quelque inſcription en faux à former auſdites Requeſtes
de l'Hoſtel , voicy la forme d'y proceder.

PROCEDVRES SVR VNE INSCRIPTION
en faux aux Requeſtes de l'Hoſtel.

Acte d'inſcription en faux.

Extraict des Regiſtres des Requeſtes de l'Hoſtel.

A Viourd'huy eſt comparu au Greffe deſdites Requeſtes Maiſtre
tel , Procureur ou Aduocat & Conſeil de tel, lequel en vertu
du pouuoir à luy donné , a declaré qu'il s'inſcrit en faux pour ledit
tel, contre telle piece, (faut nommer la piece & la datte d'icelle,
& ſi elle eſt paſſée pardeuant Notaires ou autrement) produite

par tel en la production par luy faite en l'inftance d'entre lefdites
parties fous la cotte .. pour les moyens qu'il déduira en temps &
lieu , dont il a requis acte & éleu domicile en fa perfonne.

Faut faire fignifier cet acte à l'Aduocat ou Procureur de la partie , apres eftre expedié en parchemin , & figné du Greffier , &
pourfuiure le defendeur de faire apporter & mettre au Greffe la
piece maintenuë fauffe , comme il s'enfuit.

Requefte pour faire mettre au Greffe vne piece maintenuë fauffe.

A Noffeigneurs , &c.

SVpplie humblement tel, qu'il vous plaife ordonner commandement eftre fait à tel, de faire apporter & mettre au Greffe de
cette Cour dans ... telle piece, contre laquelle le fuppliant s'eft infcrit en faux, par acte du iour de *: : aliàs* forclos , & vous ferez bien.

S'il n'y a autre minute que ce qui eft produit, il ne faut que huictaine, s'il y en a vne autre, faut donner delay felon la diftance
des lieux, comme au Parlement, & qu'il eft remarqué au Style dudit Parlement.

Le temps eftant paffé , faut prefenter vne autre Requefte en la
forme qui fuit,

Requefte pour faire reietter vne piece maintenuë fauffe.

A Noffeigneurs , &c.

SVpplie humblement tel , difant qu'il a fait faire commandement
à tel de faire apporter & mettre au Greffe de cette Cour vne
telle piece , contre laquelle le fuppliant s'eft infcrit en faux, & ce
dans huitaine, lequel temps eft paffé , fans que ledit tel y ait voulu
fatisfaire. Ce confideré, Noffeigneurs, il vous plaife donner defaut
au fuppliant contre ledit tel, faute d'auoir fait apporter & mettre
au Greffe de cette Cour ladite piece maintenuë fauffe, & pour le
profit, ordonner qu'il fera procedé & paffé outre au iugement de
l'inftance d'entre lefdites parties , fans auoir égard à ladite piece ,
condamner ledit defendeur aux dépens, dommages & interefts dudit fuppliant, & vous ferez bien.

Au bas le Greffier met ces mots.

Viennent les parties au premier iour. Fait le iour de : : : mil fix : : :

Si le defendeur ne compare à l'Audience, faut prendre vn aduenir
comme s'enfuit.

Aduenir fur ladite Requefte.

Extrait , &c.

DEfaut à tel demandeur en faux , fuiuant l'acte du ... iour
de . : contre tel defendeur & deffaillant, par vertu duquel les
Maiftres des Requeftes , &c. ont ordonné & ordonnent que les

parties en viendront au premier iour, à peine de l'exploict, & soit signifié.

Si le defendeur ne tient encore compte de comparoir, est donné le defaut qui suit.

Defaut, portant qu'on baillera sa demande.
Extraict des Regiſtres, &c.

ENtre tel... demandeur en faux, suiuant l'acte du... iour de ...
d'vne part, & tel defendeur d'autre part, les Maiſtres des Requeſtes, &c. ont donné & donnent defaut au demandeur contre le
defendeur, par vertu duquel ils ont ordonné & ordonnent qu'il
baillera sa demande, & soit signifié. Fait esdites Requeſtes de l'Hoſtel le... iour de...

Pour leuer ledit Arreſt, faut signifier les qualitez, & apres qu'il
eſt leué le faire signifier, & dreſſer la demande qui suit.

Demande & profit de defaut sur vn incident de faux.

DEmande & profit de defaut, que met & baille pardeuant
vous, Noſſeigneurs les Maiſtres, &c. tel demandeur en faux,
suiuant l'acte du.. iour de... & requerant le profit & adiudication
du defaut, par luy obtenu à l'Audience le... iour de...
Contre tel, defendeur.

DIſant qu'en l'inſtance d'entre les parties, ledit defendeur
ayant produit vne telle piece, & le demandeur l'ayant reconnuë fauſſe, il se seroit inſcrit en faux contre icelle, par acte du...
iour de... & fait faire commandement audit defendeur de la faire
apporter & mettre au Greffe de cette Cour, dans le delay ordinaire.
Ce que n'ayant tenu compte de faire, ledit demandeur auroit obtenu son defaut le... iour de... portant qu'il bailleroit sa demande, laquelle il requiert luy eſtre adiugée, comme il s'enſuit.

C'Eſt à ſçauoir que par Arreſt il soit dit, ledit defaut auoir eſté
bien & deuëment obtenu, & pour le profit d'iceluy ordonné
qu'il sera paſſé outre au iugement de l'inſtance d'entre les parties,
nonnobſtant & sans auoir égard à ladite piece, & le defendeur condamné aux deſpens dudit incident de faux, dudit defaut, & de tout
ce qui s'en eſt enſuiuy.

Sur cette demande interuient Arreſt conforme à icelle.

SI l'Aduocat ou Procureur du defendeur veut auoir quelque autre delay, il doit comparoir à l'Audience, & le demander, auquel cas il luy sera donné de grace, mais ce dernier delay expiré, le
demandeur doit preſenter vne autre Requeſte, afin d'auoir son defaut, comme deſſus.

Si le defendeur veut satisfaire à ce qu'il doit apres l'inſcription

ption en faux, voicy comme il doit proceder.

PROCEDVRES D'VN DEFENDEVR EN FAVX.

Apres l'acte d'infcription en faux, le defendeur doit faire apporter & mettre au Greffe les pieces maintenuës fauffes, & faire fignifier l'acte & la Requefte qui fuit en mefme temps.

   Afte que l'on a mis la piece maintenuë fauffe au Greffe.

A La Requefte de Maiftre .... Aduocat ou Procureur de ...
foit fignifié & declaré à Maiftre... Aduocat & Confeil de...
demandeur, que la piece, contre laquelle ledit demandeur s'eft infcrit en faux, a efté apportée & mife au Greffe de la Cour, dés le
iour de ... à ce que ledit demandeur n'en ignore.

   Requefte pour fournir de moyens de faux.

   A Noffeigneurs , &c.

SVpplie humblement tel, qu'il vous plaife ordonner commandement eftre fait à tel demandeur en faux, fuiuant l'acte du ... iour
de ... de fournir fes moyens de faux dans trois iours, *aliàs* congé, &
vous ferez bien.

   Au bas de cette Requefte le Greffier met ces mots.

   Soit fait commandement. Fait le

Les trois iours paffez, faut prefenter la Requefte qui enfuit.

SVpplie humblement tel, difant qu'il a fait faire commandement
à tel demandeur en faux, de fournir fes moyens de faux dans
trois iours, à quoy il n'a fatisfait, & eft ledit temps paffé. Ce confideré, Noffeigneurs, il vous plaife donner congé au fuppliant à l'encontre du demandeur, faute de fournir fes moyens de faux, & pour
le profit debouter ledit demandeur de fadite infcription en faux &
dudit congé, & vous ferez bien.

   Au bas

   Viennent les parties au premier iour. Fait le ::: iour de :::

Si le demandeur ne compare, faut obtenir l'aduenir qui fuit.

   Aduenir fur ladite Requefte.

   Extraict des Regiftres , &c.

COngé à tel, defendeur contre tel, demandeur en faux fuiuant
l'acte du ::: iour de ::: par vertu duquel les Maiftres des Requeftes, &c. ont ordonné & ordonnent que les parties en viendront au premier iour, à peine de l'exploict, & foit fignifié.

   Sur cet aduenir interuient le mefme Arreft que deffus, par lequel
il eft dit que ledit defendeur baillera fa demande.

   Cela fait , il le faut faire leuer & le faire fignifier.

IL y en a quelques-vns qui voulans leuer leurs Arrests de defauts ou congez, ne font point fignifier de qualitez, mais les dreffent par defauts ou congez, & les donnent directement au Greffier pour les expedier, & quand ils font expediez & fignez dudit Greffier, ils les font fignifier. Laquelle procedure n'eft pas vitieufe: mais il femble qu'il eft mieux dans l'ordre, de commencer lefdits Arrefts de defauts & congez par ces mots. *Entre*, attendu qu'en Cour Soueraine, les Arrefts d'Audience, foit contradictoires ou par defauts ou congez, doiuent commencer de la forte.

Apres l'Arreft de congé fignifié, il faut dreffer la demande comme deffus.

DEmande & profit de congé, que met & baille pardeuant vous, Noffeigneurs, &c. tel défendeur en faux, & requerant le profit & adiudication du congé par luy obtenu à l'Audience de la Cour, le…iour de…

Contre tel demandeur en faux, fuiuant l'acte de : : : iour de : : :

DIfant que pour empefcher par le demandeur le Iugement de l'inftance d'entre les parties, il s'eft infcrit en faux contre vne telle piece, laquelle le defendeur ayant fait apporter & mettre au Greffe de cette Cour, il l'a fait fignifier au demandeur, & luy a fait faire commandement de fournir fes moyens de faux dans trois iours, à quoy n'ayant fatisfait, le defendeur a obtenu ledit congé, portant qu'il baillera fa demande, qu'il requiert luy eftre adiugée, comme il s'enfuit.

C'eft à fçauoir que par Arreft de ladite Cour, il foit dit que ledit congé a efté bien & deuëment obtenu, & adiugeant le profit d'iceluy que ledit demandeur foit debouté de fon infcription de faux, & condamné en telle reparation qu'il plaira à la Cour, auec amende & dépens de l'inftance de faux, dudit congé & de tout ce qui s'en eft enfuiuy.

Sur cette demande interuient Arreft conforme à icelle, finon qu'il ne s'adiuge d'ordinaire qu'vne reparation, & non aucune amende. Toutefois depuis peu, en vn pareil incident de faux, il y eut amende adiugée contre vn demandeur en faux, de 75. liures, pareille à celle du fol appel, fans reparation.

Si le demandeur en faux fe defifte de fon infcription, il le doit faire fignifier par acte, ou faire ledit defiftement à l'Audience, & alors le defendeur doit prefenter la Requefte qui fuit.

Requefte pour auoir condamnation des dépens d'vn incident de faux, iufques au iour du defiftement.

A Noſſeigneurs, &c.

SVpplie humblement tel, diſant que pour empeſcher par tel, le Iugement de l'inſtance d'entre les parties, il s'eſt inſcrit en faux contre vne telle piece, produite par le ſuppliant, & ayant reconnu la verité de ladite piece, & que ſon inſcription eſtoit temeraire, il s'en eſtdeſiſté, par acte qu'il a fait ſignifier au ſuppliant, ſans auoir offert les dépens, quoy qu'il en ſoit abſolument tenu, c'eſt pourquoy le ſuppliant deſireroit luy eſtre ſur ce pourueu. Ce conſideré, Noſſeigneurs, il vous plaiſe condamner ledit tel aux dépens de ladite inſcription de faux, & de la preſente inſtance, & vous ferez bien.

Au bas le Greffier met ces mots,

Viennent les parties au premier iour à l'Audience. Fait le ::: iour de :::

Enſuitte dequoy, on pourſuit cette demande, comme les autres, dont il a eſté parlé cy-deuant, & à meſme temps, on peut auſſi pourſuiure le Iugement de l'inſtance.

Si le demandeur fournit ſes moyens de faux, il les faut faire bailler, auec la piece au Rapporteur, qui en fait ſon rapport, apres que le Procureur du Roy en a eu communication.

Si leſdits moyens de faux ſont ioints au procez, il faut leuer l'Arreſt, le faire ſignifier, le ioindre pareillement au procez, & en pourſuiure le Iugement.

Au Parlement pour ioindre des moyens de faux, on les declare admiſſibles & inadmiſſibles, on ne les communique point à Monſieur le Procureur General.

Si les moyens de faux ſont declarez admiſſibles, l'inſtruction s'en fait comme au Parlement, ſinon quand il y a quelque Reglement à prendre, faut bailler Requeſte à la Chambre, & y aller plaider.

DES APPELLATIONS QVI S'INTERIETTENT aux Requeſtes de l'Hoſtel, des appointements en Droict, Reglemens ou Ordonnances des Maiſtres de Requeſtes, ſur l'inſtruction des inſtances du Conſeil.

PAR le reſultat du Conſeil du dernier Iuin 1597. il eſt dit, que les appellations qui s'interietteront des appointemens ou Ordonnances pour regler les procez, le Conſeil eſtant hors de Paris, ſeront iugées par aucuns de Meſſieurs les Maiſtres des Requeſtes eſtans à la ſuitte & hors ledit Conſeil, ſur le champ, du moins au nombre de cinq, & les temeraires appellans condamnez en l'amende, qui ſe prendra moitié ſur la partie, & moitié ſur l'Aduocat.

Et par le 48. article de ceux des Syndics des Aduocats dudit Conseil, il est requis que les Aduocats qui interjetteront appellations, soient tenus de les plaider eux-mesmes, à peine d'estre décheus de l'appel, & qu'ils ne puissent renoncer à leurdit appel, que le iour qu'ils l'auront interjetté, à peine de quinze liures d'amende, en leur propre & priué nom.

Et par le 50. desdits articles, il est pareillement requis, que les seuls Aduocats du Conseil, puissent occuper pardeuant Messieurs du Conseil, deputez Commissaires dans Paris, & à la suite dudit Conseil, comme aussi aux Requestes de l'Hostel, sur les appellations, tant des instructions des instances du Conseil, que des taxes de despens dudit Conseil, & que defenses soient faites aux Procureurs & tous autres, d'occuper esdites instances, à peine de nullité des procedures, & de cinq cent liures d'amende, conformement à l'Edict desdits Aduocats.

Si donc il arriue que quelqu'vn se pretende greué dans vne procedure du Conseil, soit en signature de l'appointement en droict, ou des forclusions obtenuës en consequence d'iceluy, il s'en peut porter appellant, & poursuiure son appel, soit pardeuant Messieurs les Maistres des Requestes, estant à la suite du Conseil; si ledit Conseil est hors de Paris, attendu que Messieurs les Maistres des Requestes de l'Hostel, iuges de telles appellations, ne sortent point de leur Siege ordinaire, soit ausdites Requestes de l'Hostel, quand ledit Conseil est à Paris, & contient l'acte dudit appel ces mots.

Acte d'appel d'vn appointement en droict, & des forclusions
obtenuës en consequence.

A La Requeste de Maistre… Aduocat de tel, soit signifié & deuëment fait assauoir à Maistre::: Aduocat & Conseil de tel, qu'il s'est porté & porte pour appellant de l'appointement en droict rendu en l'instance pendante au Conseil entre lesdites parties, par Monsieur… Rapporteur de ladite instance, & des Ordonnances des forclusions obtenuës en consequence, pour les torts & griefs qu'il deduira en temps & lieu.

En suite duquel appel, l'appellant doit presenter la Requeste qui suit.

Requeste pour venir plaider sur vn appel d'appointement ou forclusions.
A Nosseigneurs les Maistres des Requestes ordinaires de l'Hostel du Roy,
Iuges Souuerains en cette partie.

SVpplie humblement tel, disant que par acte du… iour de… il se seroit porté appellant de certain Reglement rendu par Monsieur… en l'instance qu'il a pendante au Conseil contre tel… &

de tout ce qui s'en feroit enfuiuy, pour les torts & griefs à luy faits,
lequel appel il defireroit releuer pardeuant vous. Ce confideré,
Noffeigneurs, il vous plaife tenir le fuppliant pour bien releué, &
ordonner que pour proceder fur ledit appel, les parties en viendront à l'Audience au premier iour, & vous ferez bien.

Au bas le Greffier met ces mots,

*Viennent les parties au premier iour à l Audience. Fait le : : : : iour
de : : :*

Si l'intimé ne compare à l'Audience apres cette Requefte fignifiée, il fuffit pour tout aduenir, luy faire fignifier l'acte qui fuit.

Acte feruant d'aduenir.

A La Requefte de Maiftre... Aduocat ou Procureur de tel appellant. Soit declaré & deuëment fait affauoir à Maiftre...
Aduocat & Confeil de tel intimé, que ledit... pourfuiura au premier iour fous le bon plaifir de la Cour, l'Audience de la caufe d'appel d'entre luy & ledit tel... intimé, à ce qu'il ait à y comparoir, fi
bon luy femble, dont acte.

Si l'appellant neglige de pourfuiure fondit appel, l'intimé doit
prefenter la Requefte qui fuit.

Requefte pour faire conclure vn appellant en fon appel.

A Noffeigneurs, &c.

SVpplie humblement tel, difant que pour empefcher par tel le jugement de l'inftance pendante entr'eux au Confeil Priué du
Roy, il s'eft porté appellant de l'appointement en droict pris en
icelle, & des forclufions obtenuës en confequence, lequel appel
eft le plus friuol & temeraire qui fut iamais, attendu que ledit appointement eft dans la forme qu'il doit eftre, & les forclufions obtenuës par temps legitime & competant. Ce confideré, Noffeigneurs, il vous plaife ordonner que ledit tel ou Maiftre... fon Aduocat ou Procureur, viendra au premier iour d'Audience, conclure en fondit appel, autrement qu'il en fera décheu & condamné en
l'amende, & aux dépens, & vous ferez bien.

Au bas

Viennent, &c.

Si l'appellant ne compare, il luy faut faire fignifier vn pareil aduenir que celuy cy-deffus.

Et au premier iour d'Audience, fe donne Arreft par congé de
defaut, ou contradictoire en cette forme.

Arreft fur vn appel d'appointement & forclufions.

Extraict des Registres des Requestes, &c.

ENtre tel appellant de l'appointement en droict rendu en l'instance pendante au Conseil Priué du Roy, entre luy & l'intimé cy-apres nommé, par le sieur de . . . Conseiller de sa Maiesté,
Maistre des Requestes ordinaire de son Hostel, & Commissaire deputé en cette partie, le . . . iour de . . . & des Ordonnances de commandemens & forclusions de produire, obtenuës en consequence,
les iours de . . . d'vne part, & tel intimé d'autre part, apres que tel : :
Aduocat de l'appellant, & tel : : Aduocat de l'intimé ont esté ouys,
les Maistres des Requestes ordinaires de l'Hostel du Roy, Iuges
Souuerains en cette partie, ont, &c. la procedure est confirmée ou
infirmée selon que l'affaire y est disposée.

Si cet Arrest confirme la procedure, on poursuit le Iugement de
l'instance du Conseil en l'estat qu'elle est, s'il l'infirme, on recom-
mence les procedures, & alors le Commissaire n'en peut plus estre
le Rapporteur, & en faut faire subroger vn autre en son lieu.

DES APPELLATIONS DES TAXES ET
executoires de dépens du Conseil.

L'Appel d'vne taxe & executoire de dépens du Conseil, se peut
interietter par acte, en cette maniere.

Acte d'appel, d'vne taxe & executoire de dépens.

A La Requeste de tel, soit declaré, signifié & deuëment fait à
sçauoir à tel, qu'il s'est porté & porte pour appellant de certaine taxe & executoire de dépens du Conseil contre luy obtenu
par ledit tel, le : : : iour de : : : pour les torts & griefs, à dire & declarer en temps & lieu, dont il a requis acte.

Cet acte signifié à l'intimé, arreste l'execution de l'executoire,
en sorte qu'il ne peut rien faire au preiudice, qui ne soit suiet à cassation, c'est pourquoy ledit intimé doit au plustost faire anticiper
l'appellant en vertu d'vne commission des Requestes de l'Hostel,
pour proceder sur ledit appel, laquelle commission contiendra ces
mots.

Commission pour faire assigner vn appellant aux Requestes de l'Hostel
pour proceder sur son appel.

LOVYS par la grace de Dieu Roy de France & de Nauarre:
Au premier nostre Huissier ou Sergent sur ce requis. Nostre
bien amé tel, nous a fait remonstrer que par Arrest de nostre Conseil du : : : iour de : : tel a esté condamné aux dépens enuers luy,
lesquels ayant esté taxez, executoire en auroit esté deliuré à l'exposant, le : : : iour de : : : duquel ledit tel se seroit porté pour appel-

lant, ſans neantmoins auoir fait aſſigner ledit expoſant, pour proceder ſur ledit appel, ſur quoy il nous eſt ſupplié luy pouruoir. A
CES CAVSES, Nous te mandons & commettons par ces preſentes aſſigner & anticiper à certain, & competant iour, pardeuant
nos amez & feaux Conſeillers, les Maiſtres des Requeſtes ordinaires de noſtre Hoſtel, en leur Auditoire de noſtre Palais à Paris, ledit tel pour proceder ſur ledit appel, voir dire que mal & ſans
grief il a eſté appellé, & ſe voir condamner en l'amende & aux dépens, de ce faire te donnons pouuoir, ſans pour ce demander autre
permiſſion : Car tel eſt noſtre plaiſir. Donné à : : : le : : : iour de : : :
l'an de grace : : : & de noſtre Regne le : : : Par le Roy en ſon
Conſeil.

Si l'appellant ne compare à l'aſſignation qui luy ſera donnée en
vertu de cette commiſſion, on prend côtre luy defaut, s'il compare,
l'Aduocat ou Procureur de l'intimé preſentera la Requeſte qui ſuit.

Requeſte pour venir conclure ſur vn appel de taxe.

A Noſſeigneurs les Maiſtres des Requeſtes, &c.

SVpplie humblement tel, qu'il vous plaiſe ordonner que tel, ou
Maiſtre : : : ſon Aduocat, viendra au premier iour d'Audience
conclure en l'appel par luy interietté de la taxe & executoire des
dépens adiugez au ſuppliant, par Arreſt contradictoire du Conſeil
du : : : iour de : : : & vous ferez bien.

Au bas le Greffier met ces mots.

Viennent les parties au premier iour à l'Audience. Fait le iour de : :
A l'Audience, ſe rend ou ſe prend l'Arreſt qui ſuit.

Arreſt de concluſion ſur vn appel de taxe.

Extraict des Regiſtres des Requeſtes de l'Hoſtel.

ENtre tel appellant de la taxe & executoire de dépens du Conſeil Priué du Roy, du : : : iour de : : : d'vne part, & tel : : : intimé d'autre part, apres que tel Aduocat de l'appellant, a conclud
en ſondit appel & requis l'appointement ordinaire, pour croiſer les
articles de la declaration deſdits dépens dont il pretend eſtre appellant, & que tel Aduocat de l'intimé a dit n'auoir moyens de
l'empeſcher, les Maiſtres des Requeſtes ordinaires de l'Hoſtel
du Roy, Iuges Souuerains en cette partie, ont ordonné & ordonnent que dans trois iours l'intimé fera apporter & mettre au
Greffe des Requeſtes de l'Hoſtel, la declaration des dépens dont
eſt appel, enſemble les pieces iuſtificatiues d'icelle, pour croiſer par
l'appellant les articles dont il entend appeller, bailler ſes griefs
& cauſes d'appel, & l'intimé ſes reſponſes, écriront & produiront
tout ce que bon leur ſemblera, bailleront contredits & ſaluations,

le tout de trois iours en trois iours, pour leur estre fait droict ainsi que de raison. Fait à Paris esdites Requestes de l'Hostel le…iour de… mil six…

Cet Arrest signifié, l'intimé peut dés le lendemain faire apporter & mettre au Greffe desdites Requestes de l'Hostel, la declaration de dépens & pieces iustificatiues d'icelle, & le faire sçauoir à l'Aduocat de l'appellant, par l'acte qui suit.

Acte contenant qu'vne declaration de dépens est au Greffe.

A La Requeste de Maistre : : : Aduocat ou Procureur de tel, soit signifié & declaré à Maistre : : : Aduocat & Conseil de : : : que suiuant l'Arrest des Requestes de l'Hostel : : : du : : : iour de : : : qu'il a remis au Greffe desdites Requestes, la declaration des dépens y mentionnée & pieces iustificatiues d'icelle, à ce que ledit : : : audit nom, ait à icelle retirer & croiser, conformement audit Arrest.

Si l'appellant veut croiser, il fait retirer du Greffe ladite declaration & pieces, par vn des Huissiers des Requestes de l'Hostel, des mains duquel il les prend pour satisfaire à l'Arrest.

S'il ne fait ses diligences dans les trois iours dudit Arrest, l'intimé luy fait faire commandement, en la forme qui suit.

Requeste de commandement de croiser.
A Nosseigneurs les Maistres des Requestes ordinaires de l'Hostel du Roy,
Iuges Souuerains en cette partie.

SVpplie humblement tel, qu'il vous plaise ordonner commandement estre fait à Maistre : : : Aduocat & Conseil de tel, de croiser les articles de la declaration de dépens dont il est appellant, taxez au profit du suppliant, suiuant l'Arrest de la Cour du : : : iour de : : : à peine de forclusion, & vous ferez bien.

Au bas de cette Requeste, le Greffier des Requestes de l'Hostel met ces mots.

Soit fait commandement. Fait le : : : iour de : : :

Trois iours apres, l'intimé obtient sa forclusion en la forme suiuante.

Requeste de forclusion de croiser.
A Nosseigneurs, &c.

S Vpplie humblement tel, qu'il vous plaise ordonner commandement estre fait à Maistre : : : Aduocat & Conseil de tel, appellant, de fournir de griefs, causes & moyens d'appel contre la declaration des dépens taxez au profit du suppliant, & vous ferez bien.

Au bas le Greffier met ces mots.

Soit

Soit fait commandement.

Trois autres iours aprés, on obtient la forcluſion en la forme ſuiuante.

Requeſte de forcluſion de fournir de griefs.
A Noſſeigneurs, &c.

SVpplie humblement tel, qu'il vous plaiſe forclore purement & ſimplement Maiſtre... Aduocat & Conſeil de... appellant, de pouuoir plus fournir de pretendus griefs & moyens d'appel, contre les articles de la declaration de dépens taxez au profit du ſuppliant, dont il entend eſtre appellant, & vous ferez bien.

Au bas de cette Requeſte le Greffier met ces mots.

Soit fait & ſignifié. Fait le..... iour de.....

C'eſt en cette ſorte qu'il faut obtenir les Requeſtes de commandement & forcluſion de produire ſur l'appel, & de fournir de contredits, lors que le Reglement porte qu'on en fournira.

Si l'appellant croiſe les articles deſquels il eſt appellant, il le fait ſçauoir à l'intimé par l'acte qui ſuit.

Acte de croiſement d'articles.

A La Requeſte de Maiſtre..... Aduocat & Conſeil de...appellant, ſoit declaré à Maiſtre... Aduocat ou Procureur de tel intimé, qu'il croiſe tels & tels articles de la declaration des dépens taxez au profit dudit intimé, à ce qu'il n'en pretende cauſe d'ignorance.

Suiuant cet acte, l'appellant doit fournir de griefs, & s'il n'en fournit, l'intimé luy doit faire ſignifier deux Requeſtes de trois en trois iours, l'vne de commandement, & l'autre de forcluſion, en la forme que deſſus.

Le meſme s'obſerue contre l'intimé, s'il ne fournit de réponſes à griefs, lors que l'appellant les a fournis, comme auſſi ſi l'vne ou l'autre des parties ne produit ſuiuant le Reglement à produire, il faut luy faire commandement de ce faire, & l'en faire forclore auſſi de trois en trois iours, par deux ſemblables Requeſtes, ainſi qu'il vient d'eſtre dit.

Si l'appellant apres auoir croiſé, ne vouloit remettre au Greffe la declaration des dépens & pieces iuſtificatiues d'icelle, il l'y faut faire contraindre en vertu de trois Requeſtes conſecutiues, dont la premiere eſt de cette ſorte.

Requeſte de commandement de remettre vne declaration de dépens au Greffe.
A Noſſeigneurs les Maiſtres des Requeſtes ordinaires de l'Hoſtel du Roy, &c.

d

SVpplie humblement tel , qu'il vous plaiſe ordonner commandement eſtre fait à Maiſtre . . . . . Aduocat & Conſeil de tel , de remettre dans huy au Greffe de la Cour , la declaration des dépens &
pieces iuſtificatiues d'icelle , qu'il a retirées long-temps y a , à peine
d'y eſtre contraint par corps , & vous ferez bien.

Au bas le Greffier met ces mots :

Soit fait commandemcut.

La deuxiéme prote. *Iteratif commandement.*

Et la troiſiéme. *Soit contraint par corps.*

L'Arreſt qui interuient ſur cet appel , eſt d'ordinaire conceu en
ces termes.

Arreſt ſur vn appel de taxe de dépens.
Extraict des Regiſtres , &c.

FNtre tel appellant d'vne taxe & executoire de dépens du Conſeil , du . . . . iour de . . . . d'vne part , & tel intimé d'autre part :
VEV par les Maiſtres des Requeſtes ordinaires de l'Hoſtel du
Roy , Iuges Souuerains en cette partie , aſſemblez au nombre de
huit , en leur Auditoire du Palais à Paris , l'inſtance d'entre les parties , ledit executoire de dépens , dont eſt appel , montant à la ſomme de . . . obtenu par l'intimé à l'encontre dudit appellant , ledit
. . . iour de . . . Reglement rendu auſdites Requeſtes ſur l'appel interjetté par ledit appellant dudit executoire , le . . . iour de . . . par
lequel eſt ordonné , &c. ladite declaration de dépens , dont eſt appel , enſemble les pieces iuſtificatiues d'icelle , griefs & cauſes d'appel fournis par ledit appellant contre les articles tels & tels de ladite Declaration de dépens. Réponſes auſdits griefs & cauſes d'appel
fournis par ledit intimé : Productions des parties : Contredits & ſaluations , & tout ce qui a eſté mis & produit par icelles parties , les
Maiſtres des Requeſtes ordinaires de l'Hoſtel du Roy , Iuges Souu-
uerains en cette partie ; Ont ſur ledit appel mis les parties hors de
Cour & de procez ſans dépens.

Lors qu'il n'y a point de griefs , ou quand il y a grief en aucuns
articles , dont eſt appel , leſdits articles ſont moderez ou rayez , ſelon qu'il eſt trouué iuſte par leſdits ſieurs Maiſtres des Requeſtes.

PROCEDVRES SVR VNE DEMANDE
de frais & ſalaires , d'vn Aduocat du Conſeil.

Faut commencer par la Requeſte qui ſuit , ſi la partie aduerſe eſt
demeurante à Paris.

Requeſte pour auoir condamnation de frais & ſalaires.
A Noſſeigneurs les Maiſtres des Requeſtes ordinaires de l'Hoſtel du
Roy , Iuges Souuerains en cette partie.

SVpplie humblement tel Aduocat aux Confeils du Roy, difant qu'il auroit cy-deuant occupé pour tel, en vne inftance qu'il auoit contre tel au Confeil Priué du Roy, en laquelle inftance le fuppliant auroit aduancé plufieurs frais outre fes peines, falaires & vacations, lefquels ledit tel eft refufant de le rembourfer à prefent, fuiuant le memoire qu'il luy en a baillé par écrit. Ce confideré, Noffeigneurs, il vous plaife ordonner que ledit tel fera affigné au premier iour pardeuant vous, pour fe voir condamner à rembourfer audit fuppliant lefdits frais, falaires & vacations, fuiuant l'eftat qu'il en offre fournir pardeuant tel de vous, nofdits Seigneurs, qu'il vous plaira commettre, & fe voir en outre condamner aux dépens de la prefente inftance, & vous ferez bien.

Au bas le Greffier met ces mots,

Soit partie appellée ... Fait le ... iour de ...

Si la partie n'eft de Paris, il faut conuertir cette Requefte en vne Commiffion, pour la faire affigner aux fins de ladite condamnation, en cette forme.

Exploi&t d'affignation fur vne demande de frais & falaires.

L'An mil fix cent ... le ... iour de ... en vertu des Lettres en forme de Commiffion du ... iour de ... fignée & feellée, à la Requefte de Maiftre ... Aduocat aux Confeils du Roy. I'ay Huiffier ou Sergent, &c. donné affignation à tel, à eftre & comparoir pardeuant Noffeigneurs les Maiftres des Requeftes ordinaires de l'Hoftel du Roy, Iuges Souuerains en cette partie en leur Auditoire du Palais à Paris, en parlant à ... tel iour ... en fon domicile, pour répondre & proceder aux fins de ladite Commiffion, & en outre comme de raifon, de laquelle & de mon prefent Exploict i'ay baillé copie. Fait, &c.

Si la partie ne compare, faut leuer vn defaut aprés le delay de la diftance des lieux expiré : Et à cet effet faire mettre le deliuré fur le cahier ou regiftre des prefentations, & bailler la demande dudit defaut au Greffier, attachée à la Commiffion, fur laquelle demande s'expedie ledit defaut, en la forme fuiuante.

Defaut à faute de comparoir.

LOuïs, &c. Au premier noftre Huiffier ou Sergent, &c. Comme ainfi foit qu'en vertu de la commiffion de nos amez & feaux Confeillers les Maiftres des Requeftes ordinaires de noftre Hoftel, Iuges Souuerains en cette partie, du ..... iour de .... Maiftre .... Aduocat en noftre Confeil Priué, demandeur, euft fait conuenir & affigner pardeuant eux tel, defendeur, par exploict du ... iour de .. pour proceder aux fins de ladite commiffion, circonftances &

dependances, dont luy auroit esté baillé copie, auquel iour assigné ou autre continué, seroit ledit demandeur comparu par Maistre... son Aduocat ou Procureur, & au regard du defendeur il ne seroit venu ny comparu, partant auroit esté mis & prononcé defaut à l'encontre de luy, le profit duquel ledit demandeur requeroit luy estre fait & adjugé, suiuant les fins & conclusions de sa demande pour cet effet par luy baillée, de laquelle demande, fins & conclusions, lesdits Maistres des Requestes n'auroient quant à present voulu adjuger aucun profit audit demandeur, mais auant que de ce faire, ont ordonné iceluy deffendeur estre derechef reassigné. A CES CAVSES, Nous te mandons & commettons par ces presentes, readjourner à certain & competant iour pardeuant nosdirs Maistres des Requestes, ledit defendeur pour répondre & proceder sur le contenu cy-dessus, voir adjuger audit demandeur le profit & vtilité dudit defaut, & proceder en outre comme de raison. De ce faire te donnons pouuoir, sans pour ce demander congé, *visa*, ne pareatis : Car tel est nostre plaisir. Donné à Paris esdites Requestes de l'Hostel, le... iour de... l'an de grace... & de nostre regne le...

Au bas le Greffier met ces mots,

Par le Roy, à la Relation des Maistres des Requestes ordinaires de son Hostel, signé tel,

Suiuant cette Commission, l'assignation estant donnée, le defendeur compare ou non, s'il ne compare, on leue vn defaut auec profit contre luy, qui contient ces mots.

Defaut auec profit à faute de comparoir.

Extrait des Registres des Requestes, &c.

DEfaut auec profit à tel, demandeur au principal suiuant la Commission par luy obtenuë le... iour de... & requerant les dépens du defaut par luy leué au Greffe de ladite Cour, le.... iour de... contre tel defendeur & deffaillant à faute de comparoir.

Ce defaut expedié en parchemin, on dresse sur iceluy vne demande, laquelle on ioint à la Commission & pieces, & sur icelle interuient Arrest conforme à ladite demande.

Mais si le defendeur côpare, il faut presenter la Requeste qui suit.

Requeste pour venir deffendre à vne demande de frais & salaires.

A Nosseigneurs les Maistres des Requestes, &c.

SVpplie humblement tel, Aduocat au Conseil Priué du Roy, qu'il vous plaise ordonner que sur les fins de la Requeste, ou Commission par luy obtenuë, le... iour de... & en vertu de laquelle il a fait appeller en condamnation de frais, salaires & vaca-

tions tel, lequel eſt comparu, les parties en viendront au premier
iour à l'Audience, & vous ferez bien.

Au bas le Greffier met ces mots.

Viennent les parties au premier iour à l'Audience. Fait le ... iour de
... mil ſix cent ...

Si l'Aduocat de la partie ne compare, il luy faut faire ſignifier
cet aduenir.

Aduenir ſur ladite Requeſte.
Extraict des Regiſtres, &c.

DEfaut à tel, Aduocat au Conſeil Priué du Roy, demandeur
en Requeſte ou aux fins d'vne Commiſſion du ... iour de ....
contre tel defendeur & deffaillant, par vertu duquel les Maiſtres
des Requeſtes ordinaires de l'Hoſtel du Roy, Iuges Souuerains en
cette partie, ont ordonné & ordonnent que les parties en viendront au premier iour à l'Audience à peine de l'Exploict, & ſoit ſignifié.

Si l'Aduocat fait encore defaut, interuient à l'Audience l'Arreſt qui ſuit.

Arreſt par defaut, portant condamnation de frais & ſalaires.
Extraict des Regiſtres des Requeſtes ordinaires de l'Hoſtel du Roy.

DEfaut à Maiſtre .... Aduocat au Conſeil Priué du Roy, demandeur aux fins d'vne commiſſion du ... iour de ... afin que
le defendeur cy-aprés nommé, ſoit condamné luy payer & rembourſer les frais, ſalaires & vacations qu'il a faits & employez pour
luy en l'inſtance qu'il a pourſuiuie audit Conſeil, contre tel defendeur, par vertu duquel ce requerant tel   Aduocat dudit demandeur, aprés que tel   Aduocat du defendeur, a eſté appellé &
n'eſt comparu, les Maiſtres, &c. ont condamné & condamnent
le defendeur payer & rembourſer au demandeur les frais, ſalaires
& vacations, dont eſt queſtion, & aux dépens de l'inſtance, qui ſeront taxez par meſme declaration pardeuant le ſieur   Fait à
Paris le   iour de   mil ſix cent

Si le defendeur compare, l'Arreſt ſera contradictoire, & com-
mencera par ce mot, *Entre.*

Ce fait on dreſſe la declaration ou l'eſtat des frais & ſalaires, &
pour voir proceder à la taxe & liquidation d'iceux, on fait aſſigner
l'Aduocat pardeuant le Commiſſaire commis par ledit Arreſt, tout
ainſi qu'au Conſeil du Roy.

S'il n'y a point de Commiſſaire commis par l'Arreſt, faut preſenter la Requeſte qui ſuit.

Requeſte de Committitur.

A Noſſeigneurs les Maiſtres des Requeſtes ordinaires de l'Hoſtel du Roy,
Iuges Souuerains en cette partie.

SVpplie humblement tel, qu'il vous plaiſe pour proceder à la taxe & liquidation des frais, ſalaires, vacations & depens à luy
adjugez par Arreſt de cette Cour du   iour de   contre tel,
il vous plaiſe commettre tel de vous, Noſſeigneurs, qu'il vous plaira, & vous ferez bien.

Cette Requeſte ſe répond en cette ſorte.

Le ſieur... eſt commis & deputé aux fins de la preſente Requeſte. Fait le   iour de

Suiuant ce *Committitur* on fait pareillement proceder à la taxe,
tout ainſi qu'au Conſeil Priué du Roy, & en la meſme façon qu'il
eſt dit à la fin du Style dudit Conſeil, qui eſt imprimé depuis peu
de temps, & dont les taxes ſe trouuent à la fin du Style du Parlement.

Mais quand l'Arreſt de condamnation eſt rendu ſur defaut à faute de comparoir au Greffe, il faut faire aſſigner la partie, pour voir
proceder à la taxe des dépens, & ſi elle compare, faire commettre
vn de Meſſieurs les Maiſtres des Requeſtes, qui eſt d'ordinaire celuy au rapport duquel l'Arreſt par defaut a eſté rendu; ſi elle ne
compare, on leue vn defaut audit Greffe à faute de comparoir, par
vertu duquel on fait paſſer outre à ladite taxe par le Rapporteur de
l'Arreſt, aprés l'auoir fait commettre.

Reſte de parler de la forme de la declaration des dépens qui ſe taxent en conſequence d'vn Arreſt contradictoire & diffinitif, rendu
auſdites Requeſtes de l Hoſtel, ſur procez ou inſtance y renuoyée
par Arreſt du Conſeil Priué du Roy, laquelle forme nous dédui-
rons aprés auoir fait voir icy, en quels termes ſe conçoit ledit Arreſt diffinitif.

Arreſt diffinitif des Requeſtes de l'Hoſtel, interuenu ſur vne inſtance
qui y eſtoit renuoyée par Arreſt du Conſeil auec ces mots, dépens reſeruez.

Extrait, &c.

ENtre tel, demandeur en Requeſte ou Lettres du   iour de
     d'vne part, & tel defendeur d'autre part.

VEV par les Maiſtres des Requeſtes ordinaires de l'Hoſtel du
Roy, Iuges Souuerains en cette partie, aſſemblez au nombre de
ſept en leur Auditoire du Palais à Paris, l'inſtance d'entre les parties, l'Arreſt du Conſeil Priué du Roy contradictoirement rendu
entr'elles, le   iour de   portant renuoy de leurs procez &
differends auſdites Requeſtes de l Hoſtel pour y eſtre iugez Souuerainement, au rapport du ſienr de   Commiſſaire à ce depu-

té, depens referuez, commiffion expediée fur ledit Arreft dudit
iour, adreffante aufdits Maiftres des Requeftes. Acte du   iour
de   portant copie auoir efté baillée à Maiftre   Aduocat
& Confeil du defendeur dudit Arreft du Confeil, Requefte du demandeur afin de retention de caufe, du   iour de   fignifiée le   iour de   Arreft defdites Requeftes de l'Hoftel
du   iour de   portant retention de la connoiffance de ladite caufe, & ordonné qu'elles viendront proceder en icelle fuiuant
les derniers erremens, fignifié le   iour de   ladite Requefte
ou Lettres du demandeur, contenant fes fins & conclufions. Exploict d'affignation donné en confequence audit Confeil au defendeur le   iour de   Reglement à communiquer, écrire & produire audit Confeil du   iour de   écritures & productions
faites par lefdites parties en confequence dudit Reglement. S'il y
a quelque incident formé, reglé & inftruit, tant audit Confeil
qu'aufdites Requeftes de l'Hoftel, il le faut enoncer dans cet Arreft, auec les inuentaires & productions faites fur ledit incident,
Arreft defdites Requeftes de l'Hoftel du   iour de   par
lequel auant faire droict il eft ordonné que les productions faites
par lefdites parties leur feront refpectiuement communiquées,
pour y fournir de contredits & faluations dans le temps de l'Ordonnance, fignifié à l'Aduocat du defendeur, le   iour de
Contredits refpectiuement fournis par lefdites parties fuiuant ledit Arreft, & tout ce qui a efté écrit & produit par lefdites parties.
Oüy le rapport dudit fieur   & tout confideré, lefdits Maiftres
des Requeftes faifans droict fur le tout ont, &c.

DES DESPENS ET DE LA TAXE D'ICEVX.

Si l'Arreft porte condamnation de dépens, tant defdites Réque-
ftes de l'Hoftel que de ceux referuez par l'Arreft du Confeil, la declaration s'en dreffe d'ordinaire en cette forte.

Declaration des dépens adjugez par Arreft des Requeftes de l'Hoftel,
interuenu en confequence d'vn Arreft de renuoy du Confeil.

Déclaration de dépens, frais, falaires & vacations, que met
& baille pardeuant vous, Noffeigneurs les Maiftres des Requeftes ordinaires de l'Hoftel du Roy, Iuges Souuerains en cetre
partie, tel demandeur & requerant la taxe d'iceux.

Contre tel defendeur en ladite taxe.

Efquels dépens par Arreft defdites Requeftes de l'Hoftel, du
iour de   ledit tel   a efté condamné enuers ledit demandeur.

Pour faire entendre d'où procedent lefdits dépens, la Cour ob-

seruera, s'il luy plaift, que, &c. faut fuccinɛtement narrer le fait
fur lequel l'Arreft du Confeil eft interuenu, & commencer depuis
l'affignation donnée au Confeil, iufques au iour dudit Arreft, &
depuis ledit Arreft iufques à celuy defdites Requeftes de l'Hoftel,
& finir la deduɛtion du fait par ces mots, où tant auroit efté procedé que ledit Arreft du   iour de   feroit interuenu, par lequel le defendeur auroit efté condamné en telle chofe & aux dépens, mefme en ceux referuez par ledit Arreft du Confeil du
iour de   qui font ceux dont la taxe eft à prefent requife.

Lefquels commencent, &c. faut commencer par les frais du
Confeil s'il y en a, fuiuant qu'ils font couchez par la declaration
des depens dudit Confeil, ou memoire de l'Aduocat qui y a occupé,
finon faut fuiure comme cy-aprés.

Item, pour vne confultation faite pour fçauoir ce que le demandeur deuoit faire en execution dudit Arreft de renuoy du Confeil,   v. liures.
Pour la copie audit Arreft de renuoy donnée à l'Aduocat du defendeur fera taxé,   xv. fols.
Pour vn aɛte fignifié audit Aduocat, contenant ladite copie luy
auoir efté baillée, fera taxé,   vii. f. 6. d.
Pour la Requefte prefentée par le demandeur afin de retention
de caufe aufdites Requeftes de l'Hoftel,   xxx. f.
Pour la fignification d'icelle,   vii. f. 6. d.
Pour l'Aduocat du demandeur qui a plaidé fur ladite reten-
tion,   iii. l.
Pour l'Arreft de retention,   xxx. f.
Pour les qualitez dudit Arreft,   vii. f. 6. d.
Pour la copie dudit Arreft rendu par defaut,   vii. f. 6. d.
Pour la fignification dudit Arreft de retention,   vii. f. 6. d.
Pour l'Huiffier qui a appellé & rapporté,   x. f.
S'il y a eu quelque incident formé & reglé aufdites Requeftes de
l'Hoftel, comme vn appel interjetté, foit audit Confeil, ou auf-
dites Requeftes de l'Hoftel, de quelque Sentence ou Iugement,
ou quelque Requefte incidemment prefentée, il faut coucher les
defpens dudit incident en cette forte.
Pour la confultation faite par le demandeur, pour fçauoir ce
qu'il auoit à faire fur ledit appel,   v. l.
Pour auoir dreffé l'appointement au Confeil fur ledit appel,
                                                           vii. f. 6. d.
Pour la fignification dudit appointement au Confeil, vii. f. 6. d.
Pour vn aɛte de fommation de le paffer,   vii. f. 6 d.
                                                              Pour

Pour la ſignification dudit acte,   vii. ſ. 6. d.
Pour la Requeſte afin de plaider à l'Audience ſur ledit appel,
                                                      xxx. ſ.
Au Clerc qui l'a mis au net & fait copie,   vii. ſ. 6. d.
Pour la ſignification,   vii. ſ. 6. d.
Pour l'Arreſt d'appointé au Conſeil,   xxxvii. ſ. 6. d.
Au Clerc du Greffier qui l'a mis en parchemin,   v. ſ.
Pour l'Aduocat qui a plaidé,   iii. liures.
Pour la copie dudit Arreſt,   vii. ſ. 6. d.
Pour la ſignification dudit Arreſt,   vii. ſ. 6. d.
Pour la Requeſte de commandement de fournir de cauſes d'ap-
    pel,   vii. ſ. 6. d.
Pour la ſignification de ladite Requeſte,   vii. ſ. 6. d.
Pour la conſultation pour produire,   v. liu.
Pour telle piece leuée pour produire.
S'il y en a pluſieurs autres, il les faut coucher en dépens, l'vne
    aprés l'autre.
Pour l'inuentaire de production contenant   roolles, à rai-
    ſon de vingt ſols chacun.
Au Clerc de l'Aduocat qui a mis en groſſe ledit inuentaire, à rai-
    ſon de cinq ſols chacun.
Pour le produit au Greffe deſdites Requeſtes de l'Hoſtel, v. ſ.
Pour la Requeſte de commandement de produire ſur ledit ap-
    pel,   vii. ſ. 6 d.
Pour la ſignification de ladite Requeſte,   vii. ſ. 6. d.
Pour la Requeſte de forcluſion de produire,   vii. ſ. 6. d.
Pour la ſignification de ladite Requeſte,   vii ſ. 6. d.
S'il y auoit eu quelque inſcription en faux formée auſdites Re-
    queſtes de l'Hoſtel, il faut coucher les frais d'icelle comme
    s'enſuit.
Item, le defendeur s'eſtant inſcrit en faux contre telle piece, le
    demandeur auroit fait vne conſultation pour ſçauoir ce qu'il
    auoit à faire, ſera taxé,   v. liu.
Pour le vin du Meſſager par lequel le demandeur auroit eſté ad-
    uerty de ladite inſcription eu faux, ſera taxé   x liures.
Pour les memoires ſur leſquels ladite conſultation a eſté faite
                                                        iii. liur.
Item, ſuiuant ladite conſultation, le demandeur auroit preſenté
    Requeſte à la Cour, afin de faire faire commandement à
    tel Notaire de tel lieu, d'apporter ou enuoyer au Greffe de
    ladite Cour la minutte de la piece contre laquelle il y auoit

infcription en faux ,   iii. liu.

Item, pour le Clerc qui auroit mis au net ladite Requefte,   xv. f.

Pour l'exploiét de commandement fait en vertu de ladite Requeſte ,   xvi. f.

Pour le voyage d'vn homme enuoyé exprés audit lieu pour faire
faire ledit commandement.

Item, audit Notaire, tant pour la recherche de ladite minutte,
voyage par luy fait, que pour auoir mis ladite minutte au
Greffe de ladite Cour , fera taxé la fomme de   fuiuant la
quittance dudit Notaire.

Item, & parce que ladite infcription en faux eſtoit faite contre la
groffe de ladite piece auffi bien que contre la minutte d'icelle , le demandeur l'auroit par le Secretaire de Monfieur le
Rapporteur , fait tirer de fa produétion , & icelle fait mettre
au Greffe de ladite Cour , auquel fera taxé   iii. liures.

Pour le fac dans lequel ladite groffe a eſté mife ,   iii. f.

Pour la peine de l'Aduocat d'auoir fait mettre ladite groffe au
Greffe ,   iii. liu.

Pour vn aéte fignifié à l'Aduocat du defendeur , contenant que
la minutte & groffe de ladite piece eſtoient au Greffe de ladite Cour ,   vii. f. 6. d.

Pour la fignification dudit aéte ,   vii. f. 6. d.

Pour la Requeſte de commandement de fournir de moyens de
faux ,   vii. f. 6. d.

Pour la fignification de ladite Requeſte ,   vii. f 6. d.

Pour le vin du Meffager , par lequel le demandeur auroit eu aduis que le defendeur ne fatisfaifoit au commandement.

Pour auoir communiqué au Confeil , pour fçauoir ce que le demandeur auoit à faire , fur ce que le defendeur ne tenoit compte de fournir fefdits moyens de faux ,   xxx. f.

Pour vne Requeſte pour faire debouter le defendeur de fadite
infcription en faux, faute d'auoir fourny fes moyens de faux
& condamné en mil liures de reparation enuers le demandeur
& aux defpens ,   xxx. f.

Pour le Clerc qui l'a mife au n.   x. f.

Pour la fignification de ladite Requeſte ,   vii. f 6. d.

Pour vn defaut obtenu par le demandeur à l'Audience, vii. f. 6. d

Pour l'Aduocat du demandeur qui a comparu à ladite Audience ,   iii. liures.

Pour la fignification dudit defaut ,   vii. f. 6. d.

Pour l'Arreſt interuenu à l'Audience , portant que le defendeur
bailleroit fa demande.

Pour la façon, fignature & expedition dudit Arreft, xx. f.

Pour la copie dudit Arreft, vij. f. 6. d.

Pour la fignification dudit Arreft, vij. f. 6. d.

Pour l'Aduocat du demandeur qui a comparu à l'Audience, iii. liures.

Pour la demande & profit dudit defaut, contenant roolles, fera taxé à raifon de xx. f. chacun roolle.

Au Clerc de l'Aduocat pour fa groffe à raifon de cinq fols cha-cun.

Pour l'inuentaire des pieces contenant roolles à ladite rai-fon cy-deffus.

Au Clerc qui l'a mis au net à ladite raifon cy-deffus.

Pour le produit dudit defaut au Greffe.

Pour l'Arreft interuenu fur ledit defaut, par lequel le defendeur eft debouté de fadite infcription en faux, & condamné en telle chofe.

Pour vne demie confignation faite par le demandeur pour faire iuger le defaut, xx. liu.

Pour la prononciation dudit Arreft de defaut, xxxij. f.

Pour le droict du Secretaire de Monfieur le Rapporteur, qui a dreffé le veu dudit Arreft, xxxij. f.

Pour la iournée de l'Aduocat du demandeur qui a vaqué à la pro-nonciation dudit Arreft, & l'auoir leué du Greffe, iii. liur.

Pour la copie dudit Arreft, xv. f.

Pour la fignification dudit Arreft, vij. f. 6. d.

Pour faire ladite Confignation, pourfuiure le Iugement dudit de-faut, leuer l'Arreft & fournir aux frais, le demandeur auroit fait vn voyage exprés de cheual en cette ville de Paris, diftant de tel lieu fa demeure, de lieuës, auec vn homme, auquel voyage il auroit employé iours, pour lefquels luy fera ta-xé à raifon de par iour.

Pour auoir fait mettre la production dudit defaut au Greffe, a efté payé au Secretaire de Monfieur le Rapporteur, xxxij. f.

Pour l'auoir retirée du Greffe, x. f.

Pour auoir remis és mains de Monfieur le Rapporteur la groffe & minute de ladite piece maintenuë fauffe, aprés ledit Arreft, pour eftre procedé au Iugement diffinitif du procez, a efté payé à fon Secretaire, xxxij. f.

Item, pour faire proceder au Iugement dudit procez, le deman-deur auroit fait dreffer fon inuentaire de production par fon Aduo-cat, pour lequel inuentaire contenant roolles, a efté payé audit Aduocat, à raison de vingt sols chacun.

Item, au Clerc dudit Aduocat, à raison de cinq sols chacun roolle.

Pour le produit au Greffe,   v. f.

Pour la Requeste de commandement de produire,   vii. f. 6. d.

Pour la signification de ladite Requeste,   ·   vii. f. 6. d.

Pour la Requeste de forclusion de produire,   vii. f. 6. d.

Pour la signification de ladite Requeste,   vii. f. 6. d.

Quand il y a eu production nouuelle faite, faut coucher les frais d'icelle en cette sorte.

Pour auoir fait recherche de plusieurs pieces pour les produire par forme de production nouuelle.

Pour la Requeste pour faire receuoir ladite production nouuel-le,   iii. liu.

Pour le Clerc qui l'a mise au net,   v. f.

Pour l'inuentaire raisonné desdites pieces, contenant   rool-les, payé à l'Aduocat du demandeur, à raison de vingt sols chacun.

Au Clerc dudit Aduocat pour sa grosse à raison de cinq sols cha-cun.

Pour la Requeste de commandement & forclusion de contredi-re ladite production nouuelle,   vii. f. 6. d.

Pour la signification d'icelle,   vii. f. 6. d.

Pour auoir retiré ladite production nouuelle, baillé à l'Huis-sier,   xx. f.

Pour auoir mis ladite production nouuelle au Greffe,   v. f.

Au Secretaire de Monsieur le Rapporteur pour son droict de re-ception de ladite production nouuelle,   xxxii. f.

Quand le procez est communiqué à Messieurs les Gens du Roy, faut coucher les frais en cette sorte.

Pour auoir fait bailler l'instance à Messieurs les Gens du Roy,
                                                         iii. l.

Pour les épices des Conclusions de Monsieur le Procureur du Roy.

Pour le vau desdites conclusions.

Pour la remise des sacs és mains de Monsieur le Rapporteur,
                                                         iii. liu.

Pour la consignation pour faire iuger le procez.

Pour le veu de l'Arrest diffinitif, adjudicatif des presens des-pens,   iii. l.

Pour la façon & signature.

Au Commis du Greffier.

Pour la prononciation audit Greffier.

Pour la copie dudit Arreft.
Pour la fignification dudit Arreft,   vii. f. 6. d.
Pour la remife des facs au Greffe.
Au Greffier qui les a rendus aux Aduocats des parties.
A l'Aduocat qui les a retirez.
Pour le voyage du demandeur, fait exprés de cheual, auec vn homme du lieu de   fa demeure, en cette ville de Paris, diftant comme deffus, pour faire iuger le procez, leuer l'Arreft & fournir aux frais, auquel voyage il a vaqué,   iours, pour lef-quels luy fera taxé à raifon de   par chacun iour, la fomme de

Pour les articles bons de la prefente Declaration de defpens au nombre de   .   à raifon de ii. f. 6. d. chacun.
Pour la groffe de ladite Declaration de defpens contenant roolles   à raifon de v. f. chacun.
Pour la copie de ladite Declaration, la moitié moins de la groffe.
Pour la fignification de ladite Declaration,   vi. f. 6. d.
Pour la Requefte de *Committitur*,   xv. f.
Pour la fignification de ladite Requefte,   vii. f. 6. d.
Pour l'Ordonnance pour affifter à la taxe,   vii. f. 6. d.
Pour la fignification,   vii. f. 6. d.
Pour la comparution de l'Aduocat du demandeur,   xxx. f.
Pour le defaut contre l'Aduocat du defendeur,   vii. f. 6. d.
Pour la fignification dudit defaut,   vii. f. 6. d.
A vous Monfieur qui taxez.
Pour l'affiftance de l'Aduocat du demandeur.
Pour celle de l'Aduocat du defendeur.
A voftre Secretaire pour fon droict de calcul.
Pour l'executoire de defpens au Greffier,   xxxvi. f.
Pour le Sceau, tant ancienne que nouuelle taxe.
Pour le voyage fait exprés de cheual par le demandeur, dudit lieu de fa demeure, affifté comme deffus, pour faire proceder à la prefente taxe, fournir aux frais & leuer l'executoire des prefens dé-pens, auquel voyage il a vaqué   iours entiers, pour lefquels luy fera taxé à raifon de   par iour la fomme de
Les procedures que l'on fait pour la taxe des defpens cy-deffus, font pareilles à celles qui fe font au Confeil Priué; Sçauoir, quand il y a Rapporteur on prend vne Ordonnance de luy, & deux defauts pour voir proceder à la taxe defdits defpens, & il procede à la taxe ou en prefence de l'Aduocat ou Procureur du condamné, ou par defaut, aprés lefdits deux defauts fignifiez auec affignation à iour,

e iij

lieu & heures certaines, mais quand il n'y a point de Rapporteur, ou s'il est à la Campagne, on presente la Requeste qui suit.

A Nosseigneurs des Requestes de l'Hostel Iuges Souuerains
en cette partie.

Supplie humblement tel, qu'il vous plaise pour proceder à la taxe des despens adiugez au suppliant par Arrest du tel iour, à l'encontre de tel   commettre, ou subroger tel de vous, Nosseigneurs, qu'il vous plaira, & vous ferez bien.

Cette Requeste signée de l'Aduocat ou Procureur du suppliant est presentée à vn Maistre des Requestes tel, qu'on veut choisir, qui se commet sur icelle, & auec cette Requeste on fait signifier à l'Aduocat ou Procureur du defendeur, vne Ordonnance signée de luy, qui contient ces mots :

De l'Ordonnance de Nous   tel, Conseiller du Roy en ses Conseils, & Maistre des Requestes ordinaire de son Hostel, à la Requeste de tel,   auons enjoint à l'vn des Huissiers desdites Requestes de l'Hostel, donner assignation à Maistre   Aduocat, ou Procureur de tel, à comparoir pardeuant nous en nostre Hostel, scis ruë   vn tel iour, à telle heure, pour assister si bon luy semble, à la taxe des despens, esquels ledit tel a esté condamné par Arrest du   iour de   autrement sera par Nous passé outre à ladite taxe. Fait en nostredit Hostel ce   iour de

Si à cette assignation le defendeur ne compare, on prend vn defaut en cette sorte.

Defaut est donné par nous tel, Conseiller, &c. à tel comparant par Maistre tel son Aduocat ou Procureur, contre tel Aduocat ou Procureur de tel défaillant, par vertu duquel ordonnons qu'il sera reassigné à comparoir en nostre Hostel, scis ruë   à tel iour, à telle heure, pour voir proceder à la taxe des despens adjugez au profit dudit tel par Arrest du tel iour, à l'encontre dudit tel, autrement y sera procedé, tant en presence qu'absence. Fait en nostredit Hostel, ce tel iour, &c.

Ce defaut signifié, si le defendeur en taxe ne compare à l'assignation, on prend vn second defaut dudit Maistre des Requestes commis, semblable au premier, où n'y a rien à adjouster, sinon qu'on met au commencement, defaut second, &c. & ce second defaut signifié, si l'Aduocat ou Procureur du defendeur compare, ledit Maistre des Requestes taxe lesdits despens en sa presence, sinon il en fait la taxe par defaut, & quand l'Aduocat est present, il signe le calcul desdits despens, & met le receu de la somme qui luy est taxée pour ſon aſſiſtance. Ce calcul de deſpens ſe fait en cette forme.

Calcul de deſpens.

Les preſens deſpens ont eſté par nous Conſeiller du Roy en ſes Conſeils, & Maiſtre des Requeſtes ordinaire de ſon Hoſtel, taxez & moderez en la preſence de tel, Aduocat ou Procureur de tel, demandeur en taxe, & de Maiſtre tel, Aduocat ou Procureur de tel, defendeur, ſi c'eſt par defaut, on met, par vertu des defauts de nous donnez, & ſe ſont trouuez monter à la ſomme de ſauf l'erreur du cacul, de laquelle ſomme executoire ſera deliuré audit tel, contre ledit tel, defendeur. Fait ce

Cette declaration de deſpens & calcul d'icelle, ſe met és mains d'vn Commis du Greffe des Requeſtes de l'Hoſtel, qui en expedie l'executoire en cette ſorte.

LOüis par la grace, &c. Au premier noſtre Huiſſier oü Sergent ſur ce requis, nous te mandons contraindre par toutes voyes deuës & raiſonnables, nonobſtant oppoſitions ou appellations quelconques, tel, à payer & deliurer à tel, la ſomme de à laquelle ont eſté ce iourd'huy taxez & moderez par le Commiſſaire à ce deputé, en la preſence des Aduocats ou Procureurs des parties les deſpens, eſquels par Arreſt des Requeſtes de l'Hoſtel du tel iour, ledit tel a eſté condamné enuers ledit tel, de ce faire te donnons pouuoir. Donné ſous le ſcel deſdites Requeſtes de l'Hoſtel, le tel iour mil, &c. Executoire de deſpens.

Quand les condamnations de deſpens ſont portées par des Sentences renduës à l'ordinaire, leſdits deſpens ſe taxent comme aux Requeſtes du Palais & au Parlement, & ſont donnez en communiquation aux Procureurs auec les pieces iuſtificatiues, pour y mettre leurs diminutions, & ſiguer, mais à l'extraordinaire, on les taxe ſans aucune communication ; & ſur les pieces qui ſont repreſentées ſur le champ au Maiſtre des Requeſtes commis.

FIN.

TABLE

DES TITRES

DV STYLE

DES REQVESTES DE L'HOSTEL.

STYLE

STYLE DES LETTRES ROYAVX, QVI SE SCELLENT

en la petite Chancellerie tous les Mercredis, Vendredis & Samedis matin de chacune semaine de l'année, auec le prix que l'on paye aux Secretaires ou Referendaires qui les font expedier, & quelques autres Lettres du grand Sceau les plus communes & necessaires.

Les quinze Lettres qui suiuent se trouuent au Style du Parlement, sçauoir;   Coust des Lettres.

Relief d'appel,	page 94	xxviij. sols 6. d.
Conuersion d'appel en opposition,	98	xxxi. s.
Anticipation,	100	xxviii. s. 6. d.
Lettres de desertion,	102	xxviii. s 6. d.
Lettres pour estre releué de la desertion,	104	xxxi. s.
Lettres pour estre receu à proposer défenses, nonobstant l'Arrest de debouté de défenses,	123	xxxi. s.
Lettres pour articuler faits nouueaux,	165	xxxi. s.
Lettres pour contraindre vn Notaire à apporter au Greffe vne piece maintenuë fausse,	177	xxviii. s. 6. d.
Lettres portant reception & serment de fidelité,	224	xviii. liu.
Lettres de prouision par droict de Regale,	225	xviii. liu.
Lettres portans collation de Benefice,	226	x. liures.
{ Requeste ciuile,	280	xi. liures.
{ Commission sur icelle,	281	
Commission sur les propositions d'erreur,	287	
Commission à Messieurs du Parlement pour iuger les erreurs,	288	lxiv. s.

Les cinq Lettres qui suiuent sont au Style des Requestes du Palais.

Lettres de *Committimus*,	11	lii. s. 6. d.
Lettres d'examen à futur,	93	xxxi. s.
Lettres de Sauue-garde,	110	lii. s. 6. d.
Lettres de Recision,	204	xxxi. s.
Commission pour appeller les heritiers d'vn defunt pour voir declarer executoire contr'eux vn Arrest ou Sentence, &c.	232	xxxi. s.

Les suiuantes sont dans le Formulaire cy-aprés.

Compulsoire,	57
Commission en reprise de procez,	58
Debitis,	là mesme.

f

F I N.

COMPVLSOIRE.

TROIS CLAVSES.

Commandement de representer les pieces.
Adiourner la partie.
Pour le refus du Notaire, assignation.

Oüis, &c. Au premier noſtre Huiſſier, ou Sergent ſur ce requis; Salut. De la partie de tel . . . . . . nous a eſté expoſé, que pour iuſtifier du bon droiĉt qu'il a en certaine cauſe d'appel pendanté en noſtre Cour de Parlement, entre luy appellant, d'vne part, & tel   d'autre, luy eſt beſoin de recouurer pluſieurs titres, contraĉts, adueus, denombremens, Sentences & autres papiers qui ſont entre les mains de pluſieurs perſonnes publiques, qui ſont difficulté de les repreſenter, s'ils n'y ſont contraints ; requerant luy eſtre ſur ce pourueu. Pour ce eſt-il que nous te mandons & commettons par ces preſentes, qu'à la Requeſte dudit expoſant, tu faſſes exprés commandement de par nous à tous Notaires, Greffiers & autres perſonnes publiques, de t exhiber & repreſenter tous & vns chacuns les titres, contraĉts, adueus, denombremens, Sentences & autres papiers qui te ſeront par ledit expoſant nommez, pour en eſtre par toy faits extraits, vidimus & collations, parties preſentes, ou à ce faire deuëment appellées, pour ce fait eſtre deliurez audit expoſant pour s'en ſeruir audit procez, & par tout ailleurs, & en cas d'oppoſition, refus ou delay, iour en noſtredite Cour de Parlement à Paris, pour en dire les cauſes. Car tel eſt noſtre plaiſir. Donné

Couſte,
xxviii. ſ.
6. d.

REPRISE DE PROCEZ.
Trois clauſes.

Adiourner l'heritier, s'il eſt en âge.
Sinon le Tuteur ou Curateur.
Ou luy en faire pouruoir.

Oüis, &c. Au premier noſtre Huiſſier, &c. Salut. De la partie de tel   nous te mandons aſſigner à certain & competant iour en noſtre Cour de Parlement à Paris, les heritiers de feu tel

Couſte,
xxviii ſ.
6 d.

pour reprendre le procez où l'expoſant eſt demandeur,

f ij

suiuant la commission de tel iour, à l'encontre de tel, auquel procez ledit defunt tel estoit interuenu, & receu partie pour proceder
en iceluy suiuant les derniers erremens, ainsi que de raison : Car tel
est nostre plaisir, &c.

DEBITIS.
Quatre clauses.

Pour estre payé d'vne debte claire & liquide ou reconnuë
estre deuë.

Execution.

En cas d'opposition iour.

Aprés vn an non-valable.

Couste,
xxviii. s.
*. d.

Loüis, &c, Nous te mandons & commettons par ces presentes,
que toutes les debtes bonnes & loyales, qui t'apparoistront estre
legitimement deuës à tel   par cedules, promesses, obligations
& autres actes, tu les luy fasse payer incontinent, & sans delay, en
contraignant les debiteurs & chacun d'eux par la prise, vente &
exploictation de leurs meubles & heritages, arrest & emprisonnement de leurs personnes, si besoin est, & y sont obligez : & en cas
d'opposition, refus ou delay, nostre main suffisamment garnie des
sommes contenuës és lettres obligatoires faites & passées sous
Sceaux Royaux, adjourne les opposans, refusans, ou delayans, à
certain & competant iour, pardeuant les Iuges, ou leurs Lieutenans, ausquels la connoissance en appartiendra, pour dire leurs
causes d'opposition, refus, ou delay, répondre & proceder en outre comme de raison. En certifiant sur ce deuëment audit iour lesdits Iuges ou leursdits Lieutenans de tout ce que fait auras, ausquels nous mandons faire aux parties oüies bonne & briefve Iustice. Ces presentes aprés vn an non valables : Car tel est nostre plaisir. Donné

SVBROGATION EN MATIERE BENEFICIALE.
Deux clauses.

Mandement de subroger.

Et s'aider des procedures.

Couste,
xxxi. s.

Loüis, &c. A nos amez, &c. Salut. De la partie de tel
nous a esté exposé qu'il a procez pardeuant vous, pour raison
du possessoire du Prieuré de tel lieu, aux droicts de tel. Et dautant
que ledit exposant a esté pourueu dudit Prieuré par la resignation
dudit tel, il desire se faire subroger en son lieu & droicts, humblement requerant sur ce nos Lettres. Pource est-il, que nous vous
mandons, & parce que le procez est pendant & indecis pardeuant
vous, commettons, que s'il vous appert dudit procez, & que l'ex-

poſant ſoit pourueu dudit Prieuré par la reſignation de tel , partie
audit procéz , & des choſes deſſuſdites , ou de tant que ſuffire doiue , vous en ce cas ſubrogiez ledit expoſant au lieu & droicts dudit
tel , & faites aux parties ouyes bonne & briefue Iuſtice : Car tel ,
&c. Donné

Commiſſion pour faire appeller des pourueus , au lieu
d'vn defunt.

LOuys , &c. Salut. De la partie de noſtre amé tel   · Official
  de tel   Archeueſché , de tel   Promoteur en ladite
Officialité , nous a eſté expoſé qu'il y a procez pendant & indecis
en noſtre Cour de Parlement de Paris , entre ledit appellant d'vne
part , & tel Archipreſtre de tel lieu & tel autre pour raiſon des
droicts par eux pretendus à cauſe de leurs charges & Offices , ce
qui ne ſe peut iuger à cauſe du deceds dudit tel   au moyen dequoy il eſt beſoin audit expoſant faire aſſigner en noſtredite Cour
Maiſtre tel , pourueu dudit Archipreſtre au lieu dudit tel , pour
prendre , ſi bon luy ſemble , communication dudit procez , & voir
dire , que l'Arreſt qui interuiendra en icelle Cour contre ledit Archipreſtre ſera executé contre luy en ladite qualité , & répondre à
telles autres fins & concluſions que les expoſans voudront contre
luy prendre , humblement requerant ſur ce nos lettres. Pource eſt-
il que nous te mandons & commettons par ces preſentes , à la Requeſte dudit expoſant aſſigner à certain & competant iour en noſtredite Cour , ledit tel , pour répondre & proceder ſur ce que deſſus , & répondre en outre ainſi que de raiſon , & des exploicts certifie deuëment noſtredite Cour de Parlement : Car tel eſt noſtre
plaiſir , &c.

COMPENSATION.
Vne clauſe.

Compenſer des ſommes claires & liquides l'vne à l'autre.

LOuys , &c. A nos amez , &c. Salut. De la partie de tel
  nous a eſté expoſé qu'il a obtenu executoire de deſpens de ladite Cour taxez preſens les Procureurs des parties , le iour & an , contre tel montant à la ſomme de   en vertu duquel il a eſté fait
commandement audit tel de payer , ce qu'il a refuſé de faire. Et
dautant que ledit tel a obtenu auſſi executoire de deſpens taxez
preſens les Procureurs des parties , pour deſpens de telle choſe contre ledit expoſant , le tel iour   montant à la ſomme de
deſireroit l'expoſant que ladite ſomme de   fuſt compenſée
auec pareille ſomme ſur ladite ſomme de   deuë audit expoſant par ledit tel , humblement ſur ce requerant nos lettres. Pour-

f iij

Couſte,
xxviii. ſ.
6. d.

Couſte ,
xxxi.ſ.

quoy nous, ces choses considerées, desirans subuenir à nos Subjets selon l'exigence des cas, vous mandons, & commettons par ces presentes, que les parties comparantes pardeuant vous ou Procureurs pour elles ; & lesquelles nous voulons y estre appellées par le premier nostre Huissier ou Sergent sur ce requis, qu'à ce faire commettons, s'il vous appert de ce que dit est, & que les sommes desquelles ledit exposant demande compensation, soient liquides, vous en ce cas compensez ladite somme deuë par ledit exposant audit tel, par executoire du tel iour & an, laquelle de grace speciale nous auons compensée par ces presentes, auec l'executoire du tel iour & an obtenu par l'exposant, & faites aux parties bonne & briefve Iustice : Car tel est nostre plaisir. Donné

COMMISSION DE COMPLAINTE.
Trois clauses.

Adiourner la partie sur le lieu.

En cas d'opposition sequestre verbal.

Et adiourner les opposans pardeuant le Iuge, pour voir maintenir l'impetrant en ses possessions.

LOuys, &c. Au premier Huissier de nostre Cour de Parlement, ou autre Sergent sur ce requis; Salut. De la partie de nostre amé tel   nous a esté exposé : que par bons titres & contracts luy compete & appartient, tant à cause de ses predecesseurs, qu'autrement, vn arpent de   appellé   à declarer plus à plein en temps & lieu, de laquelle piece, fruicts & profits d'icelle, ledit exposant, tant par luy que ses predecesseurs, & autres, dont il a cause, a tousiours par cy-deuant iouy par tel & si long-temps qu'il n'est memoire du contraire, pleinement & paisiblement, au veu & au sçeu de tous ceux qui l'ont voulu voir & sçauoir, & est en bonne possession & saisine d'icelle terre labourer, cultiuer, ensemencer, prendre & enleuer les fruicts, faire tous actes de vray proprietaire & possesseur, & desquels droits, possessions & saisines ledit exposant, tant par luy que ses predecesseurs, a iouy & vsé pleinement & paisiblement, & mesme par les trois dernieres années precedentes la derniere cueillette de l'année passée : ce nonobstant vn nommé tel, qui n'a aucun droict en ladite piece   se feroit cette presente année efforcé de troubler & empescher ledit exposant en sesdits droicts, possession & saisine à tort & sans cause, induëment & de nouuel depuis an & iour en ça, à son tres-grand grief. Pource est-il que nous te mandons & commettons par ces presentes, qu'appellé pardeuant toy ledit tel, & autres qu'il appartiendra, à comparoir en & sur ladite piece de terre contentieuse, tu

maintienne & garde de par nous ledit expofant en fefdits droicts,
poffeffions, & faifines, & d'icelles & chacunes d'elles le fais fouffrir, iouyr & vfer pleinement & paifiblement, fans pour raifon de
ce luy faire, mettre, ne fouffrir luy eftre fait, mis ou donné aucun
empefchement au contraire : & en contraignant à ce faire & fouffrir, & à ceffer d'orefnauant lefdits troubles & empefchemens, ledit tel & tous autres qu'il appartiendra, & qui pour ce feront à
contraindre par toutes voyes deuës & raifonnables : & en cas d'oppofition, contredit, ou debat de la chofe contentieufe preallable-
ment mife en noftre main comme Souueraine, & fous icelle regie
& gouuernée, les troubles & empefchemens leuez & oftez, refta-
bliffement fait reellement & de fait, des chofes prifes & leuées
és mains des Commiffaires à ce commis, adiourne les oppofans,
contredifans, ou faifans ledit debat, à certain & competant iour
pardeuant les gens tenans, &c. C'eft à fçauoir, les oppofans pour
dire leurs caufes d'oppofition, & lefdits perturbateurs, foit qu'ils
s'oppofent ou non, pour voir plus amplement maintenir & garder
ledit expofant en fefdits droicts, poffeffions & faifines : & en on-
tre proceder comme de raifon. En certifiant par toy fuffifamment nos amez & feaux, &c. de ce que fait auras fur ce, aufquels nous mandons faire aux parties ouyes bon & brief droict.
Car tel eft noftre plaifir : nonobftant quelconques lettres à ce
contraires.

CONFORTE MAIN.
Trois claufes.

*S'il appert de la main mife, appofer la main du Roy pour la con-
forter.*

*Eftablir Commiffaire pour en rendre compte, la main du Roy tenant,
quant aux chofes tenuës noblement, nonobftant oppofitions ou appellations quelconques, & fans preiudice d'icelles.*

*Et adiourner les oppofans pardeuant les Iuges qui en doiuent con-
noiftre.*

LOuys, &c. Au premier Huiffier de noftre Cour de Parlement, Coufte, lxiv.f.
ou autre Sergent fur ce requis ; Salut. De la partie de noftre
amé tel   nous a efté expofé, qu'à caufe de fa Seigneurie il a
plufieurs detenteurs tenanciers, hommes feodaux & vaffaux, aucuns defquels tiennent à foy & hommage dudit expofant, & les autres à cens & autres droicts & deuoirs non payez & reconnus, pour
lefquels ledit expofant a intention de mettre & appofer fa main
fur lefdites chofes ainfi tenuës de luy : mais il doute que lefdits de-
nturfte vouluffent icelle enfraindre, fi en icelle confortant, la

noſtre n'y eſtoit appoſée , humblement requerant ſur ce nos lettres
de prouiſion. Pourquoy nous, ces choſes conſiderées, te mandons
que s'il t'appert de ladite main miſe dudit expoſant eſdits heritages,
& és choſes ainſi tenuës de luy , en icelles confortant tu y mettes &
appoſes la noſtre , & par deſſous noſtredite main tiens & fais tenir,
regir & gouuerner iceux heritages & choſes par bons & ſuffiſans
Commiſſaires, qu'à ce faire commettras, non ſuſpects, ny fauorables à l'vn ny à l'autre des parties , à la charge d'en rendre bon
compte & reliqua , quand & à qui il appartiendra : & en cas d'oppoſition, refus ou delay, noſtre main tenant, quant aux choſes te
nuës noblement, nonobſtant oppoſitions ou appellations quelconques, & ſans prejudice d'icelles, pour leſquelles ne voulons eſtre differé , adiourne les oppoſans , refuſans ou delayans à certain & competant iour pardeuant leurs Iuges ou leurs Lieutenans, auſquels
nous mandons faire aux parties bonne & briefve Iuſtice : Car tel eſt
noſtre plaiſir. Donné

*Commiſſion pour faire taxer & liquider dommages
& intereſts.*

LOuys, &c. Au premier noſtre Huiſſier ou Sergent ſur ce requis;
Salut. De la partie de tel   nous a eſté expoſé qu'il a obtenu Arreſt du tel iour , par lequel tel eſt condamné en tous ſes deſpens, dommages & intereſts, leſquels il deſireroit faire liquider , &
à cette fin obtenir ſur ce nos lettres de prouiſions , humblement requerant icelle. Pource eſt-il , que nous te mandons & commettons
par ces preſentes , qu'à la Requeſte dudit expoſant tu adiournes à
certain & competant iour en noſtredite Cour de Parlement tel
pour voir taxer & liquider les dommages & intereſts , eſquels il a
eſté condamné par Arreſt de ladite Cour de Parlement de tel iour,
en certifiant par toy ſuffiſamment noſtredite Cour de ce que fait
auras, à laquelle nous mandons faire aux parties bonne & briefve
Iuſtice : Car tel eſt noſtre plaiſir. Donné

R E M I S S I O N.
Quatre clauſes.

La remiſſion de l'acte.
Silence au Procureur General.
Eſtre remis en ſa bonne fame & renommée.
Le droict d'autruy reſervé.

LOuys, &c. A tous preſens & à venir ; Salut. Sçauoir faiſons,
que nous auons receu l'humble ſupplication de tel   demeurant en tel lieu , chargé de femme & d'enfans , contenant
que le iour de   eſtant le ſuppliant en   auec tel

aduint

aduint que sur les huit à neuf heures du soir, le nommé tel
(faut mettre le fait comme il s'est passé, & ce suiuant les informations) fut contraint pour le démouuoir de dégainer son espée, de
laquelle il luy donna du plat sur l'espaule, n'ayant aucune intention
de l'offenser, luy disant qu'il eust à se retirer : & alors ledit tel se seroit mis en effort d'offenser ledit suppliant, & le saisir au corps,
s'efforçant de le ietter en terre pour luy oster son espée, en se defai-
sant ledit suppliant dudit tel, & tenant à sa main droite son espée,
& deuant luy, ainsi que ledit tel vouloit se ietter sur ledit suppliant,
seroit aduenu par cas fortuit, & à l'occasion de l'obscurité de la
nuit, qu'il se seroit enferré de l'espée, grandement blessé au dessous
de la mamelle gauche ; tellement que par faute de bon appareil, &
pour n'auoir esté bien secouru, ou autrement, il seroit le lendemain tel iour   decedé, au grand regret, perte & dommage
dudit suppliant, pour raison dequoy les heritiers dudit défunt auroient fait informer pardeuant tel Iuge, & procedé extraordinairement contre luy : lequel craignant la rigueur de Iustice, se seroit ab-
senté du païs, où il n'oseroit retourner, si nos graces & misericor-
des ne luy estoient sur ce imparties, nous requerant humblement
icelles, attendu ce que dit est, & les aggressions & efforts faits par
ledit defunt audit suppliant, & qu'en tous autres cas il s'est toûjours honnestement comporté & gouuerné, sans iamais auoir esté
atteint ny conuaincu d'aucun cas, blâme ou reproche, nous vueil-
lons luy impartir sur ce nosdites graces & misericorde. Pourquoy
nous ce consideré, voulans misericorde estre preferée à rigueur de
Iustice : Auons audit suppliant quitté, remis & pardonné, & de
grace speciale, pleine puissance & authorité Royale, par ces presentes quittons, remettons & pardonnons le fait & cas dessusdits,
auec toutes peines, amendes, & offenses corporelles, criminelles,
& ciuiles, en quoy & pour raison dudit cas, il pourroit estre encouru enuers Nous, & Iustice : & rappellons & mettons au neant tous
appeaux, ban, bannissement, defauts, Sentences, & Iugemens, si
aucuns s'en estoiët ensuiuis, & le remettons & restituons en ses bonne fame & renommée au païs, & en ses biens non confisquez, satisfaction faite à partie ciuile tant seulement, si faite n'est, & sur ce
imposons silence perpetuel à nostre Procureur, present & à venir,
& tous autres. Si donnons en mandement par cesdites presentes à
tel Iuge, pource que ledit cas est aduenu en son ressort & Iurisdiction, & à tous nos autres Iusticiers ou leurs Lieutenans, & à chacun d'iceux, si comme à luy appartiendra, que de nos presentes
grace, remission & pardon, & de tout le contenu cy-dessus, ils fas-

g

sent & souffrent ledit suppliant ioüir & vser pleinement & paisiblement , sans pour raison dudit cas luy faire ny souffrir estre fait ores
ne pour l'aduenir , en corps ny en biens , aucun trouble , ny empeschement au contraire : lequel , si fait luy estoit , mettent ou fassent
mettre incontinent & sans delay , à pleine deliurance : Car tel est
nostre plaisir ; Et afin que ce soit chose ferme & stable à tousiours,
nous auons fait mettre nostre Seel à ces presentes , sauf en autres
choses nostre droict , & l'autruy en toutes. Donné au mois de
l'an de grace , &c.

Relief de surannation d'vne remission.

Oüis, &c. A nostre tel, Iuge de tel lieu, ou son Lieutenant ;
Salut. Receu auons l'humble supplication de tel , contenant
qu'il auroit obtenu de nous lettres de remission en l'année au mois
de tel, cy-attachées sous le contre-seel de nostre Chancellerie, pour
occasion du meurtre par luy commis & perpetré en la personne de
tel , comme à plein est declaré & porté par lesdites lettres de remission , lesquelles il ne vous auroit encore presentées , ny requis l'entherinement d'icelles , au moyen de l'occupation d'iceluy au fait de
nos guerres , lesquelles toutesfois il desireroit humblement presenter & requerir l'entherinement d'icelles , requerant sur ce nos lettres de prouision. Pource est-il , que voulans ladite grace & remission sortir son effect , vous mandons receuoir ledit suppliant à requerir l'entherinement desdites lettres de remission , en le faisant
ioüir & vser dudit pardon & remission , ensemble du contenu esdites lettres , tout ainsi & par la forme & maniere qu'eussiez fait ou
pû faire , s'il vous les eust presentées dans le temps de leur impetration , dont nous l'auons releué & releuons par ces presentes ; à
la charge neanmoins qu'à la deposition des témoins decedez , foy
sera adjoustée , comme s'ils auoient esté recollez & confrontez , &
qu'il sera tenu demander l'entherinement des presentes dans trois
mois : Car tel est nostre plaisir. Donné

Commission pour faire entheriner vne remission.

Oüis, &c. Au premier Huissier, &c. Receu auons l'humble
supplication de tel   contenant que pour raison , & à cause de la mort de tel , il a obtenu nos lettres de remission , lesquelles
il a intention de presenter à nostre Bailly de tel lieu , & d'icelles requerir l'entherinement , & faire appeller les enfans & heritiers dudit défunt : Mais il doute ne le pouuoir faire , sans auoir sur ce nos
lettres de prouision , humblement requerant icelles. Pource est-il,
que nous te mandons & commettons par ces presentes , qu'à la Requeste dudit exposant tu adjournes à certain & competant iour à

comparoir pardeuant noſtredit Bailly de　　　les enfans & heritiers dudit defunt, ſi aucuns y a, ſinon les plus proches parens &
amis d'iceluy, pour voir entheriner leſdites lettres de remiſſion , ou
icelles conteſter, debattre, ſi bon leur ſemble, & proceder en outre comme de raiſon, en certifiant du tout noſtredit Bailly, auquel
nous mandons & commettons, ſi beſoin eſt , &c. & que, &c. Car
tel , &c. Donné

Commiſſion pour conſtituer vn nouueau Procureur.

LOüis , &c. Au premier noſtre Huiſſier ou Sergent ſur ce requis;
Salut. A la ſupplication de noſtre amé tel　　　nous te mandons aſſigner à certain & competant iour en noſtre Cour de Parlement à Paris, tel, pour conſtituër nouueau Procureur au lieu de
feu tel　　　decedé pendant la pourſuite & inſtruction de l'inſtance ou procez d'entre les parties. De ce faire te donnons pouuoir: Car tel eſt noſtre plaiſir. Donné

PARDON.
Quatre clauſes.

Le pardon.
Satisfaction.
Silence.
Remis en ſa bonne fame & renommée.

LOüis , &c. A tous ceux qui ces preſentes lettres verront ; Salut.
Receu auons l'humble ſupplication de tel　　　pauure Marchand, chargé de femme & enfans, demeurant en tel lieu, diſant
que le tel iour　　　(faut mettre tout le fait comme il s'eſt paſſé)
lequel ſuppliant à l'occaſion dudit cas, craignant la rigueur de Iu-
ſtiçe, ſe feroit abſenté du païs auquel il n'oſeroit retourner, pour ce
que les Officiers du lieu s'efforcent de proceder contre luy tant par
appeaux de ban, qu'adjournemens à trois briefs iours ; ce qui pourroit eſtre au grand prejudice & des-honneur dudit ſuppliant, & de
ſes biens & facultez, ſi de noſtre grace ne luy eſt ſur ce pourueu de
nos lettres à ce conuenables, humblement requerant icelles, & attendu ce que dit eſt, meſme que ledit tel　　　n'eſt enormément
bleſſé & qu'il y a grande eſperance de gueriſon, & le cas tel qu'il ſe
peut reparer. Qu'en tous autres cas le ſuppliant s'eſt touſiours bien
& honneſtement gouuerné , ſans iamais auoir eſté atteint d'aucun
cas digne de reproche, nous ayons à luy octroyer ſur ce noſdites
grace & pardon ; pourquoy nous, ces choſes conſiderées, auons
audit ſuppliant quitté, & pardonné, quittons & pardonnons de
grace ſpeciale par ces preſentes, le fait & cas deſſuſdits, auec toutes peines, amendes, & offenſes corporelles, criminelles, & ciui-

Couſte ,
xxviii. ſ.
6. d.

Couſte, xii.
liures 6.ſ.6.
d.ſans l'au-
mône & ex-
pedition.

g ij

les, en quoy il pourroit estre encouru enuers nous, & Iustice, &
r'appellons & mettons au neant tous appeaux de ban, defauts & Iugemens, si aucuns s'en estoient ensuiuis, & l'auons remis & remettons, restitué & restituons à ses fame & renommée au païs, & en ses
biens non confisquez, satisfaction faite à partie ciuile, tant seulement, si faite n'a esté, & sur ce imposons silence perpetuel à nostre
Procureur present & à venir, & à tous, &c. Si donnons en mandement par ces presentes à tous nos Officiers, ou leurs Lieutenans, &
à chacun d'eux qu'il appartiendra, que de nos presentes grace &
pardon ils fassent & laissent ledit suppliant iouïr & vser pleinement,
sans luy faire, ou souffrir estre fait aucun trouble ou empeschement
en corps ny en biens, ores, ny pour l'aduenir, lequel si fait luy
estoit, le mettent ou fassent mettre sans delay à pleine deliurance.
En témoin dequoy, &c. Donné

Commission de surannation de recision, auec adresse faite à autre Iuge.

Couste,
xxxi. sols. LOuïs, &c. Au premier nostre Huissier, &c. Salut. De la partie
de telle   nous a esté exposé que dés le tel iour nous luy
auons octroyé nos lettres de recision des contracts y mentionnez,
cy-attachez sous le contreseel de nostre Chancellerie, dont elle n'a
poursuiuy l'entherinement, parce que tel y denommé luy auoit promis de ne s'aider desdits contracts ; nonobstant lesquelles elle est
tousiours demeurée en possession de ses biens, domaines & heritages
pretendus alienez par iceux iusques à present qu'elle est poursuiuie
par ledit tel, pardeuant le Iuge de tel lieu   en execution desdits contracts, & d'autres qui s'en sont ensuiuis, pour raison desdits
domaines, où elle desire s'aider desdites lettres de recision, nonobstant qu'elles soient surannées, & que l'adresse en soit faite à nostre
tel Iuge, ou son Lieutenant, requerant à ces fins nos lettres de prouision. Pour ce est-il, que nous te mandons & commettons par ces
presentes, faire exprés commandement de par nous audit Iuge de
tel lieu ; pardeuant lequel ledit procez est pendant & indecis, &
dans le ressort duquel lesdits domaines sont assis & situez, que les
parties comparantes ou deuëment appellées pardeuant luy, s'il luy
appert des faits alleguez par lesdites lettres de recision, ou de tant
que suffire doiue, il ait à proceder à l'enterinement desdites lettres
de recision selon leur forme & teneur, & faire droict à ladite exposante sur ses fins & conclusions, sans s'arrester ausdits contracts, &
iceux rescinder & annuller, & tout ce qui s'en est ensuiuy ; & lesquels en tant que besoin seroit, nous cassons & annullons d'abondant par ces presentes, pour les causes contenuës en nosdites lettres de recision, iaçoit qu'elles soient surannées, & que l'adresse en

ſoit faite à autre Iuge que ledit tel   ce que ne voulons nuire ny
prejudicier à ladite expoſante, mais l'en auons releuée & releuons
par ces preſentes : Car tel eſt noſtre plaiſir , nonobſtant toutes lettres à ces preſentes contraires. Donné

Commiſſion de ſurannation d'Arreſt.

L Ouïs , &c. Salut. A la ſupplication de noſtre amé tel
nous te mandons que tel Arreſt & commiſſion de noſtre Cour de
tel iour   par luy obtenu à l'encontre de tel, cy-attachez ſous **Couſte ,**
le Contreſeel de noſtre Chancellerie, tu mettes à deuë & entiere **xxxi.ſols.**
execution ſelon leur forme & teneur, nonobſtant qu'ils ſoient ſurannez de plus d'an & iour, que ne voulons nuire ny prejudicier audit expoſant. De ce faire te donnons pouuoir : Car tel eſt noſtre
plaiſir.

LETTRES DE BENEFICE D'INVENTAIRE.
Quatre clauſes.

Le benefice.

Bailler caution,

Faire inuentaire.

Si aucun ſe veut porter heritier ſimple , il y ſera receu.

L Ouys , &c. A noſtre Bailly de tel lieu, ou ſon Lieutenant, Pre- **Couſte ,**
uoſt & Iuge ordinaire dudit lieu , & à tous nos autres Iuſticiers & **xi. liu. 6.ſ.**
Officiers, ainſi qu'il appartiendra ; Salut. De la partie de noſtre
amé tel   nous a eſté expoſé , qu'il eſt habile d'eſtre heritier de
feu tel ſon pere , la ſucceſſion duquel il craint luy eſtre plus onereu-
ſe que profitable: pourquoy deſireroit l'accepter ſous benefice d'inuentaire , requerant à cette fin nos lettres à ce conuenables. Pource
eſt-il, que nous deſirans ſubuenir à nos Sujets ſelon l'exigence des
cas , luy auons permis & permettons par ces preſentes , ſe dire &
nommer heritier ſous benefice d'inuentaire dudit defunt tel ſon pere , & à cette fin prendre & apprehender ſa ſucceſſion , en ladite
qualité, ſans qu'il ſoit tenu payer aucunes debtes de ladite ſucceſſion, ſinon iuſques à la concurrence du contenu audit inuentaire,
dont il baillera caution, & à la charge d'accomplir le teſtament dudit tel : & que ſi aucuns ſe veulent porter heritiers ſimples dudit defunt, ils y ſeront receus. Si vous mandons que receuiez ladite caution, vous laiſſiez, ſouffriez & faſſiez iouyr l'expoſant deſdits biens
& ſucceſſion, ſans permettre luy eſtre fait ou donné aucun empeſchement : Car tel eſt noſtre plaiſir. Donné

LETTRES DE BENEFICE D'AAGE.
Quatre clauſes.

Le benefice.

g iij

Capable de gouuerner son bien.

Adiourner les parens,

     Et ne pouuoir aliener l'immeuble, sans le consentement de son curateur.

Couste,
xvii. liu.
xv. s.LOuys, &c. A nostre Bailly de tel lieu, ou son Lieutenant ; Salut. De la partie de telle, fille de tels ses pere & mere, aagée de vingt-vn an ou enuiron, nous a esté exposé, qu'à present qu'elle a ledit aage, elle desireroit auoir le gouuernement & maniement de son bien, pour en iouyr, s'estant depuis le deceds bien comportée & gouuernée, sans aucun mauuais ménage, nous suppliant luy vouloir sur ce pouruoir de nos lettres à ce requises & necessaires. Pource est-il, que nous ce consideré, desirans subuenir à l'exposante selon l'exigence des cas, vous mandons que la plus grande & saine partie des parens d'icelle exposante, tant paternels que maternels, appellez pardeuant vous, iceux ouys, autant que suffire doiue, s'il vous appert que ladite exposante ait atteint l'aage de vingt-vn an ou enuiron, qu'elle soit suffisante & capable de gouuerner ses biens, vous en ce cas souffriez & permettiez qu'icelle exposante iouysse desdits biens de sesdits pere & mere, & de tous ceux qui luy appartiennent, tout ainsi que si elle auoit atteint l'aage de maiorité : à la charge qu'elle ne pourra vendre ny aliener sesdits biens, qu'elle n'ait atteint ledit aage de maiorité, dont nous l'auons dispensée pour ce que dessus : Car tel est nostre plaisir. Donné

TERRIER.

Quatre clauses.

Permission de contraindre les detenteurs.

Bailler par declaration.

     Faire arpenter les terres, parties presentes ou appellées, aux dépens de l'exposant.

     Mettre en sa main l'heritage, nonobstant oppositions ou appellations quelconques, quant aux choses tenuës noblement.

Couste, iv.
liures xv. s.LOuys, &c. Au Bailly de   ou son Lieutenant, &c. Salut. Nostre amé & feal tel   nous a fait remonstrer, qu'à cause desdites terres & Seigneuries, il a toute Iustice & Iurisdiction, haute, moyenne & basse, & plusieurs domaines, fiefs, arriere-fiefs, cens, dixmes, terrages, coustumes, coruées, rentes, & autres droits & deuoirs, à prendre & perceuoir sur plusieurs maisons, vignes, manoirs, mazures, bois, buissons, prez, terres labourables, & non labourables, & autres heritages qui sont detenus & possedez par plusieurs particuliers, tant Ecclesiastiques, Nobles, qu'autres, lesquels sont refusans, les luy payer & reconnoistre, nous suppliant

& requerant luy vouloir fur ce pouruoir. A ces caufes, nous vous mandons, & à celuy de vous qui pour le bien & foulagement des Subjets & redeuables des droiȼts, & qui plus facilement, & auec moins de peine & frais pourra vacquer & proceder à l'execution des prefentes, commettons & enjoignons par cefdites prefentes, qu'à la Requefte dudit expofant vous faffiez faire exprés commandement de par nous, fur certaines grandes peines à nous applicables, par cry public, fon de trompe, & par affiches que vous ferez mettre és portaux des villes, bourgs, & villages, & és portes des Eglifes Parochiales defdites Seigneuries, à tous vaffaux & emphyteutes, tenanciers, cenfiers & redeuables enuers l'expofant defdits droits & deuoirs, dedans certain temps qui leur fera par vous prefix, ils ayent à venir faire & prefter audit fuppliant les foy & hommages qu'ils font tenus faire pour raifon des fiefs qu'ils tiennent mouuans de luy à caufe defdites terres & Seigneuries, bailler adueus & denombremens par le menu, tenans & aboutiffans nouueaux, referez aux anciens par declaration fignée d'eux, & de l'vn de nos Notaires & Tabellions, ou de Cour laye, que pour ce faire commettrez, payer à iceluy fuppliant les droits & deuoirs à luy deubs pour raifon defdits fiefs : & aufdits emphyteutes, tenanciers, redeuables, iceux venir reconnoiftre & bailler la declaration par le menu, des fins, bords, limites, tenans & aboutiffàns, & le nom au vray de toutes & chacunes les maifons, baftimens, terres, bois, buiffons, eftangs, riuieres, ports, paffages, vignes, & autres poffeffions, & chofes generalement quelconques, qu'ils tiennent & poffedent en & au dedans defdites terres & Seigneuries, & à caufe d'icelles, pardeuant lefdits Notaires & Tabellions, & quels droits & deuoirs ils font tenus en faire & payer par chacun an ou à chacune mutation, quels arrerages en font deubs, fans aucune chofe en taire ny receler, fur peine de forfaiture : auffi de monftrer & exhiber leurs lettres, titres & enfeignemens, adueus & denombremens, tant nouueaux qu'anciens, les actes de la reception de leur foy & hommage, les quittances & décharges de ceux aufquels ils auroient payé lefdits droits & deuoirs Seigneuriaux, & le tout faire infcrire en vn papier terrier, que vous ferez bailler & deliurer audit fuppliant, deuëment figné & expedié par lefdits Notaires, pour luy feruir en temps & lieu ce que de raifon, & pour la verification & éclairciffement de fefdits droits, & execution des prefentes, mandons à noftredit premier Huiffier, ou Sergent fur ce requis, faire exprés commandement de par nous à tous Notaires, Tabellions, Greffiers & autres qui ont aucuns contrats de ventes, tranfports, échanges, donations & papiers terriers des choses susdites, qu'ils ayent à les monstrer & exhiber pardeuant vous, en bailler copie collationnée aux Originaux dans le temps & delay qui leur sera par vous presix. Et où ils ne satisferont dedans iceluy temps, & n'apporteront lesdites declarations & denombremens, saisissez, & faites saisir lesdites terres, fiefs, Iustices & heritages, cens, rentes, & possessions quelconques, & procedez contr'eux par les voyes de droict, selon la Coustume du païs & nos Ordonnances ; ensemble contre lesdits Notaires, Tabellions, & autres qui seront refusans d'exhiber, & bailler la copie desdits contracts & papiers terriers, par peines & amendes telles que verrez estre à faire, que voulons estre leuées sur eux sans deport: Et outre faites informer des entreprises & vsurpations sur lesdites terres, Iustices & Iurisdictions que ferez borner & limiter, auec les ioignans & circonuoisins, & les Seigneurs d'icelles deuëment appellez pour ce faire, voir les anciennes bornes & limites, faire procez verbal & description d'icelles, asseoir, & en mettre & apposer de nouuelles, où besoin sera, le tout à la conseruation desdites Iustices & Iurisdictions, & éuiter aux entreprises qu'ils se pourroient faire les vns sur les autres: faites aussi arpenter & mesurer par l'Arpenteur Iuré, ou gens à ce connoissans, les terres, prez, bois, buissons, & autres heritages, tant du domaine desdites Seigneuries, que des Subjets & vassaux d'icelles, eux à ce faire aussi appellez, pour voir rasseoir les anciennes bornes, & y en mettre de nouuelles, si besoin est: pour le bordage & arpentage fait, estre mis & incorporé au domaine desdites terres & Seigneuries, ce qui sera trouué par lesdits Arpenteurs estre outre la mesure portée par leursdites declarations, adueus & denombrémens, titres & enseignemens. Faites saisir & mettre en nostre main les lieux & heritages qui vous apparoistront auoir esté autrefois redeuables ausdites Seigneuries, & chargez enuers icelles de cens, rentes, & autres droits & deuoirs, dont les Receueurs & Fermiers desdites Seigneuries souloient faire recepte, iusques à ce qu'ils ayent fait apparoir des causes suffisantes, repugnantes & contraires: après leur declaration ainsi faite, & en la forme que dit est, seront passez & baillez pardeuant lesdites Notaires & Tabellions, qu'à ce faire aurez deputez & commis : voulons d'icelles, comme dit est, estre fait par lesdits Notaires & Tabellions, vn ou plusieurs liures & papiers terriers, qui seront signez de luy & du Greffier de vostredit Bailliage, pour seruir & valoir audit suppliant, tant en la perception desdits droits, qu'en toutes les autres Cours, Iurisdictions, & autres lieux, de suffisante preuue, titres &

enseignemens,

enſeignemens ; faiſant iceluy ſuppliant payer de tous & chacuns
les droicts qui ſont deubs , & ſe trouueront auoir eſté recelez , par
les voyes & contraintes pour ce accouſtumées , & en tel cas requiſes : & en cas d'oppoſition, refus ou delay, noſtredite main ſuffi-
famment garnie , quant aux choſes tenuës noblement, procederez
nonobſtant les oppoſitions ou appellations quelconques , & ſans
prejudice d'icelles, pour leſquelles ne voulons eſtre differé ; & faites au ſurplus aux parties ouyes bonne & briefue Iuſtice : Car tel
eſt noſtre plaiſir, nonobſtant lettres à ce contraires. Mandons &
commettons à tous nos Iuſticiers & Subjets, qu'à vous , & à chacun de vous , en ce faiſant ſoit obey. Donné

Renoŭuellement de papier terrier.

LOuys , &c. A noſtre Bailly de tel lieu, ou ſon Lieutenant General & particulier en chacun de leurs Sieges ; Salut. Noſtre amé
& feal tel   nous a fait expoſer, qu'à cauſe des terres & Seigneuries de tel lieu, & autres terres à luy appartenans, il a toute
Iuſtice & Iuriſdiction, haute, moyenne, & baſſe, & pluſieurs fiefs
& arriere-fiefs , maiſons & manoirs tenus reſpectiuement de luy à
foy & hommage, cens, rentes & autres deuoirs Seigneuriaux par
pluſieurs perſonnes, tant Nobles qu'autres, leſquels ſe peuuent
perdre par le moyen des anciens, tenans & aboutiſſans deſdits heritages, deceds de ceux qui les tiennent, guerres ciuiles, & autres
mutations, s'il n'eſt pourueu audit expoſant de nos lettres en forme de terrier, pour renoŭueller iceux droits, tenans & aboutiſſans,
humblement requerant icelles. Pource eſt-il , que nous ce conſideré, deſirans ſubuenir audit expoſant ſelon l'exigence des cas, vous
mandons & commettons par ces preſentes , qu'à la Requeſte dudit
expoſant vous faſſiez faire commandement de par nous à tous detenteurs & proprietaires deſdits heritages ſujets auſdits cens, rentes, tailles, coruées, bannages, terrages, dixmes, champars, &
autres droicts & deuoirs Seigneuriaux, que pardeuant l'vn de nos
Notaires, Tabellions, ou l'vn de leurs Subſtituts, ils ayent à reconnoiſtre incontinent & ſans delay, & bailler par declaration leſdits heritages & droits, exhiber leurs lettres & titres, pour en eſtre
fait regiſtre & papier terrier en la forme & maniere accouſtumée :
Et en cas de refus ou delay, faites aſſigner les oppoſans, refuſans
ou dilayans, à certain & competant iour pardeuant les Iuges qui en
doiuent connoiſtre. Mandons à noſtre premier Huiſſier ou Sergent
ſur ce requis, faire tous exploits à ce requis & neceſſaires, & faites

h

au surplus aux parties ouyes bon & brief droict : Car tel est nostre plaisir. Donné

Commission pour faire paracheuer l'execution d'vn terrier suranné.

Couste,
xxxi. s.

Louys, &c. A nostre Bailly de tel lieu ou son Lieutenant, Salut. Receu auons l'humble supplication de nostre bien amé tel contenant que dés tel iour il auroit obtenu de nous en nostreChancellerie à Paris, commission en forme de terrier à vous addessante, laquelle auroit esté commencée à executer dans l'an & iour de l'impetration d'icelle : mais pour aucuns affaires & empeschemens suruenus audit exposant & à son conseil, ladite execution a esté discontinuée depuis le mois de tel   tellement que le papier terrier commencé à faire en vertu de nosdites lettres, n'a esté paracheué, & de present il le feroit volontiers continuër & paracheuer, mais il doute que l'on fist difficulté de ce faire au moyen de ladite discontinuation, & que nosdites lettres de terrier sont surannées, s'il n'auoit sur ce nos lettres de prouision, humblement requerant icelles. Pourquoy nous, ce consideré, voulons & vous mandons, pource que lesdites lettres en forme de terrier obtenuës par ledit exposant, sont à vous addressantes, & qu'auez, ou les aucuns de vous, déja commencé de proceder ou faire proceder à l'execution d'icelles; commettons par ces presentes & à chacun de vous, si comme à luy appartiendra, que s'il vous appert sommairement de nosdites lettres, & de l'execution commencée, en vertu d'icelles dans l'an de ce qui est dit cy-dessus, de leur impetration qui fut audit mois de   & n'ayant ladite execution & papier terrier esté paracheué, mais discontinué depuis ledit mois de   & au moyen de plusieurs affaires & empeschemens à luy & à son conseil suruenus; vous en ce cas faites proceder au paracheuement d'icelle execution & papier terrier d'iceluy suppliant, ainsi qu'il appartiendra par raison, & tout ainsi qu'on eust pû faire dedans l'an de l'impetration de nosdites lettres de terrier, en contraignant ou faisant contraindre à ce faire & souffrir tous ceux qu'il appartiendra, par toutes voyes deuës & raisonnables : Car tel est nostre plaisir. Nonobstant que nosdites lettres de terrier soient surannées, & que l'execution en ait esté discontinuée depuis ledit mois   que ne voulons audit suppliant nuire ny prejudicier en aucune maniere. Donné

Pareatis.

Couste. vii.
liu. xv. sols
pour le dif.

Louys, &c. Nous te mandons & commettons par ces presentes, qu'à la Requeste de tel   tu mette à deuë & entiere execu-

.tion l'Arreſt du   iour de   cy-attaché ſous le contre-

finitif &
pour la ſim-
ple iii. liu. x,
ſ.

ſeel de noſtre Chancellerie, à l'encontre de tel, de point en point
ſelon ſa forme & teneur, faiſant tous exploits neceſſaires pour l'e-
xecution dudit Arreſt cy-attaché, comme dit eſt, ſans demander
placet, *viſa*, ne pareatis. De ce faire te donnons pouuoir, puiſſance, authorité, commiſſion & mandement ſpecial : Mandons &
commettons à tous nos Iuſticiers, Officiers & Subjets, qu'à toy en
ce faiſant ſoit obey, nonobſtant clameur de Haro, Charte Nor-
mande, & lettres à ce contraires. Donné, &c.

*Faut mettre au bas deſdites lettres du grand Sceau, Par le Roy en
ſon Conſeil.*

Lettres *de pacificis poſſeſſoribus.*
Deux clauſes.

S'il appert du titre.
Ou qu'il ſoit plus que triennal poſſeſſeur.

LOuys, &c. A nos amez & feaux Conſeillers les Commiſſaires

Couſte,
xxxi. ſ.

par nous deputez pour la reformation des Hoſpitaux & Mala-
deries de noſtre Royaume de France; Salut. De la partie de noſtre
amé Maiſtre tel   Chappelain de telle Chappelle, nous a eſté
expoſé qu'il a eſté bien & deuëment pourueu de ladite Chappelle,
& a pris poſſeſſion & iouy paiſiblement d'icelle dix ans ſont &
plus: neanmoins Maiſtre tel   l'auroit troublé & empeſché
en ladite iouyſſance, en ayant obtenu prouiſion, par le moyen deſquelles il eſt interuenu au procez pendant pardeuant vous entre
l'expoſant demandeur d'vne part, & tel defendeur d'autre, auquel iceluy tel ayant eſté receu partie a produit ſa pretenduë prouiſion : au moyen dequoy ledit expoſant qui eſt, comme dit eſt,
plus que triennal poſſeſſeur, à cette fin a eſté conſeillé d'obtenir
nos lettres *de pacificis poſſeſſoribus*, humblement requerant icelles.
Pource eſt-il, que nous, ce conſideré, deſirans ſubuenir audit expoſant ſelon l'exigence des cas, vous mandons, & parce que les
parties ſont en procez pardeuant vous, commettons, que s'il vous
appert que l'expoſant ſoit plus que triennal poſſeſſeur de ladite
Chappelle, & des autres choſes deſſuſdites, ou de tant que ſuffire
doiue, vous en ce cas mainteniez & gardiez ledit expoſant en la
poſſeſſion & iouyſſance d'icelle Chappelle, & faites au ſurplus aux
parties ouyes bonne & briefue Iuſtice : Car tel, &c.

Lettres de répit, auec connoiſſance de cauſe.

LOuys, &c. A noſtre Bailly de tel lieu, ou ſon Lieutenant; Sa-

Couſte,
xlv. ſ.

lut. De la partie de tel   demeurant en tel lieu, chargé de

h ij

femme & enfans, nous a esté exposé que depuis certain temps en
ça, mesme depuis tel temps, il luy seroit arriué plusieurs infortu-
nes : *faut mettre tout le fait au long, & quelles pertes il a souffertes*, au
moyen dequoy ne pouuant satisfaire, ny payer ses creanciers, il
auroit esté infinies fois contraint par saisies & executions par des
Sergens, les voyages & exploits desquels reuiennent à de grands
deniers, pour lesquels il seroit obligé, & auroit souffert plusieurs
Iugemens & condamnations. De maniere que ne pouuant payer
ny vendre quelques-vns de ses immeubles, afin de se subuenir,
estant son credit perdu, l'on les auroit mis en criées & subhasta-
tion, la discution desquels, la vente & distribution des deniers,
comme estans grands & insupportables, absorbent tout le fonds
& payement desdits frais & dépens, estans ses creanciers & opposans ausdites criées en grand nombre, lesquels outre leurs sommes,
ont fait d'autres grands frais, mises & dépens contre l'exposant,
lequel, comme en estant tenu & redeuable, tombera en mendici-
té, ne leur pouuant satisfaire. A cesdites causes, & qu'il a bon
vouloir & intention de payer tous & chacuns ses susdits creanciers,
luy baillant moyen de ce faire, il requeroit volontiers quelque terme & delay pour payer : mais il doute n'estre à ce receuable, sans
auoir nos lettres de répit ; humblement requerant icelles. Pourquoy nous, ce consideré, voulans subuenir à nos Subiets selon l'exigence des cas, & pour ce que vous estes Iuges ordinaires des parties, vous mandons & commettons par ces presentes, que les
creanciers dudit exposant appellez pardeuant vous, & lesquels
voulons y estre appellez par le premier nostre Huissier ou Sergent, qu'à ce faire commettons, s'il vous appert sommairement
de ce que dit est, des perils, pertes & fortunes dudit exposant,
qu'il ait esté ruïné, pendant les derniers mouuements, payé ran-
çon, que par le moyen d'icelle il ne puisse payer à present sesdits
creanciers, sans faire l'entiere perte & dissipation desdits biens,
& de sa totale ruïne, que lesdits creanciers soient puissans, & ayent
moyen d'attendre, & des autres choses dessusdites, ou de tant que
suffire doiue : vous en ce cas, en reconnoissant prealablement lesdites debtes deuës par ledit exposant, nous voulons luy estre par
vous pourueu de tel delay & terme qui sera par vous donné, & que
verrez estre à faire en vos loyautez & consciences, pour payer &
satisfaire à sesdits creanciers ; pendant lequel temps ne souffrez,
luy, ses cautions & coobligez estre contraints ou molestez en corps
ny en biens, au preiudice des presentes, mais ferez ausdits crean-

ciers, & à tous Huissiers ou Sergens, comme par ces mesmes presentes nous leur faisons, tres-expresses inhibitions & defenses, d'aucune chose attenter contre iceluy exposant, sesdits pleiges & cautions, à peine de nullité, cassation de procedures, despens, dommages & interests : & à tous Geolliers, Concierges, & Gardes
des prisons, de les receuoir en icelle, sur les mesmes peines : Car
tel est nostre plaisir. Nonobstant quelconques cedules, promesses,
obligations, & Sentences à ce contraires. Donné à Paris, le
iour de   l'an de grace mil six cent   Par le Roy en
son Conseil.

Commission sur ledit répit, pour faire appeller lesdits
creanciers.

LOuys, &c. Au premier nostre Huissier ou Sergent sur ce re- Couste,
quis ; Salut. De la partie de nostre amé tel, nous a esté expo- xxviii. fols,
sé, qu'ayant obtenu certaines lettres en forme de répit, en datte 6. d.
de tel iour dernier, addressantes à tel Iuge, sur lesquelles nostredit
tel Iuge auroit ordonné, que ledit tel auroit commission pour faire appeller pardeuant luy ses creanciers aux fins d'atermoyement :
A ces causes, desirans subuenir à nos Subiets selon l'exigence des
cas, nous ensuiuant ladite Ordonnance de nostredit tel Iuge, &
à la Requeste dudit tel exposant : te mandons & commettons par
cesdites presentes, que tous les creanciers dudit exposant, dont
seras requis, tu adiournes à certain & competant iour pardeuant
tel Iuge, pour voir entheriner audit exposant lesdites lettres de répit, selon leur forme & teneur, & en outre proceder ainsi que de
raison. De ce faire te donnons pouuoir. Mandons & commandons à tous nos Officiers, Iusticiers & Subiets, qu'à toy en ce faisant soient obeyssans, sans pour ce demander placet, *visa*, ne pareatis : Car tel est nostre plaisir. Donné, &c.

Commission en condamnation de frais & dépens,

LOuys, &c. Salut. A la supplication de nostre amé tel
Nous te mandons assigner à certain & competant iour en nostre Cour de Parlement à Paris, tel, pour se voir condamner aux
despens, frais, & mises contre luy faits par l'exposant, en execution de l'executoire de despens de nostredite Cour de tel iour &
an, & en outre proceder comme de raison : Car tel est nostre plaisir. Donné

Commissiom sur vn Arrest par Extraict.

LOuys, &c. Salut. A la supplication de nostre amé tel, nous
te mandons mettre à execution l'Arrest de nostre Cour de Par-

ment de Paris de tel iour, cy-attaché sous le contre-seel de nostre Chancellerie, obtenu par le suppliant à l'encontre de tel, nonobstant qu'il ne soit que par extraict. De ce faire te donnons pouuoir : Car tel est nostre plaisir. Donné

Commission pour voir taxer salaires & vacations.

LOuys, &c. A la supplication de nostre amé tel   nous te mandons assigner à certain & competant iour en nostre Cour de   à Paris tel, pour se voir condamner à payer & rembourser au suppliant tous & chacuns les frais, salaires & vacations par luy faits, pour & au nom dudit tel, au procez pendant en ladite Cour, depuis terminé par accord entre tel, appellant d'vne Sentence de tel Iuge, le tel iour, d'vne part, & ledit intimé d'autre part, & proceder en outre comme de raison : Car tel est nostre plaisir.

Lettre d'assiette du grand Sceau.

Se taxe selon la somme.

LOuys, &c. A nos amez & feaux Conseillers, les Tresoriers Generaux de France, establis en la Generalité de   Salut. Les Manans & Habitans de la Ville de tel   nous ont fait remonstrer, qu'ils sont demeurez redeuables enuers Maistre tel, de la somme de tant, pour le reliqua du compte à eux rendu par ledit Maistre tel, de ce qu'il a manié pour lesdits Habitans, & autres sommes de deniers pour autres choses, pour lesquelles sommes le Procureur Syndic desdits Habitans a esté par Sentence de tel iour, condamné obtenir lettres, à quoy lesdits Habitans ont presté consentement de leuer sur eux lesdites sommes suiuant ladite Sentence : ce qu'ils ne peuuent faire sans auoir sur ce nos lettres de prouision, humblement requerant icelles. A ces causes, de l'aduis de nostre Conseil, qui a veu ladite Sentence sur ledit compte, & le consentement d'iceux Habitans, nous vous mandons & commettons par ces presentes, que par les Esleus en l'Eslection de tel lieu, vous ayez à faire asseoir & imposer en la presente année sur tous lesdits Habitans contribuables à nos tailles, le fort portant le foible, & le plus iustement & également que faire se pourra, lesdites sommes de   Et pour les frais de l'execution & impetration des presentes, outre les frais qu'il conuiendra faire en execution d'icelles, pour lesdits deniers & frais ainsi leuez & cueillis par les Collecteurs de la Taille, & mis és mains du Procureur Syndic de ladite Ville, estre par luy employez en l'acquit desdits Habitans enuers ledit Maistre tel, & non ailleurs : nonobstant oppositions ou appellations quelconques, pour lesquelles ne voulons

eſtre differé, pourueu que nos deniers n'en ſoient aucunement retardez. En outre mandons au premier noſtre Huiſſier ou Sergent
ſur ce requis, faire tous exploicts requis en execution des preſentes:
Car tel eſt noſtre plaiſir. Donné

Lettres d'aſſiette du petit Sceau, qui s'expedient, iuſques à la
ſomme de cent cinquante liures, & par Arreſt iuſques à
trois cent liures.

LOuys, &c. A nos amez & feaux Conſeillers les Preſidens, Tre-
ſoriers de France, & Generaux de nos Finances eſtablis à
Nous vous mandons & enioignons par ces preſentes, que
par les Eleus de   en la preſente année, vous ayez à faire im-
poſer, cueillir & leuer ſur tous & chacuns les Manans & Habitans
de la Parroiſſe de tel lieu, la ſomme de tant, à quoy ils ont eſté
condamnez enuers tel, par executoire decerné par noſdits Eleus
de   en datte du tel iour   & Iugement du tel iour dernier, eſquels deſpens ils ont eſté condamnez par Sentence deſdits
Eleus de   qui ont eſté taxez & arreſtez à ladite ſomme de
& encore la ſomme de tant & tant, pour le ſalaire de tel
Sergent, qui auroit fait commandement auſdits Habitans, en vertu dudit executoire, de payer ladite ſomme, que pour le voyage
& obtention du Iugement par leſdits tels fait en la Ville de
comme appert par les pieces cy-attachées ſous le contre-ſcel de
noſtre Chancellerie : toutes leſquelles ſommes montent enſemble à la ſomme de tant, enſemble la ſomme de   pour l'obtention des preſentes, outre les frais qu'il conuiendra faire pour l'e-
xecution d'icelles, que nous voulons eſtre ſur tous & chacuns les
Manans & Habitans de la Parroiſſe de tel lieu, impoſez le plus iuſte & également que faire ſe pourra, par les Aſſeeurs & Collecteurs
de nos Tailles en ladite Parroiſſe, & icelle ſomme cueillie & leuée,
nous voulons eſtre miſe és mains du Procureur Syndic de ladite
Parroiſſe, pour eſtre deliurée en celle deſdits tels en l'acquit deſdits Habitans, & non d'autres. Voulons leſdits Habitans eſtre
contraints au payement chacun de leur cotte, par toutes voyes
deuës & raiſonnables, comme pour nos propres deniers : pourueu
toutesfois que nos deniers n'en ſoient diminuez, ny retardez, &
qu'il n'y ait appel dudit executoire. De ce faire vous donnons
pouuoir & mandement ſpecial, & au premier noſtre Huiſſier faire tous exploicts requis & neceſſaires : Car tel eſt noſtre plaiſir.
Donné à Paris le   l'an de grace mil ſix cent   De noſtre
regne le

Commiſſion pour mettre à execution les executoires
de deſpens ſurannez.

Couſte,
xxxi. ſ.

LOuys, &c. Salut. A la ſupplication de noſtre amé tel
Nous te mandons les deux executoires de deſpens de noſtre
Cour de Parlement à Paris de tels iours, cy-attachez ſous le con-
tre-ſeel de noſtre Chancellerie, obtenus par le ſuppliant à l'encontre de tel, tu mettes à deuë & entiere execution ſelon leur
forme & teneur, nonobſtant la ſurannation de plus d'an & iour,
que ne voulons luy nuire ny preiudicier : Car tel eſt noſtre plaiſir.
Donné

Lettres d'homologation.

Couſte,
xxxi. ſ.

LOuys, &c. A nos amez & feaux Conſeillers les Gens tenans
noſtre Cour de Parlement à Paris ; Salut. De la partie de tel
nous a eſté expoſé, que pour mettre fin au differend qui
eſtoit meu & à mouuoir pardeuant vous entre les parties, pour raiſon de telles choſes, les parties ont paſſé contract en forme de
tranſaction le tel iour, lequel ils deſireroient faire homologuer en
noſtredite Cour, humblement requerant ſur ce nos lettres. Pour
ce eſt-il que nous deſirans ſubuenir à nos Subiets ſelon l'exigence
des cas, vous mandons & commettons par ces preſentes, que s'il
vous appert dudit contract & tranſaction faite entre leſdites parties ledit iour, homologuez iceluy contract, & condamnez les
parties reſpectiuement à iceluy entretenir ſelon ſa forme & teneur,
& faites aux parties bonne & briefve Iuſtice : Car tel eſt noſtre plaiſir. Donné

Reglement de Iuges qui s'expedie au grand Sceau.

Couſte, xii.
l. façon, ſi-
gnature, &
Sceau.

LOuys, &c. Au premier noſtre Huiſſier ou Sergent ſur ce requis ; Salut. Vn tel nous a humblement expoſé, qu'ayant fait
aſſigner tel pardeuant nos Iuges de tel lieu, pour raiſon de telle
choſe (faut mettre ſuccinctement le fait, dont il s'agit) ledit tel ſe
ſeroit pourueu en noſtre Parlement de tel lieu ; afin de trauerſer
l'expoſant en diuerſes Iuriſdictions, & a meſme obtenu des defenſes de le pourſuiure ailleurs, tellement qu'à cauſe du conflit de Iuriſdiction d'entre leſdits Preſidiaux, ou Parlemens, il ne peut pourſuiure ſa demande : C'eſt pourquoy il nous a humblement requis
luy pouruoir. A ces cauſes de l'aduis de noſtre Conſeil, qui a veu
les pieces iuſtificatiues de ce que deſſus, cy-attachées ſous le contreſeel de noſtre Chancellerie : Ouy le rapport du Sieur tel Maiſtre des Requeſtes, le ſceau tenant : Nous te mandons & commettons par ces preſentes, qu'à la Requeſte de l'expoſant qui a eſleu
son

ſon domicile en la maiſon de M.   Aduocat en noſtre Conſeil, tu aſſignes en iceluy dans   mois ledit tel, pour ſe
voir regler de Iuges entre leſdits Parlemens ou Preſidiaux de tel &
tel lieu, & renuoyer le procez en telle deſdites Cours qu'il appartiendra, pour y proceder ſuiuant les derniers erremens ainſi que de
raiſon, faiſant cependant defenſes aux parties de faire aucune pourſuite en l'vne ny en l'autre deſdites Cours, & à elles d'en prendre
connoiſſance ſur peine de trois mil liures, nullité & caſſation de
procedures & de tous deſpens, dommages & intereſts, iuſques à
ce qu'autrement par noſtredit Conſeil en ait eſté ordonné, & à
faute par l'expoſant de faire donner les aſſignations dans ledit
temps, auons leué & oſté leſdites defenſes, & permis aux parties
de pourſuiure comme auparauant. De ce faire te donnons pouuoir,
ſans pour ce demander congé ny pareatis : Car tel eſt noſtre plaiſir. Donné à   le   Par
le Roy en ſon Conſeil.

Commiſſion du grand Sceau pour informer des parentez
& alliances.

LOuys, &c. Au premier de nos Iuges des lieux ſur ce requis ; Salut. De la partie de noſtre amé tel, nous a eſté humblement expoſé que pour raiſon de telle choſe (faut mettre le fait) procez ſe
ſeroit meu entre l'expoſant d'vne part & tel d'autre, lequel procez
auroit eſté porté en noſtre Conſeil en Reglement de Iuges d'entre
les Cours de Parlement de   & telle Chambre Souueraine ; &
par Arreſt de noſtredit Conſeil du   iour de   les parties
auroient eſté renuoyées en tel lieu, où l'expoſant ne peut eſperer
de Iuſtice à cauſe des grandes parentez & alliances que ledit tel a
en ladite Cour. C'eſt pourquoy il nous a humblement requis luy
eſtre par nous pourueu de nos lettres à ce neceſſaires, & qu'il nous
pleuſt euoquer iceux procez & differends, & les enuoyer auec leurs
circonſtances & dependances en tel autre Parlement qu'il nous
plaira, & cependant faire defenſes audit Parlement d'en connoiſtre, & aux parties d'y faire aucune pourſuite, à peine de nullité,
caſſation de procedures & de tous deſpens, dommages & intereſts.
A ces cauſes de l'aduis de noſtre Conſeil & auant que faire droict
ſur l'euocation requiſe, ordonnons que l'expoſant qui a eſleu ſon
domicile en la maiſon de M.   Aduocat en noſtredit Conſeil, verifiera dans   mois pardeuant vous, partie preſente
ou appellée que (faut icy nommer les parens, leurs qualitez, &
leurs degrez de parentelle, du moins iuſques à quatre Conſeillers

Couſte, x.l.
en façon, ſi-
gnature &
Sceau.

à

en vn Parlement) & a ledit tel beaucoup d'autres parentez & alliances audit Parlement, comme auſſi permettons audit tel d'informer du contraire ſi bon luy ſemble, & pourront leſdites parties ſe
faire interroger reſpectiuement ſur le fait deſdites parentez & alliances, pour ce fait & rapporté, & ledit tel aſſigné en noſtredit
Conſeil, leur eſtre fait droict ainſi qu'il appartiendra par raiſon,
faiſant inhibitions & defenſes à noſtredite Cour de Parlement de
tel lieu, de prendre Iuriſdiction ny connoiſſance des procez, &
differends deſdites parties, circonſtances & dependances, à peine de nullité, caſſation de procedures, & de tous deſpens, dommages & intereſts, & à faute de faire ladite verification dans ledit
temps, & iceluy paſſé, auons leué & oſté leſdites defenſes, & permis auſdites parties de proceder eſdites Iuriſdictions ainſi qu'auparauant : Mandons au premier Huiſſier ou Sergent, faire tous exploicts neceſſaires pour l'execution des preſentes, ſans pour ce demander, *viſa*, congé ny pareatis : Car tel eſt noſtre plaiſir. Donné, &c. Par le Roy en ſon Conſeil.

Lettres d'attribution de Iuriſdiction.

LOuys par la grace, &c. Au premier noſtre Huiſſier, &c. Salut :
Vn tel de telle qualité, nous a humblement remonſtré, qu'il eſt
legitime creancier de tel, &c. de pluſieurs ſommes de deniers, tant
par contract que par obligation, faute de payement deſquelles ſommes il eſt en volonté de faire ſaiſir & mettre en criées les biens immeubles dudit tel   leſquels immeubles ſont ſcitués en
diuerſes Iuriſdictions : Sçauoir en celles de   &
Et dautant que pourſuiuant la vente deſdits biens pardeuant les Iuges d'icelles ; il ſeroit contrainct de faire de grands frais au detriment des parties ſaiſies & de leurs creanciers ; il deſireroit luy eſtre
par nous ſur ce pourueu : Pource eſt-il que nous ces choſes conſiderées, deſirans ſubuenir à nos Subiets ſelon l'exigence des cas, te
mandons & commettons par ces preſentes, faire commandement
au Iuge de   (faut mettre le Iuge que l'on deſire) que s'il luy
appert, que leſdits biens ſoient ſcitués eſdites Iuriſdictions, que ce
ſoit leur profit & commodité, & que leſdits biens ſeront mieux en-
cheris, & plus fauorablement par luy vendus & adiugez, & d'autres choſes, tant que ſuffire doiue : en ce cas, il ait à proceder à la
vente & adiudication par decret deſdits biens ſcitués eſdites Iuriſdictions, faire les baux à ferme des fruits deſdits biens, pendant la
ſaiſie, & donner la Sentence d'ordre des oppoſans à la diſtribution des deniers procedans de ladite vente & adiudication, luy en

attribuant à cette fin, toute Cour, Iurifdiction & connoiffance ; à la charge neanmoins que les affiches feront mifes & appofées aux Portes des Eglifes des Parroiffes, où ils font fcis & fcituez, à ce qu'ils foient notoires à tous : Te mandons en confequence faire tous exploits, fignifications, & autres actes de Iuftice requis & necef_faires, fans pour ce demander placet, *vifa*, ne pareatis. De ce faire te donnons pouuoir : Car tel eft noftre plaifir. Donné à   le   iour de   l'an de grace
         Par le Roy en fon Confeil.

NOta, que quand les fufdites lettres font obtenuës pour plu-fieurs parties, le prix d'icelles augmente à proportion, mais neanmoins quand ils feroient cinquante impetrans, en matiere Ci-uile on ne taxe que pour quatre, & en matiere Criminelle on paye autant de Sceaux qu'il y a de parties.

Comme auffi toutes lettres fimples, pour Fermiers d'Aydes & impofitions, Communautez d'Habitans & Parroiffes, fe taxent à quatre Sceaux qui font,   iv. liur. i. f.

Les deux Sceaux font pour les lettres fimples, qui portent adref-fe à vn Sergent ,   xlvi. fols.

Et pour celles qui font adreffées à vn Iuge ,   li. f.
Les trois Sceaux,   lxiii. f. 6. d.
Si l'adreffe eft à vn Iuge,   iv. liur. vi. f.

Pour le Mary & la femme en matiere Ciuile on ne taxe que fim-ple, & en matiere Criminelle double.

L'on paye d'ordinaire pour le Sceau d'vn Arreft diffinitif ou Re-quefte Ciuile, foit du Parlement ou de la Cour des Aydes, pour les Fermiers des cinq groffes Fermes & droicts vnis, & pour les Com-munautez d'Habitans des Villes où il y a Archeuefché, au prix de quatre Sceaux doubles, qui montent à feize liures quinze fols, peu plus ou moins.

FIN.

Extraict du Priuilege du Roy.

PAr grace & Priuilege du Roy, Il est permis au Sieur *Gastier*,
Procureur au Parlement de Paris, de faire reimprimer par tel
Libraire ou Imprimeur qu'il voudra, *Les noueaux Styles de la Cour
de Parlement, Cour des Aydes, Requestes de l'Hostel & du Palais
à Paris*, de beaucoup par luy augmentez, & ce, pendant le temps
& espace de *sept années* consecutiues, à compter du iour que lesdits
Styles seront acheuez d'imprimer, auec defences à tous Libraires,
Imprimeurs & autres, d'imprimer lesdits Styles sans le consentement de l'Exposant, à peine de confiscation des Exemplaires con-
trefaits, de trois mille liures d'amende, & de tous dépens, dommages & interests, comme il est plus au long porté par ledit Priuilege.
Donné à Paris le 12. iour de May 1666. Et du regne de Sa Majesté,
le vingt-troisiéme: Signé, DV IARDIN. Et scellé du grand sceau
de cire iaune.

Ledit Sieur *Gastier* a cedé le present Priuilege à *Iean Guignard*,
le pere, & *Loüis Billaine*, Marchands Libraires à Paris, pour en
ioüir suiuant l'accord fait entr'eux.

Acheué d'imprimer pour la premiere fois, le 25. Octobre 1666.

Les Exemplaires ont esté fournis.

*Registré sur le Liure de la Communauté des Marchands Libraires & Imprimeurs de cette
Ville de Paris, suiuant l'arrest du Parlement du 8. Auril 1653.* Signé S. PIGET,
Syndic.